Josef Schreiner · Jeremia

Josef Schreiner

Jeremia

St. Benno-Verlag GmbH Leipzig

Kirchliche Druckerlaubnis: Dresden, den 25. Mai 1986,
H. J. Weisbender, Generalvikar

ISBN 3-7462-0133-0

Lizenzausgabe mit freundlicher Genehmigung des
Echter Verlages Würzburg

Nur zum Vertrieb und Versand in der Deutschen
Demokratischen Republik und in den sozialistischen
Ländern bestimmt

Herausgeber der Lizenzausgabe: Joseph Reindl

EINLEITUNG

Es ist sinnvoll, sich Jeremia anzuvertrauen, wenn man den Propheten begegnen will. Wie kein anderer vermag er den Zugang zur prophetischen Verkündigung und Botschaft zu eröffnen. Das muß schon damals so gewesen sein, als man seine Worte aufschrieb, sie interpretierte, den Eindruck seiner Persönlichkeit festhielt und über sein Leben berichtete. Im Zeugnis des Buches, das nach ihm benannt ist, werden uns seine Gestalt und sein Wort vor allem in ihrem engen, durch den Auftrag bedingten und deshalb notwendigen Zusammenspiel greifbar. Es gibt keine schonende oder abwehrende Distanz zwischen dem Boten Gottes und seiner Rede. Es ist nicht so, daß der Sprecher Jahwes auf der einen Seite und das, was er zu sagen hat, weit entfernt auf der anderen steht. Propheten waren nicht so, daß sie hingingen und redeten, dann aber den Ausspruch abschüttelten, wie man lästigen Staub aus den Kleidern entfernt. Sie waren selbst betroffen, gepackt, überwältigt, erhoben oder niedergeschmettert von dem Gotteswort, das sie zu sagen hatten. Es galt Menschen, die ihnen lieb waren und nahestanden, und auch ihnen selber. Zudem war ihr persönliches Leben existentiell in die Verkündigung einbezogen. Bei Jeremia kann man lernen, was es bedeutet, Prophet, Bote des Herrn zu sein.

Das Buch, in dem Jeremia spricht, über ihn gesprochen, seine Verkündigung festgehalten, weitergeführt und interpretiert wird, hat eine verwickelte Entstehungsgeschichte durchlaufen. Dem Leser präsentiert es sich in vier ungleiche Teile gegliedert: 1–25 enthalten überwiegend Worte an das eigene Volk, 26–45 meist Erzählungen (ab 37 über Jeremia vor, während und nach der Eroberung Jerusalems 586), in die eine Sammlung von Verheißungen 30.31 eingefügt ist; 46–51 sind Aussprüche gegen fremde Völker und 52 bildet einen geschichtlichen Anhang (aus 2 Kön 24^{18}–$25^{21.27-30}$). Schelte, Drohung, Mahnung und Verheißung, Weisheits- und Diskussionsworte, Gebete und Klagen, ein Brief, Predigten sowie Erzählungen über symbolische Handlungen und über Ereignisse im Leben des Propheten werden nicht in klarer Ordnung nacheinander gebracht, sondern anscheinend, besonders im ersten, weniger im zweiten Teil, in bunter Folge. Zwar wird das Ganze nach der Überschrift (1^{1-3}) mit dem Berufungsbericht (1^{4-19}) eröffnet, aber eine fortlaufende chronologische Anordnung des Stoffes wird nicht eingehalten. Eine sachlich-inhaltliche Disposition ist sicherlich erkennbar. Doch auch hier steht Zusammengehörendes nicht immer beieinander. So bringt, um nur auf das Auffallendste hinzuweisen, der Abschnitt 25^{15-38} die Einleitung zu den Völkersprüchen, die aber erst 46–51 folgen. G hat hier die erwartete Reihenfolge; sie bietet die Aussprüche gegen die fremden Völker im Anschluß an 25. Ihr Text ist im Vergleich zum M um ⅛ kürzer, weniger durch bewußte Kürzung oder versehentliche Auslassung, eher aufgrund des ihr vorliegenden hebräischen Textes, der anscheinend manche Sätze oder Abschnitte noch nicht enthielt. Am Jeremiabuch wurde demnach lange Zeit gearbeitet, bis es seine endgültige Gestalt fand – ein Zeugnis auch für die Lebendigkeit des Wortes, das dieser Prophet sprach, und für den Eindruck, den sein Leben und Wirken machte.

Jeremia selbst war es, der im Auftrag Jahwes dafür sorgte, daß seine Worte aufgeschrieben wurden: Baruch, sein Diener und Freund, »schrieb nach dem Diktat Jeremias alle Worte, die der Herr zu ihm« über Israel und Juda und über alle Völker »gesprochen hatte, auf eine Buchrolle« ($36^{4.2}$). Und als der König Jojakim diese Rolle stückweise verbrannte, wurde sie neu geschrieben, und es »wurden noch viele ähnliche Worte hinzugefügt«^{32}. Diese frühe Verkündigung dürfte in 2–6 enthalten sein. Weitere kleine Sammlungen lassen sich feststellen, so die Worte über die Könige und Propheten in 21–23 und über falsche Prophetie 27–29, die Heilsworte 32–35 neben dem »Trostbüchlein für Israel« 30.31. Im übrigen ist vorhandenes Material von der Redaktion oft einfach unter einer besonderen Form der Wortereignisformel »das Wort, das vom Herrn an Jeremia erging« (s. 7^{1}) zusammengestellt worden.

Schwierigkeiten aber bereitet der Forschung am Jeremiabuch ein anderes Problem. Der Prophet spricht in einer recht unterschiedlichen Weise, für die die Stichworte Poesie und Prosa nur äußerliche Kennzeichen sind: in rhythmischen (kurzen) Sprüchen und in (längeren) predigtartigen Reden. Ausgehend von dieser sich aufdrängenden Beobachtung hat man (besonders Mowinckel) versucht, das Buch in verschiedene Quellenschichten aufzugliedern: A Sprüche Jeremias; B Erzählungen über Jeremia (in: 19f. 26. 28f. 34. 36–45. 51); C Reden Jeremias, in Stil, Sprache und Inhalt der dtn und dtr Ausdrucksweise und Theologie teilweise verwandt (nach Rudolph 7^{1}–8^{3} $11^{1-14(17)}$ $16^{1-13(18)}$ 17^{19-27} 18^{1-12} 21^{1-10} 22^{1-5} 25^{1-14} 34^{8-22} 35). Die Frage, ob in C Jeremia selbst oder eine spätere Weiterführung seiner Verkündigung spricht, wird intensiv diskutiert. Allem Anschein nach liegt diesen Predigten zumindest meist ein Jeremiawort zugrunde, das dann nach einer bestimmten Zielrichtung hin entfaltet ist. Zum guten Teil nimmt hier eine Auslegung das Wort, die von dtn-dtr Vorstellungen bestimmt oder beeinflußt ist. Sie schaut auf die Katastrophe Jerusalems zurück und sieht die Zerstörung und das Exil darin begründet, daß Jahwes Volk nicht auf die Botschaft Jeremias, vor allem auf seinen Ruf zur Umkehr gehört hat. Sicherlich äußert sich in dieser Ausgestaltung jeremianischer Verkündigung auch eine später (exilisch-nachexilisch) anzusetzende Stimme, die von Hoffnung auf Heimkehr und Wiederaufbau spricht. Für B vermutet man als Verfasser Baruch, der dem Propheten nahestand und sein Schicksal in der Verfolgung und der erzwungenen Auswanderung nach Ägypten teilte. Was wegen der poetischen Struktur zu A gerechnet wird, ist am ehesten Jeremias eigenes Wort; das gilt auch für 30.31, die bisweilen einer eigenen Schicht zugerechnet werden. Doch auch hier hat die Nachinterpretation Aussprüche beigesteuert. Sie wollte das Prophetenwort unterstreichen und verdeutlichen, auch Verbindungslinien ziehen, wie die Dubletten (z. B. 6^{12-15} = 8^{10-12} 10^{12-16} = 51^{15-19} 15^{13f} = 17^{3f} 23^{19f} = 30^{23f}) zeigen, und Themen, die anderwärts auftauchen, auch am passenden Ort unterbringen. Besonders zu nennen sind aus A unter den Klagen Jeremias die sogenannten Konfessionen (11^{18-23} 12^{1-6} 15^{10-21} 17^{12-18} 18^{18-23} 20^{7-18}), die ein erschütterndes Bild des von seinem Auftrag überwältigten Propheten zeichnen. Angefangen und angestoßen vom Propheten selber ist ein Buch entstanden mit einer sehr reichhaltigen und vielfältigen jeremianischen Verkündigung. Ohne Zweifel macht auch die Nachinterpretation einen großen Teil seines Reichtums aus. Alles ist für den Gläubigen Gottes Wort, in eine bestimmte Epoche gesprochen, aber auch allen später Lebenden als Anrede und Anruf überliefert.

Die Zeit, in der Jahwes Wort durch Jeremia erging, ist in 1^{1-3}, wie es auch bei anderen Prophetenbüchern geschieht, mit den Namen der Könige bezeichnet, natürlich nur der judäischen Herrscher; denn der Staat Israel existierte schon ein Jahrhundert lang nicht mehr. Die Assyrer hatten ihn 722 vernichtet und seine Bevölkerung an den entgegengesetzten äußersten Rand ihres Reiches verschleppt. Juda hatte sich widerstrebend gefügt und unter Manasse (699—643) eine Zeit der Ruhe, aber auch starken fremden Einflusses, der in der Religion verderblich war, erlebt. Mit dem Niedergang des assyrischenReiches, der unter Assurbanipal (669—627) vor sich ging und nach seinem Tode offenkundig wurde, schien für Juda die Gelegenheit gekommen, nach größerer oder voller Selbständigkeit zu streben. Joschija (641—609), unterstützt von dem Fund des Gesetzbuches Jahwes im jerusalemischen Tempel (623/22), begann sich politisch und in engem Zusammenhang damit auch kultisch von Assur zu lösen. Kultreform und Ausdehnung des Staatsgebiets nach Norden in ehemaliges Territorium Israels erfolgten gleichzeitig. Eine Rückbesinnung auf die alten Traditionen im Sinne dtn Vorstellungen setzte ein. Eine Verpflichtung auf den Dienst Jahwes (dtr *b^{e}rīt* »Bund« genannt) wurde vollzogen (2 Kön 22f). Doch die Träume von Selbständigkeit vergingen schnell, und auch die Kultreform war nicht von Dauer. Babylon begann zu erstarken; es wurde dem Staat Juda zum Schicksal. Als der Pharao Necho II. nach dem Fall Ninives (612) dem untergehenden Assyrerreich gegen die Babylonier zu Hilfe eilte, wurde er 605 von Nebukadnezzar bei Karkemisch am Eufrat geschlagen. Joschija, der den Pharao aufhalten wollte, wurde 609 bei Megiddo besiegt und getötet. Necho setzte Joahas, der inzwischen in Jerusalem zum König gewählt worden war, ab und bestimmte Jojakim (609—598) zum neuen Herrscher. Dieser stand zunächst unter ägyptischer, ab 605 unter babylonischer Oberhoheit, nahm letztere aber nicht ernst genug, empörte sich und zog sich eine Strafaktion Nebukadnezzars zu. Während der Belagerung Jerusalems starb er. Sein Sohn Jojachin ergab sich dem Feind (597); die Stadt wurde erobert, ein großer Teil der Bevölkerung verschleppt. Zum Nachfolger wurde Zidkija (597–586) eingesetzt, ein schwacher und unentschlossener Herrscher, der die Dinge so weit treiben ließ, daß die antibabylonische Partei unter den führenden Leuten die Oberhand gewann und den Aufstand riskierte. Jerusalem wurde (586) zerstört, viele verloren ihr Leben. Der König wurde gefangengenommen. Eine erneute Deportation erfolgte. Juda wurde babylonische Provinz.

In diese bewegte Epoche fällt das Wirken Jeremias. Er stand nicht am Rande des Geschehens; er lebte in *Jerusalem.* Die Stadt war nicht seine Heimat, und sie wurde es nie. Aber Jahwe wollte, daß er dort sein Wort verkünde. Er galt als einer ihrer Bürger und wurde nach dem Ende mit denen weggeführt, die nach der Verschleppung der Zehntausend (2 Kön 24[14]) und nach den Kämpfen noch übrig waren. Stadt und Umgebung waren ihm vertraut. Sie hatte sich, wohl erst in der langen Zeit des Friedens unter Manasse, westlich vom Tempelplatz über das flache Stadttal hinweg ausgedehnt. Die Erweiterung nannte man *mišnaeh* (Zweit- bzw. Neustadt). Dort wohnte die Prophetin Hulda (2 Kön 22[14]). Jeremias Wirken spielte sich in der Altstadt, wie sie vor allem durch die Bautätigkeit Salomos entstanden war, ab. In ihrem Nordteil lag der Tempel, zu dem der Prophet 7[1f] gesandt wurde, um seine gefährliche Rede gegen das Heiligtum und die Stadt zu halten. In der nördlichen Mauer befand sich das Benjamintor; dort mußte er Haft und Folter ertragen 20[2]. Südlich schloß sich an den Tempel der Königspalast an, den der nur auf seinen Vorteil bedachte, rücksichtslose Jojakim prächtig ausbauen ließ 22[13f]. Zu ihm gehörte »die Zisterne des Prinzen Malkija« 38[6], in deren Schlamm hinabgestoßen Jeremia umgekommen wäre, hätte ihn nicht »der Kuschiter Ebed-Melech« 38[7–13] gerettet. Sie befand sich im Wachhof, in dem der Prophet bis zum Fall Jerusalems festgehalten wurde. Ganz am Südende der Stadt, wo sich unweit von der Südspitze der schmalen, steil aufragenden Jebusitersiedlung das Hinnom- und das Kidrontal vereinigen, ist wohl das Scherbentor zu suchen, an dem Jeremia auf Jahwes Geheiß den Tonkrug zerschmetterte 19[1–13], um mit dieser symbolischen Handlung die Zerstörung der Stadt anzusagen. Nicht weit davon entfernt, etwa im südlichen Stadttal, dürfte das Haus des Töpfers gelegen haben, dessen Tun ihn zu einem Unheilswort anregte 18[1–17]. Mit Jerusalem verbunden, war Jeremia doch in Distanz zur Stadt getreten, nicht weil sie ihm übel mitspielte, sondern weil er ihr, die die Zeichen der Zeit trotz Jahwes Wort nicht erkannte, das Gericht ansagen mußte.

Jeremia, der Prophet, wurde nach 1[2] im dreizehnten Jahr Joschijas, also etwa 628 berufen. Demnach müßte er die Kultreform schon als beauftragter Sprecher des Gottes Israels miterlebt haben. Doch nirgends nimmt er ausdrücklich darauf Bezug, weder zustimmend noch kritisch. Nicht er, sondern die Prophetin Hulda wird bei der Auffindung des Gesetzbuches im Tempel durch eine offizielle königliche Abordnung befragt. Ist dieses eigenartige Schweigen als Zustimmung zu erklären? Das Problem löst sich, wenn man (mit R. Albertz) annehmen darf, Jeremia habe in jenen Jahren noch nicht in Jerusalem gelebt, sondern in seiner Heimat Anatot während der Zeit joschijanischer Expansionspolitik seinen Blick voll Hoffnung auf Israel gerichtet und die Bewohner des ehemaligen Nordreichs mit Mahnung und Drohung (s. 2^{4}–4^{2}, auch 30f) zur Umkehr und Rückkehr zu Jahwe eingeladen. Nach dem Schicksalsjahr 609 hätte er sich dann Juda zugewandt (s. 4^{3}–6^{30}), wäre nach Jerusalem auf Befehl des Herrn umgezogen und hätte wohl auch seine Israel-Worte auf das Südreich und seine Hauptstadt bezogen.

Sicherlich seit 609 konnte Jeremia ahnen, wer der Feind aus dem Norden war, der die Zerstörung über das ganze Land und seine Hauptstadt bringen sollte, ab 605 war es offenkundig. Von da an wird auch die Verkündigung des Propheten im Zeitbezug greifbar. Unter Jojakim, den er scharf verurteilte 22^{13-19}, warnt er vor einem falschen Vertrauen auf die Gegenwart des Herrn im Tempel 7^{1-15} und spricht immer wieder Jahwes Gerichtswort aus. Man hört nicht auf ihn, empfindet seine Auftritte als lästig, bedroht und verfolgt ihn. In diese Zeit setzt das Buch auch seine Konfessionen. Sie zeigen die tiefe Not, in die er angesichts der Erfolglosigkeit seines Wirkens, der Ablehnung und des Widerstandes, die ihm entgegenschlagen, gerät. Unter der Last dieses Auftrags droht er zu zerbrechen. Tiefe Tragik überschattet sein Leben. Einsam geworden, auf Anordnung Jahwes ohne Familie, sieht er sich von Freunden verlassen, vom Volk gemieden und von den Gegnern verspottet. Der Berufungsbericht wird recht haben, wenn er ihn als einen zurückhaltenden, empfindsamen Menschen vorstellt. Das verschärfte die Belastung, der er unterworfen war.

Die Eroberung Jerusalems 597 gab seiner Prophetie recht, brachte aber nur eine vorübergehende Entlastung. Zidkija, wohl guten Willens und nicht ganz uneinsichtig, war zu schwach, um die gegen Babel Aufbegehrenden im Zaum zu halten. Vergebens fordert Jeremia unermüdlich die Unterwerfung unter die Oberhoheit des babylonischen Königs. Nach Auskunft des Jeremiabuchs traten ihm vor allem damals falsche Propheten entgegen, die Heil verkündeten, wo es kein Heil mehr gab; mit Hananja hatte er deshalb eine öffentliche Auseinandersetzung. Noch während der Belagerung der Stadt blieb er bei seiner Forderung. Aus Liebe zu seinem Volk gab er den Rat, zum Feind überzugehen und so wenigstens das Leben zu retten. Dafür mußte er Haft, Mißhandlung und Todesgefahr auf sich nehmen. Das Unheil aber, das er hatte androhen müssen, nahm seinen Lauf! Jerusalem wurde erobert und zerstört (586), für den Propheten kein

Triumph des Rechtbehaltens, sondern die bittere Bestätigung, mit all den Warnungen und Mahnungen erfolglos geblieben zu sein.

Damit aber nicht genug. Zunächst unter die Gefangenen eingereiht, dann von Nebukadnezzar selbst mit der Freiheit beschenkt, schlug Jeremia das Angebot, in Babel ein sorgenfreies Leben zu führen, aus und blieb im zerstörten Land 40$^{1-6}$. Nach der Ermordung des Statthalters Gedalja zog eine starke Gruppe der Zurückgebliebenen gegen seinen Rat nach Ägypten und zwang ihn mitzugehen. Dort ist er verschollen, anscheinend nach erneuten schweren Auseinandersetzungen 43f mit denen, die sich anderen Gottheiten zuwandten. Die jüdische Legende berichtet, er sei von seinen Landsleuten gesteinigt worden.

Die Botschaft Jeremias aber blieb lebendig. Er war aufs Ganze gesehen ein Unheilsprophet, der jedoch das Strafgericht des Herrn verkündete, um beim Volk Umkehr, Hinwendung zu Jahwe und Erfüllung seines Willens zu bewirken. Er hat auch Heil verkündet, anfänglich und für Israel (s. 30f), das er letztlich auch Juda nicht verweigert wissen wollte, wenn es auch erst nach der Katastrophe realisierbar war (s. 24 29 32).

Natürlich betrachtet er Jahwe als den Schöpfer und Herrn der Welt, der ihre Ordnung gegeben hat und garantiert. Dieser mächtige Gott, dem gegenüber andere Gottheiten »Nichts« sind, Täuschung und Trug, wie sich an Baal erweist, lenkt die Geschichte nicht nur seines Volkes, sondern auch aller anderen Völker, die seinem Gericht unterworfen, vom Heil aber nicht ausgeschlossen sind. Er kann die Weltherrschaft, einschließlich der Gewalt über das ihm gehörende Volk, verleihen, wem er will.

Das Gesamtvolk Israel steht in einer besonderen Beziehung zu Jahwe, vergleichbar mit der ehelichen Gemeinschaft. Sie wurde dem Volk in der erwählenden Liebe des Herrn gewährt, die sich als Rettung in der Befreiung aus ägyptischer Knechtschaft und als Freisetzung in der Gabe des Landes vorzüglich geäußert hat. Dem muß das Volk in steter Hinwendung zu seinem Gott und durch Erfüllung seiner Forderungen entsprechen, brüderliches Verhalten und Rechttun gegenüber den Mitmenschen eingeschlossen. Jahwe reagiert auf die Mißachtung dieser Grundforderungen mit Strafe.

Eine besondere Note erhält die Botschaft Jeremias durch seine recht persönlich geprägte Beziehung zu Gott. Hingabe in Gebet und Dienst werden als Möglichkeit zum Gelingen des menschlichen Lebens erfahren. Sünde wird als ein Schuldigbleiben des Geforderten, Verfehlung nicht nur als Einzeltat, sondern als Haltung begriffen, die sich mit jedem erneuten Sichversagen verfestigt. Drängend ist jederzeit der Ruf zur Umkehr, lebensnotwendig der Gehorsam gegenüber ihm. Gott ist kein starrer Vergelter und Rächer, sondern auch und mit Vorzug Liebe und Erbarmen. Das allein ermöglicht die Chance des Heils, denn der Mensch allein ist aus sich heraus, wie die persönliche Erfahrung lehrt und eine sorgsame Überprüfung der Vorgänge in der Menschenwelt zeigt, nicht imstande, den Weg Gottes zu gehen und ihm treu zu bleiben. Dennoch besteht kein Grund, inHoffnungslosigkeit zu verfallen, da der Herr aus göttlichem Erbarmen bereit ist, Gemeinschaft zu gewähren und in seiner Kraft sie auch zu ermöglichen. Sein Wort ist also zu beachten, seine Weisung zu befolgen.

So steht in dem Prophetenbuch, das die Worte Jeremias überliefert und seine Verkündigung weiterführt, nicht nur das harte Urteil über die Verweigerung des Gehorsams aus menschlicher Unfähigkeit zum Guten und die ernste Mahnung zur Erfüllung der Gebote (des Dekalogs 7^{ff}), sondern auch das leuchtende Verheißungswort vom Neuen Bund (31^{31-34}). Es eröffnet den Weg zum Leben dadurch, daß Gott seine Weisung auf das menschliche Herz schreibt, seinen Willen also mit dem des Menschen verschmilzt. Für die kommende Heilszeit wird die Heimkehr Israels verheißen. Ein königlicher Heilsträger wird erwartet, der den Namen »der Herr ist unsere Gerechtigkeit«, unser Heil, zu Recht hat und ihn in seinem Handeln verwirklicht. Gottes Herrschaft setzt sich durch. Er wird verwirklichen, was 29^{11} zu lesen ist: »Denn ich, ich kenne meine Pläne, die ich für euch habe – Spruch des Herrn –, Pläne des Heils und nicht des Unheils, denn ich will euch eine Zukunft und eine Hoffnung geben.«

Wer dem Propheten beim Lesen seines Buches begegnet ist, wird verstehen, warum ihn das frühe Judentum so sehr schätzte (s.2 Makk 15^{13f}). Er wird auch ermessen können, was seine Gestalt dem christlichen Altertum im Blick auf Jesus Christus bedeutete, konnte man in Jeremia doch den leidenden Gottesknecht vorgebildet sehen, der in der Auseinandersetzung mit seinen Gegnern das Gotteswort verkündete und für die Erfüllung des göttlichen Willens eintrat wie kein anderer: Jesus, unser Herr.

LITERATURHINWEISE

Kommentare: J. Bright, Jeremiah (Anchor Bible 21), Garden City/New York 1965; B. Duhm, Jeremia (Kurzer Hand-Commentar zum AT XI), Tübingen 1901; F. Giesebrecht, Das Buch Jeremia (Handkommentar zum AT III/2), Göttingen ^{2}1907; F. Nötscher, Das Buch Jeremia (Echter-Bibel III 211–393), Würzburg 1958; W. Rudolph, Jeremia (Handbuch zum AT I/12), Tübingen ^{3}1968; P. Volz, Der Prophet Jeremia (Kommentar zum AT X), Leipzig ^{2}1928; A. Weiser, Das Buch des Propheten Jeremia (Das Alte Testament Deutsch 20/21), Göttingen $^{5.6}$1969.

Abhandlungen: R. Albertz, Jer 2–6 und die Frühzeitverkündigung Jeremias: ZAW 94 (1982) 20–47; P.-M. Bogaert (ed.), Le livre de Jérémie. Le prophète et son milieu, les oracles et leur transmission (BEThL 54), Leuven 1981; S. Böhmer, Heimkehr und Neuer Bund. Studien zu Jeremia 30–31 (Göttinger Theol. Arbeiten 5), Göttingen 1976; H.-J. Hermisson, Jeremias Wort über Jojachin, in: Werden und Wirken des Alten Testaments, Festschrift für C. Westermann, Göttingen/Neukirchen 1980, 252–280; W. L. Holladay, A Fresh Look at »Source B« and »Source C« in Jeremiah: VT 25 (1975) 394–412; F. L. Hossfeld – I. Meyer, Prophet gegen Prophet. Eine Analyse der atl. Texte zum Thema: Wahre und falsche Propheten, Fribourg 1973; F. D. Hubmann, Untersuchungen zu den Konfessionen Jer 11, 18–12, 6 und Jer 15, 20–21 (Forschung zur Bibel 30), Würzburg 1978; W. Mc Kane, *mś'* in Jeremiah 23, 33–40, in: Prophecy. Essays presented to G. Fohrer (BZAW 150), Berlin 1980, 35–54; I. Meyer, Jeremia und die falschen Propheten (OBO 13), Freiburg/Göttingen 1977; H. Migsch, Gottes Wort über das Ende Jerusalems... Jeremia 34, 1–7; 32, 2–5; 37, 3–38, 28 (ÖBS 2), 1981; S. Mowinckel, Zur Komposition des Buches Jeremia, Kristiania 1914; E. W. Nicholson, Preaching to the Exiles. A Study of the Prose Tradition in the Book of Jeremiah, Oxford 1970; J. G. Plöger, Der Aufruf zum Hören. Bemerkungen zur Verkündigung im Buch des Propheten Jeremia, in: Der Diakon..., hrsg. von J. G. Plöger – H. J. Weber, Freiburg 1980, 194–214; K. F. Pohlmann, Studien zum Jeremiabuch. Ein Beitrag zur Frage nach der Entstehung des Jeremiabuches (FRLANT 118), Göttingen 1978; T. Polk, The Prophetic Persona. Jeremiah and the Language of the Self (JSOT Suppl. Ser. 32), Sheffield 1984; H. Graf Reventlow, Liturgie und prophetisches Ich bei Jeremia, Gütersloh 1963; C. Rietzschel, Das Problem der Urrolle. Ein Beitrag zur Redaktionsgeschichte des Jeremiabuches, Gütersloh 1966; Th. Seidl, Texte und Einheiten in Jeremia 27–29, St. Ottilien 1977; ders., Formen und Formeln in Jeremia 27–29, St. Ottilien 1978; W. Thiel, Die deuteronomistische Redaktion von Jeremia 1–25 (WMANT 41), Neukirchen 1973; W. Thiel, Die deuteronomistische Redaktion von Jeremia 26–45. Mit einer Gesamtbeurteilung der deuteronomistischen Redaktion des Buches Jeremia (WMANT 52), Neukirchen 1981; G. Wanke, Untersuchungen zur sogenannten Baruchschrift (BZAW 122), Berlin 1971; H. Weippert, Die Prosareden des Jeremiabuches (BZAW 132), Berlin 1973; ders., Schöpfer des Himmels und der Erde. Ein Beitrag zur Theologie des Jeremiabuches (SBS 102), Stuttgart 1981.

DIE GERICHTSWORTE ÜBER JERUSALEM UND JUDA: 1^{1}–25^{14}

Überschrift: 1^{1-3}

1^{1} Die Worte Jeremias, des Sohnes Hilkijas, aus der Priesterschaft zu
Anatot im Land Benjamin. ^{2} An ihn erging das Wort des Herrn zur
Zeit des Königs Joschija von Juda, des Sohnes Amons, im dreizehn-
ten Jahr seiner Regierung, ^{3} ebenso zur Zeit des Königs Jojakim von

1^{3} Wörtlich: »bis zur Wegführung Jerusalems«.

1^{1-3} Mit knappen Angaben werden der Prophet und die Zeit seines Wirkens zu Beginn des Buches vorgestellt: Familie und Geburtsort, die Epoche des zu Ende gehenden Königtums in Juda. Der Text ist nicht aus einem Guß; verschiedene Arten von Überschriften über Prophetenworte und deren Sammlungen sind miteinander verbunden: »Worte Jeremias, des Sohnes Hilkijas«, stand vielleicht schon über der ältesten Zusammenstellung jeremianischer Aussprüche, der sogenannten Urrolle (s. 36^{2}). Die daran angeschlossene ^{2} Wortereignisformel, die in ihrer ursprünglichen Form ^{4} steht, weist auf einen bestimmten Offenbarungsempfang, ein Hörerlebnis (Audition), hin, mit angefügter Datierung möglicherweise auf die Berufung $^{4-19}$. Die Fortführung ^{3} bringt dann den Überblick über die Wirkungszeit bis zum Ende des Staates Juda, schweigt allerdings von der Tätigkeit Jeremias nach der Zerstörung Jerusalems und deckt so Jer 1–39 ab oder gar, wenn nur an die Verkündigung des Propheten (»Worte« ^{1}) gedacht ist, lediglich 1–25. Schließlich wurden ^{1b} die Hinweise auf die Herkunft eingebracht. Die wichtige theologische Aussage aber, die $^{1-3}$ machen, liegt in der Verbindung von ^{1} und ^{2}: Die Worte Jeremias sind Jahwes Wort. Dieses ergeht in eine bestimmte geschichtliche Situation durch den Boten Gottes, der es empfängt. Durch ihn, nicht durch den falschen Propheten (s. 23^{9-32} 28) wird es verkündet.

^{1} Jeremia (vielleicht: »Jahwe erhöht« oder »Jahwe gründet«) stammt aus Anatot, das nahe beim heutigen, 4½ km nördlich von Jerusalem befindlichen Anata, lag. Dorthin war der Priester Ebjatar durch Salomo verbannt worden 1 Kön 2^{26}; von ihm könnte die dortige Priesterfamilie abstammen. Jeremias Vater war wohl nicht jener Priester Hilkija, der im Tempel Jahwes das Gesetzbuch fand 2 Kön 22^{8}. Das Priesteramt hat Jeremia wohl nicht ausgeübt. Nichts in seinen Worten deutet darauf hin, daß der Prophet oder seine Familie mit der Reform Joschijas in Verbindung standen.

$^{2.3}$ Die Tätigkeit des Propheten begann (s. auch 25^{3}) im 13. Jahr Joschijas (627/6 v. Chr.), was sich jedoch aus den Texten nicht nachweisen, freilich auch nicht widerlegen läßt. In der Reihe der Könige, unter denen er das Wort des Herrn verkündete, fehlen Joahas und Jojachin; sie haben beide nur wenige Monate regiert. Jerusalem wurde im Monat Ab (Juli/August) 586 erobert 52^{12}. Demnach erstreckt sich das Wirken Jeremias über vier Jahrzehnte; es beginnt schon vor der Kultreform Joschijas. Aber es dauert auch nach der Wegführung unter den zurückgebliebenen Judäern noch an 40–44.

Juda, des Sohnes Joschijas, bis das elfte Jahr des Königs Zidkija von Juda, des Sohnes Joschijas, zu Ende ging, als im fünften Monat Jerusalem in die Verbannung ziehen mußte.

Die Berufung Jeremias zum Propheten: 1^{4-10}

Jes $49^{1.5}$ $44^{1.2.24}$ 4 Das Wort des Herrn erging an mich: 5 Noch ehe ich dich im Mutter-
Gal 1^{15} Am 3^{2} leib formte, habe ich dich ausersehen, noch ehe du aus dem Mutter-
schoß hervorkamst, habe ich dich geheiligt, zum Propheten für die
Ex 4^{10} Völker habe ich dich bestimmt. 6 Da sagte ich: Ach, mein Gott und

1^{6} Mein Gott und Herr, wörtlich: »Herr Jahwe« (*'a donāj jhwh*).

1^{4-19} berichten von Jeremias Berufung und zeichnen ein Bild des Propheten. Der große Abschnitt ist nicht einheitlich. Darauf weist schon die Wortereignisformel, die nicht nur am Anfang ^{4}, sondern auch in $^{11.13}$ steht, hin. ^{17} schließt an ^{9} an. Nach ^{5} wird Jeremia zum Völkerpropheten bestimmt wie sonst keiner der Propheten, nach $^{17.18}$ aber nur zu den Judäern gesandt. $^{11.12}$ und $^{13-15a}$ ($^{15b-16}$) sind als Visionsberichte in sich geschlossene Textstücke. Auch ^{10} paßt inhaltlich nicht in die Aussagereihe $^{5-9.17-19}$. »Vor ihnen« ^{8} setzt $^{18.19}$ voraus. Demgemäß liegt der Grundbestand von $^{4-19}$ in $^{4-9.17-19}$. Er dürfte gelautet haben: »^{4} Das Wort des Herrn erging an mich: ^{5a} Noch ehe ich dich im Mutterleib formte, habe ich dich ausersehen, noch ehe du aus dem Mutterschoß hervorkamst, habe ich dich geheiligt. ^{7b} Wohin ich dich auch sende, dahin sollst du gehen, und was ich dir auftrage, das sollst du verkünden. ^{9} Dann streckte der Herr seine Hand aus, berührte meinen Mund und sagte zu mir: Hiermit lege ich meine Worte in deinen Mund. ^{17} Du aber gürte dich, tritt hin und verkünde alles, was ich dir auftrage. Erschrick nicht; ^{19} denn ich bin mit dir, um dich zu retten – Spruch des Herrn«. Dieser Text wurde in der Nachinterpretation, vielleicht von verschiedenen Händen, interpretierend ergänzt und durch Einfügung von Textstükken ausgestaltet, damit schon in der Stunde der Berufung, der Auftrag, die Tätigkeit und das Geschick Jeremias deutlich würden.

Der Grundtext (s. o.) ist ein Selbstbericht, in dessen Stil auch die Nachinterpretation verbleibt. Er sagt in drei »Szenen« aus, daß Jeremia der beauftragte Bote und Sprecher Jahwes ist. Seine Berufung steht ganz unter dem Wort Gottes ^{4}: nur in ^{9} wird mit der sichtbaren und spürbaren Hand etwas von der Erscheinung Gottes angedeutet – anders Jes 6 Ez 1–3. Jeremia ist $^{5a.7b}$ dazu geschaffen, gesendet zu werden und Jahwes Wort zu sagen. Das ist der Inhalt und Sinn seiner Existenz. »Noch ehe« und »formte« spielen auf Schöpfungsaussagen an (vgl. Gen $2^{5.7}$). »Ausersehen«, wörtlich »erkannt«, und damit erwählt, in Gottes Plan seine Aufgabe zu erfüllen, war Jeremia schon vor seiner Geburt. »Heiligen« meint hier nicht von Sünde befreien oder vor der Erbsünde bewahren, sondern aus der Gemeinschaft mit den Menschen herausnehmen und Gott zur besonderen Verwendung überstellen, vgl. 15^{17}. Konkret besagt dies ^{7b} für Jeremia, allen und ganz so, wie Jahwe

Herr, ich kann doch nicht reden, ich bin ja noch so jung. [7] Aber der
Herr erwiderte mir: Sag nicht: Ich bin noch so jung. Wohin ich dich
auch sende, dahin sollst zu gehen, und was ich dir auftrage, das sollst Ex 7[1f] Dtn 1[3]
du verkünden. [8] Fürchte dich nicht vor ihnen; denn ich bin mit dir,
um dich zu retten – Spruch des Herrn. [9] Dann streckte der Herr seine V. 19; 30[11]
Hand aus, berührte meinen Mund und sagte zu mir: Hiermit lege ich Dtn 18[18] Ez 2[8–10]
meine Worte in deinen Mund. [10] Sieh her! Am heutigen Tag setze ich 3[1–3]
dich über Völker und Reiche; du sollst ausreißen und niederreißen, 40[5.7.11.] 41[2.18]
vernichten und einreißen, aufbauen und einpflanzen. 24[6] 42[10] 45[4]

befiehlt, die aufgetragene Botschaft zu verkünden. »Gesendet sein, gehen, reden« wird von jetzt an die wesentliche Bestimmung seines Lebens sein. Nun erfolgt [9] mit einer göttlichen Zeichenhandlung und deutendem Wort Jahwes die »Weihe« des Propheten; sie ist ganz auf die Verkündigung ausgerichtet: Gottes Wort ist in den Mund dieses Propheten gelegt. Jeremia fungiert als Mund Jahwes. Vielleicht gab es einen entsprechenden Ritus bei der Beauftragung eines Boten im profanen Bereich, auf den hier angespielt wird, vgl. 15[19.] In [17] folgt der Auftrag zu handeln: »Sich gürten« bedeutet, sich bereit machen. Man schürzt das Gewand, um für die Arbeit, einen längeren Weg, den Kampf beweglicher zu sein. »Steh auf« leitet oft den Befehl ein, der auszuführen ist, so im Wort des Herrn Jos 1[2] Jon 1[2] 3[2] Num 22[20]. Ohne Zaudern muß der Beauftragte seine Aufgabe anpacken. Aber er hat auch [19b] den Schutz Gottes, der an seiner Seite steht. Jahwe wird ihn nicht vor Schwierigkeiten bewahren, aber ihn aus der Gefahr herausreißen.

Jeremia war auch Prophet für die Völker, wie seine Worte (25[15–38] 46–51) beweisen. Jahwe hatte ihn also auch dazu bestimmt. Die Nachinterpretation bringt dies in den Berufungsbericht [5b.6.7a.8] ein, dem sie als kleine Texteinheit eingefügt ist, und dem sie ihren Abschluß [8] (s. [19]) entlehnt. Sie enthält keine Handlung, sondern nur Rede. Jahwe hat bereits beschlossen; er teilt seinen Beschluß dem Betroffenen mit [5b]. Dieser aber darf wie Mose Ex 3[10–13] 4[1–17] Stellung nehmen und einen Einwand vorbringen. Es ist, wie die Anrede »ach, Herr Jahwe« zeigt, die Klage des Beauftragten, des Retters Jos 7[7] Ri 6[22] und des Propheten Jer 14[13] 32[17] angesichts der Konfrontation mit Gottes verfügendem Willen, der menschlichen Plänen und Erwartungen widerspricht. Jeremia ist [6] noch ein *na-ʿar* »ein junger Mann«, noch nicht berechtigt und auch nicht erfahren genug, um öffentlich aufzutreten, seinem Volk den göttlichen Willen zu verkünden, geschweige denn über andere Völker Gottes wirksames, richtendes Wort auszurufen. Jahwe weist den Einwand zurück; sein Entschluß steht fest und bleibt [7a]. Aber er sichert seinen ebenso festen Beistand zu. »Fürchte dich nicht« leitet eine Heils- und Erhörungszusage ein, auf die sich der Empfänger verlassen kann und soll.

Mit dieser Bestimmung zum Völkerpropheten hat Jeremia [10] Vollmacht über die Völker erhalten, wie sie ein Statthalter über eine Provinz, etwa Gedalja, besitzt. In drei Wortpaaren wird sie umschrieben, wobei das zerstörende Tun das Übergewicht hat, das aufbauende aber nicht ausgeschlossen ist. Der Prophet kann somit verwalten und richten, durch sein verurteilendes Wort ein Reich zerstören, durch ein Heilswort es

Zwei Visionen: 1 11–19

Am 7 7–9 8 1–3 11 Das Wort des Herrn erging an mich: Was siehst du, Jeremia? Ich
antwortete: Einen Mandelzweig sehe ich. 12 Da sprach der Herr zu
mir: Du hast richtig gesehen; denn ich wache über mein Wort und
führe es aus. 13 Abermals erging an mich das Wort des Herrn: Was
siehst du? Ich antwortete: Einen dampfenden Kessel sehe ich; sein
Rand neigt sich von Norden her. 14 Da sprach der Herr zu mir: Von
4 6 6 1.22 Norden her ergießt sich das Unheil über alle Bewohner des Landes.
10 22 50 41 15 Ja, ich rufe alle Stämme der Nordreiche – Spruch des Herrn –, damit sie kommen und ihre Richterstühle an den Toreingängen Jerusalems aufstellen, gegen all seine Mauern ringsum und gegen alle
Städte von Juda. 16 Dann werde ich mein Urteil über sie sprechen und
sie strafen für alles Böse, das sie getan haben, weil sie mich verlassen,

1 15 Alle Stämme: fehlt in G und ist wohl aus 25 9 übernommen.

wieder zur Blüte bringen. Hier äußert sich die dtr Theologie von der Mächtigkeit des Gotteswortes, ebenso auch die Hoffnung, daß es sich, wie es in der Verkündigung Jeremias seine Kraft im Gericht über Jerusalem und Juda erwiesen hat, auch zum künftigen Aufbau des Jahwevolkes auswirken werde.

11.12 Aber sind die Aussprüche Jeremias wirklich Gottes Wort, und wer bürgt dafür? Auf diese Fragen antwortet eine dem Erleben des Amos nachempfundene Visionsschilderung. Sie enthält im Kern ein Wortspiel zwischen »Mandelzweig« (*šāqed*) und »(ich) wache« (*šoqed*). Der Mandelbaum blüht als erster der Obstbäume, ist also zuerst »wach« oder »wachsam«, »ruht« vielleicht gar nicht, und hat daher seinen Namen. Jahwe sorgt wachsam dafür, daß sein Wort sich erfüllt. Ein zweites enthält der Abschnitt: Jeremia schaut, empfängt tatsächlich das Wort des Herrn.

13–15a(15b–16) In der zweiten, gleichgebauten Visionschilderung geht es um den Hauptinhalt der Botschaft Jeremias. Auch er kommt von Jahwe, ist dem Propheten offenbart. Ein Kessel steht (vgl. 2 Kön 4 38–41) auf der Feuerstelle, kochend, nach Süden geneigt, so daß sein Inhalt in dieser Richtung überzufließen droht. Jeremia erfaßt die Situation richtig: Von Norden her Unheil 13, und Jahwe bestätigt 14 diese Sicht. Der »Feind aus dem Norden« samt seinen Hilfsvölkern 15a fällt über Juda her. Jahwe selbst ruft ihn herbei. Noch ist nicht zu sehen, wer es sein wird; später wird klar, daß es Nebukadnezzar von Babel ist. Mit Recht hat Jeremia den »Feind aus dem Norden« zum Thema seiner Verkündigung von Anfang an gemacht. Er hat die Katastrophe vorhergesehen und gedeutet, wie es ihm Gott offenbart hatte. So ist es in der Belagerung und dem Gericht über Jerusalem 15b eingetroffen 52 9; Jahwe hat sein Volk gerichtet 16. Er strafte es für die Sünde, den Abfall von ihm, der hier mit dtr Ausdrücken näher umschrieben wird: Jahwe verlassen, anderen Göttern opfern, das Werk ihrer Hände anbeten. Wovor das im Tempel gefundene Gesetzbuch warnt und was es androht, wird zum Unheil für Jerusalem und Juda geschehen. Nun war es eingetreten.

anderen Göttern geopfert und das Werk ihrer eigenen Hände ange- 2 Kön 22^{16f}
betet haben. 17 Du aber gürte dich, tritt vor sie hin, und verkünde ih-
nen alles, was ich dir auftrage. Erschrick nicht vor ihnen, sonst setze Dtn 31^{8} Jos 1^{9} 8^{1}
ich dich vor ihren Augen in Schrecken. 18 Ich selbst mache dich heute 15^{20}
zur befestigten Stadt, zur eisernen Säule und zur ehernen Mauer ge-
gen das ganze Land, gegen die Könige, Beamten und Priester von
Juda und gegen die Bürger des Landes. 19 Mögen sie dich bekämpfen,
sie werden dich nicht bezwingen; denn ich bin mit dir, um dich zu
retten – Spruch des Herrn.

Das treulose Volk: 2^{1-37}

2 1 Das Wort des Herrn erging an mich: 2 Auf! Ruf Jerusalem laut ins
Ohr: So spricht der Herr: Ich denke an deine Jugendtreue, an die Hos 2^{17}

1^{17} Wörtlich: »Steh auf und rede zu ihnen.«
2^{2} Auf, wörtlich: »geh«.

$^{17b-19a}$ Eine solch harte Botschaft auszurichten, ist nicht leicht. Der Prophet muß mit großen Widerständen, mit Anfeindungen und tätlichen Angriffen rechnen. Darum wird in der Nachinterpretation die Zusage des göttlichen Beistandes und auch der Aufruf zur Unerschrockenheit verstärkt. Wenn er furchtsam auftritt, überläßt ihn Gott seiner Angst ^{17b}. Jahwe gibt ihm die Kraft zur Furchtlosigkeit und zum Widerstand, wie mit Bildern aus 15^{20} gesagt wird ^{18a}, auch wenn alle die Adressaten seiner Worte ^{18b} und das ganze Land gegen ihn stehen. Unter dem Schutz des Herrn, mit seiner Kraft gerüstet und von seinem Beistand umgeben, wird der Prophet unüberwindlich sein. Wie ein Siegel auf das Gesagte steht am Schluß die in $^{4-19}$ dreimal verwendete bekräftigende Formel: Spruch des Herrn.

In $^{4-19}$ haben jene, welche die Botschaft Jeremias aufnahmen und weitertrugen, im engen Anschluß an den Propheten selbst und sein Wirken einen Berufungsbericht als Gotteswort geschaffen, der die ganze Spannweite prophetischer Existenz aufzeigt. Er stellt dar, daß und wie Jeremia, der erwählte und bevollmächtigte Prophet Jahwes, zuverlässig unter göttlichem Beistand das wirksame Gotteswort verkündet. Dabei wird der Gott sichtbar, der diesen Menschen berief, anforderte, stärkte und beschützte, soweit es in seinen Plänen lag. Wie Jeremia ist auch der Gottesknecht und der Völkerapostel berufen. Wie er ist Paulus gesendet und beschützt Apg 22^{15}; 26^{17}. Die Liturgie verwendet den Text am Fest der Geburt $^{4-10}$ und am Gedenktag der Enthauptung $^{17-19}$ Johannes, des Täufers, vgl. Lk $1^{41.66}$, sieht in $^{4-9}$ auch Sendung und Auftrag für »Hirten der Kirche« (7. Lesung des Commune) umschrieben und setzt $^{4.5.17-19}$ (4. Sonntag im Jahreskreis III) zu Lk 4^{21-30} in Beziehung: Jeremia als Vorbild des beauftragten Boten Gottes.

Der Abschnitt 2^{1-37} ist nur ein erster Teil des großen Textgefüges 2^{1}–6^{30}, das von Schuld, Strafe, auch von der Möglichkeit zur Umkehr handelt und vom Endredaktor des Buches wohl als eine umfangreiche Rede Je-

Liebe deiner Brautzeit, wie du mir in der Wüste gefolgt bist, im Land
ohne Aussaat. [3] Heiliger Besitz war Israel dem Herrn, Erstlingsfrucht
seiner Ernte. Wer davon aß, machte sich schuldig, Unheil kam über
ihn – Spruch des Herrn.
[4] Hört das Wort des Herrn, ihr vom Haus Jakob und all ihr Ge-

2^3 Heiliger Besitz, wörtlich: »Heiliges«.

remias betrachtet wird, die nächste große Zwischenüberschrift folgt erst in $7^{1.2}$, vgl. $2^{1.2*}$. Es geht um die Auseinandersetzung Jahwes mit seinem untreuen Volk nach Art eines Gerichtsverfahrens, wobei Gott sich verteidigt und seinerseits Anklage erhebt: Unschuldserklärung $^{2.3}$ und Verteidigungsrede Jahwes mit Anklage $^{4-13}$; Diskussion der Vorwürfe des Volkes $^{14-19}$; Feststellung der Schuld $^{20-22}$; Bestreitung der Position Israels $^{23-28}$; erneute Zurückweisung der Vorwürfe und Anklage $^{29-37}$. Der Abschnitt ist aus Jeremiaworten aufgebaut, die stellenweise kommentiert sind. Er paßt mit dem, was Israel vorgeworfen wird, gut in die Zeit vor der Reform Joschijas, ist aber nicht datiert. Man nimmt an, daß er aus der frühen Tätigkeit Jeremias stammt. Die bekräftigende Formel »Spruch des Herrn« hebt wichtige Aussagen im Text hervor: Jahwes Heilstat ^{3}; daß er Anklage erheben muß ^{9}; Israels Schuld $^{12.19.22.29}$. Auf letzterem liegt der Nachdruck.

$^{1-3}$ Mit besonderer Gewichtung (Wortereignisformel, Sendungs- und Redeauftrag, Botenspruchformel) wird die Gottesrede eingeführt. Die Worte Jahwes $^{2.3}$ erhalten dadurch einen starken Akzent und werden durch den folgenden Aufmerksamkeitsruf ^{4} samt Botenspruchformel ^{5} betont vom übrigen Text abgehoben. »Nur im Jeremiabuch ist der dreigliedrige Aufruf zum Hören« (Imp., Objekt, Adressat) »mit der Botenformel verbunden« (J. G. Plöger 196). Von Hosea ist wohl das Bild vom bräutlichen ungetrübten Treueverhältnis des noch jungen, erst in der göttlichen Rettungstat konstituierten Volkes zu Jahwe übernommen: Es ließ sich von seinem Gott führen. In der Wüste gab es den Fruchtbarkeitsgott Baal nicht, der ihm in Kanaan zur Versuchung wurde, zu dem es abfiel, durch den es zu Fall kam. Andererseits war Israel ganz Jahwe überantwortet, gehörte ihm allein wie die ersten Früchte der Ernte, über die nur der Herr verfügen kann. Wer gegen seinen Willen davon ißt (Lev 22^{9f}), Israel also angreift, wie die Amalekiter in der Wüste (Ex 17^{8-16}) oder später die Feinde in Kanaan, macht sich schuldig; Jahwe greift ein. Er hat gehandelt, getan, was Israel wegen des besonderen Verhältnisses zu ihm von seinem Gott erwarten konnte. Davon ist auszugehen. Jahwe hat sich nichts zuschulden kommen lassen. Weder in der Vergangenheit noch in der Gegenwart hat er gegen die von ihm gewährte enge Verbindung mit Israel verstoßen.

$^{4-13}$ Jahwe kann sich also mit nicht zu widerlegenden Argumenten verteidigen, und seine Verteidigung wird von selbst zur Anklage gegen Israel. Sie geht wie bei einem gerichtlichen Verfahren in drei Schritten voran: $^{5-8}$ Zurückweisung der Anklage; $^{9-11}$ Gegenklage; $^{12.13}$ Anrufung der Zeugen. Ihr Thema ist: »Sie haben sich von mir (Jahwe) entfernt.« Durch die Gottesspruchformel »Spruch des Herrn« $^{3.9.12.19}$ scheint die Redaktion jedoch vier Abschnitte zu sehen:

schlechter des Hauses Israel! 5 So spricht der Herr: Was fanden eure
Väter Unrechtes an mir, daß sie sich von mir entfernten, nichtigen 2 Kön 17 15
Göttern nachliefen und so selber zunichte wurden? 6 Sie fragten
nicht: Wo ist der Herr, der uns aus Ägypten heraufgeführt, der uns in
der Wüste den Weg gewiesen hat, im Land der Steppen und Schluch- Dtn 8 14f
ten, im dürren und düsteren Land, im Land, das keiner durchwandert Am 2 10
und niemand bewohnt? 7 Ich brachte euch dann in das Gartenland,
um euch seine Früchte und Güter genießen zu lassen. Aber kaum seid
ihr dort gewesen, da habt ihr mein Land entweiht und mir mein Ei-
gentum zum Abscheu gemacht. 8 Die Priester fragten nicht: Wo ist
der Herr? Die Hüter des Gesetzes kannten mich nicht, die Hirten des

2 5 Nichtigen Götzen, wörtlich: »Hauch«, im Sinne von »Nichts, nichtig«.
2 7 Entweiht, wörtlich: »unrein gemacht«.
2 8 Wörtlich: »denen, die nicht nützen«.

1–3.4–9.10–12.13–19, wobei Merkmale einer konzentrischen Struktur festzustellen sind (A 2b dir, B 3 Israel, C 11 mein Volk / C' 13 mein Volk, B' 14 Israel, A' 16–19 dir); 1–19 sind so zu einer größeren Einheit zusammengefaßt (J. G. Plöger 201–203). Dazu läßt sich 4–9.10–12, auch 2.3 ein Redeschema feststellen, das häufig verwendet wird und »Forderung, Frage, Feststellung, Folgerung« umfaßt (J. G. Plöger 201f, s. dort weitere Hinweise).

5–8 Israel hat die Bindung an seinen Gott durch Verhalten und Tat aufgekündigt und aufgegeben. Damit ist er ins Unrecht gesetzt, und ihm der Vorwurf gemacht, er habe nicht recht getan. Jahwe wehrt sich mit der abweisenden Frage 5a. Sein Volk hatte keinen Grund, sich von ihm abzuwenden. Der Abfall von Jahwe wird 5b im Vorgriff auf 10 dtr interpretiert als Hinwendung zu den nichtigen Göttern mit der im Untergang des Nordreichs erlebten Folge, daß es selber zu »Nichts« wurde, wie das Wortspiel treffend sagt. Man hätte richtig 6 nach der Nähe Jahwes fragen müssen, nach seiner wirksamen Macht (Ps 42 11 79 10) und seinem Willen, und sich so zu ihm bekennen sollen. Anlaß dazu hätte die Heilsgeschichte geboten: die Befreiung aus Ägypten, die Führung durch die Wüste, die hier in dtr Nachinterpretation im Gegensatz zu 2 als eine Gegend voller Schrecken geschildert wird, und die Verleihung des Landes. Die Eroberung Kanaans war nur durch Jahwes Hilfe und Tat möglich: Er hat Israel sein gutes und schönes (vgl. Dtn 8 7–9) Land, das immer sein eigen bleibt und das er ebensowenig aufgibt, wie ein Mann sein väterliches Erbe *(naḥ*a*lāh)*, zu Lehen gegeben. Aber Israel hat das Land unrein gemacht, die Verbindung zwischen Gott und seinem Eigentum gestört, indem es die Fruchtbarkeit auf Baal, nicht auf Jahwe zurückgeführt hat. Das erregt den Abscheu des Herrn, widert ihn innerlich an, läuft in den Praktiken des Fruchtbarkeitskultes seinem Wesen zuwider. 8 kommentiert, wohl als späterer Zusatz, 6 und bezieht die Abwendung des Volkes in erster Linie auf die führenden Schichten, vgl. 5 4f. Die mit dem Gesetz befaßt sind, es handhaben, sind kaum Gesetzeslehrer und frühe Vorläufer der Schriftgelehrten, sondern die Priester, die die Tora, die Weisung Jah-

23[13] Volkes wurden mir untreu. Die Propheten traten im Dienst des Baal
auf und liefen unnützen Götzen nach. [9] Darum muß ich euch weiter
anklagen – Spruch des Herrn – und gegen eure Kindeskinder Klage
erheben. [10] Geht doch hinüber zu den Inseln der Kittäer, und seht
euch um, oder schickt nach Kedar, forscht genau nach, und seht zu,
ob irgendwo etwas Ähnliches geschah. [11] Hat je ein Volk seine Götter
gewechselt? Dabei sind es gar keine Götter. Mein Volk aber hat sei-
nen Ruhm gegen unnütze Götzen vertauscht. [12] Entsetzt euch dar-
über, ihr Himmel, erschaudert gewaltig – Spruch des Herrn. [13] Denn
17[13] Ps 36[10] mein Volk hat doppeltes Unrecht verübt: Mich hat es verlassen, den
Jes 12[3] Joh 4[10] Quell des lebendigen Wassers, um sich Zisternen zu graben, Zister-
nen mit Rissen, die das Wasser nicht halten.

2[12] Gewaltig, mit G (*harbeh* statt des schwierigen *ḥārᵉbû)*

wes, kennen und auslegen mußten (18[18], vgl. 2 Chr 19[8–11]). Hirten werden wie im Alten Orient so auch im AT die Herrscher (Könige) genannt; sie sind von Jahwe abgefallen, erkennen ihn nicht mehr als den obersten Herrn an. Die Propheten, zu Elijas und Elischas Zeiten, in Scharen dem Gott Israels verbunden und für ihn tätig, lassen sich vom Baal inspirieren und treten für ihn ein. Was nichts nützt, nicht helfen kann, ohnmächtig ist, verdient weder den Namen »Gott« noch Nachfolge.

[9–11] ziehen wie im Gerichtsverfahren die Konsequenz aus dem aufgezeigten Tatbestand, gehen zur Anklage in direkter Anrede der Schuldigen über und stellen die Größe des Vergehens heraus. [9b] erweitert die Beschuldigung auf die jetzt, lange nach der Reform Joschijas lebende Generation. Daß Völker andere Götter hinzunahmen, oft aus politischen Gründen, geschah häufig; kaum aber haben sie ihren mit Volk und Land verbundenen Gott aufgegeben. Aber selbst wenn sie es getan hätten, wäre es, wie die nachträgliche Bemerkung »sie sind keine Götter« deutlich macht, kein Göttertausch gewesen, nur ein Auswechseln von Bezeichnungen für vergöttlichte Naturkräfte. Was nirgends geschah, weder im Westen – dafür stehen die Kittäer, ursprünglich die Einwohner von Kition auf Cypern – noch im Osten – Kedar meint die Bewohner der syrisch-arabischen Wüste –, hat Israel getan: Es hat seinen Ruhm, seine Ehre, d. h. das, was ihm Geltung und Bedeutsamkeit verleiht, nämlich seinen Gott mit hilflosen Wesen [8.11] vertauscht.

[12.13] Als Zeuge wird der Himmel, vgl. Jes 1[2] angerufen; er soll und kann Stellung beziehen, um das Ausmaß und den Widersinn der schuldhaften Tat zu zeigen. »Entsetzen« und »Himmel« bilden im Hebr. ein Wortspiel. Das Unrecht Israels war in zweifacher Hinsicht böse und unheilvoll: Jahwe, der Leben spendet, hat es verlassen und sich an einen Gott gewendet, der dazu nicht imstande ist. Dies wird mit einem Vergleich gesagt: Jahwe ist die Quelle lebendigen, d. h. frischen, fließenden Wassers, die Quelle des Lebens. Baal, die anderen Götter, werden mit Zisternen verglichen, aus denen auch das abgestandene Wasser entwichen ist, so daß sie nur noch Schlamm bieten. Zisternen wurden mit Kalkputz ausgekleidet und abgedichtet. Wenn dieser etwa durch

[14] Ist Israel denn ein Knecht oder ein im Haus geborener Sklave?
Warum wurde es zur Beute, [15] über der Löwen brüllten und knurrten? 47
Man hat sein Land zur Wüste gemacht; seine Städte sind verbrannt
und menschenleer. [16] Sogar die Leute von Memfis und Tachpanhes
zertrümmern dir den Schädel. [17] Geschieht das nicht deshalb, weil du
den Herrn, deinen Gott, verlassen hast? [18] Was nützt es dir jetzt, nach
Ägypten zu laufen, um Nilwasser zu trinken, oder nach Assur zu lau-
fen, um Eufratwasser zu trinken? [19] Dein böses Tun straft dich, deine
Abtrünnigkeit klagt dich an. So erkenne doch und sieh ein, wie

2[17] Die EÜ läßt [17bß] »zur Zeit, da er dich auf dem Weg geleitet hat« weg, der in G fehlt, den Zusammenhang stört und wohl Glosse ist, vgl. [6], oder Dittographie zum Anfang von [18].

2[18] Nilwasser, wörtlich: »Schichor-Wasser«.

2[19] Klagt dich an, wörtlich: »züchtigt dich«.

Erdbeben Risse bekam, versickerte das angesammelte Wasser. Der Tausch ist unbegreiflich; er muß zur Enttäuschung, ins Unheil führen.

[14–19] Ein Diskussionswort über den Zustand Israels, das ursprünglich [14f.17abα.19a] umfaßt und die Folgen des Abfalls aufzeigt. Es ist nicht dialogisch angelegt, sondern will in Frage und Antwort ein Problem klären. Der Prophet spricht; in [19b] erfolgt die Überleitung zur anschließenden Jahwerede im Ichstil. [14] Zuerst wird nach dem Status Israels gefragt. Nein, Jahwes Volk ist nicht Knecht oder hausgeborener Sklave, der nie die Freiheit erlangt (Ex 21[4]), also nicht fremden Herrn unterworfen und ausgeliefert, sondern als »Sohn« befreit (Hos 11[1ff]). Die zweite Frage, wohl eher im »warum« der Klage gestellt, beschreibt die dennoch eingetretene Not des Volkes[14b.15]: Unterjochung, Verwüstung des Landes. Anscheinend ist an Assur unter dem Symbol des Löwen gedacht und an seine Angriffe 721 und 701 v. Chr. In [16] ist der Hinweis auf Ägypten, das damals keine Gefahr darstellte, nach Meinung mancher Ausleger von Jeremia selbst unter Jojakims Regierungszeit nachgetragen und mit *gam* »auch, sogar« angeschlossen. Memfis (hebr. *nof*) liegt etwa 20 km südlich von Kairo, Tachpanhes war ägypt. Grenzfestung im östlichen Nildelta. Mit einer Gegenfrage gibt [17] Antwort auf [14.15] und deutet die Bedrängnis als Folge des Abfalls von Jahwe. [18] bringt eine historisierende Auslegung des Abfalls Israels, vgl. [36f], der im Grundtext die Verehrung Baals ist. Wiederum fragend wird der Versuch abgelehnt, sich Hilfe und Rettung beim einen oder anderen zu holen, die eine Großmacht gegen die andere auszuspielen, bei Ägypten oder Assur neue Kraft zu schöpfen. Schichor (Teich des Horus) bezeichnet hier wie Jes 23[3] den Nil, nicht nur einen See oder Nilarm im Delta. [19] Nur klare Erkenntnis und Einsicht in die wahren Ursachen der Not helfen wirklich. Die böse Tat des Abfalls von Jahwe hat die Strafe über das Volk gebracht. Es hat sich damit nichts Gutes, sondern Unheil und Schmerz zugefügt. Infolge mangelnder Ehrfurcht vor Gott ist es soweit gekommen, sagt ein Ergänzer, schon mit Blick auf [20] in Jahwerede, und unterstreicht es mit der auf die Macht Gottes (Jahwe Zebaot) verweisenden

schlimm und bitter es ist, den Herrn, deinen Gott, zu verlassen und
keine Furcht vor mir zu haben – Spruch Gottes, des Herrn der Heere.
Hos 4^{16} 10^{11} 20 Von jeher hast du dein Joch zerbrochen, deine Stricke zerrissen
Hos 4^{13} Dtn 12^{2} und gesagt: Ich will nicht dienen. Auf jedem hohen Hügel und unter
2 Kön 17^{10} jedem üppigen Baum hast du dich als Dirne hingestreckt. 21 Ich aber
1 Kön 14^{23} hatte dich als Edelrebe gepflanzt, als gutes, edles Gewächs. Wie hast
5^{10} Jes 5^{1-4} du dich gewandelt zum Wildling, zum entarteten Weinstock! 22 Selbst
Jes $1^{16.18}$ wenn du dich mit Lauge waschen und noch soviel Seife verwenden
Ps $51^{4.9}$ wolltest, deine Schuld bliebe doch ein Schmutzfleck vor meinen Au-
gen – Spruch Gottes, des Herrn. 23 Wie kannst du sagen: Ich bin nicht
unrein geworden, den Baalen bin ich nicht nachgelaufen? Schau auf
dein Treiben im Tal, erkenne, was du verübt hast. Eine schnelle Ka-
melstute bist du, die kreuz und quer ihre Wege rennt, 24 eine wilde
Eselin, die an die Wüste gewöhnt ist. In ihrer Brunst schnappt sie

2^{20} Hast du, mit G, M: »habe ich«.
2^{21} Zum Wildling ...: *l^esōrijjāh gaefaen.*
2^{24} Der Vergleich mit dem Wildesel *(paeraeh)* (»eine ... ist«) ist wohl aus 14^{6} übernommen, anscheinend wegen des auch dort ausgesagten Schnappens nach Luft. – In ihrer Brunst: lies mit vielen Hss *nāfšāh* bezogen auf »Kamelstute«. – Zur Zeit ihrer Brunst, wörtlich: »in ihrem Monat«.

Spruchformel. Jeremia selbst will in [19], daß Israel das akzeptiert, was [17] fragend nahegelegt hatte: Sein Zustand weist auf seine Schuld hin.

[20–22] stellt Jahwe nach erfolgtem Beweisgang anklagend die Schuld fest. Drei verschiedene Bilder beschreiben sie: das störrische Rind, das als Zugtier den Dienst verweigert, den Jochbalken, der über dem Nacken lag, zerbricht und die Stricke um den Hals, mit denen er befestigt war, zerreißt; der entartete Weinstock, der schlechte oder keine Früchte bringt; ein Mensch, der sich so beschmutzt hat, daß er auch durch starke Reinigungsmittel (*naetaer* Natron und *borīt* pflanzliche Lauge) den Schmutz nicht los wird. So haftet die Schuld am Volk, die durch Verweigerung und Entartung, Aufkündigung des Dienstes und Wesensänderung – Israel ist in seinem Tun und Verhalten nicht mehr Volk Jahwes – eingetreten ist. Aus dem Rahmen der Bilder vom pflügenden Rind und vom Weinstock fällt [20b] heraus, eine dtr und vielleicht von Ez 16 beeinflußte Konkretisierung der Schuld des Volkes, die im Vorgriff auf [23] auf den baalistischen Fruchtbarkeitskult bezogen wird. Er fand unter dem Fruchtbarkeitssymbol des üppigen Baumes und auf den Höhen-Heiligtümern, auch im Vollzug der »heiligen Hochzeit« statt.

[23–37] bestreitet Jahwe die gegnerische Position, die sich Israel aufgebaut hat. Wechselnde Bilder veranschaulichen jeweils die Aussage und ihren bestimmten Aspekt, zuerst [23–25] die Verehrung des Baal. Der Plural steht deswegen, weil dieser Gott in vielfacher Differenzierung seines im Grunde gleichbleibenden Wesens an einzelnen Orten und in ihrem Umland verehrt wurde. Seine Verehrung macht unrein, unfähig zum Jahwekult. In der Bestreitung verweist Jahwe kaum auf die Kinderopfer, sondern auf den Fruchtbarkeitskult (auch) im Tal, wohl an Quellen und

nach Luft. Wer vermag ihre Gier zu hemmen? Jeder, der sie begehrt,
findet sie ohne Mühe zur Zeit ihrer Brunst. [25] Gib acht, daß du dir
den Fuß nicht wund läufst und daß deine Kehle nicht durstig wird.
Du aber sagst: Nein, laß mich! Denn ich bin verliebt in die Fremden
und will ihnen nachlaufen. [26] Wie ein ertappter Dieb sich schämt, so
müssen sich die Leute vom Haus Israel schämen, sie selbst, ihre Kö- 2[22]
nige und Beamten, ihre Priester und Propheten. [27] Sie sagen ja zum
Holz: »Du bist mein Vater«, und zum Stein: »Du hast mich gebo-
ren«. Sie kehren mir den Rücken zu und nicht das Gesicht; sind sie 7[24] 32[33]
aber in Not, dann rufen sie: Erheb dich, und hilf uns! [28] Wo sind nun
deine Götter, die du dir gemacht hast? Sie mögen sich erheben, falls Dtn 32[37f] Ps 3[8]
sie dir helfen können, wenn du in Not bist. Denn so zahlreich wie Jer 11[12f]
deine Städte, Juda, sind auch deine Götter.
[29] Warum streitet ihr gegen mich? Ihr alle seid mir untreu geworden –
Spruch des Herrn. [30] Vergeblich schlug ich eure Söhne; sie ließen sich
nicht erziehen. Euer Schwert fraß eure Propheten wie ein reißender Neh 9[26] Mt 23[30]

am Wasser stehenden mächtigen Bäumen. Auf ihn deutet der Vergleich mit der Kamelstute hin, deren Gier nicht zu bremsen ist und die jede Kontrolle über sich verloren hat. So hemmungslos und ohne jeden Widerstand hat Israel sich dem Baal hingegeben. Eine Warnung, die hier [25] ironisch gemeint ist, hat keinen Erfolg, ist »aussichtslos« *(nō'āš)*; das Volk ist in seiner Leidenschaft den Fremden, womit gegenüber Jahwe »die Baale« [23] gemeint sind, verfallen.

Über [26–29] steht als Leitmotiv die Beschämung des ertappten Diebes, seine Enttäuschung und Schande, die Gefährdung seiner Existenz. Genauso steht das »Haus Israel« da. [26b] ist ein Einschub, der die führenden Männer verantwortlich macht; [27] schließt an [26a] an. [27] Masseben (säulenartige Steine), Felsplatten, Ascheren (heilige Pfähle oder Bäume) wurden, vielleicht noch als Sitz göttlicher Kräfte betrachtet, als Symbole des Lebens und der Fruchtbarkeit verehrt. Das ist Abkehr von Jahwe. In Zeiten der Not aber erinnert man sich an ihn, den rettenden Gott, und ruft um Hilfe. Er ist aber kein bloßer Notbehelf. Solche Religiosität weist er zurück. Israel soll zu den Göttern auch in Bedrängnis gehen, zu denen es in Zeiten des Wohlstandes seine Liebe hingetragen hat. Wenn Jahwe jetzt nicht hilft, ist er im Recht, und es besteht [29] kein Grund, ihn anzuklagen. [28b] ist wohl eine nachträgliche Erweiterung der ironischen Aufforderung: Du hast doch genug Götter, an die du dich wenden kannst. Selbstgemachte Götter aber sind machtlos. Israel wird von ihnen enttäuscht, verlassen und steht mit Schande da.

[30f] Strafe von seiten Gottes war erfolglos; man zog keine Lehre daraus, sondern hat die Mahner, die vom Herrn gesandten Propheten, die das Geschehen als göttliches Gericht deuteten, umgebracht. Vielleicht ist an Manasse gedacht, vgl. 2 Kön 21[16], unter dessen Herrschaft Jesaja nach der Legende (Ascensio Isaiae) den Märtyrertod starb. Der erste Satz in [31] ist anscheinend die Bemerkung eines Lesers (Duhm), der das geschriebene Jahwewort auf die jetzt lebende Generation bezieht; wörtlich: »Das Geschlecht seid ihr; schaut (auf) das Wort Jahwes!«

Löwe. [31] Ihr nun, das gegenwärtige Geschlecht, schaut auf das Wort
des Herrn! Bin ich denn für Israel eine Wüste geworden oder ein fin-
steres Land? Warum sagt mein Volk: Wir wollen frei umherschwei-
fen, wir kommen nicht mehr zu dir? [32] Vergißt denn ein Mädchen sei-
Dtn 6[10–15] 8[11–19] nen Schmuck, eine Braut ihre Bänder? Mein Volk aber hat mich ver-
gessen seit ungezählten Tagen. [33] Wie gut findest du deinen Weg,
wenn du Liebe suchst. Sogar an Verbrechen hast du dein Verhalten
gewöhnt. [34] Selbst am Saum deiner Kleider klebt das Blut von Armen,
5[28] 22[13]. Am 2[6f] von Unschuldigen, die du nicht etwa beim Einbruch ertappt hast.
Jes 1[15] [35] Und trotzdem sagst du: Ich bin unschuldig; sein Zorn hat sich ja
von mir abgewandt. – Aber ich gehe ins Gericht mit dir, weil du sagst:
Ich habe mich nicht versündigt. [36] Wie kannst du nur so leicht bereit
sein, deinen Weg zu wechseln! Auch von Ägypten wirst du ent-

2[31] Frei umherschweifen: *radnū* (von *rūd*); eine Änderung in *māradnū* »wir lehnen uns auf« (Vg recessimus, vgl. Aq) ist nicht nötig.

2[34] Die letzten Worte »doch bei all dem« *(kī ʿal kᵉ l-ellaeh)* sind vielleicht verderbt und von der EÜ weggelassen, bzw. in »trotzdem«[35] berücksichtigt.

2[36] Leicht bereit sein: *tāzellī*, M: »du gehst weg«?

Jahwe aber fährt mit einem Vergleich fort: Sein Volk hat ihn gemieden, wie wenn er gleich einer Wüste der Ort des Unheils wäre, vgl. [6]. Es will sich nicht an ihn binden, sondern in einer falsch verstandenen Freiheit gehen, wohin es will. An Hinwendung zu ihm denkt es nicht. [32–37] sind wieder ein kommentiertes Prophetenwort, in dem Gott selbst spricht. Im Bild von der Braut, das den großen Abschnitt, der mit ihm auch [2] eröffnet wurde, wirkungsvoll abschließt, bleiben [32f.35]. Mit »auch« *(gam)* angeschlossen, vgl. [36b.37a], bringt [34] einen Einzelfall zur Illustration von [33], wo »Verbrechen« (wörtlich: Böses) eher die Untaten des Baaldienstes meint. [36f] bieten eine historisierende Auslegung zu »Verhalten« (wörtlich: Wege)[33].

Wiederum erinnert Jahwe [32] an das bräutliche Verhältnis, in dem sein Volk ihm verbunden ist, zugleich aber auch an Israels Untreue. Wenn eine Braut ihren Schmuck (Geschmeide und Bänder) nicht mehr beachtet, den ihr der Bräutigam geschenkt hat, legt sie keinen Wert mehr auf die eingegangene Bindung. Jahwe ist für sein Volk der Geber, und die wertvollste Zier[11] zugleich. Ihn vergessen – davor warnen die dtn Einleitungsreden (Dtn 5–11) eindringlich – bedeutet, keinen Wert mehr auf die Beziehung zu ihm legen. [33] Die »Braut« sucht andere Liebschaften und weiß sie zu finden. Sie hat sich deshalb schon an die bösen Taten gewöhnt; gemeint ist damit wieder der Baalskult. Dabei versteht das Volk die Langmut seines Gottes [35], der zuwartet und nicht straft, völlig falsch. Sie ist kein Zeichen dafür, daß es unschuldig ist. Darum muß Jahwe, um nicht den Anschein zu erwecken, als billige er das Verhalten und stimme der Unschuldserklärung zu, mit Israel ins Gericht gehen. Das aber beinhaltet auch Verurteilung und Strafe. [34] legt [33b] mit Bezug auf die prophetische Sozialkritik näher aus. Unterdrükkung, Ausbeutung und Mord sind schweres Unrecht. Die Tötung Unschuldiger ist nicht zu entschuldigen,

täuscht, wie du von Assur enttäuscht worden bist. [37] Auch von dort
wirst du wegziehen, die Hände über dem Kopf. Denn der Herr ver- 2 Sam 13[19]
wirft alle, denen du vertraust; du hast mit ihnen kein Glück.

Der Bundesbruch als Ehebruch: 3[1-13]

3[1] Wenn ein Mann seine Frau entläßt und wenn sie von ihm weggeht Dtn 24[1-4]
und die Frau eines andern wird, wendet er sich dann ihr wieder zu?
Würde das Land nicht völlig entweiht? Du aber hast mit vielen Freun- 3[2.9] Num 35[33]
den gebuhlt, und da solltest du zu mir zurückkehren dürfen? – Ps 106[38] Jes 24[5]
Spruch des Herrn. [2] Blick hin und schau zu den Höhen hinauf! Wo Hos 4[13]
hast du dich nicht schänden lassen? An allen Wegen hast du auf sie
gewartet wie ein Araber in der Wüste. Mit deiner Unzucht und Ver-

3[1] bietet in M vor dem Text *le'mor* »(um zu sagen) folgendermaßen«, das G Syr weglassen, wohl Rest der Wortereignisformel »Das Wort des Herrn erging an mich folgendermaßen«. – Land, G Vg: »Frau«.

wie etwa der Totschlag eines beim Einbruch ertappten Diebes (Ex 22[1]). Mit diesem Beispiel greift der Ergänzer auf [26] zurück und bindet mit dem Bild vom befleckten »Saum« seine Erläuterung in das Jahwewort von der untreuen Braut ein. [36f] bringen ein politisches Verständnis der Wege [33] ein. Auch von den Großmächten, die ohne den Willen Jahwes oder gegen ihn nicht helfen können, wird Israel enttäuscht. Die »Braut« muß von dort mit der Gebärde des Schmerzes und der Schande weggehen. Klagefrauen legten zum Zeichen der Trauer die Hände auf ihren Kopf. Die Schuld des Volkes ist klargestellt und ausführlich dargestellt. Wie soll es nun weitergehen? Darauf antwortet 3[1]–4[4], ein Text aus verschiedenen Stücken, der durch die 3[1] gestellte Frage und die 4[1] gegebene Antwort sowie das achtzehnmal verwendete Stichwort *šûb* »umkehren, zurückkehren« zusammengehalten wird. Die Rede wird [6.11.19] und 4[3] (hier mit der Botenspruchformel) neu eingeführt. 3[6–10.14–18] verlassen das 3[1] angeschlagene Thema, wobei [6–10] ein Vergleich zwischen den beiden treulosen Schwestern Israel und Juda angestellt wird, der von Ez 23 abhängig ist, und [14–18] eine Rückkehr aus der jüdischen Diaspora [14] in das dann vom Segen Gottes erfüllte Land verheißen wird. Aber bereits in [1aγ.b] wird eine andere Thematik angeschlagen. Nun handelt die Prophetenrede vom Land, das entweiht ist und von der Frau, die zurückkehren möchte, während der Anfang von [1] vom Mann und seiner Zuwendung zur Frau spricht. Statt »Land« in [1] »Frau« zu lesen, geht nicht an; denn im Kontext 3[2.9] wie auch Jes 24[5] Mi 4[11] Ps 106[38] Num 35[33] wird von der Entweihung *(ḥnp)* des Landes gesprochen. Auch 3[19] führt die in 3[1] gestellte Frage nicht weiter, sondern spricht von Jahwes Wohltat und [21–25] sprechen von Einsicht und Umkehr des Volkes. Dagegen läßt sich 3[11.12] als Fortführung von 3[1aαß] verstehen; 4[1] fügt sich an.

Das Grundwort von 3[1]–4[4] dürfte demnach gelautet haben: Das Wort des Herrn erging an mich 3[1] folgendermaßen: »Wenn ein Mann seine Frau entläßt, und wenn sie von ihm

kommenheit hast du das Land entweiht. [3] Da blieb der Regen aus,
und auch der Frühjahrsregen kam nicht. Doch du hattest die freche
Stirn einer Dirne und wolltest dich nicht schämen. [4] Gewiß, von da
an hast du mir zugerufen: Mein Vater, der Freund meiner Jugend bist
312 du. [5] Wird er denn ewig zürnen oder immerfort nachtragen? Ja, so
sagtest du und tatest Böses, so viel du konntest.

3[5] Wörtlich: »und du hast gekonnt«.

weggeht und die Frau eines anderen wird, wendet er sich dann ihr wieder zu? [11] Und der Herr sagte zu mir: [12] Geh hin, ruf diese Worte gegen Norden, und sprich: Kehr zurück, Israel, du Abtrünnige. Ich schaue dich nicht mehr zornig an; denn ich bin gütig, ich trage nicht ewig nach. 4[1] Wenn du umkehren willst, Israel, darfst du zu mir zurückkehren; wenn du deine Greuel entfernst, brauchst du vor mir nicht zu fliehen«. 3[1] erinnert in Formulierung und Inhalt an Dtn 24[1-4], eine Bestimmung des sogenannten kasuistischen Rechts. Hier wird vorgeschrieben, daß ein Mann seine Frau, die er entlassen hat, und die die Frau eines anderen geworden ist, nach Auflösung der zweiten Ehe nicht wieder heiraten darf. Jeremia wendet die eherechtliche Bestimmung auf das Verhältnis Jahwes zu Israel an. Das Volk hat seinen Gott verlassen und sich einem anderen (dem Baal) angeschlossen, obwohl er es nicht entlassen hatte. Um so weniger darf es, wenn nach dem Recht verfahren wird, erwarten, daß er die Beziehung wieder aufnimmt. An die Wegführung ins assyrische Exil ist in [1], obwohl das Wort dem Reich Israel gilt [12], sicherlich nicht gedacht. Auf die in 3[1] gestellte Frage gibt Jahwe selbst [12] eine, allerdings unerwartete Antwort. Er lädt Israel zur Rückkehr zu seinem »Gemahl« ein und zeigt damit seine Bereitschaft, das ursprüngliche Verhältnis wieder herzustellen. (Möglicherweise nehmen Dtn 24[1-4] und Jer 3[1] ein älteres Ehegesetz auf. Doch ist das nicht zu beweisen.) Allerdings macht er die Schuld deutlich: Das Volk ist abtrünnig, wie bereits Hosea 11[7] 14[5] gesagt hatte; es hat sich von ihm abgewendet. Rettung gibt es nur durch Hinwendung zu Jahwe. Jeremia richtet sein Wort an die Nordprovinzen, die Joschija bald dem Reich Juda anzugliedern versuchen wird; aber er zieht keine Grenze gegenüber jener Ferne, wo Israeliten in der Verbannung leben. Der Grund für die Einladung des Herrn ist seine Treue, deretwegen er sogar seinen strafenden Zorn aufgibt und die von ihm gewährte Beziehung wieder aufleben läßt. Jedoch ist 4[1] vom Volk tätige Umkehr verlangt; es muß die »Greuel«, die Zeichen des Baalkultes entfernen. Dann braucht Israel nicht »unstet« *(nwd)* sein, in die Verbannung ziehen, bzw. dort bleiben, vgl. 22[10] Gen 4[12.14]. Insofern schwingt nun bei *tāšūb* Ende 4[1a]) auch die Bedeutung »zurückkehren (ins Land Jahwes)« mit.

3[1b-5] Der Rechtsvorschrift in Dtn 24[1-4], auf die 3[1] bezug nimmt, ist das Verbot beigefügt: »Du sollst das Land ... nicht der Sünde verfallen lassen«. Anscheinend gab dies die Anregung, einen Abschnitt über die Entweihung des Landes durch den baalistischen Fruchtbarkeitskult (2[7.20]) anzuschließen. Dabei wird auf die »Unzucht« Israels, wie die Baalsverehrung und der Götzendienst oft von den Propheten genannt wird, hingewiesen und der Gedanke von

6 Der Herr sprach zu mir zur Zeit des Königs Joschija: Hast du gese- Ez 23.16
hen, was Israel, die Abtrünnige, getan hat? Sie begab sich auf jeden 2[20]
hohen Berg und unter jeden üppigen Baum und trieb dort Unzucht.
7 Ich dachte: Nachdem sie dies alles getan hat, wird sie schließlich zu
mir zurückkehren; aber sie kehrte nicht zurück. Das sah ihre Schwe-
ster Juda, die Treulose. 8 Auch sah sie, daß ich Israel, die Abtrünnige, Ez 23[10f]
wegen ihres Ehebruchs entließ und ihr die Scheidungsurkunde gab. Dtn 24[1-3]
Aber das schreckte ihre Schwester Juda, die Treulose, nicht ab; sie
ging hin und trieb ebenfalls Unzucht. 9 Durch ihre leichtfertige Un-
zucht hat sie das Land entweiht und mit Stein und Holz Ehebruch ge- 2[27]
trieben. 10 Bei all dem ist auch ihre Schwester Juda, die Treulose,
nicht mit ganzem Herzen zu mir zurückgekehrt, sondern nur zum
Schein – Spruch des Herrn.
11 Auch sagte der Herr zu mir: Israel, die Abtrünnige, trifft weniger

3[8] Auch sah sie: *watterae'*, vgl. G S. M: »und ich sah«.

der Rückkehr des Volkes 4[1] diskutiert. Auf kahlen Höhen, wo der Bau einer *bāmāh* (Kult-Höhe) möglich war, hat sich Israel wie eine Dirne, die an den Wegen wartet (Gen 38[14] Spr 7[12]), und gierig, wie ein Räuber an verlassenen Orten den Vorüberziehenden auflauert, mit den vielen Freunden, den Baalen 2[23] eingelassen. Die Wirkung war nicht die Fruchtbarkeit des Landes. Im Gegenteil: Jahwe hielt den Regen zurück (*m*[c]*n*; passivisch ausgedrückt). Trotzdem hat das Volk nicht sein Verhalten in Frage gestellt und sich davon abgekehrt, sondern hat es fertiggebracht, zu seinem Gott zu rufen, als habe es stets treu zu ihm allein gehalten [4]. Heuchlerisches Getue oder bewußte Vermischung von Götzendienst und Jahweverehrung? Beides ist Sünde. Es ist nicht möglich, auf die Erwählung zu pochen und die Zuneigung anderen zu schenken, den Dienst zu verweigern und in der Not Hilfe zu erwarten. Die Anrede »Vater« dürfte mit Blick auf 3[19] gewählt sein; »Jugendfreund« spielt auf das vertraute Verhältnis am Anfang an, vgl. 2[1]. Darauf verläßt man sich [5] und denkt, Jahwe werde schon, wenn er nur daran erinnert wird, seinen Zorn aufgeben. [5a] scheint aus [12] zu schöpfen. Der Abschnitt 3[1b-5] zielt wohl auf Juda, das gewarnt werden soll. Davon ging anscheinend der Verfasser von [6-10.11aß.b] aus.

[6-11] Israel und Juda werden hier wie Ez 16. 23 einander gegenübergestellt. Das Prophetenwort ist in die Zeit Joschijas datiert und will somit sicherlich kritisch [10] zur joschijanischen Reform (s. 2 Kön 23) Stellung nehmen. Die Allegorie schließt sich an die ezechielische Verkündigung in Aufbau und Schlußfolgerung an, greift auf 3[1] zurück, nimmt 2[27] auf und enthält dtr Formulierungen ([6], vgl. 2[20]; »mit ganzem Herzen« [10]). Die beiden Schwestern »Abtrünnigkeit« (Israel) und »Treulos« (Juda) werden verglichen mit dem Ergebnis, daß die erste »gerechter« dasteht, weniger Schuld hat als die zweite [11]. Zwar kehrte Israel nicht zu Jahwe, der die Möglichkeit dazu offen gehalten hatte [7a], zurück [7b]. Sie ist die personifizierte Abtrünnigkeit. Aber Juda kehrte zum Schein um; es hat seinen Gott bewußt getäuscht (*b*[e]*šaeqaer* »in Täuschung«, »Lüge«): »Sie

Ez 16^{52} Schuld als Juda, die Treulose. ^{12} Geh hin, ruf diese Worte gegen Nor-
den, und sprich: Kehr zurück, Israel, du Abtrünnige – Spruch des
Herrn! Ich schaue dich nicht mehr zornig an; denn ich bin gütig –
2^{23} Spruch des Herrn –, ich trage nicht ewig nach. ^{13} Doch erkenne deine
Schuld: Dem Herrn, deinem Gott, hast du die Treue gebrochen,
überallhin bist du zu den fremden Göttern gelaufen [unter jeden üp-
pigen Baum], auf meine Stimme aber hast du nicht gehört – Spruch
des Herrn.

Die bessere Zukunft: 3^{14-18}

3^{22} ^{14} Kehrt um, ihr abtrünnigen Söhne – Spruch des Herrn; denn ich bin
32^{37} Ez 36^{24} 37^{21} euer Gebieter. Ich hole euch, einen aus jeder Stadt und zwei aus jeder
Sippe, und bringe euch nach Zion. ^{15} Ich gebe euch Hirten nach mei-

3^{13} Wörtlich: »den Fremden« – »habt ihr nicht gehört«.

versprachen, daß sie dem Herrn folgen, seine Gebote, Satzungen und Gesetze mit ganzem Herzen und ganzer Seele halten und die Vorschriften des Bundes durchführen wollten« (2 Kön 23^{3}). Sie taten es nicht. Das ist verwerflicher als die Sünde des Brudervolkes. Erschwerend kommt hinzu, daß sich Juda, die Israels Verwerfung (732/22, vgl. 2 Kön 17) erlebte ^{8}, nicht warnen ließ. So erhält sie den Namen »Treulos«, in dem auch das Moment des Verrates mitschwingt und durch den sie ebenfalls als schlechter qualifiziert wird. Umkehr muß – das will $^{6-11}$ dem Volk Gottes sagen – ehrlich und dauerhaft sein; sie wäre sonst verwerflicher als der Abfall.

^{13} fügt dem Wort Jeremias $^{11.12}$ eine Mahnung hinzu, die der dtr Verfasser anscheinend vermißt hat, obwohl sie bereits in »die Abtrünnige« ^{12} enthalten ist. Unter Rückgriff auf ^{23} und Verwendung dtr Ausdrücke $^{13b\beta\gamma}$ (»unter ... gehört«) wird die Schuld noch einmal herausgestellt: Abfall von Gott. Voraussetzung für die Umkehr ist die Erkenntnis und Anerkennung der Art, des Umfangs und der Schwere der Schuld.

$^{14-18}$ Vier Heilsworte zum Thema Heimkehr: $^{14f.16.17.18}$. Sie stammen aus nachexilischer Zeit, setzen die Zerstreuung Judas und die kleine Zionsgemeinde voraus, verwenden das Stichwort *šûb* in der Bedeutung »zurückkehren« und kommentieren die Rückkehr aus prophetischen Heilszusagen, besonders des Ezechielbuches.

^{14} zitiert 3^{22}, gibt ihm aber, wie ^{14b} deutlich macht, einen anderen Sinn. »Kehrt zurück« (EÜ: »kehrt um« wie ^{22}). Das Zitat ist durch die »Spruch«-Formel von der Auslegung abgesetzt. Jahwe kann als Herr und Gebieter (*baʿalti* spielt auf Baal an) seines Volkes auch zum Heil über es verfügen. Wenige werden heimkehren; aber das ganze Volk wird in ihnen vertreten sein. Dann wird Gott Regenten einsetzen, wobei wohl vor allem an Könige gedacht ist, die seinen Willen erfüllen und seinen Plänen entsprechen. Sie verwirklichen, was nach dtr Auffassung David tat, der Jahwes Gebote hielt, mit ganzem Herzen ihm folgte und nur tat, was dem Herrn gefiel (1 Kön 14^{8} 15^{3}). Sie besitzen Weisheit wie einst Salomo und kümmern sich um das Volk.

nem Herzen; mit Einsicht und Klugheit werden sie euch weiden. 16 In — Ez 34^{23}
jenen Tagen, wenn ihr euch im Land vermehrt und fruchtbar seid – — Ez 36^{11}
Spruch des Herrn –, wird man nicht mehr rufen: Die Bundeslade des
Herrn! Sie wird niemand in den Sinn kommen; man denkt nicht mehr
an sie, vermißt sie nicht und stellt auch keine neue her. 17 In jener Zeit
wird man Jerusalem »Thron des Herrn« nennen; dort, beim Namen
des Herrn in Jerusalem, werden sich alle Völker versammeln, und sie — Jes 2$^{2-4}$
werden nicht mehr dem Trieb ihres bösen Herzens folgen. 18 In jenen — 7^{24} 9^{13} 11^{8} 13^{10}
Tagen wird das Haus Juda zum Haus Israel gehen, und sie werden — 16^{12} 18^{12} 23^{17} Ez 37^{21f}

3^{16} Wörtlich: »Und es wird geschehen, daß«.

16 Für diese Heilszeit wird Gedeihen und Fruchtbarkeit verheißen für das Volk – ein Anliegen nachexilischer Zeit (vgl. P Gen 1$^{22.28}$ u. ö.). In die gleiche Epoche weist der Rest von 16, der zum Fehlen der Lade Jahwes Stellung nimmt. Diese war Zeichen der Gegenwart Jahwes, der Fußschemel (Ps 132^{7}) für den über den Kerubim thronenden Gott (2 Sam 6^{2}). Als Salomo sie in den Tempel brachte, zog die Herrlichkeit des Herrn dort ein (1 Kön 8$^{6.10f}$). Sie war wohl bei der Eroberung Jerusalems (586 v. Chr.) verlorengegangen, vgl. 2 Makk 2$^{4-6}$, erbeutet oder zerstört worden. Anscheinend gab es eine Diskussion darüber, ob man sie wieder anfertigen solle. Der Autor, der sie »Lade des Bundes Jahwes« nennt und damit auf die dtr Anschauung anspielt, daß in ihr nur das Gesetz (Ex 25^{16}) bzw. die Tafeln mit den Zehn Geboten (Dtn 10$^{1-5}$; 1 Kön 8^{9}) enthalten sei, bezeichnet sie in vielfacher Steigerung (*nicht* sprechen, daran denken, vermissen, herstellen) der Ablehnung als überflüssig. Denn in der Heilszeit wird das Gesetz des Herrn auf die Herzen geschrieben sein (31^{33}).

17 Mit der »eschatologischen«, auf die Heilszukunft verweisenden Formel »in jener Zeit« (ebenso 18) beginnend, wehrt der Autor dieses Verses eine Sorge ab: Auch wenn die Lade nicht mehr vorhanden ist, bleibt Jerusalem der Ort, an dem Gott zugegen ist. Der Stadt geht für die Heilszeit die göttliche Gegenwart nicht verloren, im Gegenteil: Die Größe Jahwes wird nur um so mehr sichtbar. Das wird mit einem weiteren beliebten Thema der Zions-Theologie deutlich gemacht: Die Völker wallfahren zum Zion. Dort wohnt nach dtr Auffassung (Dtn 12^{5} u. ö.) der Name Jahwes, der seine Zuwendung verbürgt und die Möglichkeit gibt, ihn zu Hilfe zu rufen. Sie werden sich bekehren und nicht mehr »dem Starrsinn (dem starren, unbeugsamen Trieb) ihres bösen Herzens folgen«. Ihre Situation wird hier mit einem im Jeremiabuch zur Charakterisierung der sündhaft fehlgerichteten Eigenwilligkeit Israels verwendeten Ausdruck (*šᵉrirūt*) bezeichnet. Auch für sie gilt demnach der Plan und Wille Jahwes. Sie sind dem Volk des Herrn in dieser Hinsicht gleichgestellt und somit auch zum Heil berufen.

18 greift auf 12 und 14 zurück und verspricht für die künftige Heilszeit eine gemeinsame Rückkehr aus dem Exil, in dem auch Juda sich befindet. Es ist sozusagen eine neue Landnahme (Dtn 12^{1} 19^{10}), die Jahwe gewährt. Vorher und mit diesem Ziel werden sich die verbannten Judäer und Israeliten, die seit langem

vereint aus dem Nordland in das Land kommen, das ich euren Vätern zum Erbe gegeben habe.

Die Umkehr durch Buße: 3^{19}–4^{4}

19 Ich hatte gedacht: Ja, ich will dich
unter die Söhne aufnehmen
Sach 7^{14} Ps 106^{24} und dir ein liebliches Land geben,
Ez $20^{6.15}$ das herrlichste Erbteil unter den Völkern.
Dan $11^{16.41}$ Ich dachte, du würdest mich Vater nennen
und dich nicht abwenden von mir.
20 Doch wie eine Frau ihres Freundes wegen treulos wird,
so seid auch ihr mir treulos geworden,
ihr vom Haus Israel – Spruch des Herrn.
21 Horch, man hört auf den Höhen
das Weinen und Flehen der Söhne Israels,
weil sie krumme Wege gegangen sind
und den Herrn, ihren Gott, vergessen haben.

3^{20a} Vielleicht ist zu lesen: *ʾak k*^{e}*bāg*^{e}*dāh* so wohl EÜ, vgl. G Vg. Aber auch M gibt einen brauchbaren Sinn: »Fürwahr, eine Frau wird treulos wegen eines Freundes, so ...«

(1 Kön 12) ihre Gemeinschaft aufgelöst hatten, wieder zusammenschließen zu dem einen Volk des Herrn.

^{19f} argumentieren anklagend im Anschluß an ^{5}: Jahwe spricht als »Vater« $^{4.19}$. Er hat eine Tochter Israel, die er den Söhnen gleichstellt, indem er sie wie jene »erben« läßt (vgl. Num 27^{1-11} Ijob 42^{15}), ein ungewöhnlicher Vorzug. Zudem: das Erbe, das sie bekommen hat, ist Kanaan, dessen Schönheit außergewöhnlich ist: Es ist ein begehrenswertes Land und wegen seiner Fruchtbarkeit (Ez $20^{6.15}$) das herrlichste und beste Erbteil, das man sich denken kann. »Land der Zierde«, das herrliche Land, ist sein Name bei Daniel (11^{41}). Jahwe hätte erwarten können, daß diese Bevorzugung in dankbarer Liebe und durch stete Treue anerkannt würde.

^{20} Doch das Gegenteil, nun mit dem Bild von der treulosen Ehefrau ausgedrückt, ist eingetreten; der Freund ist Baal. Solche bildhaften Vergleiche (s. auch 2^{26} 6^{7} $24^{5.8}$) liebt auch die Weisheit.

$^{21-25}$ ist Prophetenrede, die von einem kurzen Gespräch zwischen Jahwe und Israel ^{22} unterbrochen wird; es ist sicherlich nachträglich eingefügt worden. Die Klage Israels (so ^{21}) umfaßt $^{23-25}$, während ^{22b} erst als deren Folgerung denkbar ist.

$^{21.23-25}$ In prophetischer Schau – die Wirklichkeit ist ganz anders 2^{23} – wird hier die Voraussetzung für eine Wende im Verhältnis des Volkes zu Jahwe gezeichnet: Umkehr durch Einsicht in die Verkehrtheit des bisherigen Tuns. Auf den Höhen, wo man sich durch den Baalskult von Jahwe losgesagt und getrennt hat, ertönt in Weinen und Flehen, wie es in den Klageliedern und bei Bußfeiern üblich war, die Klage über die verschuldete Unheilssituation $^{23-25a\beta}$.

[22] Kehrt um, ihr abtrünnigen Söhne, 3[14]
ich will eure Abtrünnigkeit heilen. Hos 14[5]
»Da sind wir, wir kommen zu dir;
denn du bist der Herr, unser Gott!
[23] Fürwahr, Trug sind die Höhen,
der Lärm auf den Bergen.
Fürwahr, beim Herrn, unserm Gott,
ist Israels Rettung.
[24] Doch der Baal fraß seit unsrer Jugend alles,
was unsere Väter erwarben,
ihre Schafe und Rinder, ihre Söhne und Töchter.
[25] Wir betten uns in unsere Schmach,

3[23a] *haggᵉbāʿ*ōt *wahᵃmōn*, vgl. G S Vg. M: »von den Hügeln; Lärm sind die Berge.«
3[24] Baal, M: *bošaet.*

Und im Anschluß daran wird das Schuldbekenntnis gesprochen [25aγ]. Nur so, nicht durch Leugnen der Schuld 2[23.25], eröffnet sich ein Weg, der aus der unheilvollen Lage herausführt. [21b] faßt mit einer Inhaltsangabe schon im voraus den Inhalt der Rede [23ff] zusammen: Es war der verkehrte Weg, ein Unrecht, Jahwe zu vergessen, vgl. 2[32]. Das Volk sieht [23] ein, daß der Fruchtbarkeitskult nutzlos, trügerisch, ein Selbstbetrug ist. Es gesteht mit Anspielung auf die sogenannte Bundesformel (»Jahwe ist unser Gott; wir sind sein Volk«), vgl. [25], daß nur von Jahwe Rettung kommt. [24] Baal nämlich gab nicht, wie erwartet, Fruchtbarkeit des Landes, der Tiere und Menschen, sondern, zum Teil im Aufwand des verkehrten Kultes und in der Zerstörung menschlicher Beziehungen hat er noch genommen, was man mühsam gewonnen hatte. Das war seit jeher so geschehen, also nicht etwa gelegentlich widrigen Umständen zuzuschreiben. Statt Baal steht im M »Schande« im Sinn von Schandgötze, ein spätes abwertendes Verächtlichmachen dieses Gottes, vielleicht von [25] angeregt, vgl. den Namen Ischbaal, der in Ischboschet geändert wurde (2 Sam 2[8] u. ö.). Das Ergebnis des Baaldienstes [25] ist Schmach und Schande, Minderung der Existenz. Das wird mit einem Bild aus den Bußriten deutlich gemacht: Zur Darstellung der Not und zum Zeichen der Trauer schläft man auf der bloßen Erde und verzichtet auf die wärmende Decke. So sieht sich das Volk der Lebensgüter beraubt; es muß sozusagen mit Schmach und Schande auskommen. Diese Erfahrung und Einsicht führt zum Schuldbekenntnis, das an nachexilische Bußgebete erinnert (Esra 9[6f] Dan 9[8.10]), mit dem Hinweis auf die Väter wohl an die vor der Zerstörung Jerusalems lebende Generation denkt und im Nichthören auf Jahwes Stimme die Sünde in dtr Weise bezeichnet. [22] Jahwes Antwort ist im Text vor die Klage des Volkes gestellt, um anzuzeigen, daß er nur aus Gnade und von sich aus Verzeihung gewährt. Er fordert zur Umkehr auf und gibt dadurch die Möglichkeit zur Rückkehr. Er heilt, wie mit einem Zitat aus Hos 14[5] gesagt wird, die Wunde der Trennung und stellt die Gemeinschaft zwischen sich

und unsere Schande bedeckt uns.
Denn wir haben gesündigt
gegen den Herrn, unsern Gott,
wir selbst und unsere Väter,
von Jugend an bis auf den heutigen Tag.
Wir haben nicht gehört
auf die Stimme des Herrn, unseres Gottes.«
4^{1} Wenn du umkehren willst, Israel –
Spruch des Herrn –,
darfst du zu mir zurückkehren;
7^{30} 13^{27} wenn du deine Greuel entfernst,
brauchst du vor mir nicht zu fliehen.
5^{2} 12^{16} 2 Schwörst du aufrichtig: So wahr der Herr lebt!,
nach Recht und Gerechtigkeit,
dann werden sich Völker mit ihm segnen
und seiner sich rühmen.
3 Denn so spricht der Herr
zu den Leuten von Juda und zu Jerusalem:
Hos 10^{12} Nehmt Neuland unter den Pflug,
und sät nicht in die Dornen!
4 Beschneidet euch für den Herrn,
Dtn 10^{16} und entfernt die Vorhaut eures Herzens,
ihr Leute von Juda und ihr Einwohner Jerusalems!

und seinem Volk wieder her. Dieses geht, anders als in 2^{31}, auf sein Angebot ein und bekennt sich zu ihm.

4^{2} bringt aus dtn Geist (Dtn 6^{13} 10^{20}) ein Beispiel dazu bei, was echte Umkehr ist und bewirkt. Der Eid ist nicht nur ein Bekenntnis zu Gott durch Ausrufen seines Namens, sondern er macht auch die Existenz des Schwörenden völlig von dem abhängig, den er als Zeugen seiner Tat und Aufrichtigkeit anruft. Wenn jemand bei Jahwe schwört, bekennt er sich in diesem umfassenden Sinn zu ihm. Er soll es ehrlich, wahr und recht tun, ihn allein zum Garanten seines Schwures, seiner Gesinnung, seines Tuns und Lebens machen. Im Nachsatz ^{2b} sehen viele eine Verheißung für den angeredeten Israeliten, wobei »in ihm« geändert wird zu »in dir«. Dann würden Völker sich den Segen wünschen, den er von Jahwe für sein treues Bekenntnis erhält, ähnlich wie sich »alle Völker« wünschen, gesegnet zu sein wie »der Same Abrahams«, wie Israel (Gen 22^{18} 26^{4}). Der Text jedoch sagt, daß sich die Völker Segen von Jahwe erwarten und seiner sich rühmen, d. h. ihr Sein und Wohlergehen von ihm abhängig machen. Echte Jahweverehrung führt demnach zur Bekehrung der Menschen auch außerhalb des Jahwevolkes.

$^{3.4}$ Am Ende des großen Abschnitts 3^{1}–4^{4} steht ein begründetes Mahnwort, das als Gotteswort mit der Botenspruchformel eingeleitet wird. Die Mahnung ist durch die Anrede an »die Leute von Juda und (die Einwohner) Jerusalems« gerahmt. Die Forderung, einen neuen Anfang zu machen, wird in zwei Bildern ausgesagt. Das erste ist vom Ackerbau genommen. Ein Feld bringt nur dann

Sonst bricht mein Zorn wie Feuer los 21[12]
wegen eurer bösen Taten;
er brennt, und niemand kann löschen.

Der Krieg im Land: 4[5–31]

5 Meldet es in Juda,
verkündet es in Jerusalem,
stoßt überall im Land in die Trompete,
ruft aus voller Kehle und sagt:

4[5] In der EÜ ist »und sagt« am Ende der 2. Zeile weggelassen, das wohl zu Recht als Doppelschreibung des folgenden »und sagt« betrachtet wurde.

einen Ertrag, wenn es, nachdem es verwildert war, vor der Saat umgebrochen wird. Wahre Umkehr – »denn« verweist auf [1] zurück – setzt, wenn sie wirklich erfolgreich und dauerhaft sein soll, eine Bereitung der Herzen voraus. Das zweite Bild ist die Beschneidung, in der das Ungute und darum Bedrohliche entfernt wird. Das ist, auf den geistig-religiösen Bereich übertragen, die Entfernung alles Bösen, das das Leben des Menschen bedroht, aus dem Denken, Wollen und Planen. Diese Vollzüge haben nach atl. Auffassung ihren Sitz im Herzen, das folglich in diesem Tun »beschnitten« werden soll. Und wenn Beschneidung Reinigung und Zugehörigkeit zu Jahwe bewirkt, dann muß vor allem das Herz gereinigt werden, damit es, und dadurch der ganze Mensch, Gott gehört. [4b] bringt mit einer Drohung zum Ausdruck, wie ernst das Mahnwort ist. Zorn ist das Stichwort für das strafende Handeln Gottes, Feuer ein Bild für die vernichtende Wirkung und die Intensität. Hat der Herr sich erst einmal zum Strafen entschlossen, kann kein Mensch etwas dagegen tun. So wird die Mahnung zur Warnung, die Umkehr hinauszuschieben. Es könnte sonst zu spät sein.

4[5–31] Der Abschnitt bietet eine Reihe von Aussprüchen über das hereinbrechende Strafgericht Jahwes, der einen übermächtigen Feind angreifen und alles vernichten läßt. Vielfach wird angenommen, daß hinter den Kriegsschilderungen in 4–6 Erlebnisse des Propheten beim Skythensturm stehen; man nennt die entsprechenden Texte deshalb Skythenlieder.. Die Skythen waren »ein auf Pferden reitendes, kriegerisch-wildes, aber auch kunstfertiges Nomadenvolk, wohl iranischen Ursprungs«. »Es drang aus Innerasien vor und gründete im Donau-Raum ein Reich (700–200 v. Chr.). Bei einem Vorstoß bis Ägypten um 626 setzten die Skythen Syrien und Palästina in Schrecken« (G. Wallis: BHH 1816). Mag der Prophet durch dieses Ereignis zu verschiedenen Zügen seiner Schilderung angeregt worden sein, der Feind aus dem Norden sind die Skythen nicht. Er kommt noch. Später wird sich herausstellen, daß es Nebukadnezzar ist.

Lebendig, anschaulich und packend malt der Prophet das verheerende Geschehen. Die Komposition der Einzelworte, die [9.11.27] durch formelhaften Einsatz markiert und sonst noch in etwa durch den Wechsel von Sprecher, Adressat und Inhalt von

8 14 Sammelt euch!
Hinein in die befestigten Städte!
6 Stellt Wegzeichen auf: Nach Zion!
Flüchtet, bleibt nicht stehen!
Denn Unheil bringe ich von Norden
und großes Verderben.
7 Der Löwe hat sich aus dem Dickicht erhoben,
der Völkerwürger ist aufgebrochen;
er hat sein Land verlassen,
um dein Land zur Wüste zu machen.
Deine Städte werden zerstört und entvölkert.
6 26 8 Darum legt Trauerkleider an,
klagt und heult:
Nein, der glühende Zorn des Herrn
hat sich nicht von uns abgewandt.
9 An jenem Tag wird es geschehen – Spruch des Herrn:
Vergehen wird der Mut des Königs
und der Mut der Machthaber.
Die Priester werden starr sein vor Schrecken,
die Propheten werden sich entsetzen.

einander zu unterscheiden sind, läßt eine deutliche Steigerung zum Ende hin erkennen. Von der Meldung, daß der Feind heranrückt, bis zum Schrei der sterbenden Hauptstadt spannt sich der Bogen eindrucksvoller Schilderung.

5–8 Nach dem in der Mitte [6b] stehenden und die Erklärung für den feindlichen Überfall bietenden Jahwewort, muß der Sprecher Jahwe selbst sein. Er warnt sein Volk vor seinem eigenen strafenden Handeln, vgl. Ez 33[2–7] – ein Versuch, das herannahende Unheil noch abzuwenden. Das Volk soll durch die Schilderung des drohenden Verderbens gewonnen werden, sich zu bekehren (s. [14]) und durch Buße [8] zu seinem Gott zurückkehren. Darum macht sich Jahwe zum Wächter, der den feindlichen Anmarsch meldet, er interpretiert selbst das Geschehen [6b], zieht, wie es dem König zukommt, die Folgerung und ruft das Volk zum Bußgottesdienst zusammen. [5] Der Alarm im Land und in der Hauptstadt wird durch das Widderhorn (*šōfar*) und durch lauten Ausruf gegeben, damit man sich in die befestigten Städte [6a], besonders nach Zion, das vor allem verteidigt werden mußte, retten kann. Signalstangen markieren den Weg; Eile ist geboten [6b]. Noch bleibt im Jahwewort ungesagt, wer der Feind aus dem Norden ist; später wurde er sicher mit Nebukadnezzar identifiziert. [7] Er ist gefährlich wie ein Löwe, der plötzlich aus dem Jordandickicht auftaucht. Er ist wie der »Verderber« (*mašḥīt*), hat also gleichsam etwas Dämonisches (vgl. Ex 12[23]) an sich. Zerstörung und Verwüstung ist sein Ziel. [8] Zum Zeichen der Trauer und Buße kleidet man sich in ein Sackgewand. Die falsche Sicherheit, vgl. 2[35], ist vorbei; der Bußruf [8b] spricht es aus.

9.10 Durch die Ereignisse sind die führenden Männer wie gelähmt. Sie haben die Lage ganz falsch beurteilt, sind betroffen und unfähig zu han-

10 Sie sagen: Ach, Gebieter und Herr,
wahrhaftig, schwer hast du getäuscht
dieses Volk und Jerusalem.
Du sagtest: Heil werdet ihr finden!,
und nun geht uns das Schwert an die Kehle.
11 In jener Zeit wird man von diesem Volk
und von Jerusalem sagen:
Ein Glutwind von den Höhen in der Wüste
ist losgebrochen gegen die Tochter meines Volkes;
kein Wind zum Worfeln und Reinigen;
12 ein Wind, der viel heftiger ist,
kommt auf meinen Befehl.
Jetzt spreche ich selbst das Urteil über sie.
13 Seht, wie Wettergewölk zieht er herauf,
seine Wagen gleichen dem Sturm,
seine Rosse sind schneller als Adler.
Weh uns, wir sind verloren!

4[10] Sie sagen: *w^e'ām^erū*; M: »ich sagte«.
4[11] Andere Übersetzungsmöglichkeit: »zu diesem Volk und zu Jerusalem«. Besser: »Tochter, mein Volk« (Nötscher EB).
4[12] »Von diesen«, bzw. »als diese« *(me'ellaeh)* ist Doppelschreibung, in der EÜ zu Recht weggelassen.

deln. Sie fühlen sich von Jahwe getäuscht und werfen ihm vor, er habe Heil verkündet, während tödliches Unheil plötzlich da ist. In Wirklichkeit sind es die falschen Propheten, die das Volk mit Heilssprüchen täuschten, vgl. 29[8], und denen auch die führenden Kreise nur zu gerne vertrauen.

11-13 Ein Jahwewort 12 steht mitten in diesem Ausspruch über einen verheerenden Sturmwind, in dem folglich ein Tun Jahwes geschildert ist, vgl. 5-8. Wieder soll dieses Wort, wie die angeschlossene Mahnung 14 zeigt, als dringende Warnung verstanden werden. Wie in 5-8 wird eine Meldung gemacht, und es ist wiederum Jahwe, der in dieser Form das Verderben ansagt; er verbirgt sich hinter der Passivkonstruktion des M. Das beschriebene Geschehen liegt noch in der Zukunft »in jener Zeit«. 11 Das strafende Handeln Gottes wird unter dem Bild des verheerenden heißen Windes angesagt, der sich über der östlichen Wüste erhitzt hat und die Vegetation vernichtend trifft. Es ist kein sanfter Wind, wie er zum Trennen der Getreidekörner von der Spreu gebraucht wird, sondern ein Sturm. 12 Jahwe sendet ihn gegen sein Volk, das er als seine Tochter, vgl. 3[4.19] bezeichnet. Dieser heiße Sturmwind steht ihm zur Verfügung. Gott selbst muß sein Volk verurteilen und bestrafen. 13 Jetzt wird das Bild auf die Sache hin durchsichtig. Es handelt sich um einen Feind, der in Windeseile heranrückt. Die zweirädrigen Kriegswagen hatten eine Besatzung von zwei oder drei Mann. Die assyrische wie die babylonische Streitmacht waren damit ausgerüstet. Die Skythen, von denen angeblich 4[5-31] handeln sollen, hatten Reiterheere. Der Weheruf am Ende von 13 kann Aufschrei des betroffenen

Ps 51^{4} 14 Wasche dein Herz vom Bösen rein, Jerusalem,
damit du gerettest wirst.
Wie lange noch wohnen in dir
deine frevelhaften Gedanken?
15 Horcht nur, man meldet aus Dan,
aus Efraims Bergland kündet man Unheil:
16 Berichtet: Die Völker sind da!
Gebt Kunde an Jerusalem:
5^{15} Belagerer kommen aus fernem Land,
sie erheben gegen Judas Städte ihr Kriegsgeschrei.
17 Wie Feldwächter haben sie Juda umstellt;
denn mir hat es getrotzt – Spruch des Herrn.
2^{19} 18 Dein Verhalten und Tun haben dir das eingebracht.
Deine bösen Taten sind schuld, daß es so bitter steht,
daß es dich bis ins Herz trifft.
19 O mein Leib, mein Leib!
Ich winde mich vor Schmerz.

4^{16} EÜ liest mit »die Völker sind da« wohl *haggōjim hinneh,* versucht also möglichst beim M zu bleiben. Als Korrektur wird (BHK u. a.) *haggīdū bīhūdāh* vorgeschlagen. – Belagerer: *ṣārīm,* M: *noṣ^erīm* »Wächter«.

4^{17} *ʿālǣhā:* »es« meint wohl eher Jerusalem als Juda (so EÜ).

Volkes oder die Beurteilung der Lage sein, mit der die Meldung schließt.

$^{14-18}$ Noch eine dritte und letzte Meldung $^{15-17a}$ über den heranrückenden Feind wird an Jerusalem gegeben. Sie ist von einer Mahnung ^{14} und einem Scheltwort ^{18} eingerahmt. Mit geographischen Angaben wird nun die rasende Schnelligkeit des heraneilenden Heeres belegt. Bei Dan verlief einst die Nordgrenze, Efraim ist das Zentrum des einstigen Staates Israel. Juda ist schon besetzt, seine Städte werden erobert und Jerusalem ist bereits eingeschlossen. Die Formel »Spruch des Herrn« ^{17} hebt den Grund für den feindlichen Überfall und die Begründung für das Strafgericht Jahwes hervor. In der Mahnung ^{14} wird das Bild vom Waschen der kultischen Gewänder (s. *kibbes* in Lev, Num) auf das Waschen des Herzens im Sinn einer Reinigung des Denkens und Wollens von allem Bösen übertragen. Nur wenn das geschieht, wenn unheilvolle Gedanken (die vor allem auf Gewalttat und Raub Mi 2^{1f}, Mord Jes 59^{6f} zielen) im Inneren des Menschen keinen Platz haben, ist Rettung möglich. Auch das abschließende Scheltwort ^{18} rügt umfassend Verhalten und Tun, deren Folge die gegenwärtige Bedrängnis ist. Trotzen (*mārāh* ^{17}) und bitter (*mār*) bilden ein Wortspiel, das Tun und Ergehen auch vom Wortklang her deutlich macht. Was der Prophet 2^{19} warnend ausgesprochen hat, geht jetzt in Erfüllung.

$^{19-21}$ Die erschütternde Klage ist Wort des Propheten, der sich (»meine Zelte«, »meine Zeltdekken«^{20}) mit seinem Volk identifiziert, nicht Ausspruch des personifizierten Landes. Jeremia hat unter der Unheilsverkündigung, die ihm aufgetragen war, gelitten 20^{8f} und das Unheil nie herbeigewünscht 17^{16}. So wird ihm die Ankündigung des göttlichen

O meines Herzens Wände!
Mein Herz tobt in mir;
ich kann nicht schweigen.
Denn ich höre Trompetenschall und Kriegslärm;
20 »Schlag auf Schlag« schreit man,
das ganze Land wird verwüstet.
Plötzlich sind meine Zelte vernichtet,
im Nu sind meine Zeltdecken dahin.
21 Wie lange noch muß ich die Kriegsfahne sehen,
Trompetenschall hören?
22 Ach, töricht ist mein Volk; 8 7 9 2.5.23 22 16
mich kennen sie nicht. 31 34
Sie sind unverständige Kinder,
ja, sie sind ohne Einsicht. Jes 1 2f
Sie wissen, wie man Böses tut, Am 3 10
aber Gutes zu tun verstehen sie nicht.
23 Ich schaute die Erde an: Sie war wüst und wirr. Gen 1 2
Ich schaute zum Himmel: Er war ohne sein Licht.

4 20 Schlag auf Schlag, wörtlich: »Zusammenbruch auf Zusammenbruch.«
4 23b Ich schaute: ist hier von EÜ aus Gründen des Satzbaus zugesetzt.

Strafgerichts 20 zu einer schweren, sich im körperlichen und seelischen Schmerz ausdrückenden Belastung. Daß er sie mit in sein Gerichtswort nimmt, ist nicht ein bloßes, die Ansage verschärfendes Stilmittel, sondern Ausdruck niederschmetternden Erlebens. Leib (*me*ᶜ*īm* »Eingeweide«) bezeichnet den Sitz der Gefühle, Empfindungen, Erregungen. Mit der Wendung »Trompetenschall« (*qōl šofār*) 19.21 ist die Schilderung des schrecklichen Kriegsgeschehens gerahmt. Der Prophet hört und sieht schon, was kommen wird und sich für ihn ankündigt: völlige Vernichtung und Verwüstung.

22 Ein Jahwewort unterbricht die Schilderung des Unheils, die sich in 23–26 fortsetzt. Es ist eine Klage über das Volk im weisheitlichen Stil und Gedankengut. Nicht fehlendes Wissen führt zur Torheit, sondern Mangel an Gotteserkenntnis. Diese aber besteht darin, daß der Mensch die von Jahwe zu seinem Heil angebotene Beziehung wahrnimmt und durch ein sittlich einwandfreies Handeln verwirklicht. Wahre Weisheit verlangt: das Gute tun. Dies aber wird durch Jahwe gezeigt und durch seinen offenbarten Willen ermöglicht.

23–26 Die bedrückende Schau des Propheten vom Strafgericht über Juda und Jerusalem weitet sich zu einer Vision (Stichwort »ich schaute«, das oft visionäres Erleben aussagt, besonders in der Apokalyptik), die ein weltumspannendes Gericht heraufziehen sieht. Das Chaos, wie es am Anfang der ungestalteten Schöpfung herrschte, wird wieder eintreten; darauf weisen 23 die Begriffe *tohū wābohū* hin, vgl. Gen 1 2 und das Fehlen des Lichtes, mit dessen Erschaffung die Gestaltung des Lebensraumes für Menschen und Tiere begann. Das Wanken der Berge 24, deren Festigkeit oft bewundert und ge-

[24] Ich schaute die Berge an: Sie wankten,
und alle Hügel bebten.
[25] Ich schaute hin: Kein Mensch war da,
auch alle Vögel des Himmels waren verschwunden.
[26] Ich schaute hin: Das Gartenland war Wüste,
und all seine Städte waren zerstört,
zerstört durch den Herrn,
durch seinen glühenden Zorn.
[27] Ja, so spricht der Herr:
Das ganze Land soll zur Öde werden;
5[10.18] doch völlig vernichten will ich es nicht.
12[4.11] [28] Mag darüber die Erde vertrocknen
und der Himmel droben sich verfinstern:
Fürwahr, ich habe gesprochen,
und es reut mich nicht;
ich habe meinen Plan gefaßt
und nehme ihn nicht zurück.
[29] Vor dem Lärm der Pferde und Bogenschützen
fliehen alle Bewohner des Landes;
sie kriechen in Höhlen,
verstecken sich im Dickicht
und klettern die Felsen hinauf.

4[26] Zerstört: ist des Verständnisses wegen wiederholt.
4[28] Fürwahr: *ʿal* ist wohl aus Dittographie (vorausgeht *mimmāʿal*) entstanden. – Die Verben in [28b] sind mit G umgestellt.
4[29] Des Landes: *hā'āraeṣ* mit G, M: der Stadt.

rühmt wird, weist auf das Eingreifen Gottes hin, vgl. Na 1[5]. Menschen und Tiere sind betroffen; sie sind verschwunden, auch die Vögel »des Himmels«, die von einer Verwüstung des Landes [26] noch nicht unmittelbar betroffen sein mögen. Wüste, Zerstörung bleiben zurück, verursacht durch Jahwe, durch seinen Zorn, in dem er Strafe verhängt und vollzieht.

[27–29] Mit der Botenspruchformel eingeleitet und also auf die konkrete Situation bezogen, wendet sich das Prophetenwort wieder dem Land Juda zu: Öde und Leere überall. [27c] schränkt mit 5[10.18] die Verheerung ein. Dem widerspricht [28], dem zufolge Jahwe das unerbittliche Gericht bis zum Ende durchführt. An [27b] schließt sich [29] an. [28a] ist zur Interpretation von [23–26] eingefügt: Himmel und Erde trauern über die Verwüstung des judäischen Landes, das der Zorn Gottes getroffen hat; so soll man die Visionsschilderung verstehen. Jahwe aber geht nicht von seinem Wort und Plan ab. Nach dieser eingeschobenen verschiedenartigen Auslegung fährt der ursprüngliche Text weiter. Er führt die Verödung des Landes [27a] darauf zurück, daß alles auf der Flucht vor dem heranrückenden feindlichen Heer ist und überall dort in unzugänglichem Gelände, wo es möglich erscheint, Schutz sucht. Darum sind alle Städte entvölkert. Der Feind kann – eine

Verlassen steht jede Stadt,
niemand wohnt mehr darin.
30 Du aber, was tust du?
Wie kannst du in Purpur dich kleiden,
mit Goldschmuck dich zieren,
dir mit Schminke die Augen weiten?
Umsonst machst du dich schön.
Die Liebhaber verschmähen dich;
sie trachten dir nach dem Leben.
31 Ja, ich höre Geschrei wie von einer Frau in Wehen,
Stöhnen wie von einer Erstgebärenden,
das Schreien der Tochter Zion,
die nach Atem ringt und die Hände ausstreckt:
Weh mir, unter Mörderhand endet mein Leben!

Die schwere Schuld: 5 1–31

5 1 Zieht durch Jerusalems Straßen,
schaut genau hin, und forscht nach,

4 30 Nach »Du aber« liest M gegen G *»šādūd* vergewaltigt, verwüstet« (masc.), vielleicht eine Randbemerkung, die das Geschehen mit einem Wort kennzeichnet.

4 31 »Stöhnen«: vgl. G, paßt eher zu »hören« als »Not« M, siehe BHK.

alte Kriegstaktik – das ganze Land besetzen, um dann schließlich gegen die Hauptstadt vorzugehen.

Ihrem Schicksal wenden sich 30.31 zu. Jerusalem wird dabei als Frau vorgestellt, die sich für ihre Liebhaber schön macht, mit *pūk* (schwarze Schminke, stibium) Ränder um die Augen malt, wodurch diese größer und schöner erscheinen, und ihren Schmuck anlegt. Aber alle Bemühungen nützen nichts. Es kommt nicht zu einer Verbindung mit dem, der herannaht; ohne Bild: Der Feind läßt sich nicht mehr umstimmen und für ein Bündnis, für einen Vertrag der Unterwerfung gewinnen. Jerusalem ist verloren. Schmerz und Not werden mit den sprichwörtlichen notvollen Geburtswehen verglichen. Ein letzter Hilferuf, eine Gebärde der Angst oder der Suche nach einem Halt, sind umsonst. Mit dem Schrei der Verzweiflung endet das Leben der »Tochter Zion«. Eindrucksvoller kann das Strafgericht, das zum völligen bitteren Ende führt, kaum geschildert werden.

5 1–31 Nach der eindrucksvollen Ankündigung des göttlichen Strafgerichts, dessen Schilderung aus einzelnen, vielleicht ursprünglich für sich stehenden Bildern komponiert und auf den am Ende stehenden Höhepunkt angelegt ist, folgt nun die ausführliche Begründung. Hinweise auf die Schuld des Volkes waren schon in 4 enthalten; jetzt wird sie in Jahwerede und Prophetenwort ausführlich dargelegt. Mitten in den mit Drohungen durchsetzten Scheltworten steht 15–17 ein Drohwort, das einen feindlichen Angriff ansagt.

1–6 Der Prophet spricht (so mit Recht

sucht auf seinen Plätzen, ob ihr einen findet,
ob einer da ist, der Recht übt
728 und auf Treue bedacht ist:
Dann will ich der Stadt verzeihen – Spruch des Herrn.
[2] Doch selbst wenn sie sagen:
42 »So wahr der Herr lebt«,
schwören sie gewiß einen Meineid.

[3] Herr, sind deine Augen nicht auf Treue gerichtet?
Du hast sie geschlagen,
aber es tut ihnen nicht weh;
du hast sie beinahe vernichtet,
728 aber sie wollen sich nicht erziehen lassen.
Ihre Stirn ist härter als Stein,
sie weigern sich umzukehren.

5[1] Der Stadt, wörtlich: »ihr«. EÜ ergänzt »Spruch Jahwes« (so auch BHS) mit Blick auf G λέγει κύριος, das im M mit Recht nicht steht.
5[2] Gewiß: *'āken* mit hebr. Hss, M: »deshalb« *(lāken)*.

BHK), wobei er sich zuerst an sein Volk[1.2], dann an Jahwe wendet[3], ein Selbstgespräch führt [4.5] und schließlich über die Menschen in Jerusalem und ihr Schicksal spricht[6]. G betrachtet [1] als Jahwerede, sicherlich wegen des [2] vorausgehenden Satzes »Dann will ich ihr (der Stadt) verzeihen«. Doch dieser Satz unterbricht [1] und [2], die zusammengehören; er müßte richtig nach [2] stehen. Er beantwortet Jahwes Frage von [7] im voraus unter dem Leitgedanken von Gen 18[23–33], doch viel großzügiger. Zugleich spricht der Satz indirekt, das Ergebnis von [4.5] vorwegnehmend, aus, daß es in Jerusalem überhaupt niemand gibt, der gerecht ist. »Doch« [2] ist zwar im heutigen Textzusammenhang notwendig, aber mit [1] zusammenzunehmen. Jeremia fordert seine Zuhörer auf [1.2], seine eigene Erfahrung, vgl. [4], nachzuprüfen. Sie sollen auf Straßen und Plätzen, wo sich das Leben nach orientalischer Sitte in Handel, Geschäftigkeit, Arbeit und Muße abspielt, genaue Beobachtungen anstellen; dazu mahnen die vier Imperative eindringlich. Es geht darum, herauszufinden, ob es noch jemand gibt, der den Willen Jahwes – das meint »Recht üben«, vgl. Jer 22[3.15] Ez 18 Mi 6[8] – zuverlässig erfüllt. Das Ergebnis wird [2] negativ sein. Denn sogar dann, wenn sie selbst Jahwe mit einem Schwur in ihr Handeln feierlich hineinziehen und sich so durch den Eid für ihre Tat seinem Gericht unterwerfen, achten sie ihn und seinen Willen nicht. Sie machen dabei nicht nur falsche Aussagen, sondern täuschen ihre Mitmenschen, um ihnen zu schaden, so daß sie, wie die Schwurformel »so wahr Jahwe lebt« sagt, den lebendigen Gott mit der bösen Tat in Verbindung bringen. Wenn sie nicht einmal davor zurückscheuen, läßt die Nachprüfung ihres sonstigen Tuns kein positives Ergebnis erwarten. Dies wird für die folgenden Ausführungen vorausgesetzt. [3] Die rhetorische Frage steht für eine Behauptung, die nicht bestritten werden kann. Jahwe schaut darauf, daß der Mensch zuverlässig das Rechte

4 Ich aber dachte: Nur die geringen Leute,
nur sie handeln töricht,
weil sie den Weg des Herrn nicht kennen,
das Recht ihres Gottes.
5 Ich will doch lieber zu den Großen gehen
und zu ihnen reden;
denn sie kennen den Weg des Herrn,
das Recht ihres Gottes.
Doch auch sie haben das Joch zerbrochen, 2[20]
die Stricke zerrissen.
6 Darum schlägt sie der Löwe des Waldes, 4[7]
der Steppenwolf überwältigt sie.
Vor ihren Städten lauert der Panther,
alle, die herauskommen, werden zerfleischt.
Denn zahlreich sind ihre Verbrechen,
schwer wiegt ihre Abtrünnigkeit.

7 Weshalb sollte ich dir vergeben?

tut, vgl. [1]. Darum muß der Gegensatz zwischen ihm und seinem Volk aufbrechen. Er wollte sein Volk mit Schlägen erziehen, doch umsonst, vgl. 2[30] 3[3]. Ihr Gesicht, in dem sich ihre innere Einstellung widerspiegelt, zeigt die Verhärtung in ihrem Verhalten. Sie gehen nicht auf Jahwes Forderung umzukehren ein.

4.5 Eine Entschuldigung für dieses Fehlverhalten mag es für die kleinen Leute geben, die da auf den Straßen ihre Geschäfte treiben, es nicht besser wissen und nicht die Möglichkeit haben, sich mit den Forderungen der Lebensordnung Jahwes zu befassen. Sie handeln wohl in Unkenntnis und überblicken nicht, ob ihr Verhalten und Tun mit dem geoffenbarten Willen Gottes übereinstimmt. Jeremia prüfte also bei den vermögenden und einflußreichen Leuten nach. Sie haben die Zeit und die Mittel, und wenn sie Priester, Propheten oder führende Männer im Volk sind, auch die Pflicht, zu erkennen, was Jahwe verlangt und angeordnet hat. Das Ergebnis ist enttäuschend. Sie sind sich einig in der Auflehnung gegen Gott, die der Prophet mit dem Bild vom störrischen Rind (vgl. 2[20]), das sich nicht einspannen läßt und nicht dienstbar sein will, treffend schildert.

6 So kann die Strafe nicht ausbleiben, wie der Prophet feststellt. Sie trifft jeden einzelnen. Deswegen sind wohl die Bilder vom Überfall wilder reißender Tiere gewählt, die jeden, der sich aus einer schützenden Stadt hinausbegibt, angreifen und töten.
6 ist nicht Jahwewort, das eine Strafe androht (in diesem Fall müßte *lāken* »darum«, nicht *ᶜal-ken* »deshalb« und auch schon beim hebr. ersten Verbum das sogenannte Ipf. [*jakkām*] stehen), sondern Folgerung, die Jeremia zieht: Es besteht ein, natürlich von Jahwe verfügter Zusammenhang zwischen Vergehen und Strafe. Die Schuld wird am Ende in einem begründenden Satz noch einmal zusammenfassend angegeben: Auflehnung gegen Gott und seinen Willen (*paešaᶜ*) und Abtrünnigkeit (*mᵉšubōt*).
7–11 Die Jahwerede wird durch ein

Deine Söhne haben mich verlassen
und bei Nichtgöttern geschworen.
Ich machte sie satt, doch sie trieben Ehebruch
und waren zu Gast im Dirnenhaus.
[8] Hengste sind sie geworden, feist und geil,
Ez 22[11] jeder wiehert nach der Frau seines Nächsten.
V. 29 9[8] [9] Sollte ich das nicht bestrafen – Spruch des Herrn –
und an einem solchen Volk keine Rache nehmen?
[10] Steigt auf ihre Rebenhänge, und verwüstet sie!
V. 18 4[27] Doch völlig vernichten sollt ihr sie nicht.
Reißt ihre Reben weg;
denn sie gehören nicht dem Herrn.
[11] Sie sind mir ja gänzlich untreu geworden,
3[8.11] das Haus Israel und das Haus Juda – Spruch des Herrn.

5[7] Besser ist wohl »Nichtgott« zu übersetzen, da man nicht bei den Göttern ganz allgemein, sondern bei einem bestimmten Gott schwor. – Waren sie Gäste: *jitgōrārū* mit G, M: »sie machten sich Einschnitte«.

Prophetenwort [10] unterbrochen. Diese Tatsache und die Aussage, daß keine völlige Vernichtung erfolgen soll (s. [18]), legt den Verdacht nahe, daß [10] ein späterer Einschub ist. Er sieht Jerusalem im Bild eines Weinbergs, der zerstört werden soll, allerdings nicht vollständig. Der Befehl, der an nicht genannte Menschen, wohl Feinde des Staates Juda ergeht, wird damit begründet, daß die Einwohner der Stadt (im Bild: die Ranken des Weinbergs) Jahwe nicht gehören, also nicht das Volk des Herrn sind. Das ist eine recht pauschale Folgerung aus den Vorwürfen, die Jeremia im Namen seines Gottes erhebt. Die Einschränkung des Vernichtungsbefehls nimmt wohl schon auf die Erfahrung des Exils Bezug. Die Jahwerede [7–9.11] besteht aus einem Scheltwort [7.8] und einer angeschlossenen Reflexion [9.11]. Die einführende Frage erwartet keine Antwort. Jahwe hat keinen Grund zu vergeben. Und wenn er es täte, führte es zu nichts (*'ē lāzo't* »wozu, warum?«). Besserung ist nicht zu erwarten. Der erhobene Vorwurf ist wiederum die Abkehr von Jahwe und die Hinwendung zu einem, der nicht Gott ist, wie es im Schwur in feierlicher Weise geschieht. Wahrscheinlich ist auch hier der Baal gemeint, auf dessen Fruchtbarkeitskult [7b.8] anspielen. Man verleugnet Jahwe und bekennt sich zum Baal. Doch war es Israels Gott, der die Güter, den Ertrag des Landes schenkte; aber statt ihm durch ein entsprechendes Leben zu danken, ergibt man sich dem baalistischen Fruchtbarkeitskult. Dabei kennt man keine Schranken, nicht einmal die der Ehe. In dem Wahn, daß auf solche Weise Fruchtbarkeit und damit Glück und Gedeihen machbar sei, folgen sie doch nur ihren Trieben. Das wird mit dem drastischen Bild von [8], vgl. Ez 23[20], s. 3[6–13], anschaulich ausgesagt.

[9.11] Die Reflexion, die zweimal mit der Jahwe-Spruch-Formel gestützt wird und deshalb schon verdächtig ist, erweist sich durch die summarische Nennung von »Haus Israel und

[12] Sie haben den Herrn verleugnet und gesagt:
Er ist ein Nichts!
Kein Unheil kommt über uns,
weder Schwert noch Hunger werden wir spüren.
[13] Doch diese Propheten werden zunichte;
das Gotteswort ist nicht bei ihnen.
[So wird es ihnen ergehen:]
[14] Darum – so spricht der Herr,
der Gott der Heere:
Weil man solche Reden führt,
seht, darum mache ich meine Worte

5[12] Wörtlich: »Nicht er«, wohl im Sinne von: »Mit ihm ist es nichts.«
5[13] Wörtlich: »Und die Propheten – sie sind für den Wind«. – Und das Wort: *w^e^haddābār*, in M ungewöhnliche Form (?) *w^e^haddibber*.
5[14] Man solche Reden führt: *dabb^e^rām*; M: »ihr ...«, wohl durch Einwirkung von [15].

Haus Juda« als spät. Sie ist eine Antwort auf die Frage in [7]. Die erneute Frage [9] geht in die gleiche Richtung: Jahwe muß ahnden und dadurch seinen Anspruch geltend machen. Letzteres soll wohl der Begriff »Rache nehmen« ausdrücken. Um keinen Zweifel zu lassen, wie die Frage zu beantworten ist und um eine falsch verstandene Vergebungsbereitschaft des Herrn, vgl. [7], als mögliche Reaktion von vorneherein auszuschließen, äußert sich [11] abschließend mit dem allgemeinen Hinweis auf die bekannte Untreue des Volkes.

[12–14] Auf ein Prophetenwort [12f] folgt, eingeführt durch die Botenspruchformel, ein Jahwewort [14]. Das prophetische Scheltwort [12f]: Verleugnung Jahwes geschieht durch Götzendienst (Ijob 31[28]). So sagen denn die Leute: Nicht er; er, Jahwe, ist es nicht, dem wir anhangen. Vor ihm haben wir keine Furcht; er tut und vermag nichts. Sie leugnen nicht seine Existenz, sondern rechnen nicht mit ihm, glauben nicht, daß er sich als Gott wirksam erweist. Darum wird nach ihrer Ansicht Jahwe auch nicht strafen. Sie meinen, er sei dazu nicht in der Lage. Darum verspotten sie auch das Wort der Propheten, die Unheil ansagen, und behaupten: Ein wirksames Gotteswort besitzen sie gar nicht, wenn sie im Namen Jahwes sprechen. Nicht Gottes Geist, sondern nur Wind steht hinter ihren Worten. [13] handelt kaum, wie EÜ anscheinend mit »doch« nahelegt, von den falschen Propheten; denn von Heilsworten sagt der Text nichts. Und die Propheten, die fälschlich im Namen Jahwes sprechen, bestreiten keineswegs seine Macht, sondern nur, daß er Unheil verhängen werde. »So wird es ihnen ergehen« paßt besser nach der Redeeinführung in [14]; dementsprechend wird der Satz vielfach umgestellt. [14] Jahwe antwortet mit einem Drohwort. Seinem Namen ist bezeichnenderweise der Titel »Gott der Heere« (*'ae lohē ṣ^e^ba'ōt*) beigefügt: Er ist der Gott aller Mächte und Gewalten. Er steht über allem, was als »göttlich« angesehen werden mag und hat unbeschränkte Macht. Schon dies ist eine Antwort auf die Reden, die man leichtfertig gegen den Gott Israels führt. Es bleibt aber

23^{29} in deinem Mund zu Feuersglut
und dieses Volk da zum Brennholz,
das von ihr verzehrt wird.

[15] Seht, ich lasse über euch herfallen, Haus Israel,
6^{22} Dtn 28^{49f} ein Volk aus der Ferne – Spruch des Herrn.
Ein unüberwindliches Volk ist es,
ein uraltes Volk,
ein Volk, dessen Sprache du nicht kennst
und dessen Rede du nicht verstehst.
[16] Sein Köcher ist wie ein offenes Grab,
sie alle sind Helden.
[17] Es frißt deine Ernte und dein Brot,
es frißt deine Söhne und Töchter,
es frißt deine Schafe und Rinder,
es frißt deinen Weinstock und Feigenbaum,
es zerschlägt mit dem Schwert
deine befestigten Städte, auf die du vertraust.

[18] Doch auch in jenen Tagen – Spruch des Herrn – will ich euch nicht
völlig vernichten. [19] Wenn man dann fragt: Weshalb hat der Herr,

5^{15} Unüberwindliches, wörtlich: »fest, dauerhaft«, andere Übersetzungsmöglichkeit »uraltes« (αρχαιον G°) ‖ *meᶜōlām* »von Urzeit her«.
5^{19} Man fragt: *jo'meᶜrū;* M: »ihr fragt«; wohl mit Bezug auf [15].

nicht dabei. Jahwe wird, wie das Bild vom verzehrenden Feuer es ausmalt, seinem Strafwort, das seine Boten und nun auch Jeremia verkünden, vernichtende Kraft verleihen. Ihr kann nichts widerstehen. Das Volk, das jetzt spottet, wird es erleben.
[15–17] folgt die Konkretisierung von [14]. Dies und die Anrede »Haus Israel« lassen die Vermutung aufkommen, daß [15–17] zumindest überarbeitet sind, um als geschichtlichen Beleg zu [14] die erfolgte Zerstörung Israels durch die Assyrer, vgl. die Beschreibung Jes 5^{26}, in Erinnerung zu bringen. Auf die Skythen kann sich der Spruch nicht beziehen, da sie nicht als uraltes Volk gelten konnten. Als Wort, das Künftiges ansagt, dürfte es eher auf die Babylonier hinweisen. Sie bringen das in Dtn 28^{49f} angedrohte Unheil über Jahwes Volk. Der Köcher, der selten im AT genannt wird, hat in der Bildsprache nur bergende Funktion (Jes 49^{2} Ps 127^{5}), wird aber nicht mit dem offenen Grab verglichen. Darum wird vielfach vorgeschlagen, »sein Mund« zu lesen; dies paßt besser zu [17], ist aber im Blick auf [16b] nicht zwingend. [17] legt im wörtlichen und übertragenen (sicher bei der Nennung der Söhne und Töchter) Sinn »verzehren« [14] aus. Nachdem das Land verheert ist und seine Vorräte verzehrt sind, gelingt auch die Eroberung der Städte; sie bieten keinen zuverlässigen Schutz. Jahwes Volk kann sich nicht gegen das Wort des Herrn auf sie verlassen.
[18.19] Angefügt mit »doch auch« und der Formel »in jenen Tagen«, weiter-

unser Gott, uns das alles angetan?, so sag zu ihnen: Wie ihr mich verlassen und fremden Göttern in eurem Land gedient habt, so müßt ihr Fremden dienen in einem Land, das euch nicht gehört. 16 10-13

20 Verkündet dies im Haus Jakob,
und ruft es in Juda aus:
21 Hör das, du törichtes Volk ohne Verstand:
Augen haben sie und sehen nicht; Jes 6 9f
Ohren haben sie und hören nicht.
22 Fürchtet ihr mich denn nicht – Spruch des Herrn ,
zittert ihr nicht vor meinem Angesicht?
Ich bin es, der dem Meer die Düne
als Grenze gesetzt hat,
als ewige Schranke, die es nicht überschreiten darf.
Mag es auch toben, es richtet nichts aus;
mögen seine Wogen auch tosen,
sie können die Schranke nicht überschreiten.

23 Dieses Volk aber hat ein störrisches, trotziges Herz.
Sie wichen vom Weg ab und gingen davon.

geführt in [19] mit »und es wird geschehen (,wenn)«, sowie auch als »Spruch Jahwes« qualifiziert, machen diese Verse schon äußerlich den Eindruck, ein späterer Zusatz zu sein. Auch der Inhalt spricht für diese Annahme: »Fremden Göttern dienen«, »Jahwe verlassen« sind dtr Aussagen, die das Leben und Verhalten des Jahwevolkes in Kanaan insgesamt bewerten. Und daß eine Beschränkung der Strafe verkündet wird [18b], widerspricht der Botschaft Jeremias in 4.5. Wieder ist die Situation des Exils in den Blick genommen. Die Strafe entspricht dem Vergehen. Dem Dienst fremder Götter im eigenen Land folgte der Dienst für die Fremden im fremden Land. Das ist die Antwort Jahwes. Es ist auch die Antwort auf die Warum-Frage. Sie und ihre Beantwortung als »Interpretation des Gerichts muß in der Exilszeit hohe Bedeutung innerhalb der dtr. Gemeindebelehrung besessen haben« (Thiel 98). Es ist eine echte Vergangenheitsbewältigung und zugleich Deutung der Gegenwart aus Jahwes Wort und Willen.

[20–25] gehören nicht in den Zusammenhang von Strafe des Herrn durch einen Angriff des Feindes; sie sprechen aus einer anderen Erfahrung zum Thema »Schuld und Strafe«. Sie argumentieren mit der von Jahwe gesetzten Ordnung in der Natur, die durch die Sünde gestört wird. Gottesfurcht ist anderwärts nicht das Thema jeremianischer Verkündigung; sie ist eine Forderung des Dtn wie auch der Weisheit Israels. An Dtn 11[14], wo ebenfalls von dem Gott die Rede ist, der rechtzeitig den Regen, den Früh- und Spätregen spendet, erinnert [24]. »Trotziges« (*mōraeh*) [23] läßt an den widerspenstigen Sohn (Dtn 21[18.20]) denken; wie er seine Eltern, ehrt auch Israel Jahwe nicht, indem es nicht auf ihn hört, und nicht bereit ist, ihm zu gehorchen. Jes 6[9f] dürfte hinter [21] stehen. Im übrigen spricht der Pro-

24 Sie sagten nicht bei sich selbst:
Laßt uns den Herrn fürchten, unseren Gott,
der Regen spendet im Herbst
und im Frühjahr zur rechten Zeit,
der uns die feste Ordnung der Erntewochen bewahrt.
25 Eure Frevel haben diese Ordnung gestört,
eure Sünden haben euch den Regen vorenthalten.
26 Ja, Frevler gibt es in meinem Volk;
sie lauern, gebückt wie Vogelsteller,
Fallen stellen sie auf,
Menschen wollen sie fangen.
27 Wie ein Korb mit Vögeln gefüllt ist,
so sind ihre Häuser voll Betrug;
dadurch sind sie mächtig und reich geworden,
Dtn 32,15 28 fett und feist.
Auch sündigen sie durch ruchlose Tun.

5,24 Die feste Ordnung der Erntewochen, wörtlich: »die Wochen der festen Zeiten der Ernte«. *šᵉbuʿōt* (Wochen) wird vielfach als Dittographie zu *š bᵉᶜittō* betrachtet.

5,26 Sie lauern … wie Vogelsteller: *jaśūrū … joqᵉšim.* – Fallen: ist nach dem Kontext gewählt, wörtlich: »Verderben«.

5,28a Der Text ist schwierig, vielleicht verderbt. EÜ hält sich an M; sie deutet *ᶜābᵉrū* (sie gehen hinüber, übertreten) mit »sie sündigen« und bezieht *wᵉjaṣlīḥū* auf die Waisen.

phet [22] im hymnischen Stil, wie es z. B. auch Deuterojesaja tut. Man hat daher [20–24] für »eine Predigt in deuterojesajanischer Art mit Anlehnung an jerem. Gedanken und Worte« (Volz 66) gehalten. Eine Abhängigkeit vom Exilspropheten ist jedoch nicht nachzuweisen.

Mit doppelter Einführung [20.21a], wobei [20] unnötig ist und 4,5 nachgebildet erscheint, wendet sich der Ausspruch an ein Volk, das nicht sehen und hören will, nämlich [24f] die Hungersnot nicht richtig zu deuten versteht. Der Mangel an Gottesfurcht, der Verbrechen und Sünden hervorruft, ist die Ursache. Er hat bereits zu einer inneren Einstellung geführt, die sich nicht mehr um Gottes Willen kümmert, sondern eigene Wege geht [23]. Darum versucht der Sprecher, zur Furcht des Herrn zu bewegen, indem er die Schöpfermacht Jahwes herausstellt. Der allmächtige Gott hat dem Meer, das nach mythischer Vorstellung schöpfungsfeindlich ist, die scheinbar sehr verletzliche und doch feste Grenze gesetzt [22], und er sichert die Ordnung der Natur in geregelten Abläufen [24]. Vorwurf und Mahnung laufen auf dasselbe hinaus: Laßt uns den Herrn fürchten, unseren Gott!

[26–29] Ein Scheltwort, das Jahwe spricht und mit einer Strafandrohung ([29] = 9) abschließt. Es nennt Verbrechen, durch die der Mensch im mitmenschlichen Bereich schuldig wird. Eine Gruppe im Volk des Herrn [26a] – es sind die Reichen und Mächtigen [27b] – »fängt« die Benachteiligten und Hilflosen. Dabei ist nicht nur an die Wegnahme des Besitzes durch betrügerische Machen-

Das Recht pflegen sie nicht, 6,6 Jes 10,2
das Recht der Waisen, die Erfolg erwarten,
und die Sache der Armen entscheiden sie nicht.
29 Sollte ich das nicht bestrafen – Spruch des Herrn V. 9
und an einem solchen Volk keine Rache nehmen?
30 Wüstes, Gräßliches geschieht im Land:
31 Die Propheten weissagen Lüge, 23,25.32 27,10–16
und die Priester richten ihre Lehre nach ihnen aus; 29,21
mein Volk aber liebt es so.
Doch was werdet ihr tun,
wenn es damit zu Ende geht?

Die Kriegsgefahr als Strafe: 6,1–15

6,1 Flieht, ihr Leute von Benjamin,
hinaus aus Jerusalem!

5,31 Richten ... aus: *jōrū*, M: »sie herrschen«. – *ᶜal jᵉdēhaem* »auf Anweisung von ihnen« wird von EÜ auf die Propheten bezogen. Häufig bezieht man den Ausdruck auf die Priester zurück: »lehren auf eigene Faust«.

schaften gedacht, so daß die geraubten Güter, als Betrug bezeichnet, die Häuser der Reichen füllen, sondern wohl auch an Freiheitsberaubung bis hin zur ständigen Schuldknechtschaft. Der treffende Vergleich mit dem Vogelfänger bringt das Heimtückische und Berechnende solchen Tuns gut zum Ausdruck. Solche Menschen kümmern sich nicht um das Recht der Schwachen, im Gegenteil. Doch Jahwe wird 29 sich ihrer Sache annehmen und in seinem Gericht das Unrecht ahnden.

30.31 Neben den Mächtigen werden nun auch Propheten und Priester als führende Stände unter Verurteilung ihres Tuns genannt. Ihr Treiben ist »wüst«; sie richten damit das Land zugrunde, reden und handeln nach dem Geschmack und Willen der Leute. Daß die Propheten Lüge weissagen, verkünden, was nur als Täuschung bezeichnet werden kann, kehrt als Vorwurf in der Auseinandersetzung Jeremias mit diesen Falschpropheten oft wieder. Der Vorwurf richtet sich wohl nicht darauf, daß sie im Namen Baals auftreten (so 2,8 23,13); »Lüge« wäre in diesem Fall als abwertende Bezeichnung dieses Gottes zu verstehen. Vielmehr werden ihnen falsche Aussagen vorgeworfen. Sie treten im Namen Jahwes auf, verkünden aber nicht seinen Willen. Die Priester arbeiten mit ihnen zusammen oder (s. die Alternativ-Übersetzung) handeln bei der Kundgabe und Auslegung der Weisung des Herrn auf eigene Faust, in vermeintlicher eigener Vollmacht. Doch beides führt zum selben Ergebnis. Anstelle der Drohung steht am Schluß eine Frage, die das Ende solcher Praktiken ansagt und die Hilflosigkeit der fehlorientierten religiösen Führer im kommenden Strafgericht ahnen läßt.

6,1–30 Die Unheilsbotschaft des Propheten setzt sich fort. Bilder von Krieg und Zerstörung, auch Scheltworte über das Volk Jahwes füllen diesen großen Abschnitt. Ihn vom vorausgehenden abzuheben, ist des-

Stoßt in Tekoa in die Trompete,
und richtet über Bet-Kerem ein Zeichen auf!
46 Denn von Norden droht Unheil
und großes Verderben.
2 Die Schöne und Verwöhnte,
die Tochter Zion, ich vernichte sie.
3 Hirten kommen zu ihr mit ihren Herden;
sie schlagen rings um sie ihre Zelte auf,
jeder weidet seinen Bereich ab.
4 Ruft gegen Zion den Heiligen Krieg aus!
Auf! Greifen wir an am Mittag! –
Weh uns: Schon neigt sich der Tag,
die Abendschatten strecken sich.
5 Auf! Greifen wir an in der Nacht,
zerstören wir ihre Paläste!

6^4 Ruft ... aus, wörtlich: »heiligt gegen es den Krieg«.

wegen gerechtfertigt, weil sich die Rede nach dem Schuldaufweis, der 5 bestimmt, wieder zur Gerichtsverkündigung wendet, die 6 fast ganz beherrscht. Inhaltlich führt 6 eher 4 weiter; das Drohwort überwiegt die Schelte. Die Botenspruchformel ($^{6.9.16.21.22}$) gliedert den Text in ungleiche Abschnitte; Unterschiede im Redestil kommen hinzu. Beides zeigt, daß Einzelworte verschiedenen Umfangs zusammengeführt worden sind.

$^{1-5}$ War 4^6 noch die Aufforderung an die bedrohte Landbevölkerung ergangen, nach Zion zu fliehen, so werden Menschen, die in Jerusalem Zuflucht gesucht haben, nun angewiesen, die Stadt zu verlassen. Denn nun wird die Hauptstadt von dem Feind aus dem Norden unmittelbar angegriffen; sie bietet keinen Schutz mehr. Der Zusammenbruch (*šaebaer:* EÜ »Verderben«) der Verteidigung und damit auch des Staates Juda steht bevor. Die Benjaminiter, die nördlich von Jerusalem wohnen und sich in die Stadt gerettet hatten, müssen ihre Flucht nach Süden fortsetzen. Die Fluchtrichtung wird mit den Orten Tekoa (am Rand der Wüste von Juda, 8 km südlich von Betlehem) und Bet-Kerem (Lage nicht bekannt) angegeben. Vielleicht ist die Angabe später zugefügt worden (Duhm); denn sie spricht eher von einem Angriff auf die Orte (vgl. Ri 7^{18-22}) als von wegweisenden Signalen. In ^{2} spricht Jahwe, falls der schwierige M in Ordnung ist. Die Erwählung und die Auszeichnung der Stadt durch die göttliche Gegenwart, all die Vorzüge, die ihr der Herr schenkte, können das Strafgericht nicht verhindern, im Gegenteil: Wenn die Menschen in ihr dieser Bevorzugung nicht gerecht werden, ziehen sie um so mehr das Gericht Gottes herbei. ^{3} Dies wird mit einem Hirtenbild (vgl. Num 22^4) geschildert: Wie eine üppige Wiese die Herden, so lockt diese Stadt die Feinde herbei. Jede Abteilung erhält gleichsam ihren Anteil; nichts bleibt übrig. $^{4.5}$ sind Aussprüche der Feinde, die ihrem ungestümen und nicht aufzuhaltenden Eroberungsdrang entspringen. Die feindlichen Völker werden in prophetischer Sicht als Werkzeuge Jahwes betrach-

6 Denn so spricht der Herr der Heere:
Fällt ihre Bäume,
und werft einen Wall auf gegen Jerusalem!
Das ist die Stadt, von der erwiesen ist:
Alles in ihr ist Unterdrückung. 22^{17}
7 Wie ein Brunnen sein Wasser sprudeln läßt,
so läßt sie ihre Schlechtigkeit sprudeln.
Von Gewalttat und Unrecht hört man in ihr;
ständig sind mir vor Augen
Leid und Mißhandlung.
8 Laß dich warnen, Jerusalem,
sonst trenne ich mich von dir,
sonst mache ich dich zur Wüste,
zum Land ohne Bewohner.

6^{6} Von der erwiesen ist, wörtlich: »es ist untersucht worden«.

6^{7} Sprudeln: EÜ leitet *k^{e}hāqīr* und *heqerāh* von *qōr,* vgl. *māqōr* (so Rudolph »sprudeln«) statt von *qrr,* im Hi. »kühl halten«, ab. – Leid und Mißhandlung: sind wohl Glosse nach Dtn 28^{61} (Nötscher).

tet. Sie führen in seinem Namen und für ihn den Kampf gegen die Stadt, erklären ihr den heiligen, den Krieg Jahwes (zu diesem Ausdruck, vgl. Num 21^{14}). Wie Jahwe sich einst gegen die Völker Kanaans in Israels Kriegen für sein Volk eingesetzt hat, so steht er jetzt in dem Ansturm der Feinde gegen seine Stadt. Der Angriff duldet keinen Aufschub. Selbst in der Nacht, wo die Bedingungen nicht günstig sind, will man den Angriff wagen.

6–8 Das Jahwewort bestätigt, daß die Feinde aus dem Norden in seinem Auftrag handeln. Der Herr selbst fordert die Feinde zur Belagerung auf: Die Bäume rings um die Stadt werden dazu verwendet; der Wall schließt die Stadt ein. Sofort nach seinem Befehl an die Feinde wendet er sich zur Anklage gegen Jerusalem. Darauf und letztlich 8 auf eine nochmalige Warnung kommt es ihm an. Jahwes Vorwurf richtet sich gegen Verfehlungen im mitmenschlichen Bereich. Die Schwachen werden mit Taten der Gewalt und des Unrechts unterdrückt 6b so sehr, daß schier nichts anderes mehr in der Stadt geschieht. 7 Wie ein Brunnen, den eine Quelle speist, stets frisches Wasser hervorbringt, so verübt Jerusalem unablässig neue Bosheit. Die bösen Taten werden ständig fortgesetzt. Gott hat dieses schlechte Handeln nicht nur vor Augen, es richtet sich gegen ihn; Gewalttat und Unrecht gegen den Nächsten schlagen ihm sozusagen ins Gesicht (*ʿal pānaj*). Sie widersprechen seiner Gegenwart, seiner Zuwendung, mit der er zum Heil aller in Jerusalem präsent sein will. Dennoch ergeht eine Warnung an das Volk dieser Stadt. Jahwe liebt es immer noch. Aber wenn alle Mahnungen umsonst sind und es sich auch durch Strafen (vgl. Lev 26^{14-38} nicht von seiner Schlechtigkeit abbringen läßt, muß er »seine Seele von ihm losreißen«, wie der Text wörtlich sagt. Gott möchte, daß es erkennt und auch tut, was richtig und heilvoll ist, vgl. Lk 19^{41ff}. Die Drohung am Schluß soll in diesem Sinn wirken und verstanden werden.

9 So spricht der Herr der Heere:
Genaue Nachlese wie am Weinstock
31^{7} soll man halten am Rest Israels.
Leg deine Hand an
wie ein Winzer an die Reben!
10 Zu wem soll ich reden,
und wer wird mich hören, wenn ich mahne?
4^{4} Apg 7^{51} Ihr Ohr ist ja unbeschnitten,
sie können nichts vernehmen.
20^{8} 15^{15} Das Wort des Herrn dient ihnen zum Spott;
es gefällt ihnen nicht.
Mi 3^{8} 11 Darum bin ich erfüllt vom Zorn des Herrn,
20^{9} bin es müde, ihn länger zurückzuhalten. –

6^{9} *j*^{ec}*ōl*^{e}*lū š*^{e}*'erīt jiśrā'el:* ist wohl spätere Zufügung (Duhm), s. die Erklärung.
6^{10} Der Text liest vor »ihr Ohr« und »das Wort« jeweils »siehe« *(hinneh).*
6^{11} Darum: EÜ folgt anscheinend Sym (διο), Vg (idcirco); besser ist es, *wa'*^{a}*nī* »ich aber« (Ehrlich) mit Mi 3^{8} zu lesen.

$^{9-15}$ Von der Botenspruchformel und der abschließenden Formel »spricht der Herr« umschlossen, besteht dieser Abschnitt aus einem Dialog zwischen Jahwe und Jeremia, der von Jahwe eröffnet^{9}, vom Propheten $^{10.11a\alpha}$, dann von Jahwe $^{11a\beta\gamma.b.12}$ und wieder von Jeremia $^{13.14}$ fortgeführt und vom Herrn geschlossen ^{15} wird. $^{12a.13-15}$ finden sich mit geringen Abweichungen auch 8^{10-12} im M, fehlen dort aber in G. In 6 steht das Stück besser im Zusammenhang (vgl. ^{13a} mit ^{11}), dürfte demnach an dieser Stelle ursprünglich sein.

Der Prophet wird ^{9} von Jahwe aufgefordert nachzusehen, was sich am »Weinstock Israel« noch an guten und brauchbaren Früchten findet. Dabei soll er sorgfältig vorgehen, im Bild gesagt: wie ein echter Winzer seine Hand an den Reben hin- und hergehen lassen, um keine Traube zu übersehen. Ein späterer Leser hat an den Rand geschrieben: Sie mögen Nachlese halten in bezug auf den Rest Israels. Er interpretiert das Jahwewort positiv als Aufruf, auch die letzten aus Jahwes Volk bei der Heimkehr nach Zion nicht zu übergehen. Der Ausdruck »Rest Israels« setzt das babylonische Exil voraus (Jer 31^{7} Mi 2^{12} Ze 3^{13} 1 Chr 12^{39} 2 Chr 34^{9}) und ist Ausdruck der Hoffnung auf die Wiederherstellung des Volkes, wird aber hier wie Ez 9^{8} 11^{13} auf die in Jerusalem Verbliebenen bezogen.

$^{10.11a\alpha}$ Jeremia antwortet mit einer Frage, in der er zum Ausdruck bringt, daß ein Suchen nach guten Taten erfolglos sein wird. Denn das Volk hört nicht auf die prophetische Mahnung; es ist nicht dazu bereit und damit unfähig, die Botschaft zu vernehmen, wie die Metapher von den unbeschnittenen Ohren sagt. Noch mehr, die Menschen spotten nur, wenn ihnen der Prophet ein Gotteswort verkündet. Mit einem zweifachen »siehe« (*hinneh*) macht Jeremia den Herrn auf dieses üble Verhalten seiner Zuhörer aufmerksam, um seine ablehnende Frage zu begründen. Er seinerseits aber sieht sich nicht imstande, zu schweigen und das göttliche Gerichtswort, das ihn ähnlich wie Micha erfüllt, in sich

Gieß ihn aus über das Kind auf der Straße
und zugleich über die Schar der jungen Männer!
Ja, alle werden gefangengenommen,
Mann und Frau, Greis und Hochbetagter.
12 Ihre Häuser gehen an andere über, 8^{10-12}
die Felder und auch die Frauen.
Denn ich strecke meine Hand aus
gegen die Bewohner des Landes – Spruch des Herrn.
13 Sie sind doch alle, vom Kleinsten bis zum Größten,
nur auf Gewinn aus;
vom Propheten bis zum Priester
betrügen sie alle.
14 Den Schaden meines Volkes
möchten sie leichthin heilen, indem sie rufen:
Heil, Heil! Aber kein Heil ist da.

6^{12} Frauen: besser mit 8^{10}: »(ihre Felder) an Eroberer« *(ś^edōtēhaem l^ejōr^ešīm)* oder mit 1 Hs: die Weinberge *(ūk^erāmīm)*. Von den Frauen ist schon in [11] die Rede.

zurückzuhalten. Hier klingt zum ersten Mal an, was den Propheten im Lauf seiner Tätigkeit schier zur Verzweiflung treibt, vgl. 20^{9}: die ablehnende Haltung der Jerusalemer gegenüber dem Gotteswort, das er verkünden muß, und der ihm vom Herrn auferlegte Zwang, es aussagen zu müssen.

[11aβγ.12] Jahwe antwortet mit dem Befehl, den in seinen Drohworten angestauten göttlichen Zorn auf alle auszugießen, und bekräftigt zugleich dessen Wirkung: Alle ohne Ausnahme müssen in die Gefangenschaft gehen. Ihr gesamter Besitz wird den Eroberern zuteil. Die Antwort des Herrn endet mit einer allgemeinen Gerichtsaussage [12b], die im Paralleltext 8^{10-12} nicht steht und wohl auch hier als Begründung für den Befehl an Jeremia, und um die Allgemeinheit des göttlichen Handelns zu betonen, nachgetragen ist. Sie nimmt das bei Jesaja öfter verwendete Bild von der ausgestreckten strafenden Hand Jahwes (Jes 5^{25} $9^{11.16.20}$ 10^{4}) auf und bezieht es auf die Bewohner des Landes, die in [9–15] kaum gemeint sind, aber auch in das Strafgericht einbezogen werden.

[13.14] Der Prophet hat den Auftrag des Herrn [9] durchgeführt; er teilt das Ergebnis der Überprüfung mit: Alle streben nach Gewinn, auch wenn es dabei nicht mit rechten Dingen zugeht; sie versuchen »ihren Schnitt zu machen«, wie der hebräische Ausdruck sagt, und sich so zu bereichern. Das Unrecht, das dabei dem anderen geschieht, nehmen sie nicht nur in Kauf, sie planen es ein. Sie täuschen und betrügen. Auch Propheten und Priester, die Jahwes Wort und Weisung verkünden und vor allem selbst beachten müßten, handeln so. Nur oberflächlich und leichtsinnig ist ihr Heilswort; es heilt nichts, sondern bestärkt nur die sittliche Verderbnis und wendet folglich das Unheil nicht ab.

Mit einem Schelt- und Drohwort Jahwes [15] schließt der Abschnitt. Der Herr wirft dem Volk, wohl in erster

15 Schämen müßten sie sich, weil sie Greuel verüben.
Doch sie schämen sich nicht;
Scham ist ihnen unbekannt.
Deshalb müssen sie fallen,
wenn die anderen fallen.
Sobald ich sie zur Rechenschaft ziehe,
werden sie stürzen, spricht der Herr.

Jerusalems Trotz: 6^{16-26}

16 So spricht der Herr:
Stellt euch an die Wege, und haltet Ausschau,
fragt nach den Pfaden der Vorzeit,
fragt, wo der Weg zum Guten liegt;
Mt 11,29 geht auf ihm, so werdet ihr Ruhe finden für eure Seele.
Sie aber sagten: Wir gehen nicht.
17 Auch habe ich Wächter für euch aufgestellt:
Achtet auf den Schall der Trompete!
Sie aber sagten: Wir achten nicht darauf.

6^{15} Schämen müßten sie sich: Andere Übersetzungsmöglichkeit: »sie haben schändlich gehandelt«, vgl. Hos 2^{7}. – *hikkālēm* mit 8^{12}.

Linie den Priestern und Propheten vor, daß sie schändlich gehandelt haben (so auch Duhm) und weist auf die verübten Greuel hin, die nicht näher bezeichnet werden. Vielleicht ist ganz allgemein wie im Dtn an Götzendienst und heidnische Bräuche gedacht. Aber sie merken nicht einmal, daß sie sich vergangen haben; so besteht keine Hoffnung auf Besserung. Jahwe wird ihr Tun nachprüfen; dann stürzen sie ins Verderben.

16–21 Der Prophet teilt 16.17 mit, welche Anweisung Jahwe dem Volk gegeben hat, und wie es darauf reagierte. Der Herr wendet sich 18.19 an die Völker 18 und sagt, was er seinem Volk nun antun will. In 20 setzt sich die Jahwe-Rede von 16.17 fort. 21 wird ein Drohwort Jahwes unter erneuter Einführung, vgl. 16 angeschlossen.

Die Aufforderung, das Gute zu tun, benützt die alte Vorstellung von der Wahl des richtigen Weges, die Israel vertraut war. Man soll nach den »ewigen Pfaden« (*linᵉtibōt ᶜōlām*) fragen, die erfahrungsgemäß zum Guten und zum Glück führen und stets gültig und immer dieselben sind. Sie sind Israel gezeigt worden; es muß sich nur darauf besinnen. Auf ihnen kommt es zum Frieden, zum ungestörten Leben. »Ruhe für eure Seele« wird in Mt 11^{29} zu einem ntl Heilsgut: »sie bedeutet ein neues Verhältnis zu Gott! Die Ungewißheit und Angst ist überwunden in der Freude der Gegenwart und Vergebung Gottes« (J. Schniewind, NTD 2, ⁷1954, 154). Die Antwort auf die göttliche Forderung aber war ablehnend. Gott hatte »Wächter« eingesetzt 17, unter denen nach Ez 3^{17} 33^{1-9} die Propheten zu verstehen sind, d. h. er wollte sein Volk vor bösen Wegen warnen. Aber man schlug das Angebot aus.

18 Darum hört, ihr Völker, und erkennt,
was ich ihnen antun will.
19 Höre es, Erde! Jes 1^{2}
Schon bringe ich Unheil über dieses Volk
als die Frucht seiner bösen Gesinnung.
Denn auf meine Worte haben sie nicht geachtet,
und meine Weisung haben sie verschmäht.
20 Was soll mir der Weihrauch aus Saba
und das gute Gewürzrohr aus fernem Land?
Eure Brandopfer gefallen mir nicht, Ps 40^{7}
eure Schlachtopfer sind mir nicht angenehm.
21 Darum – so spricht der Herr:
Ich lege diesem Volk Hindernisse in den Weg,
so daß sie darüber straucheln.
Väter und Söhne zusammen,
einer wie der andere geht zugrunde.

6^{18} *ūd^{ec}ū de^{c}āh* (BHS), M: »und erkenne, o Gemeinde«. – *ʾ^{a}šaer* – *ʾae^{cae}śaeh bām* (BHS); M: »was in ihnen ist«.
6^{19} Seiner bösen Gesinnung, wörtlich: »ihrer Gedanken«.

In $^{18.19}$, die sich an einen anderen Adressaten wenden als $^{16.17.20}$ und die wahrscheinlich dtr Wendungen »Unheil bringen« und »meine (= Jahwes) Weisung verschmähen« enthalten (Thiel), sind wohl späterer Zusatz (Duhm). Sie deuten den Weg zum Guten (Glück) als das Gesetz (Tora) Jahwes und legen Wert darauf, daß die Propheten nicht nur gewarnt, sondern positiv das wegweisende Jahwewort verkündet haben. Beides wurde zurückgewiesen. Darum erfolgte das durch die Zerstreuung unter die Völker weltweit bekannte Gericht Gottes. Die Vertreibung »in alle Länder« (vgl. z. B. Ez 36^{19}) ist anscheinend hier bereits vorausgesetzt. All dieses Unheil ist nur die Folge böser Pläne und Machenschaften. In dem Wort »Frucht« schwingt wie auch in dem Bild vom »guten Weg«, den man gehen muß, um ein vom Unheil ungestörtes Leben führen zu können, wohl der Gedanke an den weisheitlichen Tun-Ergehen-Zusammenhang mit. Nach ihm entsprechen Tat und Folge einander im Guten wie im Bösen.

Mit ^{20} werden die Menschen im Gottesvolk wieder angesprochen, an die sich Jahwe $^{16.17}$ gewandt hatte. Sie sollen nicht meinen, sie könnten mit einem aufwendigen Kult, mit kostbaren Gaben, die von weither kommen (Weihrauch aus Saba, d. i. Südarabien), ein Leben nach der Weisung des Herrn ersetzen (»gutes Gewürzrohr« statt des »guten Weges«). Gewürzrohr »wurde aus Usal (später *ṣan^{c}ā*) in Jemen eingeführt«. Es ist »wahrscheinlich das Kahnbartgras (Cymbopogon). Es wurde zur Herstellung des Salböls benutzt (Ex 30^{23}). Auch wird es neben Opfer und Weihrauch genannt« (G. Fohrer: BHH 922).

^{21} Das Drohwort schließt sich an $^{18.19}$ an (vgl. »dieses Volk« in $^{21.19}$, die gleiche Konstruktion bei »bringe ich« und »ich lege«: *hinneh ʾānokī* bzw. *hin^{e}nī* / Partizip). Es sagt, daß

22 So spricht der Herr:
50^{41-43} Seht, ein Volk zieht vom Nordland heran,
ein großes Volk bricht auf
von den Grenzen der Erde.
23 Sie kommen mit Bogen und Sichelschwert,
grausam sind sie und ohne Erbarmen.
Ihr Lärm gleicht dem Brausen des Meeres,
und sie reiten auf Rossen,
Krieger, zum Kampf gerüstet
gegen dich, Tochter Zion.
24 Kaum hörten wir diese Nachricht,
da erschlafften uns die Hände,
es packte uns die Angst,
das Zittern wie eine Gebärende.
25 Geht nicht aufs Feld hinaus,
macht euch nicht auf den Weg;
denn der Feind greift zum Schwert – Grauen ringsum!
9^{16f} Am 8^{10} 25^{34} 26 Tochter, mein Volk, leg das Trauerkleid an,
und wälz dich im Staub!
Halte Trauer wie um den einzigen Sohn
bitterste Klage:
»Ach, jählings kam über uns der Verwüster.«

6^{23} Krieger, zum Kampf gerüstet: *ʾîš*, M: »gerüstet wie ein Mann zum Kampf«.

die angedrohte Strafe alle erfassen wird, ohne Ausnahme: Jahwe wird sie zu Fall bringen (vgl. zum Ausdruck Ez 3^{20}) und zugrunderichten. $^{22-26}$ Noch einmal werden der Feind aus dem Norden und die Auswirkungen seines Ansturms geschildert. $^{22-24}$ finden sich fast wörtlich in 50^{41-43}, auf die »Tochter Babel« bezogen. Das ist ein Zeichen dafür, daß dieses »Feindbild« an sich ohne festen Bezug auf ein bestimmtes Volk ist und von der Redaktion des Jeremiabuches auch so beurteilt wurde. Viele Interpreten denken auch hier an die Skythen, andere an die Meder; für die einen oder anderen mögen manche Angaben in 4–6 sprechen. Der Feind aus dem Norden wurden die Chaldäer des neubabylonischen Reiches unter Nebukadnezzar. Schnelligkeit und Unwiderstehlichkeit des feindlichen Heeres, das anscheinend vor allem aus Reiterscharen besteht, werden mit wuchtigen Worten gemalt. ^{24} Die Nachricht von seinem Kommen löst den Schreckensruf der Jerusalemer aus, die wie gelähmt den Feind heranstürmen sehen und ihre Lage mit den sprichwörtlich gewordenen Ängsten und Schmerzen einer Frau vor der Geburt vergleichen. ^{25} ist noch Wort der Bewohner Jerusalems, zu denen ^{26} der Prophet spricht. Er ruft die Stadt zu Klage und Trauer auf. Die Trauerriten, die beim Verlust des Geliebten, des Einzigen, besonders aufwendig und eindringlich sind, und der schreckerfüllte Klageschrei bringen zum Ausdruck, daß das Unheil bereits geschehen ist. So sicher ist es, daß das

Der Prophet als Prüfer des Volkes: 6^{27-30}

27 Zum Prüfer für mein Volk habe ich dich bestellt
[zum Metallprüfer];
du sollst sein Verhalten erkennen und prüfen.
28 Sie alle sind schlimme Empörer,
Verleumder sind sie,
Bronze und Eisen sind sie,
alle zusammen Verbrecher.
29 Der Blasebalg schnaubt,
doch das Blei bleibt unberührt vom Feuer.
Umsonst versucht der Schmelzer zu schmelzen;
die Bösen lassen sich nicht ausscheiden.
30 »Verworfenes Silber« nennt man sie;
denn verworfen hat sie der Herr.

6^{27} Metallprüfer: *m*^{e}*baṣṣer*, M: »Festung«, wohl Glosse aus 1^{18}.
6^{28} Bronze und Eisen: ist wohl Glosse aus 1^{18}. Die Worte sprengen die Sachaussage in ^{28} durch eine bildliche Eintragung.
6^{29} Unberührt vom Feuer: *me'eš tam* mit vielen Hss G.

Jahwewort sich erfüllt und das Unheil eintritt. Mit dem Schrei des Entsetzens, der die verwirklichte Drohung bestätigt, endet die Unheilsverkündigung.

$^{27-30}$ Wirkungsvoll ist ein Wort an den Propheten an den Schluß gesetzt, das ihn zum Prüfer im Volk ^{27} einsetzt. Er soll für Jahwe, in seinem Auftrag, Verhalten und Taten überprüfen. Der Prophet gibt ^{28} das Ergebnis bekannt: Es ist völlig negativ; Gutes und Edles konnte er nicht feststellen. Allen muß er verderbliches Handeln, Aufsässigkeit gegen Gott und Ungehorsam bescheinigen. Aus dem Fehlverhalten gegenüber den Mitmenschen wird die Verleumdung herausgegriffen, mit der man nach Lev 19^{16} sich (vor Gericht) hinstellt und das Leben seines Nächsten fordert, also falsche Anklage, die den anderen zu vernichten sucht. »Bronze und Eisen« ^{28} ist nicht ein Vorgriff auf die bildliche Aussage in $^{29.30}$; denn dort handelt es sich um Silber und Blei, sondern wie die Glosse in ^{27} ein Rückgriff auf den Berufungsbericht, an den (vgl. $1^{5.18}$) das Einsetzungswort in ^{27} erinnert. Mit diesen, zunächst an den Rand notierten Stichworten wollte der Ergänzer an die Berufung Jeremias erinnern, in deren Kontext er auch 6^{27} einbeziehen wollte. Dabei dürfte er bewußt *mbṣr* als *m*^{e}*baṣṣer* »Metallprüfer« gedeutet haben.

In $^{29.30a}$ schlägt nun das Bild durch, das *bāḥōn* »Prüfer von Edelmetallen«, vgl. Sach 13^{9} nahelegt. Auch der Versuch, die Guten herauszufinden und von den Schlechten zu scheiden – ein zweiter Prüfungsauftrag – gelingt nicht. Es bleibt eine verdorbene Masse; sie erhält einen Namen, der schon das Urteil über sie ist: In der Verwerfung durch Jahwe ist die Erwählung zurückgenommen. Der Abschnitt bekräftigt abschließend, daß das angekündigte Strafgericht Gottes verdient ist und zu Recht erfolgt.

Die Tempelrede: 7^{1-15}
26^{1-19}

11^{1} 18^{1} 21^{1} 25^{1} 30^{1} 32^{1} $34^{1.8}$ 40^{1} 44^{1}

7^{1} Das Wort, das vom Herrn an Jeremia erging: [2] Stell dich an das
Tor des Hauses des Herrn! Dort ruf dieses Wort aus und sprich:
Hört das Wort des Herrn, ganz Juda, alle, die ihr durch diese Tore

7^{1}–8^{3} Der Text beginnt 7^{1} mit der abgewandelten Wortereignisformel, die in dieser Form noch 11^{1}; 18^{1} und 30^{1} steht. Sie will wohl weniger 7–10 zu einem Großabschnitt zusammenfassen und diesen in die ersten Regierungsjahre König Jojakims datieren, vgl. 26^{1}; denn sie fügt, anders als z. B. 21^{1}; 25^{1} kein Datum bei. Ihr geht es hier um ein bestimmtes Wort Jahwes, seinen Inhalt und seine Bedeutung, zugleich aber auch um ein Thema, das in dem Gotteswort grundsätzlich behandelt wird. Hier ist es der Gottesdienst, in 11^{1-17} der Bund; 18^{1-17} steht unter dem Thema »mißraten zum Unheil«, 30^{1}–31^{40} handelt von der »Wende zum Heil«. Das sind Themen, die dtr Kreisen wichtig waren. Sie verweisen also auf Verfasser, die dorthin Beziehungen hatten oder dort beheimatet waren. Diese sprechen, wie die Texte zeigen, eine mehr oder weniger dtr Sprache und verraten so, was sie bewegt und bestimmt. Sie wissen und betonen, daß das Gericht Jahwes über Juda und Jerusalem verdient war, schließen aber die Möglichkeit des Heils, das ganz in Gottes Hand liegt, nicht aus. – Der Text schließt mit der gefüllten Gottesspruchformel ab 8^{3}. Da in $7^{16.21.29}$ Adressat und Thema wechseln, gliedert er sich in vier Einheiten: $^{1-15}$ die Tempelrede; $^{16-20}$ Ablehnung der prophetischen Fürbitte; $^{21-28}$ die wahre Forderung Gottes; 7^{29}–8^{3} Zurückweisung götzendienerischer Praktiken. – Der Form nach ist die erste, die einen stark paränetischen Einschlag (bes. 7^{3-6}) und Ton aufweist, eine Predigt, die zweite eine in Schelt- und Drohwort übergehende Anweisung an den Propheten, die dritte ein begründetes Scheltwort, die vierte eine begründete zweistufige (7^{32-34} 8^{1-3}) Unheilsankündigung. Da in $^{3.21}$ gleichlautende Botenspruchformeln stehen, werden die erste und zweite, die dritte, in der ebenfalls ein paränetischer Ton mitschwingt ^{23}, und die vierte näher aneinandergerückt. Das Ganze wird unter die aus gehäuften Formeln bestehende Einleitung 7^{1} gestellt und als Prophetenrede ausgewiesen.

Die Tempelrede ist in dreifacher Form, hier, 26^{1-6} und im Zitat 26^{9} überliefert; keine stimmt mit den anderen überein, ausgenommen etwa das Wort gegen den Tempel, dem das Schicksal Schilos angedroht wird, in dem man folglich auch den Kern der Jeremiarede sehen darf. Daraus und aus der Tatsache, daß 7^{1-15} und 26^{1-6} mit dtr Sätzen und Ausdrücken durchsetzt sind und 7^{1-15} mit 22^{1-5} 17^{19-27} in Aufbau und Inhalt eng verwandt ist (Thiel 291), ergibt sich, daß das jeremianische Tempelwort nur in Überarbeitung erhalten ist. Kann man es noch herauslösen? Da das begründende, dem Drohwort vorausgehende Scheltwort in 26^{4} ganz dtr ist, 7^{4} aber dtr Auffassung widerspricht, müßte es in 7^{1-15} zu suchen sein. Läßt man die erkennbare Überarbeitung weg, stößt man auf folgenden Grundbestand: »So spricht der Herr: Ihr vertraut auf trügerische Worte: Der Tempel des Herrn, der Tempel des Herrn, der Tempel des Herrn ist hier! Steh-

kommt, um dem Herrn zu huldigen. [3] So spricht der Herr der Heere,
der Gott Israels: Bessert euer Verhalten und euer Tun, dann will ich 26^{13}

7^{3} *w^e^aeškenāh 'itt^e^kaem* mit Aq Vg; M: ich will euch wohnen lassen.

len, morden, die Ehe brechen, falsch schwören, dem Baal opfern – und dabei kommt ihr und tretet vor mein Angesicht und sagt: Wir sind geborgen! Ist denn in euren Augen dieses Haus eine Räuberhöhle geworden? Deshalb werde ich mit dem Haus, auf das ihr euch verlaßt, so verfahren, wie ich mit Schilo verfuhr.« – So etwa könnte das Jeremiawort, das rhythmische Form aufweist, gelautet haben; Sicherheit ist hier wie in allen ähnlichen Fällen nicht zu gewinnen. Der Prophet hat demnach ein Wort Jahwes ausgerichtet, das aus Schelte und Drohung besteht. Der Herr beschuldigt sein Volk des falschen Vertrauens. Geradezu wie mit einer magisch beschwörenden und darum dreimal angewendeten Formel klammern sie sich an den Tempel Jahwes und betrachten ihn als Garanten der Sicherheit. Das ist gut zu verstehen in einer Situation, wie sie nach der Schlacht bei Megiddo (609 v. Chr.), in der Joschija fiel, entstanden war. Im Gefühl der Unsicherheit nach dem Tod des frommen und bis zuletzt erfolgreichen Königs suchte man Schutz und Hilfe im Tempel auf dem Zion, der einst den Ansturm Sanheribs (701 v. Chr., vgl. Jes 36f) überstanden hatte. Der Tempel werde, so glaubte das Volk, auf jeden Fall in den Wirren der Zeit unversehrt bleiben und so den Bestand und die Zukunft des Volkes sichern; vielleicht war Joschija nur deswegen umgekommen, weil er sich so weit von ihm entfernt hatte. Der Prophet bezeichnet diese Meinung als einen Selbstbetrug. Denn nicht das Haus, sondern Gott, der in ihm aus Gnade gegenwärtig sein will, ist Schutz und Hilfe. Er wird es aber nicht sein, wenn man seinen Willen mißachtet, wie am Beispiel des 7., 5., 6., 2. und wohl auch 1. Gebots des Dekalogs gezeigt wird. Das Volk benimmt sich wie Räuber, die sich nach ihren Schandtaten in einer Höhle bergen. So mißbraucht es den Tempel, der nicht mehr eine Stätte ist, an der man nach dem Willen Jahwes fragt (vgl. Ps 15), sondern ein Asyl für die Verächter des göttlichen Willens. Darum gibt Jahwe den Ort seiner Gegenwart preis, wie er es einst in Schilo getan hat, das wohl erst Ende des 8. Jh. durch die Assyrer zerstört wurde (vgl. Ps 78^{60}), von Jahwe aber bereits in den Philisterkämpfen um 1050 v. Chr. im Verlust der heiligen Lade an die Feinde (1 Sam 4^{11}) aufgegeben wurde. Jeremia sieht wohl beide Ereignisse zusammen (vgl. R. A. Pearce: VT 23, 1973, 105–108). Die Predigt, zu der das Wort Jeremias ausgestaltet wurde, macht aus dem Scheltwort, vielleicht durch Verwendung einer Einlaß-Tora (vgl. Ps 15) eine eindringliche Mahnung $^{3-6}$, die mit einer Verheißung ^{7} verbunden ist. Gemäß dtr Anliegen bringt sie Jerusalem ins Spiel $^{7-14}$ und weist $^{12f.15}$ nach, daß das Gericht mit der Zerstörung des Tempels und Jerusalems verdient war.

$^{1.2}$ Mit einer Häufung von Formeln wird das Gotteswort eingeleitet, um mit allem Nachdruck auf es hinzuweisen. Dabei spielt ^{2} nicht nur auf die Situation der nachexilischen Predigt, sondern auch auf die wahren Adressaten an, die derzeitigen Judäer.

$^{3-7}$ Der erste Satz des prophetischen Scheltwortes wird, von zum Teil

bei euch wohnen hier an diesem Ort. 4 Vertraut nicht auf die trügeri-
schen Worte: Der Tempel des Herrn, der Tempel des Herrn, der
18^{11} 35^{15} Tempel des Herrn ist hier! 5 Denn nur wenn ihr euer Verhalten und
euer Tun von Grund auf bessert, wenn ihr gerecht entscheidet im
Ex 22^{20f} Rechtsstreit, 6 wenn ihr die Fremden, die Waisen und Witwen nicht
Dtn 10^{18} 19^{10} unterdrückt, unschuldiges Blut an diesem Ort nicht vergießt und
nicht anderen Göttern nachlauft zu eurem eigenen Schaden, 7 dann
will ich bei euch wohnen hier an diesem Ort, in dem Land, das ich eu-
ren Vätern gegeben habe für ewige Zeiten. 8 Freilich, ihr vertraut auf
Hos 4^{2} die trügerischen Worte, die nichts nützen. 9 Wie? Stehlen, morden,
die Ehe brechen, falsch schwören, dem Baal opfern und anderen Göt-
Dtn 11^{28} tern nachlaufen, die ihr nicht kennt –, 10 und dabei kommt ihr und
tretet vor mein Angesicht in diesem Haus, über dem mein Name aus-
gerufen ist, und sagt: Wir sind geborgen!, um dann weiter alle jene
Greuel zu treiben. 11 Ist denn in euren Augen dieses Haus, über dem
Mt 21^{13} mein Name ausgerufen ist, eine Räuberhöhle geworden? Gut, dann
betrachte auch ich es so – Spruch des Herrn. 12 Geht doch zu meiner
26^{6} Stätte in Schilo, wo ich früher meinen Namen wohnen ließ, und
schaut, was ich ihr angetan habe wegen des Bösen, das mein Volk Is-
7^{25} 11^{7} 25^{4} 29^{15} rael verübt hat. 13 Nun denn, ihr habt genau das gleiche getan –
32^{33} 35^{14f} Spruch des Herrn. Als ich immer wieder zu euch redete, habt ihr
2 Kön 23^{27} nicht gehört; als ich euch rief, habt ihr nicht geantwortet. 14 Deshalb
9^{10} werde ich mit dem Haus, über dem mein Name ausgerufen ist und
auf das ihr euch verlaßt, und mit der Stätte, die ich euch und euren
Vätern gegeben habe, so verfahren, wie ich mit Schilo verfuhr. 15 Ver-
2 Kön $17^{18.23}$ stoßen werde ich euch von meinem Angesicht, wie ich alle eure Brü-
der, alle Nachkommen Efraims, verstoßen habe.

7^{7} *wᵉšākantī 'ittekaem* (hebr. Hss) Vg; M: ich werde euch wohnen lassen.

gleichlautenden 3.5 Mahnungen und Verheißungen 3.7 umrahmt und selbst als Mahnung verstanden 4. Verhalten und Tun zu bessern, wird bei Jer häufig angemahnt. Die mahnenden Worte von 5.6 und die Zusage 7 sind ganz aus dtn Geist geformt. Wenn das Volk all dies tut, wird der Tempel sein, was er soll: Wohnung Gottes.

8–11 Die Predigt geht zur Anklage über und setzt zum Prophetenwort einige Akzente: die Nutzlosigkeit des falschen Vertrauens 8, den deutlichen Hinweis auf das 1. Gebot 9, die Qualifikation der Taten als Greuel, die nach dem Dtn Jahwe verabscheut 10, die Nennung der Konsequenz, die Gott zieht 11.

12–15 Das Drohwort 14 wird noch einmal zweifach begründet: mit dem Hinweis auf das Schicksal Israels 12.15, das nichts anderes getan hat als Juda und Jerusalem 13, und mit der Nutzlosigkeit aller Mahnungen Jahwes durch seine Propheten. So mußte das Unheil kommen. Insgesamt wird aus dem Gerichtswort Jeremias eine nachdrückliche Mahnung und Warnung, auch an alle später Lebenden in Gottes Volk.

Die Verwerfung der Abtrünnigen: 7[16–20]

[16] Du aber, bete nicht für dieses Volk! Fang nicht an, für sie zu flehen 11[14]
und zu bitten! Dränge mich nicht! Denn ich werde dich nicht erhö-
ren. [17] Siehst du nicht, was sie in den Städten Judas und auf den Stra-
ßen Jerusalems treiben? [18] Die Kinder sammeln Holz, die Väter zün-
den das Feuer an, und die Frauen kneten den Teig, um Opferkuchen
für die Himmelskönigin zu backen. Anderen Göttern spendet man 19[13] 44[17]
Trankopfer, um mir weh zu tun. [19] Aber tun sie wirklich mir weh –
Spruch des Herrn –, und nicht vielmehr sich selbst, zu ihrer eigenen
Schande? [20] Darum – so spricht Gott der Herr: Seht, mein Zorn und
Grimm ergießt sich über diesen Ort, über Menschen und Vieh, über
die Bäume des Feldes und die Früchte des Ackers; er brennt und wird
nicht erlöschen.

Gehorsam, nicht Opfer: 7[21–28]

[21] So spricht der Herr der Heere, der Gott Israels: Häuft nur Brand-
opfer auf Schlachtopfer, und eßt Opferfleisch! [22] Denn ich habe euren
Vätern, als ich sie aus Ägypten herausführte, nichts gesagt und nichts Am 5[25]
befohlen, was Brandopfer und Schlachtopfer betrifft. [23] Vielmehr gab 11[4] 31[32] 34[13]

Im zweiten Abschnitt [16–20] verbietet Jahwe seinem Propheten die Fürbitte und versagt ihm die Erhörung [16] wie 11[14] 14[11]. Der Prophet hat das bittende Gebet für das Volk, selbst für seine Gegner 15[11] als einen wesentlichen Teil seines Dienstes betrachtet. Jahwe aber hat ihm, da er das Gericht Gottes zu verkünden hatte, die Fürbitte verwehrt. Daran denken die Interpreten der Worte Jeremias auch im Zusammenhang der Tempelrede. Zur Begründung wird Jeremia auf den Götzendienst, hier den Kult der Himmelskönigin, verwiesen, bei dem die ganze Familie tätig wird, besonders die Frauen. Es ist die Fruchtbarkeitsgöttin, wohl die babylonisch-assyrische Ischtar, die Göttin des Venussterns, dessen Form vielleicht das Gebäck hatte. Dieser wie jeder andere Götzendienst kränkte Jahwe, der allein der Gott seines Volkes sein will, schadet aber in Wirklichkeit denen [19], die ihn ausüben. Denn, so sagt das abschließende Drohwort [20] in allgemeiner Sprache, Gottes Zorn kommt im Strafgericht über sie und über alles, was dieser Fruchtbarkeitskult bewirken soll.

Die Schelte [21–28] interpretiert ein Wort des Propheten [21b] aus dtn Geist auf dem Hintergrund der vorausgehenden Abschnitte. Jeremia wendet sich in seinem Spruch gegen sinnlose, durch Mißachtung des göttlichen Willens und durch Götzendienst verderbte Opfer. Sie sind nichts als ein bloßer Fleischgenuß. Darum verzichtet Jahwe auf seinen Anteil, auch auf die Brandopfer, die ihm ganz gehören und vollständig verbrannt wurden.

[22f] Das harte Wort wird zunächst geschichtlich gedeutet: Die Herausführung aus Ägypten hatte, wie das Dtn betont, die Offenbarung des Willens Jahwes, nicht den Opferdienst, zum Ziel. Durch Hören auf die Stimme Gottes, d. h. durch Gehorsam ge-

ich ihnen folgendes Gebot: Hört auf meine Stimme, dann will ich
Lev 26^{12} euer Gott sein, und ihr sollt mein Volk sein. Geht in allem den Weg,
den ich euch befehle, damit es euch gut geht. 24 Sie aber hörten nicht
3^{17} und neigten mir ihr Ohr nicht zu, sondern folgten den Eingebungen
und Trieben ihres bösen Herzens. Sie zeigten mir den Rücken und
nicht das Gesicht. 25 Von dem Tag an, als eure Väter aus Ägypten aus-
25^{4} 35^{15} 44^{4} zogen, bis auf den heutigen Tag sandte ich zu euch immer wieder alle
2 Kön 17^{23} meine Knechte, die Propheten. 26 Aber man hörte nicht auf mich und
neigte mir nicht das Ohr zu, vielmehr blieben sie hartnäckig und trie-
ben es noch schlimmer als ihre Väter. 27 Auch wenn du ihnen alle
diese Worte sagst, werden sie nicht auf dich hören. Wenn du sie
rufst, werden sie dir nicht antworten. 28 Sag ihnen also: Dies ist das
Volk, das nicht auf die Stimme des Herrn, seines Gottes, hörte und
sich nicht erziehen ließ. Die Treue ist dahin, aus ihrem Mund ver-
schwunden.

Die Greuel des Götzendienstes: 7^{29}–8^{3}

29 Schneide dein Haar ab, und wirf es weg, stimm Klage an auf den
Höhen! Denn der Herr hat das Geschlecht, dem er grollt, verworfen
und verstoßen. 30 Ja, die Söhne Judas taten, was mir mißfällt – Spruch
32^{34f} des Herrn. Sie haben in dem Haus, über dem mein Name ausgerufen

genüber seinem erklärten Willen, durch Gehen auf dem Weg, den der Herr in seiner Führung und mit seinem Wort weist, soll Israel in Verbindung mit ihm sein und bleiben, wie die Bundesformel, vgl. 11^{4} 24^{7} 31^{1} Dtn 26^{16-19}, es zusagt. Davon hängt das Wohl des Volkes ab, nicht von einem, noch dazu mißbrauchten Opferkult.

24–27 In einem gerafften Überblick wird das Verhalten des Jahwevolkes vom Auszug bis heute mit dem soeben 22f aufgestellten Maßstab beurteilt und bewertet. Diese ganze Zeit ist durch Ungehorsam, böse Eigenwilligkeit und Abwendung von Jahwe gekennzeichnet. So sieht es im Ganzen auch die dtr Geschichtsschreibung. Auch die Propheten, in denen der Herr unermüdlich mahnte und warnte (vgl. die sog. Unermüdlichkeitsformel 7^{13} 25^{4} u.ö.), haben nichts erreicht, im Gegenteil. Es ist nur noch schlimmer geworden. Auch Jeremia wird nichts bewirken, wie sich gezeigt hat.

28 So ist das Urteil, das der Prophet über das Volk aussprechen soll: Ungehorsam und Untreue, ein Fehlverhalten, das diese Menschen wesensmäßig kennzeichnet, vgl. 5^{1-3}.

Die Unheilsankündigung 7^{29}–8^{3} spricht wieder vom Götzendienst und droht ein fürchterliches Gericht an.

29 Wieder ist ein Wort Jeremias aufgegriffen, in dem Jerusalem aufgefordert wird, die Totenklage unter Zeichen der Trauer anzustimmen, weil der Herr sein Volk verstoßen hat.

30f Der Grund ist die Verehrung fremder Götter im Tempel, die auch nach der Kultreform des Joschija, wie Ez 8^{3} bezeugt, wieder eingesetzt hatte, und das Kinderopfer am Tofet, einer Kultstätte im Ben-Hin-

ist, ihre Scheusale aufgestellt, um es zu entweihen. 31 Auch haben sie
die Kulthöhe des Tofet im Tal Ben-Hinnom gebaut, um ihre Söhne 19^{5-7}
und Töchter im Feuer zu verbrennen, was ich nie befohlen habe und 2 Kön 16^{3} 21^{6}
was mir niemals in den Sinn gekommen ist. 32 Seht, darum kommen
Tage – Spruch des Herrn –, da wird man nicht mehr vom Tofet reden
oder vom Tal Ben-Hinnom, sondern vom Mordtal, und im Tofet
wird man Tote begraben, weil anderswo kein Platz mehr ist. 33 Ja, die
Leichen dieses Volkes werden den Vögeln des Himmels und den Tie-
ren des Feldes zum Fraß dienen, und niemand wird sie verscheuchen.
34 Verstummen lasse ich in den Städten Judas und auf den Straßen Je- 16^{9} 25^{10}
rusalems Jubelruf und Freudenruf, den Ruf des Bräutigams und den 33^{11} Bar 2^{23}
Ruf der Braut; denn das Land wird zur Wüste werden.
8 1 In jener Zeit – Spruch des Herrn – wird man die Gebeine der Kö-
nige von Juda, die Gebeine seiner Beamten, die Gebeine der Priester, Bar 2^{24}
die Gebeine der Propheten und die Gebeine der Einwohner Jerusa-
lems aus ihren Gräbern holen. 2 Man wird sie hinstreuen vor die Dtn 4^{19}
Sonne, den Mond und das ganze Himmelsheer, denen ihre Liebe
galt, denen sie dienten und nachliefen, die sie befragten und anbete-
ten. Sie werden weder gesammelt noch bestattet werden. Dünger auf
dem Acker sollen sie sein. 3 Besser als das Leben wäre der Tod auch
für den Rest, für alle, die übrigbleiben von diesem bösen Geschlecht
an allen Orten, überall, wohin immer ich sie verstoße – Spruch des
Herrn der Heere.

nom-Tal. Es wurde dem Baal 19^{5}, möglicherweise sogar einem kanaanisierten Jahwe, dargebracht, indem die Kinder lebendig oder getötet verbrannt wurden. Gewiß gehören die Erstgeborenen Jahwe Ex 13^{2} 22^{28}, aber sie müssen ausgelöst Ex 34^{20}, nicht geopfert werden. Dieses Opfer ist ein Greuel für Jahwe; dementsprechend furchtbar ist die Strafe.

$^{32-34}$ Der Ort der Sünde wird zur Stätte des Gerichts. So viele fallen ihm zum Opfer, daß das Tal Ben-Hinnom künftig seinen Namen von diesem Morden hat und die Menschen auch an der dortigen Kultstätte begraben werden müssen, was diese für immer entweihen wird. Ja, man kann die Toten, die dann keine Ruhe mehr finden werden, nicht alle bestatten. Die Verwüstung ist so groß, daß keinerlei Freude mehr aufkommen wird, vgl. 16^{9} 25^{10}.

8^{1-3} Noch einen Anlauf nimmt das Gerichtswort, um die Strafe zu verschärfen. Man plündert die Gräber der Bestatteten und zerstreut ihre Gebeine; wahrscheinlich ist an beutegierige Feinde gedacht, die es schon in alter Zeit auf die reichen Grabbeigaben abgesehen hatten. Sarkastisch wird gesagt, daß diese Menschen, wenn ihre Gebeine unter dem offenen Himmel bleichen und zerfallen, den Gestirnkult weiter ausüben können, den sie im Leben getrieben haben, vgl. 2 Kön $21^{3.5}$ 23^{4f}. Als noch schlimmer sieht ein weiterer Ergänzer ^{3} das Leben im Exil an. Das Ganze ist eine schreckliche Schilderung der Leiden, die als Strafe Jahwes, wie die Verfasser wissen, über Jerusalem kamen. Ihr Ziel aber ist, zu mahnen und zu warnen und die Menschen zu einem echten, mit einem gottverbundenen und

Abkehr und Strafe: 8^{4-23}

4 Du sollst zu ihnen sagen: So spricht der Herr:
Wer hinfällt, steht der nicht wieder auf?
Wer vom Weg abkommt,
kehrt der nicht wieder zurück?
31^{22} 49^{4} 5 Warum wendet dieses Volk sich ab [Jerusalem]
2^{19} $3^{6.8.11f.22}$ 5^{6} und beharrt auf der Abkehr?
14^{7} Hos 14^{5} Warum hält es am Irrtum fest,
weigert sich umzukehren?
6 Ich horche hin und höre:
Schlechtes reden sie,

8^{5} Wendet sich ab: *šōbeb.* – Jerusalem, ein zweites Subjekt im Satz, fehlt in G und ist wohl verdeutlichende Glosse.

8^{6} M: »Ich horchte hin und hörte«. – Wörtlich: »Jeder wendet sich ab in seinem Laufen«.

nach dem Willen des Herrn gestalteten Leben übereinstimmenden Gottesdienst aufzurufen.

8^{4}–9^{25} Die nächste große Redeeinführung nach dem Redeauftrag von 8^{4} folgt in $10^{1.2a\alpha}$. Daraus darf man schließen, daß der zwischen $8^{4a\alpha}$ und 10^{1} stehende Text als ein großer, thematisch von Schelte, Drohung und Klage bestimmter Abschnitt aufgefaßt werden soll, der an 7^{1}–8^{3} mit der formelhaften Einführung in 8^{4} – sie greift wörtlich auf $7^{2.3}$ (»du sollst ihnen sagen« – »sprich« 7^{2}; »so spricht der Herr« 7^{3}) zurück – angeschlossen ist. Die Redaktion sieht also anscheinend diesen Text anläßlich oder im Anschluß an die Tempelrede gesprochen. In 8^{4}–9^{23} sind verschiedene Prophetenworte aneinandergereiht. Vielleicht bilden Schelt- und Drohworte, wie sie in $8^{4-7.13-17}$ 9^{1-8} ausgerufen werden, das Gerüst dieser Sammlung. Möglicherweise hat die klagende Einleitung in 9^{1} die vorausgehende Klage 8^{13-23} und auch 9^{16-21} an sich gezogen. Von der »Rechtsordnung des Herrn« spricht 8^{7}, vom »Gesetz des Herrn« 8^{8}, vom »Weisen« 8^{9} und $9^{11.22}$; 9^{1} und 8^{23} beginnen gleichlautend (*mī jitten[ni]*). Inhaltliche Ähnlichkeit und Anknüpfung mittels Stichwörtern haben demnach anscheinend den Redaktor geleitet.

8^{4-7} Nach der redaktionellen Einleitung, die das Prophetenwort als Jahwewort qualifiziert, beginnt Jeremia – er spricht, siehe $^{6.7}$ – mit einer Frage, die leicht zu beantworten ist und in ihrem zweiten Teil das Leitwort (*šūb* »umkehren«) dieses Ausspruchs bringt: Natürlich steht jemand, der hingefallen ist, sofort auf; ohne Zögern und notwendigerweise entschließt sich einer, der sich verirrt hat, zur Umkehr. Bei Israel ^{5} müßte es ebenso sein. Die Warum-Frage läßt nur die Antwort zu: Das ist unbegreiflich. Abtrünnigkeit, mangelnder Wille zur Umkehr ist das Kennzeichen dieses Volkes. Falsche Erkenntnis und verkehrte Einstellung verursachen den Irrtum, indem die Menschen sich selbst betrügen, ähnlich den falschen Propheten 14^{14} 23^{26}. An diesem irrigen, trügerischen Weg halten sie fest. Jeremia spricht solche schwere Vorwürfe nicht leichtfertig aus. Er hat genau aufge-

keiner bereut sein böses Tun und sagt:
Was habe ich getan?
Jeder wendet sich ab und läuft weg,
schnell wie ein Roß, das im Kampf dahinstürmt.
7 Selbst der Storch am Himmel kennt seine Zeiten;
Turteltaube, Schwalbe und Drossel
halten die Frist ihrer Rückkehr ein;
mein Volk aber kennt nicht
die Rechtsordnung des Herrn. 5^{4f}
8 Wie könnt ihr sagen: Weise sind wir,
und das Gesetz des Herrn ist bei uns?
Ja! Aber der Lügengriffel der Schreiber
hat es zur Lüge gemacht.

8^8 Wörtlich: »Fürwahr, siehe zum Trug arbeitet der trügerische Griffel der Schreiber«. Oft wird *h* von *ʿāśāh* als Suffix der 3. sing. fem. verstanden und wie in der EÜ auf das Gesetz Jahwes bezogen. M ist nicht dieser Auffassung, auch nicht G (εἰς μάτην ἐγενήθη σχοῖνος ...) und Aq (διὰ τοῦτο εἰς ἄδικον ἐποίησεν γραφεῖον ...); s. die Auslegung.

paßt und hingehört und täuscht sich nicht, vgl. 5^4 $6^{9.27}$. Sie reden so, wie es nicht recht ist, ein Zeichen ihrer Gesinnung und ihres Tuns. Sie sehen keinen Grund für Reue und Umkehr. Die Frage: Was habe ich getan?, wird gar nicht gestellt, es sei denn als Ausdruck der Schuldlosigkeit wie 1 Sam 20^1 26^{18} 29^8: Ich bin mir keiner Schuld bewußt. Man läuft unaufhaltsam von Jahwe weg wie ein Roß, das im Kampfgetümmel nicht mehr zu halten ist. Wir kennen das Bild von der schiefen Bahn, auf der es kein Halten mehr gibt. Ein erneuter Vergleich aus der Tierwelt beleuchtet das unbegreifliche Verhalten des Volkes, das nicht »aufsteht« und nicht umkehrt ^{4} von einer anderen Seite ^{7}: Die Vögel in der Luft (hebr.: am Himmel), die niemand zwingen und beeinflussen kann und die weder einer Aufsicht noch eines Mahners bedürfen, kennen ihre Ordnung (*mišpaṭ*), die ihnen von Gott gegeben ist. Hingewiesen wird auf die Zugvögel, die genau wissen, wann sie zurückkehren müssen und ihre Zeit auch einhalten. Das Jahwevolk aber kennt die Rechtsordnung (*mišpaṭ*) nicht, die ihm sein Gott kundgetan hat. Jesaja verwendet das Bild von Ochs und Esel (1^3), um ebenfalls die Uneinsichtigkeit der Jerusalemer zu tadeln. Man nimmt den Willen Jahwes einfach nicht, wie es naturgemäß bei dem Volk sein müßte, das nach ihm benannt ist, zur Kenntnis. Ein solches Verhalten ist widernatürlich. Unvernünftige Tiere beschämen das Gottesvolk; sie tun von selbst und verläßlich das Richtige.

$8^{8.9}$ Im redaktionellen Zusammenhang mit $^{4-7}$ erscheint ^{8} als Widerrede auf den Vorwurf, daß Gottes Wille nicht zur Kenntnis genommen wird. Ursprünglich waren $^{8.9}$, die nicht wie $^{4-7}$ über das Volk sprechen, sondern die Weisen anreden, selbständig. Das Scheltwort wendet sich gegen eine bestimmte Gruppe, die angeblich die Tora Jahwes besitzt. Es ist der Stand der Weisen, die anscheinend auch als Schreiber, also wohl als hohe königliche Beamte fungie-

9 Zuschanden werden die Weisen,
sie stehen bestürzt da und werden gefangen.
Das Wort des Herrn haben sie verworfen,
und ihre eigene Weisheit, was nützt sie ihnen?
10 Darum gebe ich ihre Frauen an Fremde,
ihre Felder an Eroberer.
6^{13-15} Sind sie doch alle, vom Kleinsten bis zum Größten,
nur auf Gewinn aus;
vom Propheten bis zum Priester
betrügen sie alle.
11 Den Schaden der Tochter, meines Volkes,
möchten sie leichthin heilen, indem sie rufen:
Heil, Heil! Aber kein Heil ist da.
12 Schämen müßten sie sich, weil sie Greuel verüben.
Doch sie schämen sich nicht;

8^{9} Ihre eigene Weisheit: *w^{e}ḥòkmātām,* in M Haplographie.
8^{10-12} fehlt in G, wohl nachträgliche Zufügung.

ren. Erst im Judentum sind die Schreiber die sogenannten Schriftgelehrten (γραμματεῖς), die wir z. B. aus dem NT kennen. Die Weisen behaupten, die Tora sei »mit« ihnen. Das ist wohl, anders als 18^{18}, nicht so zu verstehen, daß sie »Weisung« (*tōrāh*) zu erteilen vermögen. Allem Anschein nach haben sie das geschriebene Gesetz in Händen, haben es aufgezeichnet und bearbeitet. Jeremia bestreitet ihren Besitz der Tora nicht. Aber er bestreitet, daß sie wirklich weise sind, weil ihnen die rechte Einsicht und Erkenntnis fehlt. Er klagt sie an, daß sie Trug, Lüge aufschreiben und als Weisung Jahwes ausgeben. Es ist nicht gemeint, daß die Weisen, wohl aus den Kreisen der Priester, die mit der Tora umzugehen hatten, die Weisung des Herrn schon durch die schriftliche Fixierung an sich zur Lüge machen, als solle sie nur mündlich weitergegeben werden. Auch an eine Fälschung durch Hinzufügung unheilvoller Gesetze und unerträglicher Vorschriften (Jes 10^{1}), so daß das Ziel der göttlichen Anweisung sinnwidrig verkehrt würde, ist nicht gedacht. Schon gar nicht spricht der Text von Ausführungsbestimmungen im Dtn, die prophetischem Geist widersprochen hätten (Duhm u. a.). Schließlich ist auch nicht die Rede davon, daß die Priester Kultus, Opfergesetze und überhaupt äußeres Getue an die Stelle der sittlichen Anweisungen Jahwes stellten. Der Vorwurf zielt vielmehr darauf, daß diese Leute ihre eigene Ansicht als göttliche Weisung aufschreiben, um sich dann darauf berufen zu können, aber das Wort Jahwes, das aktuell den göttlichen Willen verkündet, ablehnen und zurückweisen ^{9}. Doch ihre eigene Weisheit, die sie fälschlich als Tora ausgeben und an die Stelle des Gotteswortes setzen, wird ihnen nicht helfen. Sie werden vom Gericht des Herrn getroffen. Jeremia sieht es so klar voraus, als sei es bereits geschehen (Perf. im hebr. Text).

In $^{10-12}$ wird dies unter Heranziehung eines prophetischen Gerichtswortes, das fast gleichlautend auch 6^{12-15} steht, verdeutlicht, siehe dort.

Scham ist ihnen unbekannt.
Deshalb müssen sie fallen,
wenn die anderen fallen.
Sobald ich sie zur Rechenschaft ziehe,
werden sie stürzen, spricht der Herr.
13 Will ich bei ihnen ernten – Spruch des Herrn –,
so sind keine Trauben am Weinstock, 22[1f]
keine Feigen am Feigenbaum, Mk 11[13]
und das Laub ist verwelkt.
Darum habe ich für sie Verwüster bestellt.
14 Warum sitzen wir da? Sammelt euch!
Hinein in die befestigten Städte!
Dort werden wir umkommen;
denn der Herr, unser Gott, läßt uns umkommen.
Er läßt uns Giftwasser trinken, 9[14] 23[15]
weil wir gesündigt haben gegen den Herrn.

8[13] Will ich bei ihnen ernten: *ʾosef ʾᵃsīfām*, vgl. G. – Der letzte Satz fehlt in G. M ist schwer zu deuten, etwa: »ich gebe ihnen, die über sie kommen (hinweggehen)«. EÜ liest wohl *jᵉbaᶜᵃrūm* (die sie verwüsten).

[13–17] Mit der Formel »Spruch Jahwes« am Anfang [13] und am Ende [17] gezeichnet, bringt der Abschnitt ein drohendes Jahwewort: [13.(16.)17], in das Aussagen des Volkes [14.15] eingeschoben sind. Jahwe sucht Früchte, Taten, die seinem geoffenbarten Willen entsprechen; doch Weinstock und Feigenbaum sind unfruchtbar und, wie das verwelkte Laub zeigt, in der Wurzel verdorben. Der Weinstock ist ein häufig verwendetes Bild für Israel, vgl. z. B. Ps 80[9] Hos 10[1]. Bei Hos 9[10] werden Israels Väter mit den Feigen am Feigenbaum verglichen, und Jer 24[1–8] werden die Israeliten unter dem Bild zweier Körbe voll Feigen dargestellt. Es kann also nicht zweifelhaft sein, wer [13] gemeint ist: das von Jahwe erwählte Volk, das seiner Berufung nicht entspricht, sondern im Handeln versagt und im Wesen verdorben ist. Darum gibt Gott es preis, ja läßt sogar den Verwüster kommen. Der unfruchtbare Baum soll umgehauen werden, vgl. Lk 13[7]. Schon hört Jeremia den Schrei der Getroffenen, ein Wort der Verzweiflung, wie die aus dem Klagelied des Volkes 14[19–22] entnommene Feststellung 14[19b] in [15] richtig sagt. Die Aufforderung, in die festen Städte zu fliehen [14], ist eigentlich sinnlos. Denn dort wird man höchstens eine Zeit lang sicher sein, dann aber, wenn nicht bei der Eroberung, so doch durch Hunger und Durst zugrundegehen. Hinter dem Feind steht nämlich Jahwe; vor ihm gibt es kein Entrinnen. Wie tödliches Gift, gegen das es kein Gegenmittel gibt, wird sein Gericht wirken. Auch die Einsicht, gegen Jahwe gesündigt zu haben, nützt dann nichts mehr. [16] kann als Jahwewort, das das Heranrücken des Feindes aus dem Norden ansagt, vgl. 4[15], verstanden werden; von Dan her, vom äußersten Ende des davidischen Reiches her, hört man bereits das Getöse des feindlichen Heeres. Nichts bleibt bei dieser Invasion übrig. Das ganze Land samt allen Städten wird verheert, alle Bewohner gehen zugrunde. Noch ein-

1419 [15] [Wir hofften auf Heil,
doch kommt nichts Gutes,
auf die Zeit der Heilung,
doch ach, nur Schrecken!]
[16] Man hört von Dan her das Schnauben der Rosse,
vom Wiehern seiner Hengste bebt das ganze Land.
Sie kommen und fressen
das Land und seinen Ertrag,
die Stadt und ihre Bewohner.
[17] Denn seht, ich sende giftige Schlangen unter euch,
gegen die es keine Beschwörung gibt;
sie werden euch beißen,
[– Spruch des Herrn –] und es gibt keine Heilung.
[18] Kummer steigt in mir auf,
mein Herz ist krank.

8[17] »Spruch des Herrn« fehlt in G.
8[17/18] Und es gibt keine Heilung: *mibb*^{e}*lī g*^{e}*hot* (zu [17]), vgl. G, M ist verderbt. – Steigt auf: *ja*^{ca}*laeh*; M: »auf«.

mal nimmt Jahwe zu einem neuen Bild seines richtenden Handelns das Wort. Wieder ist von Gift, von giftigen Schlangen diesmal, die Rede. Vielleicht haben die Stichworte »Gift« [14] und Dan [16], der im Jakobsegen mit der Schlange am Weg verglichen wird (Gen 49[17]), das Bild von [17] hervorgerufen. Dabei mag die Erinnerung an die Schlangenplage in der Wüste mitschwingen (Num 21[4–9]). Diesmal aber gibt es kein Entrinnen. Da hilft keine Beschwörung (Koh 10[11]), für die man eigens ausgebildete Leute hatte (Jes 3[3]), und kein Amulett (vgl. Jes 3[20]); die Schlangen beißen zu. Und Heilung ist unmöglich.

[18–23] Es wäre verwunderlich, wenn der Prophet, der schon einmal wegen des drohenden Unheils aufgeschrien hatte 4[19ff], bei solcher drohender Vernichtung für sein Volk geschwiegen hätte. Der Abschnitt, der durch die Redaktion hierher gestellt worden ist – er nimmt nicht auf die vorausgehenden Drohworte Bezug –, will die Reaktion zeigen, wie sie Jeremia bei der Unheilsverkündigung überkommt. Er kann nicht distanziert sprechen; er leidet unter den Drohungen, die er im Auftrag Gottes ausrufen muß, denn er weiß sich mit seinem Volk eng verbunden. Bis ins Innerste wird er vom Gericht getroffen, das er ansagen muß, lange bevor es eintritt. Kummer, wie ihn die Bedrängten erleben (Ps 13[3] 31[11] 107[39]), Kummer so schwer, daß er den Tod bringen kann (Gen 42[38] 44[31]), erfaßt den Propheten, vgl. auch 20[18], wie auch seinen Freund und Helfer Baruch (45[3]). Kummer wird auf dem Volk nach seiner Verschleppung liegen und sich erst wieder in der Heimkehr lösen (31[13] Jes 35[10] 51[11]). Und nach der Strafe Jahwes wird auch Jerusalem klagen: Mein Herz ist krank (Klgl 1[22]). So leidet Jeremia [21] am Zusammenbruch seines Volkes.

Die ursprüngliche Situation, in der der Prophet die Klage gesprochen hat, wird trotz [20] nicht klar. Manche

19 Horch! Die Tochter, mein Volk,
schreit aus einem fernen Land:
Ist denn der Herr nicht in Zion,
oder ist sein König nicht dort?
[Warum haben sie mich erzürnt
mit ihren Götterbildern, mit den fremden Götzen?] 1 Kön 16$^{13.26}$
20 Die Ernte ist vorüber, der Herbst ist vorbei,
uns aber ist nicht geholfen worden.
21 Der Zusammenbruch der Tochter, meines Volkes, Klgl 2^{11} 3^{48}
hat mich gebrochen,
traurig bin ich, Entsetzen hat mich gepackt.
22 Gibt es denn keinen Balsam in Gilead, 46^{11}
ist dort kein Wundarzt?
Warum schließt sich denn nicht
die Wunde der Tochter, meines Volkes?

8^{19} Aus einem fernen Land: *me'aeraeṣ marḥaqqīm*, eher: »aus dem Land weit und breit«, vgl. Jes 33^{17}.

denken wegen des Hinweises auf Ernte und Herbst an eine Hungersnot. Andere meinen, es handele sich in ^{20} um ein Sprichwort: Hilfe, die fest in Aussicht stand, ist nicht eingetroffen. Nach $^{19.21}$ ist das Unglück nicht erst zu erwarten; es ist traurige Gegenwart. Das Volk fragt klagend nach der Präsenz seines Gottes in Zion. Dort ist Jahwe, seit der Tempel erbaut ist, zum Heil seines Volkes gegenwärtig. Er ist der eigentliche König seines Volkes, der ihm vorangeht, es führt und ihm zum Recht verhilft, vor allem dadurch, daß er die Feinde überwindet. An ihn appelliert Israel, um seine Hilfe fleht es. So spricht und argumentiert das Volk in der Verbannung nicht. In Babel liegt, wie Ezechiel (33^{10} 18^{2}) und Deuterojesaja (Jes 40^{27}) erlebten, lähmende Verzweiflung auf den weggeführten Judäern. Jahwe hatte sich gegen sie entschieden und sie den Feinden ausgeliefert (Jes 42^{24}). Sie waren eher in Gefahr, dem Kult fremder Götter zu erliegen (Jes 41$^{21-29}$ 44$^{9-20}$ 46$^{1-7}$ Ez 14$^{1-11}$), als daß sie zu Jahwe geschrien hätten. Das Volk lebt bei diesem Jeremiawort noch in seiner Heimat. Weit und breit im Land ^{19} ertönt der Hilfeschrei, der den in Zion gegenwärtigen Gott zum Eingreifen bewegen will. Die Antwort Jahwes ^{19b} ist nachträglich eingefügt; sie lehnt mit dtr Interpretation die Hilfe ab.

Jeremia kann das Elend seines Volkes nicht ohne tiefe Trauer und Betroffenheit mitansehen ^{21}. Er bricht zusammen. Das furchtbare Unglück überwältigt ihn. Der Prophet spricht von Erschlagenen ^{23} und vom Zusammenbruch ^{21}, wie er beim Eindringen eines übermächtigen Feindes eintritt (4$^{6.20}$ 6$^{1.22f}$ 48$^{3.5}$). Das Volk gleicht nach dem feindlichen Überfall einem Schwerverwundeten ^{22}, vgl. Jes 1^{5f}; doch Heilung ist nicht in Aussicht. Bildlich gesprochen: Weder Medikamente noch ein Arzt stehen zur Verfügung. Balsam ist ein wohlriechendes Harz, wohl des Mastixstrauchs, vgl. 46^{11} Gen 37^{25} Ez 27^{17}. So bleibt nur das dauernde Entsetzen und unaufhörliche Klage^{23}.

[23] Ach, wäre mein Haupt doch Wasser,
mein Auge ein Tränenquell:
Tag und Nacht beweinte ich
die Erschlagenen der Tochter, meines Volkes.

Die Klage über Juda: 9^{1-25}

9^{1} Hätte ich doch eine Herberge in der Wüste!
Dann könnte ich mein Volk verlassen
und von ihm weggehen.
Denn sie sind alle Ehebrecher,
eine Rotte von Treulosen.
[2] Sie machen ihre Zunge zu einem gespannten Bogen;
Lüge, nicht Wahrhaftigkeit herrscht im Land.
Ja, sie schreiten von Verbrechen zu Verbrechen;
mich aber kennen sie nicht – Spruch des Herrn.
12^{6} Ps 41^{10} [3] Nehmt euch in acht vor eurem Nächsten,
Mi 7^{5} keiner traue seinem Bruder!

9^{2} Wahrhaftigkeit herrscht: *ʾ^{ae}mûnāh gābᵉrāh*, vgl. G, M: »und nicht in Wahrhaftigkeit herrschen sie«. – »Spruch Jahwes« fehlt in G, ebenso ^{5}.

9^{1-8} Ganz anderer Art ist der klagende Ausruf, mit dem dieser Abschnitt beginnt. Es ist eine Klage über die Verdorbenheit des Volkes, zu dem Jeremia gesandt ist. In diese klagende Schelte des Propheten ist, wohl nachträglich (^{8} = $5^{9.29}$, zu $^{2.5}$ vgl. $5^{3.5}$ $8^{5.7}$ Hos 5^{4}, zu ^{6} vgl. $6^{27.29}$), ein Scheltwort $^{2b.5b}$ und Drohwort $^{6.8}$ Jahwes eingeblendet, die aussagen sollen, daß die Strafe für die beklagten Vergehen nicht ausbleiben kann. Der Prophet möchte am liebsten weit weggehen, in der Einsamkeit der Wüste verweilen, zufrieden mit einer Hütte, wie sie Reisenden als behelfsmäßiger Unterschlupf dient. Er will sein Volk verlassen, nicht weil er sich selbst bedroht sähe wie Elija (1 Kön 19), sondern um das böse Tun und Treiben nicht mehr mitansehen zu müssen: Ehebruch, Treulosigkeit, Verleumdung, Lüge und Bosheit.
Vor allem sind es Sünden, die mit der Zunge begangen werden $^{2-4.7}$. In alledem zeigt sich eine Mißachtung Jahwes, nicht nur Unkenntnis seines Wesens und Willens; so sagt er selbst. Die Prophetenrede geht in ^{2b} in die Rede Gottes über. Die Zunge, von der anscheinend alles Übel ausgeht, wird im Bild als Bogen ^{2}, der die Pfeile der bösen Worte abschießt, und als todbringender Pfeil ^{7} bezeichnet. Böse Reden stoßen die Untaten an und begleiten sie. Sie richten sich gegen die Glieder des eigenen Volkes $^{3.4}$, die sich wegen der gleichen Beziehung zu Jahwe nahestehen und brüderlich handeln müßten. Aber Vorbehalte und Mißtrauen bestehen und scheinen sogar angebracht zu sein, wie der Prophet sagt; denn wie sollte man sich sonst vor dem vielfältigen betrügerischen Treiben schützen. In dem Satz »denn jeder Bruder betrügt« spielt das Verbum (*ᶜāqōb jaᶜqob*) auf den Namen Jakob an, vgl. Hos 12^{4} Gen 25^{26} 27^{36},

Denn jeder Bruder betrügt,
und jeder Nächste verleumdet. 628
4 Ein jeder täuscht seinen Nächsten,
die Wahrheit reden sie nicht.
Sie haben ihre Zunge ans Lügen gewöhnt,
sie handeln verkehrt, zur Umkehr sind sie zu träge.
5 Überall Unterdrückung, nichts als Betrug!
Sie weigern sich, mich zu kennen –
Spruch des Herrn.
6 Darum – so spricht der Herr der Heere:
Ja, ich werde sie schmelzen und prüfen;
denn wie sollte ich sonst verfahren
mit der Tochter, meinem Volk?
7 Ein tödlicher Pfeil ist ihre Zunge,
trügerisch redet ihr Mund;
»Friede« sagt man zum Nächsten,
doch im Herzen plant man den Überfall.
8 Sollte ich sie dafür nicht bestrafen 59.29
– Spruch des Herrn –
und an einem solchen Volk keine Rache nehmen?
9 Erhebt über die Berge hin Weinen und Klagen,
über die Weideplätze der Steppe ein Totenlied!

$9^{4/5}$ Sie … träge: *hae[cae]wū* … [5] *šub tok*, vgl. G; M ist verderbt.
9^{5} Wörtlich: »Bedrückung auf Bedrückung, Betrug auf Betrug«.
9^{6} Besser mit G: »angesichts der Bosheit *(rāʿat)* der Tochter, meines Volkes«.
9^{7} Wörtlich: »Betrug redet er mit seinem Mund«.
9^{9} Erhebt: *śeʾū*, mit G; M: »ich erhebe«.

der seinen Bruder hinterging und seinen Vater täuschte, eine Geschichte, die als Warnung vor dem Volk Gottes steht und sich doch immer wiederholt.

Aussicht auf eine Wandlung besteht nicht. [5] Umkehr würde Anstrengung des Willens bedeuten; das scheut man. Jahwes Urteil steht deshalb fest, vgl. [2]: Sie verweigern die Anerkennung des Herrn und die Hinwendung zu ihm und seiner Weisung. [6] Er wird nicht untätig bleiben, sondern das Böse und die Bösen sorgfältig und restlos durch sein Gericht ausscheiden. Es bleibt ihm, menschlich betrachtet, keine andere Wahl »angesichts der Bosheit der Tochter, meines Volkes«. Zu der Wendung »Tochter, mein Volk« im Mund Jahwes und des Propheten, vgl. 4^{11} $8^{11.19}$ 14^{17}. Von Vernichtung ist hier nicht die Rede, wohl aber von einem Gericht der Läuterung. [8] bringt demgegenüber eine Verschärfung, wohl wegen der Anschuldigung in [7], die von Hinterlist und Tücke spricht: Jahwe straft und ahndet das begangene Unrecht, das sich nicht nur gegen den Nächsten, sondern auch gegen ihn richtet.

[9] Nach dem hebr. Text ist dieser Vers ein Prophetenwort. Vielfach wird er mit G als Aufforderung zur Totenklage verstanden, damit er als Jahwewort in den Zusammenhang –

Denn sie sind verwüstet, niemand zieht hindurch,
und sie hören die Stimme der Herden nicht mehr.
Von den Vögeln des Himmels bis zum Vieh
ist alles geflohen, auf und davon.
26[18] [10] Jerusalem mache ich zum Trümmerhaufen,
zur Behausung für Schakale.
Judas Städte mache ich zum Ödland,
das niemand bewohnt.

[11] Wer ist so weise, daß er dies einsieht? Zu wem hat der Mund des
Herrn geredet, daß er verkünden kann, warum das Land zugrunde
geht, warum es verwüstet ist gleich der Wüste, die niemand durch-
zieht? [12] Der Herr erwiderte: Weil sie meine Weisung aufgaben, die
ich ihnen vorgelegt habe, nicht auf meine Stimme hörten und nicht
31[7] meine Weisung befolgten, [13] sondern dem Trieb ihres Herzens
folgten und den Baalen nachliefen, an die ihre Väter sie gewöhnt hat-
8[14] 23[15] ten. [14] Darum – so spricht der Herr der Heere, der Gott Israels: Ich
gebe ihnen [diesem Volk] Wermut zu essen und Giftwasser zu trin-
ken. [15] Ich zerstreue sie unter die Völker, von denen weder sie noch
49[37] ihre Väter wußten, und schicke das Schwert hinter ihnen her, bis ich
sie vernichtet habe.

9[14] Diesem Volk: Zusatz, der in G fehlt.

in [8.10] spricht Jahwe – eingebunden werden kann, doch kaum mit Recht. Jeremia, der wegen des göttlichen Strafgerichts über sein Volk unter Kummer und Weh zu zerbrechen droht 8[18.21], stimmt unter Tränen 8[23] das Totenlied an: Totenstille herrscht; Menschen und Tiere sind verschwunden; niemand will das verwüstete Land mehr betreten. Eine schaurige Vorahnung von dem, was kommen wird.

[10] nennt den Grund. Der Herr selbst droht das Strafgericht an: Jerusalem wird zu einem Steinhaufen, der Wüste gleich, wo die Schakale hausen, vgl. 10[22] (die Städte) 49[33] (Hazor) 51[37] (Babel); Judas Städte werden menschenleer sein, vgl. 2[15].

[11–13] In Frage und Antwort wird das Strafwort [10] samt seinen Folgen [9b] noch einmal überdacht und in einer von der Nachinterpretation veranstalteten weisheitlich geprägten Reflexion begründet. Der Prophet, zu dem der Mund des Herrn geredet hat, wird gleichsam von den weisen, gelehrten Auslegern unter Zitierung seiner Worte gefragt, warum das Strafgericht über das Land hereinbreche. Jahwe antwortet selbst im dtr Sprachgewand (»meine Weisung aufgeben«, »auf meine Stimme hören«, »die Weisung Jahwes befolgen«). Mit solchen und ähnlichen Wendungen wird im dtr Geschichtswerk Israels Sünde umschrieben. Jahwe hat man verlassen und folgt seinem verhärteten Herzen, also seinem eigenen, von Gott abgewendeten Willen. Man dient den Baalen, den fremden Göttern. Der geschichtliche Zusammenhang ist offenkundig. Es ist kein zufälliges zeitweiliges Versagen. Der Abfall von Gott geschieht seit Generationen.

[14.15] An diesen Schuldaufweis ist ein Gerichtswort Jahwes angeschlossen, das dem Volk zunächst die Strafe ankündigt, die den falschen Prophe-

16 So spricht der Herr der Heere:
Begreift es! Ruft die Klagefrauen herbei!
Schickt nach den weisen Frauen! Sie sollen kommen.
17 Schnell sollen sie kommen
und Klage über uns anstimmen,
so daß unsre Augen von Tränen fließen
und unsre Wimpern von Wasser triefen.
18 Da, horch, ein Klagelied ist aus Zion zu hören:
Ach, wie sind wir mißhandelt,
in große Schande gestürzt!
Wir müssen die Heimat verlassen,
unsre Wohnungen hat man zerstört.

9[16] So spricht der Herr der Heere: fehlt zum Teil in G; ebenso fehlt in G: Begreift es; sie sollen kommen. [16] lautet wohl ursprünglich: »Ruft die Klagefrauen; sie sollen kommen. Schickt nach den weisen (Frauen); [17] sie sollen eilen und Klage ...«

9[18] Wörtlich: »Denn wir haben das Land verlassen; denn sie haben unsere Wohnungen hingeworfen«.

ten droht (zu [14] vgl. 23[15]): ein bitteres Ende. Es besteht in der Verbannung, der Zerstreuung unter die Völker, wie mit ezechielischer Ausdrucksweise (vgl. Ez 12[15] 20[23] 22[15] 29[12] 36[19]) gesagt wird. Aber auch dort werden sie noch vom Schwert bedroht (vgl. 24[10] 29[17]). Der Autor von [14.15] lebt bereits im Exil und fürchtet, daß Jahwes Volk völlig vernichtet werden könnte.

[16–21] bringen wiederum eine Klage. Sie ist nachträglich überarbeitet worden, wie G noch teilweise bezeugt (s. Anm. zum Text). Wenn man die Zusätze wegläßt, ergibt sich ein klarer metrischer Aufbau: Die Klage in [18] und die Totenlieder [20.21] sind im klagenden Metrum, dem sog. Qina- (= Klage)Vers gesetzt, das übrige im Versmaß 3 + 3. Ursprünglich spricht nicht Jahwe, sondern das Volk, (»Klage über *uns* anstimmen«), mit dem sich Jeremia anscheinend zusammenschließt. Man schickt nach den Klagefrauen, die Verstorbene berufsmäßig beweinen und sich auch auf alles verstehen, was mit den Toten(geistern) zusammenhängt; deswegen werden sie weise genannt. [17] Das ganze Volk soll sich an der Klage beteiligen, obwohl es selbst Gegenstand der Klageschreie ist. [18] Was aus Zion zu hören ist und den Grund für die Trauerveranstaltung bildet, ist weder dem Inhalt noch der Bezeichnung nach Totenklage. Ein schreckliches Unglück ist über die Menschen hereingebrochen; es wird nicht näher beschrieben. Der Text spricht von Zerstörung und Minderung der Existenz. Die Erläuterung, die begründend (s. Anm. zum Text) beigefügt ist, verweist auf das Exil, in dem sich die in Zion Klagenden noch nicht befinden können. In [19] ergeht der Aufruf zum Hören an die Frauen allgemein: Sie sollen einander und ihren Töchtern das folgende Totenlied lehren, so daß es möglichst von allen gesungen werden kann und lange Zeit nicht verstummt. Das hochpoetische Lied [20.21] zeichnet den Tod als Räuber, der nicht nur im Freien alles zusammenrafft, wessen er habhaft

19 Ja, hört, ihr Frauen, das Wort des Herrn,
euer Ohr vernehme das Wort seines Mundes.
Lehrt eure Töchter die Klage,
eine lehre die andere das Totenlied:
20 Der Tod ist durch unsre Fenster gestiegen,
eingedrungen in unsre Paläste.
Er rafft das Kind von der Straße weg,
von den Plätzen die jungen Männer.
16[4] 25[33] 21 Die Leichen der Leute
liegen wie Dünger auf dem Feld,
wie Garben hinter dem Schnitter;
keiner ist da, der sie sammelt.

22 So spricht der Herr:
Der Weise rühme sich nicht seiner Weisheit,
der Starke rühme sich nicht seiner Stärke,
der Reiche rühme sich nicht seines Reichtums
1 Kor 1[31] 23 Nein, wer sich rühmen will, rühme sich dessen,
2 Kor 10[17] daß er Einsicht hat und mich erkennt,
daß er weiß: Ich, der Herr, bin es,
der auf der Erde Gnade, Recht und Gerechtigkeit schafft.
Denn an solchen Menschen habe ich Gefallen
– Spruch des Herrn.

9[19] Das Wort ... Mundes: ist späterer Zusatz; denn auch die Totenlieder [20.21] sind kein Jahwewort (»unsere Fenster ... unsere Paläste«).

9[21] Rede, so (ist) der Spruch des Herrn, mit dem [21] beginnt: fehlt in G und ist von der EÜ weggelassen; auch [21] ist kein Jahwewort. – Dünger: ist metrisch überschüssig und stört das Bild vom Schnitter; das Wort ist nach 8[2] (16[4] 25[33]) zugefügt.

wird, sondern auch durch noch so feste Häuser nicht abgehalten wird. Niemand kann ihm entgehen oder sich vor ihm schützen. Er wird mit dem Schnitter verglichen, der alles niedermäht. Bei dem großen Sterben unter dem Gericht Jahwes ist auch keiner da, der die Garben einsammelt, die Toten begräbt. So werden die Leichen, wie der Zusatz sagt, zum Dünger auf dem Acker. Das Bild vom Schnitter Tod, oft dargestellt und im Trauerlied besungen, bringt besonders die Unerbittlichkeit und Unberechenbarkeit des Todes zum Ausdruck.

Die Klage [16–21] wurde nachträglich als Wort Jahwes gekennzeichnet (in [16.19.21]), und die Aufforderung »begreift es« [16] mahnt, diesem Sachverhalt Aufmerksamkeit zuzuwenden. Ein Klage- und Totenlied schaut auf Vergangenes zurück. Was aber hier beklagt wird, liegt in der Zukunft. Dies und die Tatsache, daß die Klage nach dem richtenden Eingreifen Gottes erfolgt, soll durch die Kennzeichnung als Jahwewort deutlich gemacht werden.

[22.23] Von der Botenspruchformel und der ausleitenden Formel »Spruch Jahwes« gerahmt, folgt ein Weis-

24 Fürwahr, es werden Tage kommen – Spruch des Herrn –, da ziehe
ich alle Beschnittenen zur Rechenschaft: 25 Ägypten, Juda, Edom,
Ammon, Moab und alle mit gestutztem Haar, die in der Wüste woh-
nen; denn alle Völker gelten mir als unbeschnitten – auch das ganze
Haus Israel hat ein unbeschnittenes Herz.

Gott und die Götzenbilder: 10$^{1-16}$

10 1 Hört das Wort, das der Herr zu euch spricht,
ihr vom Haus Israel.

9^{24} Wörtlich: »alle Beschnittenen in Vorhaut«, d. h. alles, was unbeschnitten ist trotz Beschneidung (Nötscher: EB); *mūl* wird mit Akk., nicht mit *b^{e}* konstruiert; *mūl* pt. pass. steht auch Jos 5^{5} ohne Objekt.

9^{25} Gelten mir als, wörtlich: »sind«.

heitswort, das der Herr selber spricht, ganz gegen die Gewohnheit der Weisheitslehrer, die ihre eigene Erfahrung ins Wort fassen. Wahrscheinlich ist ein weisheitlicher Spruch ^{22} zur Grundlage eines mahnenden Jahwewortes genommen worden. Die Weisheit warnt davor, sich rühmend auf den Besitz (Ps 49^{7}) auf den morgigen Tag (Spr 27^{1}), auf die Götter (Ps 97^{7}) oder gar auf eigene böse Machenschaften (Ps 52^{3}) zu verlassen. Der Mensch muß sich vielmehr Jahwes rühmen, auf ihn sein Vertrauen und sein Selbstverständnis gründen (Jes 41^{16} 45^{25} Ps 34^{2} 44^{9} u. ö.), nicht auf Weisheit, Stärke und Reichtum. Wahre Weisheit, Einsicht ^{23} in die wirklichen Zusammenhänge und Erfordernisse eines glücklichen Lebens ist – so sagt die prophetische Jahwerede (vgl. 9$^{2.5}$) – Gotteserkenntnis. Diese aber besteht vor allem darin, daß der Mensch Jahwes Handeln nachahmt, daß er, seinen Mitmenschen verbunden, Recht und Gerechtigkeit übt, vgl. auch 22^{15}. Ihm schenkt Gott seine Gunst, wenn er sich daran hält.

$^{24.25}$ Mit der »eschatologischen« Formel »Tage werden kommen« eingeleitet, wird eine Drohung Jahwes nachgetragen, die sich zur wahren Verbindung mit Jahwe äußert; Juda und eine Reihe seiner Nachbarvölker vollziehen die Beschneidung wie auch die Leute »mit gestutztem Haarrand«. Damit sind die Araber (vgl. 25^{23} 49^{32}) gemeint, die sich die Kopfhaare seitlich (die Schläfenhaare: Herodot III 8) abschnitten, was den Israeliten verboten war (Lev 19^{27}) und vielleicht eine kultische Bedeutung hatte. Die Beschneidung ist nach Gen 17^{11} das Bundeszeichen, das die enge Verbindung mit Jahwe bezeugt. Aber, obwohl beschnitten, stehen alle Völker nicht in dieser engen Gottesgemeinschaft, was für die Nichtisraeliten ohne weiteres klar ist. Doch auch ganz Israel ist nicht mit seinem Gott verbunden; denn die Beschneidung hat nur eine äußerliche Reinigung bewirkt. Das Herz ist von all dem voll, was von Jahwe trennt; es ist »unbeschnitten« (4^{4}). Es fügt sich nicht dem göttlichen Willen (Dtn 10^{16}) und liebt den Herrn, seinen Gott, nicht mit ganzem Herzen und mit ganzer Seele (Dtn 30^{6}). So straft Jahwe die trotz Beschneidung unbeschnittenen (Israeliten).

10$^{1-16}$ Mit dem erweiterten Aufmerksamkeitsruf ^{1} und der Botenspruch-

2 So spricht der Herr:
Gewöhnt euch nicht an den Weg der Völker,
erschreckt nicht vor den Zeichen des Himmels,
wenn auch die Völker vor ihnen erschrecken.
3 Denn die Gebräuche der Völker sind leerer Wahn.
Jes 44^{12-17} Ihre Götzen sind nur Holz,
das man im Wald schlägt,
ein Werk aus der Hand des Schnitzers,
mit dem Messer verfertigt.

10^{2} Gewöhnt euch, wörtlich: »lernt«.
10^{3} Die Götzen: sinngemäß von EÜ eingefügt.

formel ^{2} eingeleitet, warnt eine Mahnrede aus exilischer Zeit (s. Jes 40^{19f} 41^{6f} 44^{9-20} 46^{5-7} Dtn 4^{28}) vor dem Götzendienst $^{2-5.9}$ mit sarkastischer Polemik (vgl. Ps 115^{4-8} 135^{15-18}), geht in hymnischem Lob zum Aufweis des wahren Gottes ^{12f} über und schließt mit der Gegenüberstellung des Geschicks, das die Götzendiener und die Verehrer Jahwes zu erwarten haben $^{14-16}$. Später eingefügt sind $^{6-8}$, die in G fehlen und im Blick auf $^{10.12-14}$ Israels Gott den Götzen gegenüberstellen. ^{11}, in aramäischer Sprache abgefaßt und ein in seinem chiastischen Aufbau in sich geschlossenes Stück, ist ebenfalls ein Zusatz. ^{9} hinkt nach und ist wohl eine Randnotiz zu ^{4}, wie G bezeugt, die ^{9} in ^{5} hineinstellt. Doch auch $^{2-5}$ sind nicht einheitlich: $^{2-3a}$ bilden ein Wort über Himmelserscheinungen, an das die Götzenpolemik $^{3b.4.(9)5(8)}$ angeschlossen ist. $^{2.3a}$ kritisiert ein Verhalten (»Weg«) und damit zusammenhängende Bräuche der Völker, die mit Zeichen am Himmel zu tun haben, wertet sie ab und warnt davor. Zeichen sollen nach Gen 1^{14} die Gestirne sein, jedoch nur, um »Festzeiten, Tage und Jahre« zu bestimmen. In unserem Text sind neben dem Lauf der Sterne auffallende Himmelserscheinungen gemeint, die Menschen beunruhigen. Mit Astrologie und Kult der Gestirne versuchte man, die Gesetze des Himmels zu erkennen und ihnen wirksam zu begegnen. Jahwes Volk wird vor solchen Verfahren gewarnt; sie sind »Windhauch« (*haebael*), besagen und bewirken nichts.

$^{3b.4.9.5.8.}$ Die Götzenpolemik faßt die Stichworte »Weg« und »Bräuche« als Bezeichnungen für die heidnische Religion auf, deren Pracht die Verschleppten in Babel erlebten. Sie versteht anscheinend *haebael* »Windhauch« (EÜ: leerer Wahn) nach dtr Verständnis (2 Kön 17^{15} Dtn 32^{21} 1 Kön $16^{13.26}$, vgl. Jer 2^{5} 8^{19} 14^{22}) als »Götzen« im Sinn von »Nichtigkeit«. Die Götzen sind totes Material, das von Menschenhand geformt ist: Ein Holzkern wird mit Gold- oder Silberblech überzogen und fürstlich (mit Purpur) bekleidet. Das Silber kommt aus Tarschisch (Spanien oder Tunis), das Gold aus Ofir (? Arabien, Indien, Ost- oder Südafrika?), also von weither. Dieses prächtige Gebilde ist so schwach, daß es nicht einmal stehen, gehen und reden kann. Es hat nur den Wert eines harmlosen Schreckmittels, tut weder Böses noch Gutes, bewirkt weder Unheil noch Heil. Es vermag nicht zu wirken und hat daher keine wirkliche Existenz. Nach Auffassung der Antike war im Götterbild etwas vom

4 Er verziert es mit Silber und Gold,
mit Nagel und Hammer macht er es fest,
so daß es nicht wackelt.
5 Sie sind wie Vogelscheuchen im Gurkenfeld.
Sie können nicht reden;
man muß sie tragen, weil sie nicht gehen können.
Fürchtet euch nicht vor ihnen;
denn sie können weder Schaden zufügen
noch Gutes bewirken.
6 Niemand, Herr, ist wie du:
Groß bist du, und groß an Kraft ist dein Name.
7 Wer sollte dich nicht fürchten,
du König der Völker?
Ja, das steht dir zu.
Denn unter allen Weisen der Völker
und in jedem ihrer Reiche
ist keiner wie du.
8 Sie alle sind töricht und dumm.
Was die nichtigen Götzen zu bieten haben –
Holz ist es.
9 Sie sind gehämmertes Silber aus Tarschisch
und Gold aus Ofir,
Arbeit des Schnitzers und Goldschmieds;
violetter und roter Purpur ist ihr Gewand;
sie alle sind nur das Werk kunstfertiger Männer.

10^{5b} Können: *'ittām* »ist nicht mit ihnen«, d. h. »steht nicht in ihrer Macht«.
10^{8} Wörtlich: »Zusammen(gefaßt): Sie sind dumm und töricht. Lehre: Die Götzen Holz ist es«.
10^{9} Aus Ofir: *me'ōfir;* M: »aus Ufas«, noch Dan 10^{5} genannt, unbekannt.

Fluidum, von der Macht des betreffenden Gottes gegenwärtig. Selbst davon kann nach ^{5} keine Rede sein. – Auch ^{8} ist eine Glosse. ^{8a} könnte sich auf »die Weisen der Völker« ^{7} beziehen, wodurch die Stellung des Verses im Textgefüge erklärlich wird. Aber dagegen spricht der resümierende Versanfang und vor allem ^{8b}: Das Fazit der ganzen bisherigen Darlegung wird gezogen: Die Götzen sind völlig unfähig, ohne Kenntnisse und in ihrer Torheit keine Hilfe zur Gestaltung eines glücklichen Lebens. So ergibt sich als Lehre und Warnung, wie anfangs ^{3} gesagt: Die Götzen sind Holz, lebloser Stoff, nicht übermenschliche Mächte. Wer ihnen dient, wird wie sie, s. ^{14}.

$^{6.7}$ in die lehrhafte Darlegung über den Unwert der Götzen ist im Stil der Psalmen (vgl. z. B. Ps 97) ein hymnischer Lobpreis Jahwes, des unvergleichlichen, alleinigen Gottes, eingeblendet. Sein Wesen, seine Offenbarung, sein Handeln werden gerühmt; auf die ihm gebührende Ehrfurcht wird hingewiesen. Er ist König über alle Völker; er allein ist weise; er allein lenkt und bestimmt alles.

10 Der Herr aber ist in Wahrheit Gott,
lebendiger Gott und ewiger König.
Vor seinem Zorn erbebt die Erde,
die Völker halten seinen Groll nicht aus.
11 Von jenen dagegen sollt ihr sagen:
Die Götter, die weder Himmel noch Erde erschufen,
sie sollen verschwinden von der Erde
und unter dem Himmel.
51^{15-19} 12 Er aber hat die Erde erschaffen durch seine Kraft,
den Erdkreis gegründet durch seine Weisheit,
durch seine Einsicht den Himmel ausgespannt.
13 Läßt er seine Stimme ertönen,
dann rauschen die Wasser am Himmel.
Ps 135^{7} Wolken führt er herauf vom Rand der Erde;
er läßt es blitzen und regnen,
aus seinen Kammern entsendet er den Wind.
14 Töricht steht jeder Mensch da, ohne Erkenntnis,
Jes 45^{16} beschämt jeder Goldschmied mit seinem Götzenbild;
denn seine Bilder sind Trug,
kein Atem ist in ihnen.
15 Nichtig sind sie, ein Spottgebilde.
Zur Zeit ihrer Heimsuchung gehen sie zugrunde.
16 Anders der Gott, der Jakobs Anteil ist.
Denn er ist der Schöpfer des Alls
und Israel der Stamm, der ihm gehört.
Herr der Heere ist sein Name.

10^{12-16} : steht als Zusatz auch 51^{15-19}.
10^{14} Seine Bilder: *n^esākāw;* M: »sein Bild«.
10^{15b} Zusatz aus 8^{12}.
10^{16} Wörtlich: »Nicht wie sie (ist) der Anteil Jakobs«.

$^{10.12-16}$ Was $^{6.7}$ vorweggenommen hatten, sprechen $^{10.12}$ in einem (erneuten) Lobpreis Jahwes aus. Als wahrer, lebender und daher stets wirkender Gott, als ewiger König, der seine Herrschaft nie verliert, erweist sich Jahwe durch sein Gericht über die Völker, durch die Erschaffung der Welt und durch sein ständiges Wirken in der Schöpfung: Donner und Blitz, Regen, Wind und Sturm sind sein Werk. ^{14} Es ist töricht, nicht ihn, sondern die Götzen zu verehren. Es zeugt von mangelnder Einsicht. Wer Götzenbilder herstellt und auf sie sein Vertrauen setzt, ist in seiner Existenz gefährdet. Sie sind Betrug, ein Nichts, leblos, dem Spott preisgegeben. ^{16} Israels Gott ist ganz anders, kein Gebilde von Menschen, sondern der Bildner der Welt. Sein Volk ist sein Erbbesitz, ihm in besonderer Weise verbunden und teuer. Er ist der Herr aller himmlischen und irdischen Mächte: Jahwe Zebaot.

$^{17-25}$ bestehen aus zwei Abschnitten: $^{17-22}$ einem Drohwort mit eingefügter Klage $^{19-21}$ und $^{23-25}$ einem Gebet, das der Prophet Jerusalem in den Mund legt.

Klage und Bitte: 10[17–25]

17 Raff dein Bündel zusammen! Fort aus dem Land,
du schwer bedrängte Stadt!
18 Denn so spricht der Herr:
Fürwahr, diesmal schleudere ich
die Bewohner des Landes hinweg
und bringe sie in Bedrängnis,
damit sie mich finden.
19 Weh mir ob meines Zusammenbruchs!
Unheilbar ist meine Wunde. 14[17] 30[12]
Ich aber hatte gedacht:
Das ist doch nur eine Krankheit,
die ich ertragen kann.
20 Nun ist mein Zelt verwüstet,
alle meine Zeltstricke sind zerrissen.
Meine Kinder gingen von mir fort
und sind nicht mehr.
Niemand schlägt mein Zelt wieder auf
und breitet darüber die Zeltdecken aus.
21 Denn töricht waren die Hirten,
den Herrn suchten sie nicht;
deshalb hatten sie keinen Erfolg,
und ihre ganze Herde wurde zerstreut.

10[17] Wörtlich: »in Belagerung sitzend«.
10[18] Damit sie mich finden: *jimṣā'ūnī*, vgl. [21]; M: »damit sie finden«.

[17–22] Jerusalem ist angesprochen; es wird aufgefordert, sein Bündel zu packen, da es in die Gefangenschaft ziehen muß. »Die Bewohner einer eroberten Stadt, namentlich die Frauen, durften, wie assyrische Darstellungen zeigen, bei der Wegführung in einem Sack oder Bündel einige Habseligkeiten mitnehmen« (Nötscher EB). Jahwe selbst steht hinter der Verschleppung; er wirft sein Volk wie mit einer Schleuder aus dem Land hinaus. Das hat er bisher bei allem strafenden Eingreifen noch nie getan. Das Ziel, das Jahwe verfolgt, wenn er Jerusalem in Bedrängnis bringt, ist nach dem hebr. Text nicht klar. Vielleicht darf man mit Blick auf [21] annehmen, es geschehe, damit sich das Volk seinem Gott wieder zuwendet.

Die Klage [19–21] bereitet die entsprechende Einsicht vor. In zwei Bildern wird der Schlag, der das Volk getroffen hat, ausgemalt: Jerusalem ist wie ein schwer Verwundeter, der kaum auf Genesung hoffen kann. Die Stadt ist wie ein Zelt, das samt seinen Bewohnern vernichtet wurde und nicht mehr wieder hergestellt werden kann. Die führenden Leute, in altorientalischer Bildsprache Hirten genannt, sind an dem ganzen Elend schuld. Sie haben ihre Aufgabe nicht wahrgenommen und ihren Auftrag verfehlt. Statt nach dem Willen Gottes zu fragen, verfolgten sie in ihrer Torheit eigene, wie sich

[22] Horch, eine Kunde trifft eben ein,
großes Getöse vom Nordland her:
9[10] 26[18] Judas Städte sollen zum Ödland werden,
zur Behausung für Schakale.
[23] Ich weiß, Herr, daß der Mensch seinen Weg
nicht zu bestimmen vermag,
daß keiner beim Gehen seinen Schritt lenken kann.
30[11] [24] Herr, züchtige mich, doch mit rechtem Maß,
nicht in deinem Zorn,
sonst machst du mich allzu elend.
[25] Gieß deinen Zorn aus über die Völker,
die dich nicht kennen,
und über die Stämme,
die deinen Namen nicht anrufen.
Denn sie haben Jakob verschlungen und vernichtet,
seine Wohnstätte verwüstet.

Der gebrochene Bund: 11[1-17]

7[1] 11[1] Das Wort, das vom Herrn an Jeremia erging: [2] Hört die Worte
Dtn 17[19] dieses Bundes! Du sollst sie den Leuten von Juda und den Einwoh-

10[25] *wa'ᵃkāluhū* »sie haben ihn gefressen« ist von der EÜ mit Recht als Doppelschreibung weggelassen.

11[2] Hört ... Bundes: eingefügt in Vorwegnahme von [6].

nun herausstellt, schädliche Ziele. Das ganze Volk muß es büßen. Aber die Einsicht kommt zu spät; der Feind aus dem Norden [22] rückt schon heran; er wird alles zerstören. [23-25] Wichtiger und wirksamer als die bloße Klage ist die Bitte an Gott, der allein die Not wenden kann. Jeremia spricht sie seinem Volk vor. Er geht davon aus, daß der Mensch sein Geschick nicht in der Hand hat (Spr 20[24]) und nicht fähig ist, stets richtig und gut zu handeln. »Der Herr lenkt die Schritte eines jeden« (Spr 20[24]). Darum ist die Bitte berechtigt: Wenn Gott schon strafen muß, möge er dies berücksichtigen, es in sein Urteil einbeziehen und nicht seinem verheerenden Zorn freien Lauf lassen, damit das Volk nicht durch Verminderung vernichtet wird. In [25] ist eine Bitte gegen die anderen Völker angefügt, die sich beinahe wörtlich auch Ps 79[6f] findet und dort richtig im Zusammenhang steht. Israels Feinde sind doppelt schuldig: Sie verehren Jahwe nicht und vergreifen sich an seinem Volk und seinem Land. Aber eben das Letztere ist nach den vorangehenden Strafandrohungen beabsichtigt: Die fremden Völker sind vom Herrn gerufen, um sein Strafgericht durchzuführen. Die Bitte ist im Sinn exilischer Theologie ein Ruf um Errettung und Befreiung. 11[1-14] ist eine Rede in dtr Stil, vergleichbar 7[1-15], mit drei Abschnitten [1-5.6-8.9-14], die durch die »Wortformel« [1] und die einfache Redeeinführung »Jahwe sagte zu mir« [6.9] eingeleitet bzw. voneinander abgehoben werden. Mit ihr wird ein weiterer

nern Jerusalems verkünden. 3 Du sollst ihnen sagen: So spricht der
Herr, der Gott Israels: Verflucht der Mensch, der nicht hört auf die Dtn 27
Worte dieses Bundes, 4 die ich euren Vätern aufgetragen habe, als ich
sie aus Ägypten herausführte, aus dem Schmelzofen des Eisens: Hört Dtn 4^{20}
auf meine Stimme, und handelt in allem nach meinen Geboten; dann Lev 26^{12}
werdet ihr mein Volk sein, und ich will euer Gott sein. 5 Nur so kann Dtn 26^{17f}
ich den Eid halten, den ich euren Vätern geschworen habe: ihnen ein
Land zu geben, in dem Milch und Honig fließen, wie ihr es heute

11^{4} Handelt, M: »tut sie«;»sie« ist mit Recht von EÜ nicht übersetzt; das Wort fehlt in G Vg.

11^{5} Ja, Herr, wörtlich: »Amen, Jahwe«. Antwort auf die Fluchformel.

großer Abschnitt im Jeremiabuch eröffnet ($11^{1} = 7^{1}$). Die Rede ist fast ganz aus dtn bzw. dtr Wendungen zusammengebaut, ausgenommen ^{9} und zum Teil $^{10.11}$. In diesen Versen dürfte auch der jeremianische Kern liegen. Das Jeremiawort lautet vermutlich: »9 (Der Herr sagte zu mir): Es gibt eine Verschwörung unter den Leuten von Juda und den Einwohnern Jerusalems. 10 Sie weigerten sich, meinen Worten zu gehorchen. 11 Darum – so spricht der Herr: Siehe, ich bringe Unheil über sie, dem sie nicht entgehen können.« Dieses Wort wurde aufgenommen und im Sinn dtr Theologie interpretiert. Der Kommentator greift die Wendung »meinen Worten (gehorchen)« auf und versteht unter ihr »die Worte dieses Bundes« $^{2.3.6.8}$, sicher im Sinn von Dtn 28^{69} 29^{8} 2 Kön 23^{3}, wo der nämliche Ausdruck verwendet wird. Jeremia selbst wirft den Judäern und Jerusalemern ^{9} Verschwörung vor. Der Begriff bezeichnet die Aufkündigung des Untertanenverhältnisses und die Beseitigung der Herrschaft eines Königs, vgl. z. B. 2 Kön $15^{10.15.25.30}$ (die Thronwirren gegen Ende des Reiches Israel). So bestreiten und lehnen die führenden Leute im Staat Juda die Herrschaft Jahwes ab. Das geschieht dadurch, daß sie Jahwes Wort ablehnten. Der Herr antwortet mit Unheil, dem man nicht entrinnen kann. Dem Gotteswort kann sich das Volk entziehen, nicht aber dem Wirken des Herrn, nicht seiner bestimmenden Macht. Das Jeremiawort äußert sich grundsätzlich; auf Einzelheiten geht es nicht ein.

Dies gab dem Kommentator Anlaß und Möglichkeit, konkret zu werden. Er entfaltet das Scheltwort, zunächst, indem er die Schuld des Volkes als Rückfall in die Sünde der Väter von ehedem qualifiziert ^{10}: Schon diese mißachteten »die Worte dieses Bundes«, das dtn Gesetz, das durch die Reform des Joschija (2 Kön 23) in Kraft gesetzt wurde. Nun aber wird diese Willenskundgabe Jahwes erneut abgelehnt. Die Bestrebungen Joschijas und die gegenüber dem Gott Israels eingegangene Verpflichtung (2 Kön 23^{3}) sind vergessen.

$^{3-5}$ Darum erinnert der Verfasser ^{3} mit Recht an die Fluchformulierungen von Dtn 27^{15-26}, die als Sanktion für den Bruch des dtn Bundes (Dtn 26^{16-19}) ausgerufen, und vom Volk, wie hier vom Propheten, mit Amen ^{5} beantwortet und zustimmend bekräftigt werden. »Hören« ^{3} heißt: in allem nach den Geboten des Herrn handeln, wie sie die »Stimme des Herrn« (Dtn 5^{24-33}) am Gottesberg verkündet und das Volk im dtn Bun-

habt. Ich antwortete: Ja, Herr. 6 Darauf sprach der Herr zu mir: Ver-
künde alle diese Worte laut in den Städten Judas und auf den Straßen
7^{25f} Jerusalems: Hört die Worte dieses Bundes, und handelt danach!
7 Denn ich habe eure Väter, schon als ich sie aus Ägypten herauf-
führte und bis zum heutigen Tag, immer wieder beschworen: Hört
18^{12} 25^{4} auf meine Stimme! 8 Sie aber haben nicht gehört und mir ihr Ohr
3^{17} nicht zugeneigt; alle folgten dem Trieb ihres bösen Herzens. So
mußte ich an ihnen alle Worte dieses Bundes erfüllen, den zu halten
ich ihnen geboten habe, den sie aber nicht gehalten haben. 9 Der Herr
sagte zu mir: Es gibt eine Verschwörung unter den Leuten von Juda
und den Einwohnern Jerusalems. 10 Sie sind zurückgekehrt zu den
Sünden ihrer Väter, die sich weigerten, meinen Worten zu gehor-
chen. Auch sie sind fremden Göttern nachgelaufen, um ihnen zu die-
nen. Das Haus Israel und das Haus Juda haben meinen Bund gebro-
chen, den ich mit ihren Vätern geschlossen habe.
11 Darum – so spricht der Herr: Jetzt bringe ich Unheil über sie, dem
sie nicht entgehen können. Schreien sie dann zu mir, so werde ich

11^{10} M: »ihrer früheren (bzw. ersten) Väter«.

desschluß akzeptiert hat. Dieses Ziel hatte die Herausführung aus der harten und aufreibenden (Bild des Eisenschmelzofens) ägyptischen Knechtschaft. Durch das Halten des (dtn) Gesetzes wird verwirklicht, was die »Bundesformel« sagt: Ihr werdet mein Volk sein, und ich will euer Gott sein. Es ist auch die Voraussetzung dafür, daß Jahwe an seiner mit einem Eid fest zugesagten Verheißung weiterhin festhalten und somit das Volk in dem verliehenen Land bleiben kann. Der Fluch ist zu einer eindringlichen Mahnung umgestaltet.

$^{6-8}$ Erneut wird zum Gehorsam ^{6} gegenüber den »Bundesworten«, dem dtn Gesetz aufgerufen. Die Mahnung wird $^{7.8}$ mit dem warnenden Rückverweis auf den Exodus ^{7} und das Schicksal des Reiches Israel (722) (zu ^{8}, vgl. 2 Kön 17^{13-15}) und vielleicht auch schon Judas (597/586) verschärft: Die Fluchworte (Dtn 28^{15-68}, bes. ^{63ff}) müssen sich erfüllen; Gott muß sie, durch den Trieb, den Starrsinn des bösen Herzens herausgefordert, in Gang setzen, wie er es bereits in der Geschichte seines Volkes getan hat.

$^{9-14}$ Jeremia selbst ist kaum »in den Städten Judas« ^{6} aufgetreten; davon wird im Prophetenbuch nichts berichtet. Ob er zur joschijanischen Reform Stellung genommen hat, ist umstritten. Der Verfasser von 11^{1-14} sieht ihn in Auslegung eines jeremianischen Wortes (s. ^{10}) sich dafür einsetzen: Der Dienst fremder Götter ist Abfall von Jahwe, Bruch des Bundes ^{10}, der Verpflichtung, die Israel nach dtn Sicht am Gottesberg Horeb (Dtn 5^{2-10}), d. h. am Sinai (so Ex 20^{1-7}) übernahm. Dort verpflichtete es sich, Jahwe, der allein es befreit und gerettet hatte, allein zu verehren. In der Begründung des Strafwortes $^{11b-13}$ wird darum ^{13} aus der Verkündigung Jeremias 2^{28} zitiert, wobei diese allerdings (s. Thiel 154f) in dtr Sinn (vgl. $2^{27b.28a}$ mit Ri $10^{13b.14}$) abgewandelt ist (»hingehen und zu den Göttern schreien«), aber wohl auch noch in der Ablehnung des Opfers für Baal (vgl. 7^{9}) durch-

nicht auf sie hören. 12 Wenn aber die Städte Judas und die Einwohner
Jerusalems hingehen und zu den Göttern schreien, denen sie Opfer
darbringen, dann werden diese zur Zeit der Not ihnen ganz gewiß
nicht helfen können. 13 Denn so zahlreich wie deine Städte sind auch 2^{28}
deine Götter, Juda, und so zahlreich wie die Straßen Jerusalems sind
die schändlichen Altäre, die ihr errichtet habt, um dem Baal zu op-
fern. 14 Du aber bete nicht für dieses Volk! Fang nicht an, für sie zu 7^{16} 14^{11}
flehen und zu bitten. Denn ich höre nicht, wenn du zu mir rufst we-
gen ihrer Not.
15 Was hat mein Liebling in meinem Haus zu suchen, wenn er nur Schlimmes verübt? Können Zehnt und Opferfleisch das Unheil von dir fernhalten, so daß du dann jubeln könntest? 16 Einen üppigen Ölbaum von schöner Gestalt hatte der Herr dich genannt. Wenn der gewaltige (Kriegs-)Lärm ertönt, legt er Feuer an ihn, so daß seine Zweige häßlich werden. 17 Der Herr der Heere, der dich pflanzte, hat Unheil über dich verhängt wegen der bösen Taten, die das Haus Israel und das Haus Juda verübten; dem Baal opferten sie, um mich zu erzürnen.

Die Mordpläne gegen Jeremia: 11^{18-23}

18 Der Herr ließ es mich wissen, und so wußte ich es; damals ließest

11^{13} Die schändlichen Altäre, wörtlich: »Altäre für die Schande, Altäre um den Baal zu opfern«. »Altäre für die Schande« (d. h. für Baal, dessen Namen man durch *bošaet* »Schande« ersetzte), ist Glosse.

11^{14} Wenn du rufst: *qòr^{u}kā*, vgl. 7^{16}; M: »sie (rufen)«.

11^{15} EÜ deutet *(hā)rabbīm* »Zehnt«. – M *kī* »denn«: als Doppelbeschreibung zu tilgen.

11^{16} »Frucht« *(p^{e}rī)* neben »Gestalt« *(to'ar)* im hebr. Text ist Glosse, von EÜ weggelassen.

schlägt. Angesichts solch schwerer Schuld wird dem Propheten die Fürbitte verboten ^{14}, die das verhängte Unheil ^{11} noch abwenden könnte. Der Verfasser spricht auch hier aus der Erfahrung des Untergangs Jerusalems, der Situation des Exils.

$^{15-17}$ Ein Jeremiawort, in dem Jahwe ^{15} und der Prophet ^{16} reden, und das aus zwei thematisch verschiedenen Drohsprüchen besteht, wird vom Verfasser von $^{1-14}$ angebunden. Wenn sie (vgl. Anm. zu ^{14}), Jahwes Lieblingsvolk, zu ihrem Gott rufen und auch mit kultischen Leistungen vor ihn hintreten, wird er das Unheil nicht fernhalten; es wird keinen Grund zum Jubel geben. Sodann wird Israel mit einem stattlichen, schön gewachsenen Ölbaum verglichen, den das Strafgericht des Herrn verdirbt. Auch ^{16} mag im Tempel, vgl. Ps 52^{10}, vielleicht mit Blick auf den Ölberg gesprochen sein. In ^{17} wird das Bild der Sache nach ausgelegt und begründet. Der Grund für die Strafe sind die bösen Taten des Volkes, bes. der Baalskult, vgl. ^{13}.

Der Abschnitt 11^{18}–12^{6} wird vielfach unter der Voraussetzung, daß es sich

du mich ihr Treiben durchschauen. [19] Ich selbst war wie ein zutrauli-
Jes 53[7] ches Lamm, das zum Schlachten geführt wird, und ahnte nicht, daß
sie gegen mich Böses planten: Wir wollen den Baum im Saft verder-
ben; wir wollen ihn ausrotten aus dem Land der Lebenden, so daß
man seinen Namen nicht mehr erwähnt. [20] Aber der Herr der Heere
20[12] Ps 7[10] richtet gerecht, er prüft Herz und Nieren. Ich werde sehen, wie du
Rache an ihnen nimmst; denn dir habe ich meine Sache anvertraut.
[21] Darum – so spricht der Herr gegen die Leute von Anatot, die mir
26[9.11–15] nach dem Leben trachten und sagen: Du darfst nicht als Prophet im

11[19] im Saft: *b^{e}leḥō,* vgl. Dtn 34[7]; M: »in seinem Brot«.
11[20] Anvertraut: wohl *gallōtī;* M: »ich habe entblößt«.
11[21] Mir: *nafšī* mit G, M: »dir«.

12[6] um die Verwandten Jeremias zu Anatot 11[21–23] handelt, als eines der »Bekenntnisse« des Propheten (s. Einleitung) betrachtet: Jeremia bittet, von seinen eigenen Angehörigen mit dem Tod bedroht, den Herrn um Rettung. Aber um einen logisch sinnvoll voranschreitenden Text zu erhalten, müssen dann Umstellungen vorgenommen werden, z. B. 11[18] 12[6] 11[19.20a] 12[3] 11[20b–23] 12[1.2.4bβ.5] (Rudolph). Im Text folgt, jeweils auf eine Klage 11[18.20] 12[1–5] ein Gerichtswort über die Leute von Anatot 11[21–23] und eine Warnung vor den Verwandten 12[6].

11[18–23] ist kein einheitlicher Text. Die Botenspruchformel erscheint zweimal ([21.22]); [20] steht auch 20[12]; die anfangs nicht genannten Feinde werden ab [21] zu den »Leuten von Anatot«; ihr Vorhaben wird zweimal [19.21], und dabei verschieden, ausgesprochen. Der ursprüngliche Text mag umfaßt haben: [18.19], dazu [21]: »Darum – so spricht der Herr: [22] Seht, ich werde sie zur Rechenschaft ziehen«. [18f] Jeremia ahnt nicht, daß er Gegner hat, die ihm nach dem Leben trachten. Da macht er eine entsprechende Erfahrung, die er auf Jahwes fürsorgliches Wirken zurückführt: Er hat ihm die Augen geöffnet, so daß er die Taten und Pläne der Feinde durchschaut. Der Vergleich mit dem Lamm, das noch auf dem Weg zum Schlachten nichts fürchtet, zeichnet die Ahnungslosigkeit, nicht wie Jes 53[7] die Ergebung in das Verfügte. Die Pläne gehen auf Vernichtung: Man will den Propheten mitten in seinem aktiven Leben vernichten, ihn vorzeitig in den Tod bringen. Wie ein Baum gefällt wird, so soll er aus dem Land Jahwes (Kanaan) »herausgeschnitten« und ins Totenreich gestoßen werden. Niemand soll mehr an Jeremia denken; Existenz und Wirken sollen ausgelöscht werden, vgl. Ps 83[5]. Der Prophet antwortet mit Jahwes Urteil: Seine Feinde werden, nachdem der Herr die Angelegenheit untersucht hat, bestraft werden.

[20.21*.22b.23] Die Nachinterpretation nennt ein »Vergehen«, dessentwegen Jeremia sterben soll: Er hat im Namen Jahwes als Prophet gesprochen. Dieser Vorwurf ist aus den Vorgängen nach der Tempelrede 7 entliehen, vgl. 26[11–15] Die Jerusalemer wollten nicht hören und nicht zu Jahwe umkehren, so auch die Leute von Anatot. Auch sie lehnen wie die »Leute von Juda« (11[2]) die Botschaft Jeremias ab, die er 11[1–14] verkündet. Selbst in seiner Heimatstadt erreicht der Prophet nichts. In diesem Streit

Namen des Herrn auftreten, wenn du nicht durch unsere Hand sterben willst. 22 Darum – so spricht der Herr der Heere: Seht, ich werde sie zur Rechenschaft ziehen. Die jungen Männer sterben durchs Schwert, ihre Söhne und Töchter sterben vor Hunger. 23 So wird den Leuten von Anatot kein Rest mehr bleiben, wenn ich Unheil über sie bringe, das Jahr ihrer Bestrafung.

Der Prophet in seelischer Not: 12,1-6

12,1 Du bleibst im Recht, Herr,
wenn ich mit dir streite;
dennoch muß ich mit dir rechten.
Warum haben die Frevler Erfolg,
weshalb können alle Abtrünnigen sorglos sein? Ps 73,3-12 Ijob 21,7-13
2 Du hast sie eingepflanzt, und sie schlagen Wurzel,
sie wachsen heran und bringen auch Frucht.

12,1 Dennoch ... rechten, wörtlich: »nur muß ich Rechtsvorschriften gegen dich reden«.
12,2 Sie wachsen heran: *jelahū?;* M: »sie gehen«.

(vgl. 26) wendet sich Jeremia 20 an Jahwe Zebaot, den gerechten Richter und Kenner aller menschlichen Regungen und Pläne. Er übergibt ihm seinen Streitfall, bittet um Bestrafung der Gegner und damit um seine Rettung. Der Verfasser schaut bereits auf die Folgen des Widerstandes gegen die prophetische Verkündigung zurück: Tod durch Hunger und Schwert, kein Rest, der Juda blieb 42,15.16 44,14.28. Das war auch die Strafe für die Leute von Anatot.

12,1-6 Ein Gerechter (hier im Sinn der Redaktion: Jeremia) bringt vor den Richter Jahwe einen »Rechtsstreit«, 1.2 der sich mit dem weisheitlichen Problem befaßt: Warum das unverdiente Glück der Bösen (vgl. Ps 37 49 73, bes. Ijob). Von vornherein erkennt »Jeremia«, im Gegensatz etwa zu dem aufbegehrenden Ijob an, daß Jahwe gerecht und im Recht ist. Von dieser Basis aus bringt er seine Frage vor, die damit zugleich zu einer Bitte um Rettung mittels der Bestrafung der Bösen 3b wird. Die Frevler, die Gott die Treue aufgekündigt haben (vgl. 3,8.11.20 5,11 9,1), haben Glück; es gelingt ihnen, was sie unternehmen. Sie erfahren wie Jahwes Volk bzw. in ihm die Heilszuwendung des Herrn, »eingepflanzt« in seinem Land (vgl. Jer 2,21 11,17 24,6 u. ö.). Sie sind wie ein Baum mit festen tiefen Wurzeln, der Frucht trägt – ein Bild, das für den Gerechten gelten sollte (vgl. Ps 1). Aber es scheint nur so, als ob der Herr ihnen nahe wäre. Sie führen zwar Gott in ihrem Mund, ehren ihn mit den Lippen (Jes 29,13), halten aber ihr Herz, ihr Wollen und Trachten weit von ihm fern. Ihre Entscheidungen entziehen sie seinem Einfluß; in ihrem Inneren hat er keinen Platz. 3 Der Beter beteuert seine Rechtschaffenheit und Gottverbundenheit, wie es nach der Beschreibung der Not auch in den Klageliedern geschieht. Er verweist darauf, daß Jahwe ihn kennt (vgl. 15,15), sein Wollen und seine Gesinnung geprüft – er prüft ja alle Menschen, gerechte und ungerechte (Ps 11,4.5) – und kein Unrecht an ihm gefunden hat (Ps 17,3); denn er hat ohne Schuld gelebt

Nur ihrem Mund bist du nah,
ihrem Herzen aber fern.
[3] Du jedoch, Herr, kennst und durchschaust mich;
du hast mein Herz erprobt
und weißt, daß es an dir hängt.
Raff sie weg wie Schafe zum Schlachten,
sondere sie aus für den Tag des Mordens!
[4] Wie lange noch soll das Land vertrocknen,
das Grün auf allen Feldern verdorren?
Weil seine Bewohner Böses tun,
schwinden Vieh und Vögel dahin.
Denn sie denken: Er sieht unsre Zukunft nicht. –
[5] Wenn schon der Wettlauf mit Fußgängern dich ermüdet,
wie willst du mit Pferden um die Wette laufen?
Wenn du nur im friedlichen Land dich sicher fühlst,
wie wirst du dich verhalten
im Dickicht des Jordan?
93 [6] Selbst deine Brüder und das Haus deines Vaters
handeln treulos an dir;
auch sie schreien laut hinter dir her.
Trau ihnen nicht,
selbst wenn sie freundlich mit dir reden.

12[4] Unsere Zukunft, wörtlich: »unser Ende«. Vielfach wird nach G vorgeschlagen, *òrḥōtēnū* zu lesen: »Er (Jahwe) sieht unsere Pfade (d. h. unser Tun und Lassen) nicht«.

und auf Gott vertraut (Ps 26[1f]). Daran schließt der Betende die Bitte um Bestrafung seiner Gegner an. [4] ist ein Zusatz. »Wie ... dahin« paßt nicht in den Zusammenhang, spricht von der Bosheit aller und ihrer Auswirkung auf die Schöpfung, wohl durch das Gericht Gottes, vgl. 4[28] 23[10]. Die angeschlossene Begründung ist in ihrer Beziehung unklar: Er (Jeremia? Jahwe?) sieht unser (der Frevler [1]? der Bewohner [4]?) Ende nicht. Bezogen auf Jeremia, kann der Satz bedeuten: Wir werden ihn überleben (Nötscher), wobei man einen Anschlag auf den Propheten vermuten könnte. Ist Jahwe gemeint, wird geleugnet, daß er um den Menschen weiß [3] und gerecht zu handeln [1] versteht.

[5] Ohne Angabe des Sprechenden wird ein sprichwortartiges Stück angefügt, das wohl als Antwort Jahwes verstanden werden soll. Es mahnt fragend in weisheitlichem Stil, in einer unguten Situation standzuhalten. Im Kontext soll es wohl die Zurückweisung des Vorwurfs von [1] bedeuten: Der Erfolg der Frevler ist kein Problem, das dich (, Jeremia,) erschüttern darf. [6] führt die Fragesätze nach einer anderen Richtung weiter: Du wirst Schlimmeres erleben. Was wirst du tun, wenn sogar deine Verwandten heimlich oder offen gegen dich vorgehen, vgl. 11[21-23]? In der Tat mußte der Prophet erleben, daß sich alle gegen ihn wandten (15[10]) sogar seine Freunde (20[10]).

Die Klage Gottes über sein Land: 12[7-13]

7 Ich verlasse mein Haus,
ich verstoße mein Erbteil.
Meinen Herzensliebling gebe ich preis
in die Hand seiner Feinde.
8 Mein Erbteil wandte sich gegen mich
wie ein Löwe im Wald.
Es erhob gegen mich seine Stimme;
deshalb bin ich ihm feind.
9 Ist mir mein Erbteil zur Höhle einer Hyäne geworden,
daß Raubvögel es umlagern?
Auf, sammelt euch, alle Tiere des Feldes, Jes 56[9]
kommt zum Fraß!
10 Hirten in großer Zahl
haben meinen Weinberg verwüstet,
mein Feld zertreten,
mein prächtiges Feld zur öden Wüste gemacht.
11 Man hat es in dürres Ödland verwandelt,

12[9] Zur Höhle einer Hyäne: EÜ folgt mit »Höhle« anscheinend G σπήλαιον *(ma*^{c}*ōr?)* ὑαίνης (wohl Hyäne) und deutet *ṣābūa*^{c} als »Hyäne«, vgl. KBL, wo allerdings vorgeschlagen wird *h*^{a}*ṣābūa*^{c} für *ha*^{c}*a-jiṭ ṣābūa*^{c} zu lesen: »ist mir mein Erbteil eine Hyäne geworden«. EB interpretiert, wie es meist geschieht: »ein Buntvogel«.
12[11] Man hat es verwandelt: wohl eher *śāmuhā* als *śāmāh*.

[7-13] Bis [11a] klagt Jahwe, danach [11b-13] der Prophet. Der Herr beklagt die aggressive Untreue seines Volkes und ihre Folgen, Jeremia klagt über die Verwüstung des Landes. Vielleicht bezieht sich die Klage auf das Eindringen der Räuberscharen aus den Nachbarn Judas (2 Kön 24[2]), die zur Zeit Jojakims von der Steppe her [12] eindrangen und das judäische Land verheerten.

[7-11a] Diese Verwüstung konnte nur geschehen, weil Jahwe sein Volk und Land (hier auch Haus, Erbteil, Feld, Weinberg genannt) den Feinden ausgeliefert hat. Daran kann kein Zweifel sein, wie die drei Verben »verlassen« (vgl. Jes 49[14] 54[7]), »verstoßen« (vgl. Ri 6[13] 2 Kön 21[14] Jer 7[29]), »preisgeben« sagen. Das fiel Jahwe nicht leicht; denn Israel ist, von ihm erwählt, sein Liebling. Aber er mußte sein Volk ablehnen, das ihm – so das Löwenbild – zum Feind geworden ist. [9] ist textlich und damit auch inhaltlich schwierig. Wenn »Höhle der Hyäne« richtig ist, sagt [9], daß die Feinde sich wie die Geier um das von der Hyäne zu ihrer Höhle geschleppte Aas sammeln, sich in Juda einfinden, um zu »fressen«, d. h. zu rauben. Das Bild von den zum Fraß herbeigerufenen wilden Tieren [9b] paßt dazu. Der »Buntvogel« (siehe Anm. zum Text), der von den Geiern zerrissen wird, fügt sich nur schlecht zu [9b]. Die in [10] genannten Hirten sind die Anführer der eingefallenen feindlichen Scharen. Die Verwüstung muß groß gewesen sein; dreimal steht dieses Wort [11a].

[11b-13] Der Prophet nimmt das Wort

verwüstet liegt es vor mir.
Das ganze Land ist verödet,
doch keiner nimmt sich das zu Herzen.
12 Über alle Hügel der Steppe drangen Verderber ein;
denn das Schwert des Herrn
frißt von einem Ende des Landes zum andern.
Kein Mensch bleibt unversehrt.
13 Sie haben Weizen gesät und Dornen geerntet,
sie haben sich abgemüht, doch ohne Ertrag.
Enttäuscht sind sie von ihrer Ernte;
(sie ist vernichtet) durch den glühenden Zorn des Herrn.

Gericht oder Heil für die Nachbarn: 12[14–17]

14 So spricht der Herr: Alle meine bösen Nachbarn, die das Erbteil antasten, das ich meinem Volk Israel zum Erbe gegeben habe, fürwahr, ich reiße sie von ihrem Boden weg; doch auch das Haus Juda

12[13] Von ihrer Ernte, M: »von eurer Ernte«.
12[14] Alle, M: »über alle«, vielleicht in Angleichung an 11[21].

auf. Das Land ist verödet, aber niemand fragt nach dem wahren Grund, dem Zorn des Herrn [13], der durch das Verhalten seines Volkes verursacht wurde [8]. Die Feinde sind im Auftrag Jahwes gekommen; sie sind sein strafendes Schwert [12]. Nicht nur die Menschen sind durch die feindlichen Überfälle unmittelbar betroffen und gefährdet, sondern auch das Ackerland [13]: Die Ernte ist vernichtet, der Hunger steht vor der Tür. Der Herr hat diese Not als Strafe verhängt.

[14–17] Der Abschnitt besteht aus einem Gerichtswort [14], einem Heilswort [15] und einem bedingten Heilswort [16], das mit einem Drohwort [17] schließt; [15] und [16] beginnen jeweils neu mit *w^e hājāh* »und es wird geschehen«. Er stammt aus der Zeit nach Jeremia; das Exil ist [15] oder war [16] bereits Wirklichkeit. Die Stichworte »aus(weg-)reißen«, »vernichten« und »aufbauen« (EÜ: wiederherstellen) verweisen nach 1[10], auf den dort formulierten Auftrag des Völkerpropheten. Die Nachbarn Jahwes, die Völker, die rings um sein Land wohnen, haben schlecht gehandelt, als Juda, wie es der Herr hier androht, in die Verbannung geführt wurde (vgl. Dtn 29[27] 1 Kön 14[15]). Sie haben sich an Jahwes Erbbesitz, an seinem Land vergriffen (vgl. Ez 25). Deshalb bereitet ihnen der Herr das gleiche Schicksal: Sie werden aus ihrer Heimat »herausgerissen«. Jahwe allein verfügt über sein Land; niemand kann sich eigenmächtig davon nehmen. [15] Doch wird er sich wieder erbarmen (Dtn 30[3]), indem er sein Volk und alle, die und weil sie das gleiche Los getroffen hat, zurückführt: Israel in seinen ihm verliehenen Erbbesitz, die anderen Völker in ihr Land. [16] Diese Heilszuwendung wird jedoch an eine Bedingung geknüpft: Die Nachbarvölker müssen den »Weg« (die Religion) Israels, das allerdings nach dem Urteil Jeremias andere, böse »Wege« gegangen

reiße ich aus ihrer Mitte. [15] Aber nachdem ich sie weggerissen habe,
will ich mich ihrer wieder erbarmen und sie zurückbringen, einen je-
den in sein Erbteil und in seine Heimat. [16] Lernen sie dann die rechte
Lebensweise meines Volkes, so daß sie bei meinem Namen schwören:
So wahr der Herr lebt!, wie sie vorher mein Volk gelehrt hatten, beim 42
Baal zu schwören, dann sollen sie inmitten meines Volkes wiederher-
gestellt werden. [17] Gehorchen sie jedoch nicht, so werde ich dieses
Volk völlig ausreißen und vernichten – Spruch des Herrn.

Gottes Strafe im Gleichnis: 13[1–14]

13[1] So hat der Herr zu mir gesagt: Geh, kauf dir einen leinenen Gür-
tel, und leg ihn dir um die Hüften, aber tauch ihn nicht ins Wasser!
[2] Da kaufte ich, wie der Herr mir aufgetragen hatte, den Gürtel und
legte ihn mir um die Hüften. [3] Nun erging das Wort des Herrn zum
zweitenmal an mich; er sagte: [4] Nimm den gekauften Gürtel, den du
um die Hüften trägst, mach dich auf den Weg an den Eufrat, und
verbirg ihn dort in einer Felsspalte! [5] Ich ging hin und verbarg ihn am
Eufrat, wie mir der Herr befohlen hatte. [6] Nach längerer Zeit sprach
der Herr zu mir: Mach dich auf den Weg an den Eufrat, und hol den
Gürtel zurück, den du dort auf meinen Befehl hin verborgen hast.

12[16] Die rechte Lebensweise, wörtlich: »die Wege«, oder wohl besser mit G: »den Weg«.

13[1] Gürtel, besser: »Hüftschurz«, »das innerste, zuletzt ausgezogene Kleidungsstück« (KBL [3]).

war, annehmen; sie müssen, wie das Dtn (4[10] u. ö.) sagt, die Furcht Jahwes lernen, die Mose im dtn Gesetz gelehrt hat (4[1.5]). Sichtbares und bestätigendes Zeichen ist der Schwur im Namen Jahwes, der den Schwörenden mit seiner Existenz, auf Gedeih und Verderb an diesen Gott bindet. So können die Völker, die Israel zum Baalsdienst und zum Abfall von Jahwe verleitet haben, vgl. 10[2], diese Schuld gut machen. [17] Gehorsam gegen Jahwe und seinen Willen wird auch von ihnen verlangt.

13[1–11] Symbolische Handlung Jeremias, die in ihrem Ablauf und in ihrer Deutung stark umstritten ist. Daß Jeremia zweimal an den Eufrat reiste und dort im babylonischen Schwemmland eine Felsspalte fand für ein Kleidungsstück, das er nicht der Feuchtigkeit aussetzen sollte[1], ist nicht gut möglich. Die Zeichenhandlung, die doch wohl Zuschauer haben und ein Überraschungsmoment bergen sollte (die nicht erwartete Verdorbenheit des »Gürtels«), wäre ohne Sinn und Ziel. Daß die Handlung, wie vielfach angenommen wird, eine Vision gewesen sei, widerspricht dem Text. Dieser ist stark überarbeitet: [10] ist voll von dtr Wendungen (»... und läuft anderen Göttern nach, um ihnen zu dienen und sie anzubeten«), »anschmiegen (festhalten) an Jahwe« [11] ist in der dtn Mahnung beliebt (Dtn 10[20] 11[22] 13[5] 30[20] Jos 23[8]) und das Ende von [11a] (Ruhm, Preis, Schmuck) ist Dtn 26[19] entnommen.

[7] Da ging ich zum Eufrat, suchte den Gürtel und holte ihn von der
Stelle, wo ich ihn verborgen hatte. Doch der Gürtel war verdorben,
zu nichts mehr zu gebrauchen. [8] Nun erging das Wort des Herrn an
19^{11} mich: [9] So spricht der Herr: Ebenso verderbe ich die stolze Pracht Ju-
das und Jerusalems, wie groß sie auch sei. [10] Dieses böse Volk weigert
11^{8} 31^{7} sich, auf meine Worte zu hören, es folgt dem Trieb seines Herzens
und läuft anderen Göttern nach, um ihnen zu dienen und sie anzube-
ten; es soll daher wie dieser Gürtel werden, der zu nichts mehr zu ge-
brauchen ist. [11] Denn wie sich der Gürtel den Hüften des Mannes an-
schmiegt, so wollte ich, daß sich das ganze Haus Juda mir an-
schmiegte – Spruch des Herrn – , damit es mein Volk und mein
Ruhm, mein Preis und mein Schmuck wäre. Sie aber haben nicht ge-
horcht. [12] Du sollst ihnen das folgende Wort ausrichten: So spricht

13^{7} Suchte, wörtlich: »grub« nach (und nahm den Gürtel). Demnach wäre der Hüftschurz am Eufrat eingegraben, eine Nachricht, die nicht zu [5.6] paßt. *lek* »mach dich auf den Weg« war als prophetisches Auftragswort ursprünglich ohne Ortsangabe, vgl. 2 Sam 19^{8} Jes 6^{9} 20^{2} 21^{6} ohne Ortsangabe.

13^{11} M: »das ganze Haus Israel und das ganze Haus Juda«.

13^{12} Du ... ausrichten, G besser: »Du sollst zu diesem Volk sagen«. Die Bo-

Die Zielrichtung und Aussageabsicht der symbolischen Handlung besteht (so [10]) darin, daß das böse Volk, das nicht auf Jahwes Worte hörte, wie der unbrauchbare Hüftschurz wird. Jeremia erhält also von Jahwe den Befehl, sich einen leinenen Hüftschurz (Gürtel) zu kaufen [1aαβ]. Er tut es und zieht ihn an [2]. Doch der Herr hat es anders bestimmt [3]: Jeremia soll das Kleidungsstück in einer Felsspalte verbergen, deponieren [4] (»Eufrat«, auch in [5–7], und wohl ebenso »den du um die Hüften trägst« sind Zusätze). Der Prophet führt den Befehl aus und erhält nach geraumer Zeit den Auftrag, den Hüftschurz zu holen [6]. Jeremia tut es und stellt fest, daß dieser verdorben und völlig unbrauchbar ist [7]. Die Deutung ergeht im Jahwewort: »So spricht Jahwe: Dieses böse Volk weigert sich, auf meine Worte zu hören; es soll daher wie dieser Gürtel werden, der zu nichts mehr zu gebrauchen ist«. Jahwe gibt sein Volk preis, das dadurch ins Verderben stürzt.

Die Nachinterpretation macht zunächst die Schuld in dtn Terminologie deutlicher [10.11], entfaltet in [1aγ.b] und in [3] die Nachricht, daß Jeremia das Kleidungsstück getragen hat: Dies wird zu einem Zeichen dafür, daß Jahwe Israel an sich binden wollte [11]: So wie ein Gürtel für den Mann, sollte das Volk für Jahwe ein »Schmuck« sein; aber es hat nicht gehorcht. Ein zweiter Zug der Nachinterpretation spielt auf das Gericht an, das deshalb über Juda und Jerusalem [9] erging: Jahwe selbst bringt das Verderben über all das, worauf Land und Hauptstadt stolz sind. Die Ortsangabe Eufrat soll auf das Exil verweisen. Jahwes »Gürtel« (das Volk), an den kein Wasser [1] (nichts Schädliches) herankommen sollte, wird an den Eufrat versetzt, dem verderbenbringenden Exil preisgegeben.

[12–14] bieten ein Bildwort, das an [1–11] angeschlossen ist. Es handelt sich anscheinend um ein überliefertes Prophetenwort, das nachträglich (vgl.

der Herr, der Gott Israels: Jeden Krug kann man mit Wein füllen.
Wenn sie dir darauf erwidern: Wissen wir nicht selbst, daß man jeden
Krug mit Wein füllen kann?, 13 dann sollst du ihnen antworten: So
spricht der Herr: Seht, ich fülle alle Bewohner dieses Landes mit Jes 51[17]
Trunkenheit, die Könige, die auf Davids Thron sitzen, die Priester,
die Propheten und alle Einwohner Jerusalems. 14 Ich zerschmettere
sie, den einen am andern, Väter und Söhne zugleich – Spruch des
Herrn. Keine Schonung, kein Mitleid und kein Erbarmen hält mich 21[7]
ab, sie zu vernichten.

Die Warnung vor Hochmut: 13[15–17]

15 Hört und merkt auf!
Seid nicht hochmütig; denn der Herr redet.
16 Erweist dem Herrn, eurem Gott, die Ehre,
bevor es dunkel wird,
bevor eure Füße straucheln
auf dämmrigen Bergen.

tenspruchformel »So ... Israels« fehlt richtig in G. Das Jahwewort steht erst in [13].

13[16] Macht es: *w^eśāt*.

auch Anm. zum Text [12]) mit Redeauftrag [12.13] versehen und [13.14] erweitert worden ist. Eine geläufige Redensart, »wohl ein Zecherscherzwort« (Giesebrecht), wird vom Propheten aufgegriffen und zum Anknüpfungspunkt für ein Gerichtswort gemacht. Vielleicht geschah es bei einem Fest in Anwesenheit fröhlicher Zecher. Mit ihnen kommt Jeremia durch das hingeworfene Wort ins Gespräch: »Was ein Krug ist, das gehört mit Wein gefüllt.« Er erhält lebhafte Zustimmung. Die Anwesenden beziehen das Wort auf sich und verstehen es als Anlaß und Berechtigung zum Trinken; sie sehen sich als die »Krüge«, die zu füllen sind. Der Prophet nimmt den Gedanken auf, ändert ihn aber in eine furchtbare Drohung um: Jahwe wird alle Bewohner des Landes, die nachträglich nach Ständen aufgezählt werden (vgl. 1[18]), mit Trunkenheit füllen, so daß sie nicht mehr wissen, was sie tun und sich sinnlos gegenseitig vernichten. Anscheinend haben sich die verschiedenen Gruppen bekämpft, Familien sich entzweit. Der Prophet sieht darin eine von Gott verhängte Strafe. Nachträglich wurde die Drohung noch [14b] verschärft vgl. 21[7]: Der Herr straft, ohne zu schonen und sich zu erbarmen. Die verhängte Verblendung wirkt sich furchtbar aus; sie wird von ihm nicht gemildert.

In [15–27] sind eine Reihe von Prophetenworten aus verschiedener Zeit und Situation angefügt. Gleiche Stichworte (»hören« [15.10], »Herde« [17.20], »prächtig« bzw. »Schmuck« [11.18.20]) mögen Anknüpfungspunkte geboten haben.

[15–17] sprechen eine Warnung gegen den Hochmut aus, der sich nicht beugen will, das Gotteswort zurückweist und den Gehorsam verweigert.

Wartet ihr dann auf das Licht –
er verwandelt es in Finsternis
und macht es zur Dunkelheit.
17 Wenn ihr aber darauf nicht hört,
14^{17} so muß ich im Verborgenen weinen
über den Hochmut,
und mein Auge muß ohne Unterlaß
Tränen vergießen,
da die Herde des Herrn weggeführt wird.

Die drohende Wegführung: 13^{18-19}

18 Sag zum König und zur Herrin:
Setzt euch tief hinunter;
denn eure prächtige Krone
sinkt euch vom Haupt.
19 Die Städte im Negeb sind verschlossen,
und niemand kann sie öffnen.
Weggeführt wird ganz Juda, vollständig weggeführt.

13^{18} Euch vom Haupt: *merā'šekaem;* M: »der Platz auf euren Häuptern«.

Eine solche Einstellung erkennt Jahwe nicht als den bestimmenden und Heil gewährenden Herrn an. Der Prophet mahnt eindringlich, Gott diese Anerkennung nicht zu verweigern, sondern auf sein Wort zu hören, bevor es zu spät ist. Schon kündigt sich das Verderben an. Die Mahnung ist vielleicht kurz vor 597, vor der ersten Wegführung nach Babel ^{17} gesprochen. Finsteres Unheil senkt sich bereits auf das Land herab. Dann ergeht es dem Volk wie einem Reisenden, den die Nacht in unwegsamem Berggelände überrascht hat; es gibt keine Möglichkeit mehr, heil davonzukommen. Weil Jahwe selbst diese undurchdringliche Finsternis herbeiführt, ist jede Hoffnung vergeblich. ^{17} Der Prophet weiß – er betont es noch einmal –, daß es nur einen Weg in eine glückliche Zukunft gibt: dem Wort Jahwes gehorchen. Geschieht es nicht, bleibt ihm, der sein Volk liebt, nur Trauer, Schmerz und Weh, wenn der Herr sein Volk, das er als Hirte bisher geleitet hat, preisgibt.

$^{18.19}$ König Jojachin und seine Mutter Nehuschta (2 Kön 24^{8}) verlieren (597 v. Chr.) ihre Stellung und mit dem ganzen Volk ihre Heimat (2 Kön 24^{15}). Schon sind die Städte Judas in feindlicher Hand, und jede Fluchtmöglichkeit ist versperrt. Aber nicht alle Bewohner von Jerusalem und Judäa wurden (2 Kön 24^{15f}) nach Babel verschleppt. Der Prophet sprach seine Drohung wohl unmittelbar vor der Eroberung Jerusalems aus. Die Königinmutter wird »Herrin« (*g^ebīrāh*) genannt, weil sie eine besondere Stellung am Königshof innehatte (1 Kön 2^{19} 15^{13}) und während eines Interregnums die Herrschaft führte (vgl. 2 Kön 11^{1-3}).

$^{20-22}$ Nach ^{21f} ist (bildlich) eine Frau, konkret Jerusalem, angesprochen. Anscheinend sind mit den Freunden die Chaldäer (Babel) gemeint, mit

Die Schändung Jerusalems: 13 20–27

20 Blick auf [Jerusalem],
und schau, wie sie kommen vom Norden!
Wo bleibt da die Herde,
die dir anvertraut war,
deine prächtigen Schafe?
21 Was wirst du sagen,
wenn man die Freunde,
die du selbst an dich gewöhnt hast,
als Herren über dich setzt?
Werden dich nicht Wehen ergreifen
wie eine gebärende Frau?
22 Und wenn du dich fragst:
Warum hat mich das alles getroffen?,
so wisse: Wegen deiner großen Schuld
wird deine Schleppe aufgehoben
und dein Leib vergewaltigt. Ez 16 37
23 Ändert wohl ein Neger seine Hautfarbe
oder ein Leopard seine Flecken?
Dann könntet auch ihr euch noch bessern,
die ihr ans Böse gewöhnt seid.
24 So aber zerstreue ich euch wie Spreu,
die verfliegt, wenn der Wüstenwind weht.

13 20 Blick auf, wörtlich: »erhebe deine Augen«: *ʿēnajik.* – Jerusalem: ergänzt mit G.

13 22 Dein Leib, wörtlich: »deine Fersen«, wohl Euphemismus, vgl. 26.

denen man, statt sich an Jahwe zu halten, während der Herrschaft Assurs paktierte: Joschija stand sicherlich auf seiten Babels, als er dem Pharao Necho entgegentrat, der dem untergehenden Assur zu Hilfe kommen wollte. Nun gerät Juda unter babylonische Herrschaft, wird unterdrückt, geknechtet und übel mißbraucht 22. Jeremia gibt der Hauptstadt, die das Land hätte »hüten«, schützen und für es sorgen müssen, die Schuld. Sie wird hier wohl im politischen Bereich gesehen. Schmerzen und Leiden werden beim Einfall der Feinde sehr groß sein, sprichwörtlich wie bei einer gebärenden Frau.

23.24 Hier werden die Bewohner (»ihr«) Jerusalems und Judas angeredet mit einem Schelt- 23 und einem Drohwort 24: Sie sind völlig verdorben. Die Sünde ist ihnen sozusagen in Fleisch und Blut übergegangen, zur zweiten Natur geworden. Sie können sich nicht mehr ändern – ein Wort voll Härte, Bitterkeit und Pessimismus. Die ständige Verfehlung, der immer wieder praktizierte Widerstand gegen Jahwe und seinen Willen, wird zu einer festen Gewohnheit. Welche Hoffnung bleibt dann noch? Menschlich gesehen, keine. Die Strafe ist unausweichlich. Der Herr muß und wird sein Volk verstoßen: Spreu kann sich vor ei-

25 Das ist dein Los, dein Lohn,
von mir dir zugemessen – Spruch des Herrn –,
232 321 weil du mich vergessen
und dich auf Lügen verlassen hast.
26 Nun hebe auch ich deine Schleppe auf,
bis über dein Gesicht,
so daß deine Schande offenbar wird,
58 27 deine Ehebrüche, dein geiles Wiehern,
deine schändliche Unzucht.
Auf den Hügeln und auf dem Feld
habe ich deine Greuel gesehen.
Weh dir, Jerusalem,
weil du dich nicht reinigst –
wie lange noch?

Die große Dürre: 14^{1-9}

14^{1} Das Wort des Herrn erging an Jeremia
wegen der großen Dürre:

13^{25} Dir zugemessen: *mdjk* ist von *mdd* »abmessen« abgeleitet.
13^{27} Wörtlich: »nach wie lange noch?«
14^{1} Wörtlich: »was als Wort Jahwes an Jeremia erging«, vgl. 46^{1} 47^{1} 49^{34}.

nem kräftigen Wind nicht behaupten, ebensowenig die Sünder vor Jahwe.

$^{25-27}$ Wiederum wechselt die Anrede; sie geht wieder an Jerusalem ^{22}. Die Strafe ist nicht ein bloßes Verhängnis; sie ist von Jahwe herbeigeführt für den Abfall von ihm, der mit dem Bild des Ehebruchs dargestellt ist. Das Volk vertraut auf seinen Treubruch (*šaeqaer;* EÜ: Lügen) und handelt so, als ob es Jahwe, sein Tun, seinen erklärten Willen nicht gebe. Es erhält als Anteil, der ihm folglich zusteht, die Strafe, die eine Treulose verdient: die Entehrung. Sie entspricht dem schamlosen Treiben des Fruchtbarkeitskultes. Dennoch schließt sich an das drohende Wehe noch einmal ein fragender Anruf an, rein zu werden, sich in den rechten Zustand zu bringen, damit die Verbindung mit Jahwe wiederhergestellt werden kann. Das bedeutet: jedes böse Treiben aufgeben.

14^{1}–15^{4} wird als eine große Liturgie bezeichnet (v. Reventlow): »In zwei parallelen Redegängen ergeht auf eine Zustandsschilderung ($^{2-6/17-18}$) und eine Volksklage ($^{7-9/19-22}$) eine schroffe Ablehnung Jahwes (14^{17}–15^{4}), wobei der Ton der Klage und Antwort im zweiten Teil (14^{17}–15^{4}) gegenüber dem des ersten als gesteigert erscheint« (Thiel 178). Angeschlossen sind ein Gerichtswort ($^{5-9}$) und eine Klage Jeremias, das zweite der »Bekenntnisse« des Propheten ($^{10-21}$).

14^{1-6} Mit einer späten redaktionellen Einleitung ^{1} wird das folgende insgesamt, wobei sicherlich auf 14^{10-16} und 15^{1-4} abgezielt ist, als Jahwewort bestimmt und das Thema angegeben. Dieses wird allerdings dann auf die Kriegsnot hin ausgeweitet (ab 14^{12}).

2 Juda ist ausgedörrt; Joël 1 10-12
seine Tore verfallen,
sie sinken trauernd zu Boden,
und Jerusalems Klageschrei steigt empor.
3 Die Vornehmen schicken ihre Diener nach Wasser;
sie kommen zu den Brunnen,
finden aber kein Wasser;
sie kehren mit leeren Krügen zurück.
[Sie sind bestürzt und enttäuscht
und verhüllen ihr Haupt.]
4 Die Bauern sind um den Ackerboden besorgt;
denn es fiel kein Regen im Land.
Sie sind bestürzt
und verhüllen ihr Haupt.
5 Selbst die Hirschkuh im Feld
läßt ihr Junges im Stich,
weil kein Grün mehr da ist.
6 Die Wildesel stehen auf den kahlen Höhen;
sie schnappen nach Luft wie Schakale.
Ihre Augen erlöschen;
denn nirgends ist Gras.
7 Unsre Sünden klagen uns an.
Doch um deines Namens willen handle, o Herr!

14 3 Sie ... Haupt: fehlt in G; im M nach 4 eingefügt.
14 4 Sind besorgt: *ḥattū.* Doch auch M ergibt einen Sinn: »Wegen des Ackerbodens, der erstarrt ist, weil kein Regen im Land fiel, sind die Bauern bestürzt ...«
14 6 Wie Schakale: fehlt in G, wo es später mit ὡς δράκων »wie ein Drache« (Krokodil?, das aus dem Wasser gestiegen, sein Maul aufsperrt, vgl. Herodot II 68) nachgetragen wird.

Regenmangel und folglich eine Dürrekatastrophe ist der Anlaß für die Notschilderung 2–6, die der Prophet vorträgt. Das ganze Land leidet unter der Trockenheit, Menschen und Tiere. Juda und seine Städte, hier Tore genannt, weil sich auf dem freien Platz am Stadttor das öffentliche Leben abspielte, sind betroffen; sie veröden. Auch die Hauptstadt bleibt nicht verschont. 3 Die Not wird in ihr noch größer; denn auch von außerhalb ist kein Wasser mehr zu erhalten. Die ausgedörrten Felder können nicht mehr bestellt werden. Tiere sind in ihrer Existenz bedroht, versuchen zu überleben. Sie können ihre Jungen nicht mehr ernähren. Auch die zähesten, wie etwa die Wildesel, überstehen die Trockenzeit nicht. »Wie Schakale« ist wohl späterer Zusatz; der Vergleich sieht diese Tiere beim Heulen mit erhobenem Kopf ihr Maul aufsperren, wie wenn sie um Luft ringen. Glanzlose Augen sind ein Zeichen tiefer Erschöpfung, vgl. 1 Sam 14 27.

7–9 Das Volk klagt und fleht nach einem Sündenbekenntnis um Gottes Hilfe, anscheinend in einem Bußgot-

Ja, zahlreich sind unsre Vergehen;
gegen dich haben wir gesündigt.
17^{13} 50^{7} [8] Du, Israels Hoffnung,
Jes 43^{3} 45^{15} sein Retter zur Zeit der Not,
warum bist du wie ein Fremder im Land
und wie ein Wanderer,
der nur über Nacht einkehrt?
[9] Warum bist du wie ein ratloser Mann,
wie ein Krieger, der nicht zu siegen vermag?
Du bist doch in unsrer Mitte, Herr,
und dein Name ist über uns ausgerufen.
Verlaß uns nicht!

Von Gott verworfen: 14^{10-18}

[10] So spricht der Herr von diesem Volk: Haltlos hin und her zu
schweifen, das lieben sie; ihren Füßen gönnen sie keine Ruhe. Doch
Hos 8^{13} 9^{9} der Herr hat kein Gefallen an ihnen. Jetzt denkt er an ihre Schuld

14^{9} Verlaß uns nicht, wörtlich: »Laß uns nicht liegen«.
14^{10} Doch ... Sünden = Hos 8^{13}.

tesdienst [12] im Tempel, über dem der Name des Herrn ausgerufen ist [9], vgl. 1 Kön 8^{43} Jer $7^{11.14.30}$: Jahwe soll so handeln, wie es sein Name aussagt; er soll sich als der heilswillige Gott erweisen. Er muß tätig werden, wenn sein Name nicht geschmäht und er nicht als ein Gott bezeichnet werden will, der nicht wirken und helfen kann. Auf ihn richtet sich alle Hoffnung seines Volkes. Er ist der Helfer in jeder Bedrängnis. Doch zur Zeit handelt er ganz anders; dies wird ihm in der Warum-Frage als Vorwurf wie auch als Motiv, nun tätig zu werden, vorgehalten. [8] Es scheint, als ob er nicht da wäre, sein Volk nur flüchtig besucht hätte. [9] Es ist, als sei er von der Not der Seinen überrascht und verwirrt, als habe er nicht mehr die Kraft zum Handeln. Aber er muß doch bei seinem Volk sein; denn er selbst hat seinen Namen über sein Volk ausgerufen, das dadurch sein Eigentum geworden ist und die Zusage seiner Nähe und Hilfe erhalten hat. Er darf es nicht im Elend liegen lassen. Mit diesem drängenden Appell schließt die Klage.

[10–16] Jahwe antwortet in zwei Ansätzen ([10.11f]) recht allgemein. Und als der Prophet entschuldigend einwirft [13], an dem sündigen Tun und Verhalten des Volkes seien die falschen Propheten schuld, ergeht ein Schelt- [14] und Gerichtswort über die Propheten [15] und ihre Hörer [16]. Ein Zitat [10b] aus Hos 8^{13} wird in [12] unter Heranziehung der formelhaften Wendung »Schwert, Hunger, Pest« ($21^{7.9}$ u. ö. Ez 6^{11} 12^{16}) und im Blick auf Jes 1^{15} Jer 7^{16} 11^{14} (»ich höre nicht«) wie auch Dtn 28^{21} Jos 24^{20} (»ein Ende machen«) kommentiert. Das Thema »falsche Propheten« wird gemäß $23^{25f.32}$ aufgenommen, Wendungen aus Jer werden herangezogen (»Straßen Jerusalems« 5^{1} $7^{17.34}$ u. ö.; »nicht begraben werden« 8^{2} $16^{4.6}$ 25^{33}). Dies alles zeigt, daß der Abschnitt spät ist und wohl erst bei der Zusammenstel-

und straft ihre Sünden. 11 Und der Herr sprach zu mir: Bete nicht um 7[16] 11[14]
das Wohlergehen dieses Volkes! 12 Auch wenn sie fasten, höre ich
nicht auf ihr Flehen; wenn sie Brandopfer und Speiseopfer darbrin-
gen, habe ich kein Gefallen an ihnen. Durch Schwert, Hunger und
Pest mache ich ihnen ein Ende. 13 Da sagte ich: Ach, Herr und Gott,
die Propheten sagen doch zu ihnen: Ihr werdet das Schwert nicht se-
hen, der Hunger wird nicht über euch kommen, sondern beständiges
Heil gewähre ich euch an diesem Ort. 14 Aber der Herr erwiderte mir:
Lüge ist, was die Propheten in meinem Namen verkünden. Ich habe 27[14f] 29[8f]
sie weder gesandt noch beauftragt, ich habe nicht zu ihnen gespro-
chen. Erlogene Visionen, leere Wahrsagerei und selbsterdachten Be-
trug verkünden sie euch. 15 Darum spreche ich, der Herr, so gegen
die Propheten, die in meinem Namen weissagen, obwohl ich sie nicht
gesandt habe, und die behaupten, Schwert und Hunger werde es
nicht geben in diesem Land: Durch Schwert und Hunger werden
diese Propheten enden. 16 Die Leute aber, denen sie weissagen, wer-
den auf den Straßen Jerusalems liegen, hingestreckt durch Hunger
und Schwert. Niemand wird sie begraben, sie, ihre Frauen, Söhne
und Töchter. So gieße ich das verdiente Unheil über sie aus. 10[25]
17 Du sollst zu ihnen dieses Wort sagen:
Meine Augen fließen über von Tränen 13[17]
bei Tag und bei Nacht
und finden keine Ruhe.

lung der »Liturgie« verfaßt wurde. Der Autor nimmt eine Klage über Regenmangel, dem unweigerlich Hunger folgen wird, zum Anlaß, um sein Thema einzubringen.

10 Jahwe weist nach der an ihn gerichteten Klage auf das unstete Verhalten des Volkes hin, das zwischen ihm und den anderen Göttern hin- und herschwankt und von einem zum anderen läuft. Darum lehnt er das Volk samt all seiner doch nur unechten Frömmigkeit ab und verbietet dem Propheten die Fürbitte; denn er hat sich zur vernichtenden Strafe entschlossen. Dieser bringt, da er nicht direkt für das Volk bitten darf, wenigstens einen Entschuldigungsgrund vor: Die Heilspropheten täuschen das Volk. Sie verheißen mit Hinweis auf den Tempel von Jerusalem, diesem Ort (7[6f]), an dem Jahwe für immer zugegen ist, beständiges Heil. 14 Der Herr lehnt den Einspruch ab. Diese Propheten reden ohne Auftrag, verkünden nicht sein Wort und täuschen ihre Hörer. 15 Sie werden (vgl. Dtn 18[20]) zuerst von dem Unheil, dessen Herannahen sie bestritten haben (vgl. 5[12]), hinweggerafft, 16 ebenso aber auch alle, die auf sie gehört haben, samt ihren Familien. Der Verfasser des Textes hat den Untergang Judas und Jerusalems vor Augen. Er gibt die Hauptschuld an der Katastrophe den falschen Propheten.

17.18 ist trotz der nachträglich eingefügten Redeeinführung kein Jahwewort, sondern eine Klage Jeremias um sein geliebtes Volk, dessen Untergang er wie in einer schrecklichen Vision voraussieht. Der Krieg hat bereits viele Tote gefordert; in der Stadt herrscht der Hunger. Niemand weiß, wie es weitergehen soll. Sogar

Denn großes Verderben brach herein
über die Jungfrau, die Tochter, mein Volk,
eine unheilbare Wunde.
18 Gehe ich aufs Feld hinaus –
seht, vom Schwert Durchbohrte!
Komme ich in die Stadt –
seht, vom Hunger Gequälte!
Ja, auch Propheten und Priester werden verschleppt
in ein Land, das sie nicht kennen.

Die Klage des Volkes: 14^{19-22}

19 Hast du denn Juda ganz verworfen,
wurde dir Zion zum Abscheu?
Warum hast du uns so geschlagen,
daß es für uns keine Heilung mehr gibt?
815 Wir hofften auf Heil,
doch kommt nichts Gutes,
auf die Zeit der Heilung,
doch ach, nur Schrecken!

14^{18} Werden verschleppt: EÜ folgt wohl G ἐπορεύθησαν εἰς γῆν, ἣν οὐκ ᾔδεισαν. M: »bewegen sich über Land und wissen nicht«. Sym εκυκλωσαν.

Priester und Propheten, bei denen man sich sonst Rat holen konnte, irren ratlos umher. Vom Exil ist hier nicht die Rede. Sie ziehen, bildlich gesprochen, wie Hausierer über Land: planlos, ohne Konzept. Juda ist aufs schwerste getroffen, vgl. 10^{19} 30^{12}.

$^{19-22}$ Nach der Schilderung der Not bringt das Volk seine Klage vor Gott. Der Abschnitt ist mit Blick auf $^{2-6}$ hierher gesetzt, s. ^{22}. Er spricht aus exilischer Zeit: »Hast du uns denn ganz verworfen?«, fragt Klgl 5^{22}, vgl. ^{19}. Des Bundes gedenken, ihn nicht lösen (brechen) ist Sprachgebrauch der Priesterschrift (Gen 9^{15f} Ex 6^{5}, vgl. Lev $26^{42.45}$ und Gen 17^{14}, auch Lev $26^{15.44}$). Die Schuld der Väter bekennen Daniel (9^{16}) und die nachexilische Gemeinde (Neh 9^{2}); sie sagen: »Wir haben gegen dich gesündigt« (Dan 9^{8} Neh 1^{6}). Am Ende nimmt das Volk ein Wort aus Jes 45^{7} auf: »Ich bin der Herr, der das alles vollbringt.«

Lehnt Jahwe Juda völlig ab und löst er seine Beziehung zum Zion? So fragt das Volk und verweist auf das erlebte Unheil. Nur Jahwe kann heilen; Heil ist sein Geschenk. Er allein vermag, die Not zu wenden. ^{20} Ein Sündenbekenntnis schließt sich in dem Bewußtsein an, daß die Schuld des Volkes trennend zwischen ihm und seinem Gott steht. ^{21} Die Bitte appelliert an Jahwes Ehre: Er darf seinen Namen, der selbst eine Zusage von Hilfe ausdrückt, nicht verleugnen. Er kann seinen Bund, sein Heilsversprechen, mit dem er sich Israel verpflichtet hat, weder vergessen noch brechen. Er muß doch, trotz aller Sünde, wieder zu Jerusalem, dem Thron seiner Herrlichkeit (vgl. 17^{12} 3^{17}), den er sich erwählt hat, ste-

20 Wir erkennen, Herr, unser Unrecht,
die Schuld unsrer Väter:
Ja, wir haben gegen dich gesündigt.
21 Um deines Namens willen verschmäh nicht,
verstoß nicht den Thron deiner Herrlichkeit!
Gedenke deines Bundes mit uns,
und löse ihn nicht!
22 Gibt es etwa Regenspender
unter den Götzen der Völker?
Oder ist es der Himmel, der von selbst regnen läßt?
Bist nicht du es, Herr, unser Gott?
Wir setzen unsre Hoffnung auf dich;
denn du hast dies alles gemacht.

Das unabänderliche Strafgericht: 15[1-4]

15[1] Doch der Herr sprach zu mir: Selbst wenn Mose und Samuel vor
mein Angesicht träten, würde sich mein Herz diesem Volk nicht
mehr zuneigen. Schaff sie mir aus den Augen, sie sollen gehen. 2 Fra-
gen sie dich dann: Wohin sollen wir gehen?, so sag ihnen: So spricht
der Herr: Wer der Pest verfallen ist, zur Pest! Wer dem Schwert, 43[11]

15[1] Schaff sie: *šallᵉḥem* mit Vg; Ausfall des *m* durch Haplographie im M.
15[2] Wer ... Pest, M: »Wer dem Tod verfallen ist, zum Tod!« Deutet EÜ *māwaet* »Tod« mit KBL[3] als »tödliche Krankheit, Seuche, spez. Pest«?

hen. 22 Mit einem Bekenntnis zur Schöpfermacht Jahwes, die sich deutlich am Spenden des Regens zeigt, endet das Klagelied. Die Götter der Völker sind nichtig 2[5]; sie können nicht regnen lassen, wie es auch der Himmel nicht aus sich selbst kann. Israels Gott allein hat die Macht. An ihn muß sich jede Hoffnung wenden.

15[1-4] ergreift in der negativen Antwort Jahwes wiederum der Autor der »Liturgie« das Wort. Wieder blickt er auf das vielfache, hier 2 vierfach bezeichnete Unheil zurück, das bei der Zerstörung Jerusalems über das Volk hereinbrach. Er betrachtete es 4 als eine Folge des von Manasse wieder eingeführten Götzendienstes (s. 2 Kön 24[3]), wobei der Herr sein Volk in Erfüllung des Fluchs von Dtn 28[25] »zu einem Bild des Schreckens für alle Reiche der Erde« machte. Die ganze furchtbare Erfahrung von Not und Verderben ist hier ins drohende Jahwewort eingebracht. Man darf annehmen, daß viele schaurige Gerichtsworte erst auf Grund schrecklichen Erlebens so formuliert wurden. Sie führen das erlebte Unheil auf Jahwe zurück, der letzten Endes nach dem Glauben Israels alles bewirkt, Heil und Unheil (Jes 45[7]). Es als Ausfluß seines Wesens und seiner Intention zu verstehen, den Gott des AT als grausam, ja rachsüchtig zu bezeichnen, würde menschliches Versagen ihm anlasten, der mit Recht, gegründet auf die Rettung Israels und seine Heilstaten, von sich sagen darf: »Ich, ich kenne meine Pläne, die ich für euch habe,

zum Schwert! Wer dem Hunger, zum Hunger! Wer der Gefangen-
Ez 14^{21} schaft, zur Gefangenschaft! [3] Vier Plagen biete ich gegen sie auf –
Spruch des Herrn: Das Schwert zum Morden, die Hunde zum Fort-
schleifen, die Vögel des Himmels und die Tiere des Feldes zum Fres-
sen und Vertilgen. [4] Ich mache sie zu einem Bild des Schreckens für
2 Kön 21^{1-16} alle Reiche der Erde wegen des Manasse, des Sohnes Hiskijas, des
Königs von Juda, zur Strafe für das, was er in Jerusalem verübt hat.

Jerusalems Ende: 15^{5-9}

[5] Wer wird mit dir, Jerusalem, Mitleid haben,
und wer wird dich bedauern?
Wer wird kommen,
um nach deinem Ergehen zu fragen?

15^{3} Plagen, wörtlich: »Arten«.
15^{5} Im M beginnt [5] mit »denn wer«, ein redaktioneller Anschluß.

Pläne des Heils und nicht des Unheils; denn ich will euch eine Zukunft und eine Hoffnung geben« (Jer 29^{11}).
Die Warnung, die Jahwes Wort ausspricht, ist sehr ernst. Bei fortwährendem Abfall von ihm, wie er z. B. durch Manasse geschah, kommt einmal der Zeitpunkt, wo er nicht mehr bereit ist, sich in seiner Ablehnung und seinem Zorn umstimmen zu lassen. Auch wenn die großen Fürbitter Mose (Ex 32 Num 14^{20-30} Ex 17^{11f}) und Samuel (1 Sam 7^{9} 12^{19}) mit dem Volk im Tempel stünden und für es einträten, würde es nichts nützen. Es bleibt bei der verhängten Strafe, vgl. 43^{11} (Tod, Gefangenschaft, Schwert). Sie erscheint noch dadurch als verschärft, daß den Menschen ein ehrenvolles, für das Weiterleben in der Scheol wichtiges Begräbnis versagt bleibt. Der Prophet hat nach dieser göttlichen Antwort keine Möglichkeit mehr, sich für sein Volk beim Herrn einzusetzen.
$^{5-9}$ ist Klage ^{5} (mit Notschilderung $^{6-9a}$) und Drohung (Ende ^{9}) Jahwes zugleich, hier angefügt, um die Gedanken von $^{1-4}$ mit dem Hinweis auf bereits Geschehenes zu untermauern. Vielleicht wurde das Jahwewort ursprünglich vor 597 gesprochen, wo das Land ^{7} mit seinen Städten bereits verheert war und Jerusalem der Untergang drohte. Jahwe hat in Juda Gericht gehalten und wird auch den Rest des Volkes noch verderben.
Keinen Trost zu erfahren, verschärft Leid und Trauer, vgl. Klgl $1^{2.16.21.9}$, auch Klgl 1^{12}. Jerusalem ist wie eine Witwe (Klgl 1^{1}), der der Tod auch noch die Kinder genommen hat. Jahwe selbst hat es getan durch das Schwert der Feinde (Dtn 32^{25} 1 Sam 15^{33}). Im Worfeln wird die Spreu vom Korn getrennt; hier meint das Bild die Minderung des Volkes durch Tod oder Flucht der Menschen. Die Männer sind im Krieg gefallen, die Söhne traf dasselbe Schicksal, oder sie kamen, wenn noch nicht waffenfähig, bei der Zerstörung der Ortschaften um. Die Witwen, traurige Wirklichkeit und Bild für das in seinem Umland schwer mitgenommene Jerusalem, werden in ihrem schweren Schicksal besonders beklagt. Auch eine Mutter, deren Glück durch viele Söhne

6 Du selbst hast mich verworfen – Spruch des Herrn –,
du hast mir den Rücken gekehrt.
Deshalb streckte ich meine Hand gegen dich aus
und zerstörte dich;
ich bin der Nachsicht müde geworden.
7 Die Bewohner habe ich mit der Schaufel geworfelt Mt 3[12]
auf den freien Plätzen des Landes.
Ich habe mein Volk kinderlos gemacht
und es dem Untergang geweiht,
weil es von seinen schlimmen Wegen
nicht umkehren wollte.
8 Seine Witwen wurden zahlreicher
als der Sand am Meer;
ich brachte über sie
[die Mütter der jungen Männer]
am hellen Mittag den Verwüster,
ließ jählings auf sie fallen
Angst und Schrecken.
9 Die Mutter, die sieben Söhne gebar,
welkte dahin, verhauchte ihr Leben.
Ihr sank die Sonne mitten am Tag,
sie fiel in Schande und Schmach.
Den Rest des Volkes gebe ich dem Schwerte preis
vor den Augen seiner Feinde – Spruch des Herrn.

Die Klage des Propheten: 15[10–21]

10 Weh mir, Mutter, daß du mich geboren hast, 20[14]

15[7] Die Bewohner, wörtlich: »sie«. – Auf den freien Plätzen, wörtlich: »in (an) den Toren«, besser wohl: »in den Ortschaften«. – Dem Untergang geweiht, wörtlich: »zugrunde gerichtet«.

15[8] M: »mir zahlreicher«. – Über sie: *ᶜalēhaem,* M: »ihnen«. – Die ... Männer: Glosse nach [9].

sprichwörtlich war (Rut 4[15] 1 Sam 2[5]) geriet ins Verderben. Ihre Freude ist erloschen, ihr Glück vernichtet, die Schmach der Kinderlosigkeit ist ihr angetan: Ihre Söhne sind tot. Sie selbst überlebte den furchtbaren Schlag nicht. Der Herr nennt den Grund für das Unheil, sagt, warum er sein Volk zugrunde richtet: Es hat sich von ihm abgewendet und sein Verhalten nicht geändert. Einmal hat die Geduld Gottes ein Ende; er konnte nicht mehr davon ausgehen, daß sein Volk Einstellung und Tun ändern, ihm wieder angehören werde. Darum hat er seine strafende Hand (vgl. Jes 5[25] u. ö.) ausgestreckt und zugeschlagen. Sein Strafgericht ist noch nicht zu Ende [9b]: Jahwe wird auch die noch Lebenden dem Feind ausliefern.

[10–21] An die klagende Drohrede Jah-

einen Mann, der mit aller Welt in Zank und Streit liegt.
Ich bin niemands Gläubiger und niemands Schuldner,
und doch fluchen mir alle.
11 Fürwahr, Herr, ich habe dir mit gutem Willen gedient,
ich bin für den Feind bei dir eingetreten
zur Zeit des Unheils und der Bedrängnis.

15[10] Und doch: *kī* (adversativ), nach *bī* ausgefallen.
15[11] Fürwahr ... ich habe dir gedient: *'āmen šeratīkā*. – Für (den Feind): *'ael*.

wes hat der Redaktor des Jeremiabuches eine erschütternde Klage angeschlossen [10–18], die zu den Bekenntnissen Jeremias gerechnet wird. Dabei bot ihm wohl das Stichwort »Mutter« [9.10], etwa auch das Problem der Fürbitte (14[11] 15[11]), den Anknüpfungspunkt. Jeremia spricht (vgl. [16] mit [19]); er erhält Antwort von Jahwe [19–21]. Zumindest [13–14] passen nicht in die Klage des Propheten; sie sind ein Drohwort, das fast wörtlich in 17[3.4] steht und dort am Platz ist. [12] sieht wie eine Randbemerkung aus, die in den Text geraten ist. Schwierig ist [11]. Er ist im M eine schwer zu deutende Rede Jahwes, etwa: »Jahwe hat gesagt: Gewiß habe ich dich zum Guten befreit; gewiß habe ich auf dich treffen lassen zur Zeit des Unglücks und zur Zeit der Not den Feind.« Daran schließen sich [13.14] als Fortführung der drohenden Rede an. EÜ betrachtet [11], wie es heute meist geschieht, mit G (γένοιτο = *'āmen* »fürwahr«) als Fortsetzung der Rede Jeremias (siehe Anm. zum Text). [15] führt dann [11] weiter; [15] kann aber auch, wenn [11] zum Einschub gerechnet wird, als Fortführung von [10] gelten. Folgt man M in [11], wird die Einfügung von [13.14] verständlich: [11–14] sind dann kaum ein Zitat dessen, was Jahwe wohl gesagt haben könnte, indem er dem Propheten Erfolg [11.12], Juda Unheil [13.14] ansagte, sondern eher ein Zitat der Unheilsverkündigung Jeremias, die ihn [10] in so große Schwierigkeiten bringt. [12] fügt sich in diesem Fall als Hinweis auf den unwiderstehlichen Feind aus dem Norden ein. Eisen aus dem Norden, wo man (in Kleinasien) seine Härtung erfand (BHH 383), galt anscheinend als vorzüglich. Wie man Eisen und Bronze nicht einfach zerbrechen kann, so ist auch ein Sieg über diesen Feind nicht möglich. *šeret* »dienen« [11] wird für den priesterlichen, nicht für den prophetischen Dienst gebraucht. Daß Jeremia für seine Feinde gebetet habe, wird nirgends gesagt. Er ist für das Volk eingetreten; dies aber wird nicht als sein Feind bezeichnet. Mit diesem Begriff sind stets feindliche Völker gemeint. Es spricht also vieles dafür, daß [15] ursprünglich auf [10] folgte. Schließlich ist zu bemerken, daß die Botenspruchformel Anfang [19] von einem Bearbeiter des Textes eingefügt wurde, der die Antwort Jahwes als ein Gerichtswort über den Propheten verstand. Darauf deutet das typische »darum« hin, mit dem die Ankündigung der Strafe eingeleitet wird.

Jeremias erschütternde Klage gewährt Einblick in die innere Not und Qual, die ihm sein prophetischer Auftrag bereitet. Sie sind so übermächtig, daß er ähnlich wie Ijob (3[3–12]) beklagt, geboren worden zu sein. Ein Dasein, wie er es führen muß, ist nicht lebenswert. Mit allen liegt er in Streit und Feindschaft, doch ganz ohne seine Schuld. Letzteres erläutert er mit dem Hinweis

12 [Kann man Eisen zertrümmern,
Eisen vom Norden, und Kupfer?
13 Dein Vermögen und deine Schätze
gebe ich zur Plünderung preis
als Lohn für all deine Sünden
in deinem ganzen Gebiet.
14 Ich mache dich zum Sklaven deiner Feinde
in einem Land, das du nicht kennst.
Denn Feuer lodert auf in meinem Zorn,
gegen euch ist es entbrannt.]
15 Du weißt es, Herr; denk an mich,
und nimm dich meiner an!
Nimm für mich Rache an meinen Verfolgern!
Raff mich nicht hinweg,
sondern schieb deinen Zorn hinaus!
Bedenke, daß ich deinetwillen Schmach erleide.
16 Kamen Worte von dir,
so verschlang ich sie;

15[12] Kupfer: *neḥošaet,* eher: Bronze wie 6[28].
15[14] Ich mache dich zum Sklaven: *w^e ha^ca badtīkā* mit 17[4].
15[15] Raff ... hinaus, wörtlich: »nicht wegen deiner Langmut (besser *'oraek* statt *'aeraek*) raff mich hinweg!«; s. die Auslegung.

auf den Unfrieden, der sprichwörtlich oft von Geldgeschäften ausgeht: Keinem schuldet er etwas; an niemand hat er geldliche Forderungen. Doch alle distanzieren sich von ihm, wollen mit ihm nichts zu tun haben, verwünschen ihn, möchten ihn loswerden. Zugleich steckt in [10b] eine Unschuldserklärung, wie der Beter der Klagelieder sie oft vorbringt. Dasselbe ist [11] nach EÜ: Jeremia darf auf seinen untadeligen Dienst als Prophet hinweisen, der sogar die Fürbitte für die Feinde einschloß. Zu [13.14] s. 17[3.4]. Nach diesem Verständnis von [11] wirkt [12] wie die betroffene Frage eines Lesers: Zerbricht nun der Prophet, den der Herr zu »Eisen« und »Bronze (ehern)« gemacht hat, vgl. 1[18]?

[15] Jahwe weiß von seiner Schuldlosigkeit und von der treuen Erfüllung seines Auftrags. Er soll sich daran erinnern, so daß er von dieser Vergegenwärtigung bewogen wird, nach seinem Beauftragten zu schauen und für ihn tätig zu werden. Er soll zugunsten Jeremias »rächen«, die Belange seines Propheten gegenüber den Widersachern vertreten. Wenn der Herr in seiner Langmut noch zuwartet, seinen Zorn gegen die Widersacher noch hinausschiebt (s. Anm. zum Text), ist es um den Propheten geschehen; er geht zugrunde. Jahwe aber wäre schuld an seinem Tod; er hätte ihn als Folge seiner Untätigkeit weggerafft. Eigentlich geht es um Gottes Sache, für die Jeremia leidet.

Nun verweist er [16] auf seinen treuen prophetischen Dienst, den er gerne, wann immer er, vom ergehenden Wort gefordert, als Bote des Herrn auftreten mußte, ausübte. Er hat mit Freude, also mit innerlicher Zustim-

dein Wort war mir Glück und Herzensfreude;
denn dein Name ist über mich ausgerufen,
Herr, Gott der Heere.

16^{8} 17 Ich sitze nicht heiter im Kreis der Fröhlichen;
von deiner Hand gepackt, sitze ich einsam;
denn du hast mich mit Groll angefüllt.

18 Warum dauert mein Leiden ewig
und ist meine Wunde so bösartig,
daß sie nicht heilen will?
Wie ein versiegender Bach
bist du mir geworden,
ein unzuverlässiges Wasser.

15^{18} Versiegender Bach, wörtlich: »Trugbach«.

mung erlebt, daß er von Gott in Beschlag genommen war, aber damit auch sein Eigentum wurde, für das der Herr besonders verantwortlich ist. Daran erinnert er ihn mit der Nennung seines herrscherlichen Titels, der die göttliche Macht betont.

17 Aber sofort schlägt die Klage über die notvolle Situation wieder durch. Jeremia war kein finsterer Einzelgänger. Es fiel ihm schwer, um seines Auftrages willen auf Ehe und Familie zu verzichten (16^{1-9}) und auf menschliche Gemeinschaft, wie sie im Kreis von Vertrauten, etwa am Abend nach getaner Arbeit bei gelöster, fröhlicher Unterhaltung gepflegt wurde. Die Gerichtsverkündigung, die ihn ganz in Beschlag nimmt, läßt Fröhlichkeit und Geselligkeit nicht zu.

18 Weil sich an all dem nichts ändert und auch keine Aussicht auf Änderung besteht, steigert sich die Not. Die Wunde, die Jeremia geschlagen ist, will nicht heilen, der Schmerz nicht aufhören. Die Klage wird zum Vorwurf, zur Anklage gegen Gott. Er wirft ihm Unzuverlässigkeit vor: Gerade dann, wenn es darauf ankommt, kann man sich auf dich nicht verlassen. Ein Bild aus Palästina spricht es aus: Im Sommer, wenn Wasser besonders notwendig ist, vertrocknen viele Wadis, vgl. Ijob 6^{15-20}, und »täuschen« den durstigen Wanderer. Jeremia gerät mit seinem Vergleich in gefährliche Nähe zu denen, die Jahwe »den Quell lebendigen Wassers« (2^{13}) verlassen haben. Setzt er mit seinem Vorwurf Gott nicht den unnützen Göttern gleich, die nicht zu helfen vermögen?

So kann die göttliche Antwort nur eine Zurechtweisung sein. Jahwe ruft seinen Propheten, wie er es auch beim Volk tut, zur Umkehr und bietet ihm die Rückkehr in seinen Dienst an. Der Prophet darf sich nicht im Abfall seinen Hörern angleichen, sondern muß ihnen Vorbild in Treue und Umkehr sein. Wer als Mund des Herrn fungiert, kann nicht zugleich abträglich über ihn reden. 20 »Sentimentalität kennt der göttliche Dienst nicht« (Nötscher EB). Jahwe verspricht seinem Boten nicht, daß er die Not von ihm nimmt. Er hat ihm auch bei der Berufung nicht ein angenehmes Leben versprochen oder eine normale Existenz garantiert, sondern seinen Beistand zugesagt 1^{18f}. Diese Zusage erneuert und bekräftigt er jetzt mit Worten, die wieder auf den Berufungsbericht zurückgewirkt haben.

19 Darum – so spricht der Herr:
Wenn du umkehrst, lasse ich dich umkehren,
dann darfst du wieder vor mir stehen.
Redest du Edles und nicht Gemeines,
dann darfst du mir wieder Mund sein.
Jene sollen sich dir zuwenden,
du aber wende dich ihnen nicht zu.
20 Dann mache ich dich für dieses Volk 1,18f
zur festen, ehernen Mauer.
Mögen sie dich bekämpfen,
sie werden dich nicht bezwingen;
denn ich bin mit dir,
um dir zu helfen und dich zu retten
– Spruch des Herrn.
21 Ja, ich rette dich aus der Hand der Bösen,
ich befreie dich aus der Faust der Tyrannen.

Jeremias Einsamkeit – ein Zeichen für Israel: 16,1–9

16 1 Das Wort des Herrn erging an mich: 2 Du sollst dir keine Frau
nehmen und weder Söhne noch Töchter haben an diesem Ort.

Ein Bote Gottes kann den Belastungen nicht entgehen, die seine Aufgabe mit sich bringt; aber er ist nicht alleingelassen und verloren. Ausweichen und aufgeben, ist nach Jahwes Wort keine Lösung für ihn. Im Vertrauen auf Gottes Hilfe muß und kann er seinen Weg gehen.

16,1–13 Mit 16,1 beginnt ein neuer Abschnitt in der Textfolge 11–18, der aber im Sinn der Redaktion des Buches inhaltlich mit 15,10–21 zusammenhängt, insofern er 15,17 mit 1.5.8 sozusagen näher erläutert. Er gliedert sich in drei Worte 1–9 zum zeichenhaften Verhalten Jeremias (2–4.5–7.8–9) und einen angefügten Kommentar 10–13, der den Grund für die in 1–9 enthaltenen Drohungen angibt. In 1–9 lassen sich spätere Zusätze erkennen: 3b erweitert die Strafe auf die Eltern (s. 6.7b); 4b (»Durch Schwert ...«) fügt eine Reihe formelhafter Wendungen bei (vgl. 7,33 15,3 Dtn 28,26). Vielleicht ist auch »man wird sie nicht beklagen und nicht begraben« Zusatz, der aus 6 genommen ist, dann ebenso das folgende Sätzchen. 5b bringt, was sonst in 1–9 nicht geschieht, eine Begründung für das Handeln Jahwes. Die Botenspruchformel in 5a sollte vor 6 stehen, vgl. 3.9. Fast ganz aus dtr Wendungen sind 10–13 zusammengesetzt, was ihre späte Entstehung beweist und ihre Herkunft anzeigt.

Jeremia berichtet 1–9 von drei Aufträgen des Herrn, die in zeitlichem Abstand voneinander erfolgt sein dürften, hier aber zusammengefaßt dargestellt sind. Sie machen den Propheten zum Zeichen, indem er mit seinem auffallenden Verhalten das göttliche Strafgericht verkündet.

2–4 Jeremia muß nach Jahwes Befehl auf Ehe und Familie verzichten. Der Text meint nicht, der Prophet habe unter der Last seiner Verkündigung nicht an eine Familiengründung gedacht und dies nachträglich als vom

3 Denn so spricht der Herr über die Söhne und Töchter, die an die-
sem Ort geboren werden, über ihre Mütter, die sie gebären, und über
ihre Väter, die sie zeugen in diesem Land: 4 Eines qualvollen Todes
9^{21} 25^{33} müssen sie sterben; man wird sie nicht beklagen und nicht begraben;
8^{2} 2 Kön 9^{37} sie werden zum Dünger auf dem Acker. Durch Schwert und Hunger
kommen sie um; ihre Leichen werden zum Fraß für die Vögel des
Himmels und die Tiere des Feldes. 5 Ja, so hat der Herr gesprochen:
Ez 24^{16} Betritt kein Trauerhaus, geh nicht zur Totenklage, und bezeig nie-
mandem Beileid! Denn ich habe diesem Volk mein Heil entzogen –
Spruch des Herrn –, die Güte und das Erbarmen. 6 Groß und klein
muß sterben in diesem Land; man wird sie nicht begraben und nicht
47^{5} beklagen. Niemand ritzt sich ihretwegen wund oder schert sich kahl.
7 Keinem wird man das Trauerbrot brechen, um ihn wegen eines Ver-
storbenen zu trösten; man wird ihm nicht den Trostbecher reichen
wegen seines Vaters oder seiner Mutter. 8 Auch ein Haus, in dem ein

16^{7} *laeḥaem* »Brot«, mit G; M: »ihnen«. – *'ōtō* »ihm« mit G; M: »ihnen«.
16^{8} Mit den Leuten: *'ittām.*

Herrn auferlegt verstanden. Er legt auch nicht die Vermutung nahe, Jeremia trete »hier in Parallele zu Jesus und Paulus«, insofern »die Gründe in derselben Richtung liegen werden: die große Aufgabe verträgt keine Sorge um und Fürsorge für eine Familie« (Rudolph). Der Text bezeugt aber, daß Gott seinem Boten den Verzicht auf Ehe und Familie zumuten kann und dies auch tut, wenn er damit etwas Wichtiges demonstrieren will. Der kinderlose Jeremia soll zeichenhaft darstellen, daß die Familien bald ohne Söhne und Töchter sein werden, die auf qualvolle Weise umkommen. Ein Ergänzer malt die Ankündigung noch aus. Sicher fiel es dem Propheten nicht leicht, diesem Auftrag zu folgen, weil Nachkommen für das Jahwevolk angesichts der dumpfen Scheol eine Existenz im Land der Lebenden und Zukunft bedeuteten.

5–7 Ein zweiter Auftrag verwehrt dem Propheten Trauer und Anteilnahme, gewiß ein auffallendes Benehmen, das auf völliges Unverständnis stoßen mußte. Jeremia soll dadurch zeigen, daß beim großen Sterben unter dem Strafgericht des Herrn, das Alte und Junge, Vornehme und Geringe treffen wird, Trauerriten nicht mehr stattfinden werden. Niemand ist da, der sie vollziehen und alle Toten begraben könnte. Und die wenigen, die etwa übrigbleiben, sind gelähmt vor Schmerz. Der Text bietet einen Überblick über die üblichen Trauerbräuche. Kahlscheren und sich Einschnitte machen, die eine Bedeutung im Totenkult hatten, war den Israeliten untersagt (Dtn 14^{1}, vgl. Lev 21^{5}). Trauerbrot und Trostbecher, die man in das Trauerhaus brachte, beendeten das Totenfasten (2 Sam 1^{12} 3^{35}) am Sterbetag, der normalerweise auch der Begräbnistag war. Das schreckliche Massensterben 6 hat seinen Grund darin, daß der Herr seinem Volk Huld und Erbarmen (vgl. Hos 2^{21}), die vor dem Untergang retten (Ps 103^{4}), und damit das Heil entzogen hat. Nun schlagen Strafe und Unheil voll durch.

8.9 Jeremia muß (15^{17}) auf jegliche Teilnahme am fröhlichen, geselligen Leben verzichten. So soll er anzei-

Gastmahl stattfindet, sollst du nicht betreten, um mit den Leuten bei
Speise und Trank zu sitzen. [9] Denn so spricht der Herr der Heere,
der Gott Israels: Seht, verstummen lasse ich an diesem Ort, vor euren 7^{34}
Augen und in euren Tagen, Jubelruf und Freudenruf, den Ruf des
Bräutigams und den Ruf der Braut.

Die Gründe für das Gericht: 16^{10-18}

[10] Wenn du nun diesem Volk das alles verkündest und man dich
fragt: Warum droht der Herr uns all dieses schwere Unheil an? 5^{19}
Worin besteht unsre Schuld, und welche Sünde haben wir gegen den
Herrn, unsern Gott, begangen?, [11] so antworte ihnen: Eure Väter ha-
ben mich verlassen – Spruch des Herrn; sie liefen anderen Göttern
nach, dienten ihnen und beteten sie an. Mich aber haben sie verlassen
und meine Weisung nicht befolgt. [12] Ihr selbst aber habt es noch
schlimmer getrieben als eure Väter. Seht, jeder von euch folgt dem 7^{26}
Trieb seines bösen Herzens, ohne auf mich zu hören. [13] Darum 3^{17}
schleudere ich euch aus diesem Land hinaus, in das Land, das euch Dtn $28^{64.36}$
und euren Vätern unbekannt war. Dort mögt ihr anderen Göttern
dienen Tag und Nacht; ich aber werde euch keine Gnade mehr
schenken. [[14] Darum seht, es werden Tage kommen – Spruch des
Herrn –, da sagt man nicht mehr: So wahr der Herr lebt, der die
Söhne Israels aus Ägypten heraufgeführt hat!, [15] sondern: So wahr
der Herr lebt, der die Söhne Israels aus dem Nordland und aus allen

gen, daß alle Festesfreude aufhören wird. Freudenrufe und Jubel, wie sie am Hochzeitstag groß sind und unbeschwert erklingen, werden verstummen. Von ihnen ist die Heilszeit gekennzeichnet (33^{11}). Ihr Aufhören bedeutet Unheil, Not und Trauer. Ein Interpret des Textes hat unter dem Eindruck der erlebten Katastrophe »vor euren Augen und in euren Tagen« hinzugefügt: Das Drohwort des Herrn sollte sich bald in schrecklicher Weise erfüllen.

$^{10-13}$ sind eine weiterführende Auslegung zum vorausgehenden Abschnitt. In dtr Sicht wird mit den entsprechenden typischen Ausdrücken (»mich = Jahwe verlassen; anderen Göttern nachlaufen, ihnen dienen und sie anbeten; Jahwes Weisung nicht befolgen«) die Begründung im menschlichen Tun für das göttliche Strafgericht geliefert. Wieder wird gesagt, daß die jetzt Lebenden die Sünden ihrer Väter fortsetzen (s. 7^{22-26} 11^{7}) und es noch schlimmer treiben (7^{26}). Verhärtung des Herzens und Verweigerung des Gehorsams führen unweigerlich zum Untergang und zur Strafe der Verschleppung ^{13}. Diese wird noch dadurch verschärft, daß die Verbannten dort im fremden Land anderen Göttern dienen müssen, von Jahwe also getrennt sind. So fällt ihr eigenes Tun auf sie selber zurück.

$^{14-15}$ sind ein Heilswort, das $23^{7.8}$ nachgebildet ist und die Heimkehr aus der Verbannung verheißt: Das letzte Wort des Herrn kann nicht Gericht und Verderben, nicht endgültige Verstoßung sein; es wird eine Befreiung geben, ähnlich wunderbar, wie die Errettung aus der ägypti-

Ländern, in die er sie verstoßen hatte, heraufgeführt hat. Ich bringe
sie zurück in ihr Heimatland, das ich ihren Vätern gegeben habe.]
16 Seht, ich hole viele Fischer – Spruch des Herrn –, die sollen sie fan-
gen; dann hole ich viele Jäger, die sollen sie erlegen auf jedem Berg
und Hügel und in den Felsenklüften. 17 Denn meine Augen sehen alle
ihre Wege; sie können sich vor mir nicht verstecken, und ihre Schuld
ist vor meinen Augen nicht verborgen. 18 So vergelte ich zunächst
nach dem Maß ihrer Schuld und Sünde, weil sie mein Land durch das
Aas ihrer Scheusale entweiht und mein Erbteil mit ihren abscheuli-
chen Götzen angefüllt haben.

Die Bekehrung der Völker: 16^{19-21}

19 Herr, meine Kraft und meine Burg,
meine Zuflucht am Tag der Not!
Zu dir kommen Völker von den Enden der Erde
und sagen: Nur Trug besaßen unsre Väter,
Wahngebilde, die nichts nützen.

16^{16} Die sollen sie fangen: *wedāgūm.*
16^{18} Abscheulichen Götzen, wörtlich: »Abscheuliches«.

schen Knechtschaft. Für den, der diese heilvollen Worte hierher setzte, haben sie sich wohl schon teilweise erfüllt.

$^{16-18}$ aber setzen die Drohungen fort, zunächst mit einem prophetischen Wort über die vollständige Wegführung der Menschen. ^{16} Wie Fischer, die ihre Netze füllen, wie Jäger, die das Wild auch im letzten Schlupfwinkel aufspüren, werden die Feinde die Masse des Volkes und jeden einzelnen ergreifen. Sie kommen im Auftrag des Herrn und verrichten ihre Aufgabe umfassend und gründlich. ^{17} Jahwe hat genau zugesehen, das Treiben beobachtet; ihm blieb nichts verborgen. So kann sich auch vor dem Feind niemand verbergen. In ^{18} werden Schuld und Sünde, die bestraft werden und die der Grund für die Verschleppung des Volkes sind, eindeutig festgelegt: In der Sicht exilischer Theologie war es allein der Götzendienst. Sie nennt die Götter Scheusale (Dtn 29^{16} 1 Kön $11^{5.7}$ 2 Kön $23^{13.24}$ Ez 5^{11} u. ö.). »Aas ihrer Scheusale« meint die »toten« Götzen, die wie Leichen (Lev 18^{25-28} 26^{30}) das Land Jahwes verunreinigen. Entsprechend, ein voller Ausgleich (*mišneh*), ist die Strafe: Das Volk hat die Götzen nicht vom Erbe des Herrn ferngehalten; so wird es aus diesem Land entfernt. Das muß zunächst geschehen, wohl um das Land zu reinigen, ehe das $^{14.15}$ verheißene Heil eintreten kann. »Zunächst«, das in G noch fehlt, bindet $^{16-18}$ mit $^{14.15}$ in die Textabfolge ein.

$^{19-21}$ Auf einen Lobpreis Jahwes ^{19a} folgt eine Zukunftsschau von der Bekehrung der Völker $^{19b.20}$ und ein Wort des Herrn über eine wichtige Erkenntnis ^{21}. Oft wird in der Auslegung ^{21} mit ^{18} verbunden: Der Herr werde in der vollen Bestrafung seines Volkes seine Macht erweisen. Gewiß kann »Hand« (s. Anm. zum Text) die Handlung des strafenden Gottes meinen, Gewalt (*g^ebūrāh*) aber deutet eher auf die Heilstaten des Herrn

20 Kann ein Mensch sich Götter machen?
Das sind doch keine Götter.
21 Darum seht, ich bringe sie zur Erkenntnis;
ja, diesmal bringe ich sie zur Erkenntnis
meiner Macht und meiner Gewalt,
und sie werden erkennen:
Mein Name ist Jahwe, der Herr.

Judas Sünde und Strafe: 17[1-4]

17[1] Judas Sünde ist aufgeschrieben
mit eisernem Griffel,
mit diamantenem Stift eingegraben — Ijob 19[24]
in die Tafel ihres Herzens — 31[33] Spr 3[3] 7[3]
und in die Hörner ihrer Altäre,
2 damit auch ihre Söhne noch denken — Dtn 12[2f]
an ihre Altäre und Kultpfähle — 1 Kön 14[23]

16[21] Meiner Macht, wörtlich: »meiner Hand«.
17[1] Ihrer Altäre, M: »eurer Altäre«.
17[2] Damit ... Kultpfähle: ist vielleicht ein Zusatz, der möglicherweise mit Blick auf [3.4] eingefügt wurde.

hin. So wird man in [21] eher einen Nachtrag zu [14.15] und ein Wort sehen, das sich an die Völker wendet. Der Verfasser, der in der Weise der Psalmen (vgl. Ps 27[1] 28[7] 31[5] 59[18]) Jahwe preist, hofft, daß die Völker bis an die Enden der Erde (vgl. Jes 52[10] Ps 98[3] 67[8]) Israels Gott als den einzigen anerkennen, ein Anliegen Deuterojesajas (vgl. Jes 45[22-24]). In seinem Urteil über die nichtigen Götter verwendet er Aussagen vorangehender Texte (vgl. Jer 3[22f] 2[5.8.11]). Er hofft, daß der Herr die Völker diesmal, wenn die Heimkehr der in alle Länder Verstreuten [15] nun wirklich erfolgt, zur wahren Gotteserkenntnis führt. Jahwe ist der Gott, der sich in seinen Taten als der allein mächtige erweist. Darin ergeht zugleich das Gericht – [21] ist wie ein Gerichtswort mit »darum« eingeleitet – über die Götter [20], die keine sind.
17[1-4] Das Gerichtswort mit Anklage [1.2] und Strafankündigung [3.4] kann anläßlich eines Sündopfers, bei dem Blut auf die Hörner des Rauchopferaltars bzw. Brandopferaltars gestrichen wurde (Lev 4[7.25.34] 8[15]), vielleicht auch am Versöhnungstag (Lev 16[18]) gesprochen worden sein. 17[3.4] stehen mit einigen Textabweichungen auch in 15[13.14]. In [2] erscheint die dtr Aussage vom Götzendienst auf den hohen Hügeln und unter den grünen Bäumen (vgl. 2[20] 3[6.13]). Auch der Sprachgebrauch in [4] weist eine Anzahl seltener, in späten Schriften verwendeter Wörter auf. So ist zumindest unsicher, ob [1-4] von Jeremia stammen.
Jahwes geoffenbarter Wille, der in exemplarischer Formulierung auf den Gesetzestafeln (Ex 32[15] 34[1] u. ö.) des Dekalogs aufgezeichnet war, sollte mit einem hörenden Herzen aufgenommen und festgehalten, gleichsam auf den »Tafeln des Her-

2 Kön 17^{10} bei den üppigen Bäumen
13^{27} und auf den hohen Hügeln des Berglands.
3 Dein Vermögen und alle deine Schätze
15^{13} gebe ich zur Plünderung preis
als Lohn für all deine Sünden
in deinem ganzen Gebiet.
4 Du mußt von deinem Erbteil lassen,
das ich dir gegeben habe.
15^{14} Ich mache dich zum Sklaven deiner Feinde
in einem Land, das du nicht kennst.
Denn Feuer lodert auf in meinem Zorn,
für immer ist es entbrannt.

Fluch oder Segen: 17^{5-8}

5 [So spricht der Herr:]
Verflucht der Mann, der auf Menschen vertraut,
auf schwaches Fleisch sich stützt,
und dessen Herz sich abwendet vom Herrn.

17^{3} Des Berglands: *har arē śādaeh.*
17^{4} Du mußt ...: *jād ekā.* – Lodert auf: *qâdᵉḥāh:* M: »ihr lodert«.
17^{5} Die Botenspruchformel [ ] ist redaktionelle Überleitung; sie fehlt in G. – Auf ... stützt, wörtlich: »und Fleisch zu seinem Arm macht«.

zens« (Spr 3^{3} 7^{3}) aufgeschrieben werden. Jetzt aber steht auf den Herzen, im Gewissen des Volkes unauslöschlich, wie in Stein und Bronze eingegraben, die Sünde. Sündopfer können sie, weil die Menschen nicht zur Umkehr bereit sind, nicht tilgen, machen sie vielmehr vor Jahwe erst recht sichtbar – ein warnender Hinweis auf die Gefährlichkeit eines veräußerlichten Kultes. Sie überdauern die Generation der Schuldigen und werden auch der kommenden noch zum Verhängnis: Sie hat die Strafe der Verbannung ^{4}, die der Herr wegen Judas Sünde, wegen des Götzendienstes verhängt hat, zu tragen. Der herausgeforderte glühende Zorn Gottes wirkt sich in Vertreibung und Knechtschaft unter der Gewalt der Feinde aus.

$^{5-13}$ bringen eine Reihe von Worten, die nach Stil, Inhalt oder Zielrichtung weisheitlich geprägt sind. Alle werden wohl durch das Thema »gerechte göttliche Vergeltung« (Nötscher EB) zusammengehalten und dienen, als Jahwewort qualifiziert ($^{5-11}$, vgl. ^{10}), anscheinend als Kommentar zu 17^{1-4}: Jahwe hat den Menschen, die sein Land zum Götzendienst mißbrauchten, entsprechend vergolten, indem er es ihnen wegnahm und sie in ein schweres Dienstverhältnis unter fremden Herren schickte.

$^{5-8}$ Denn der Mensch erntet, wie auch der weisheitliche Tun-Ergehen-Zusammenhang lehrt, die Frucht seiner Einstellung und seines Tuns. Der Fluchspruch $^{5.6}$ stellt mahnend den Menschen in eine Unheilssphäre, der sich nicht auf den Herrn, sondern auf Menschen (schwaches

6 Er ist wie ein kahler Strauch in der Steppe,
der nie einen Regen kommen sieht;
er bleibt auf dürrem Wüstenboden,
im salzigen Land, wo niemand wohnt.
7 Gesegnet der Mann, der auf den Herrn sich verläßt
und dessen Hoffnung der Herr ist.
8 Er ist wie ein Baum, der am Wasser gepflanzt ist Ps 1[3]
und am Bach seine Wurzeln ausstreckt:
Er hat nichts zu fürchten, wenn Hitze kommt;
seine Blätter bleiben grün;
auch in einem trockenen Jahr ist er ohne Sorge,
unablässig bringt er seine Früchte.

Weisheitssprüche: 17[9–11]

9 Arglistig ohnegleichen ist das Herz
und unverbesserlich.
Wer kann es ergründen?
10 Ich, der Herr, erforsche das Herz Ps 7[10]
und prüfe die Nieren,
um jedem zu vergelten, Röm 2[6]

17[6] Regen, wörtlich: »Gutes«. Schlägt hier die Sachhälfte des Vergleichs durch?
17[8] Er hat nichts zu fürchten: *jīrā';* M: »er sieht«.
17[10] Um zu vergelten: *lātet;* M: »und um ...«

Fleisch) stützt. Ein solcher gleicht einem dürren Strauch (Wacholder?), der in der salzigen Wüste mühsam um eine kümmerliche Existenz ringt. So erlebt der nichts Gutes, der sich im Vertrauen auf Menschen den falschen Standort wählt; er hat die unheilvollen Folgen zu tragen. – Der Segensspruch [7.8] stellt werbend den in einer Heilssphäre, der auf Jahwe vertraut. Er gleicht einem im Garten gepflanzten Baum, der gut mit Wasser versorgt (vgl. Ps 1), eine sichere Existenz und steten Erfolg hat. Hinter dieser Ausrufung von Segen und Fluch wird das Anliegen dtn Predigt sichtbar, die zum Halten der Gebote mahnt und vor Götzendienst warnt (Dtn 11[26–29], vgl. 30[19]).

[9.10] Unter dem Stichwort »Herz« ([1.5.9–10]) wird erneut das Problem der Vergeltung angeschnitten, diesmal mit Blick auf den vergeltenden Gott. Der Verfasser geht wohl von der Frage aus: Wenn der Mensch in seinem sichtbaren Verhalten und Tun richtig, sachgerecht und nach der vorgegebenen göttlichen Ordnung verfährt, wenn er etwa auch im Kult korrekt handelt (vgl. [1]) und dennoch Unheil erlebt, handelt dann Gott gerecht? Die Antwort verweist in echter Menschenkenntnis darauf, daß das Wollen und Planen, die Einstellung und die Ziele oft ganz andere sind. Der Mensch versteht es, sie zu verbergen und zu täuschen, wie das schon der Erzvater Jakob tat (Gen 27[36] Hos 12[4]). Dieser Schaden in der Personmitte ist anscheinend nicht zu heilen, wie sich am Volk des Herrn zeigt – ein Rätsel, das nicht zu lösen

wie es sein Verhalten verdient,
entsprechend der Frucht seiner Taten.
11 Wie ein Rebhuhn, das ausbrütet,
was es nicht gelegt hat,
so ist ein Mensch,
der Reichtum durch Unrecht erwirbt.
In der Mitte seiner Tage muß er ihn verlassen,
und am Ende steht er als Narr da.

Das Gebet des verfolgten Propheten: 17^{12-18}

3^{17} 12 Ein Thron der Herrlichkeit, erhaben von Anbeginn,
ist die Stätte unsres Heiligtums.
13 Du Hoffnung Israels, Herr!
Alle, die dich verlassen, werden zuschanden,
die sich von dir abwenden,
Joh 8^{6} werden in den Staub geschrieben;
2^{13} denn sie haben den Herrn verlassen,
den Quell lebendigen Wassers.
Ps 6^{3} 14 Heile mich, Herr, so bin ich heil,

17^{13} Die sich von dir abwenden: *w^{e}sūrāēkā*.

ist. Jahwe, der Herzenskenner aber prüft den Menschen im Inneren bis in die feinsten Regungen (vgl. 11^{20} 12^{3} 20^{12}) ganz genau. Er übersieht hier nichts und bezieht das Ergebnis in sein vergeltendes Handeln mit ein.
11 Als ein Beispiel dafür wird der ungerechte Reichtum angeführt, den jemand durch betrügerische Machenschaften erwarb, ohne daß die unlauteren Methoden zu bemerken waren. Als reichen Mann hält man ihn für gesegnet von Gott. Aber er verliert seine Reichtümer; sie bleiben ihm nicht, eine Folge seiner ungerechten Taten beim Erwerb. Die Bildhälfte wird man so verstehen können: »Die Weibchen des Rebhuhns brüten in flachen Mulden, die nahe beieinanderliegen; es kommt vor, daß ein Weibchen sich der Eier einer anderen Henne bemächtigt und sie bebrütet. Aber ihr kleiner Körper reicht nicht aus, diese größere Zahl zu erwärmen und am Schluß sterben alle Küken in den Eiern« (J. Feliks in BHH 1558). Es kann auch auf die Schutzlosigkeit des brütenden Rebhuhns angespielt sein, das sich gegen die vielen Gefahren nicht zu wehren vermag.
12f Aber Israels unverlierbarer Besitz ist die Gegenwart Jahwes, die der Herr zugesagt hat, ist er also im Grund selber, der sich mit seinem Volk verbunden hat. Um so unverständlicher ist es, wenn Israel seinen Gott verläßt und damit das aufgibt, was ihm Existenz, Hoffnung 13 und Zukunft verheißt. Das wäre wie ein Schreiben in den Sand, die Schrift wird vom Wind sofort wieder verweht. Die Mahnung nimmt Wendungen aus Jer 2^{13} 3^{17} 14^{8} auf und richtet sich wie Jes 65^{13} 66^{5} in nachexilischer Zeit gegen jene, die sich von Jahwe abwenden und seinen Dienst aufgeben. Sie werden zuschanden, nicht bestehen, das Leben nicht meistern. Die Gemeinde des

hilf mir, so ist mir geholfen; Ps 3^{8} 6^{5} 7^{2}
ja, mein Lobpreis bist du. Ps 109^{1}
15 Jene sagen zu mir: Jes 5^{19}
Wo bleibt denn das Wort des Herrn?
Soll es doch eintreffen!
16 Ich aber habe dich nie gedrängt wegen des Unheils
und habe den Unglückstag nicht herbeigewünscht. 51^{2}
Du weißt es selbst;
was mir über die Lippen kam,
liegt dir offen vor Augen.
17 Werde nicht zum Schrecken für mich,
du meine Zuflucht am Tag des Unheils! Ps 61^{4} 71^{1} 91^{2}
18 Meine Verfolger sollen zuschanden werden, 142^{6}
nicht aber ich. 15^{15} 26^{11}
Sie sollen erschrecken,
nicht aber ich. 11^{7}
Bring über sie den Tag des Unheils, Ps 27^{5} 41^{2}
zerbrich sie im verdienten Zusammenbruch!

Die Sabbatheiligung: 17^{19-27}

19 So sprach der Herr zu mir: Geh und stell dich in das Tor der Söhne $7^{1.2}$ 19^{1-3} $22^{1.2}$ 26^{2}

17^{16} Wegen des Unheils: *l*^{e}*rā*^{c}*āh;* M: »Weg vom Hirte-sein«.

Herrn soll sich vielmehr geschlossen um das altehrwürdige Zionsheiligtum scharen. Dort fließt »die Quelle des Lebens« (Ps 36^{10}).
$^{14-18}$ ist ein Gebet Jeremias, Klage und Bitte um Hilfe, die sich an den Gott richten, der Hoffnung und Leben ist. Hilferuf und Dankversprechen ^{14}, Beschreibung der Not ^{15}, Beteuerung der Unschuld ^{16} und Bitte um Wende der konkreten Bedrängnis (durch Bestrafung der Feinde) $^{17.18}$ entsprechen dem Stil der Klagepsalmen. Der Prophet leidet unter dem Vorwurf, daß seine Unheilsverkündigung sich nicht erfüllt habe ^{15} (vgl. Jes 5^{19} Ez 12^{27}). Man spottet über ihn, vielleicht um 605 v. Chr., als scheinbar überhaupt keine Gefahr für den Staat Juda drohte. Die Vorwürfe, er wolle das Verderben des Volkes, dränge finster und böswillig Jahwe, den Untergang herbeizuführen, und lasse nicht locker, treffen ihn tief. Sie machen ihn krank, zermürben ihn, zerstören ihm die Möglichkeit zu wirken. Er wendet sich an Jahwe, der allein heilen, seine Not wenden, ihm helfen kann ^{14}. Nie hat er das Unheil mit seinen Worten herbeireden wollen; sie waren nur in göttlichem Auftrag und als dringende Warnung gesprochen ^{16}. Rettung kann dem Propheten und seinem Auftrag nur zuteil werden, wenn seine Feinde nicht Recht behalten, wenn sie beschämt werden. Darum, nicht aus Rachsucht, bittet er um ihre volle, entsprechende (vgl. 16^{18}) Bestrafung ^{18}. An ihnen soll sich erweisen, daß seine Worte sich erfüllen.
$^{19-27}$ Die Rede über die Sabbatheiligung, die man als Alternativpredigt

des Volkes, durch das die Könige von Juda aus- und einziehen, und
in alle Tore Jerusalems. [20] Sag zu ihnen: Hört das Wort des Herrn,
ihr Könige von Juda, ganz Juda und alle Einwohner Jerusalems, die
Neh 13[15–22] ihr durch diese Tore kommt. [21] So spricht der Herr: Hütet euch um
Jos 23[11] Dtn 4[15] eures Lebens willen, am Tag des Sabbats eine Last zu tragen und
durch die Tore Jerusalems hereinzubringen. [22] Auch dürft ihr am Sab-
Ex 20[8.10] bat keine Last aus euren Häusern hinaustragen und keinerlei Arbeit
Dtn 5[2.14] verrichten. Vielmehr sollt ihr den Sabbat heiligen, wie ich es euren
7[24.26] 11[4.8] Vätern geboten habe. [23] Doch sie haben nicht gehört und ihr Ohr mir
Dtn 9[6.13] nicht zugeneigt, sondern ihren Nacken versteift, ohne zu gehorchen
7[28] 2[30] 5[3] und ohne Zucht anzunehmen. [24] Ihr aber, wenn ihr bereitwillig auf
mich hört – Spruch des Herrn – und am Sabbat keine Last durch die
Tore dieser Stadt bringt, sondern den Sabbat heiligt und an ihm kei-
nerlei Arbeit verrichtet, [25] dann werden durch die Tore dieser Stadt
1[18] 8[1] 13[13] 22[4] Könige einziehen, die auf dem Thron Davids sitzen; mit Wagen und
Rossen werden sie fahren, sie und ihre Beamten, die Männer von
Juda und die Einwohner Jerusalems, und diese Stadt wird für immer
bewohnt sein. [26] Dann kommen von den Städten Judas und aus der
Umgebung Jerusalems, vom Land Benjamin, von der Schefela, vom

17[25] Könige, M: »Könige und Fürsten«, sachlich unzutreffend, vielleicht Dittographie zu *još*^{e}*bīm*.

(s. [24] und [27a]) bezeichnet hat (Thiel), greift ein Thema der nachexilischen Zeit (Neh 13[15–22]) auf. Sie ist, von dtr Wendungen durchsetzt, nach wiederholt gebrauchtem Schema (7[1f] 22[1f] 26[1f]) dem Propheten umständlich [19.20] in den Mund gelegt, an dieser Stelle wohl, um zu beweisen, daß er keineswegs nur Unheil verkündete und daß er den Untergang nicht wollte, s. 17[16]. Er soll die Predigt allen, an jedem Stadttor halten. Das in [1] genannte Tor ist unbekannt. Zur Zeit des Verfassers gibt es weder König noch Fürst [25]. Die Verbindung zwischen der Hauptstadt und ihrem Umland war anscheinend gestört, so daß auch der Kult am Tempel davon betroffen war [26]. Am Sabbat aber, den man als Markttag betrachtete, herrschte reges Treiben. Waren wurden in die Stadt gebracht, deren Erzeugnisse ebenfalls feilgeboten wurden. Die rechte Ordnung mußte dem Prediger zum Schlechten verkehrt erscheinen. Im Exil hatte das Volk den Sabbat schätzen gelernt; damals wurde die Sabbatruhe in Gottes Tun begründet (Ex 20[11] Gen 2[3]). In der Kultgemeinde von Jerusalem sollte er genauso gelten, und er sollte gehalten werden mit absoluter Arbeitsruhe einschließlich Marktverbot. Wenn das geschieht, kommen die Verhältnisse in Ordnung [25f], wobei der Wunsch nach Selbständigkeit und Blüte des Staates mitschwingt. Die Alternative, die Mißachtung des Gebots bringt die Zerstörung Jerusalems [27]. Wahrscheinlich schaut der Verfasser schon darauf zurück. So hat seine Mahnung, daß sich in dtn Sinn (Dtn 30[15f]) an der Befolgung des Sabbatgebots Leben und Tod entscheidet [21], einen ernsten Hintergrund: Das Volk des Herrn hat nur Bestand und eine glückliche Zukunft, wenn es dem Dienst, dessen

Gebirge und vom Negeb her Wallfahrer, die Brandopfer, Schlachtop-
fer und Speiseopfer samt Weihrauch bringen; auch Dankopfer brin-
gen sie dar im Haus des Herrn. [27] Wenn ihr aber nicht auf mein Ge-
bot hört, den Sabbat zu heiligen, keine Last zu tragen und am Sabbat
durch die Tore Jerusalems zu bringen, dann lege ich Feuer an seine
Tore, das Jerusalems Paläste verzehrt und nie mehr erlischt.

Das Gleichnis vom Töpfer: 18^{1-17}

18^{1} Das Wort, das vom Herrn an Jeremia erging: [2] Mach dich auf, 71
und geh zum Haus des Töpfers hinab! Dort will ich dir meine Worte
mitteilen. [3] So ging ich zum Haus des Töpfers hinab. Er arbeitete ge-
rade mit der Töpferscheibe. [4] Mißriet das Gefäß, das er in Arbeit
hatte, wie es beim Ton in der Hand des Töpfers vorkommen kann, so
machte der Töpfer daraus wieder ein anderes Gefäß, ganz wie es ihm

18^{4} Wie es beim Ton ... vorkommt: *kaḥomaer,* M: *baḥomaer.* Die Lesart des M ist besser: »und mißriet das Gefäß, das er aus dem Ton machte ...«

sichtbares Zeichen für alle die Sabbatruhe ist, und dem Gehorsam gegenüber Gott nichts vorzieht.

18^{1-12} Mit 18^{1} wird eine kompositorische Einheit eröffnet, die 18–20 umgreift (s. 21^{1}). Sie umfaßt »zwei parallele große Einheiten (18 und 19 20), die einen analogen Aufbau zeigen: konkreter Anlaß zur Verkündigung (18^{2-6}/19^{1f}), Gerichtspredigt ($18^{11f.13-17}$/19^{3-15}), anschließende Verfolgung des Propheten (18^{18}/20^{1-6}) und seine Klage (18^{19-23}/20^{7-17})« (Thiel).

In 18^{2-6} berichtet Jeremia über seinen Gang zum Töpfer, ein von Jahwe angeordnetes [2] und mit seinem Deutewort [6] versehenes Erlebnis, das nach Struktur, Inhalt und Aussage einer symbolischen Handlung nahesteht. Die Töpferwerkstatt lag wohl im südlichen Stadttal, wo Quellen und Ton vorhanden waren. Jeremia sieht dem Töpfer zu, der die Doppelscheibe mit der linken Hand oder mit den Füßen (Sir 38^{29}) in Bewegung setzt und seine Gefäße formt. Zu dem Motiv von Töpfer und Ton vgl. Jes 29^{15f} 45^{9f} 64^{7f}. Das Wort des Herrn deutet, was Jeremia sieht: Israel ist wie Ton in der Hand Jahwes; er kann und darf mit ihm verfahren, wie er will. Vom Bild her, das die Arbeit des Töpfers bietet, könnte das Jahwewort so verstanden werden. Vom Ziel des Werkens auf der Töpferscheibe aus betrachtet, wäre das Wort des Herrn [6] in dem Sinn aufzufassen, daß Jahwes Werk, der Israel zu einem brauchbaren Gefäß machen will, immer gelingt, auch wenn es manchmal nicht so scheint. Es komme eben vor, daß ein Versuch mißglückt, wie es beim Töpfer üblich ist. Aber der Text weist in eine andere Richtung. Er will nicht entschuldigen und auch nicht Gottes absolute Souveränität verkünden wie Jes 45^{9} Röm 9^{21}. Jeremia beobachtet vielmehr, wie das Gefäß mißrät, wieder zum Klumpen zusammengedrückt und ein anderes daraus gemacht wird (s. auch Anm. zum Text). So ist das Haus Israel in der Hand des Herrn. Er kann und wird es, wenn es mißraten ist, zerstören. Erlebnis und Wort laufen auf Gericht und Strafe hinaus, die sie zu-

Jes 45[9] gefiel. [5] Da erging an mich das Wort des Herrn: [6] Kann ich nicht mit
Röm 9[21] euch verfahren wie dieser Töpfer, Haus Israel? – Spruch des Herrn.
Seht, wie der Ton in der Hand des Töpfers, so seid ihr in meiner
Ez 33[11–20] Hand, Haus Israel. [7] Bald drohe ich einem Volk oder einem Reich, es
1[10] auszureißen, niederzureißen und zu vernichten. [8] Kehrt aber das
Volk, dem ich gedroht habe, um von seinem bösen Tun, so reut mich
26[3.13.19] das Unheil, das ich ihm zugedacht hatte. [9] Bald sage ich einem Volk
1[10] oder einem Reich zu, es aufzubauen und einzupflanzen. [10] Tut es
aber dann, was mir mißfällt, und hört es nicht auf meine Stimme, so
reut mich das Gute, das ich ihm zugesagt habe. [11] Und nun sag zu
den Leuten von Juda und zu den Einwohnern Jerusalems: So spricht
der Herr: Seht, ich bereite Unheil gegen euch vor und fasse einen
7[3] 26[13] 23[3] Plan gegen euch. Kehrt doch um, ein jeder von seinem bösen Weg,
und bessert euer Verhalten und euer Tun! [12] Aber sie werden sagen:
6[16] 11[8] Vergebliche Mühe! Wir wollen unseren eigenen Plänen folgen, und
3[17] jeder von uns will nach dem Trieb seines bösen Herzens handeln.
13–17: 2[10–13.32] [13] Deshalb spricht der Herr: Fragt unter den Völkern, wer je Ähnli-
8[7] ches gehört hat. Ganz Abscheuliches hat die Jungfrau Israel getan.

18[6] Spruch des Herrn: fehlt in G, wohl späterer Zusatz.
18[13] Wörtlich: »Deshalb so spricht der Herr.«

gleich mit dem Mißraten des Volkes, mit der göttlichen Verfügungsgewalt und mit der Tatsache, daß Gott sich sein Volk nach seinem Plan und Willen schafft, rechtfertigen.

[7–10] generalisieren das ambivalent ausgelegte Wort [6], so daß Jahwe Gutes und Unheilvolles wirkt und dabei alle Völker erfaßt. Wieder wird mahnend eine Alternative aufgebaut [7f] und [9f]. Die Sprache ist dtr gefärbt (»hören auf die Stimme« [10]; »mir mißfällt«, wörtlich: »böse in meinen Augen« Ri 2[11] 3[7.12] u. ö.), das Anliegen eine positive Auslegung von [6] und der Versuch, das Handeln des völlig freien Gottes verstehbar zu machen. Jedem Volk ist Umkehr, Hinwendung zu Jahwe und seinem Willen möglich. Es steht genauso wie das dem Gericht überantwortete Israel unter dem drohenden und verheißenden Wort Gottes. Er wird entsprechend den Taten, die als Antwort gegeben werden, handeln. Jahwe konnte bei Israel keine Ausnahme machen und hat es nicht getan. Gerade dies gibt allen Völkern, da sie nicht von vornherein verloren sind, und unter ihnen auch wieder dem gestraften Israel die Möglichkeit, sich dem göttlichen Heilswillen in Umkehr und Gehorsam gegenüber seinen Geboten anzuvertrauen.

[11–12] So wendet sich der dtr Prediger an Jahwes Volk. Er sieht den Propheten ihm die Forderung umzukehren verkünden, unterbaut von der Drohung des Herrn. Die Hörer aber weigern sich (vgl. 2[25]). Im Starrsinn ihres bösen Herzens verfolgen sie weiter ihre schlimmen Pläne. Die Aufforderung zur Umkehr kommt nicht an. Darum muß sich das Drohwort erfüllen.

[13–17] Tatsächlich hat Israel nicht gehört und gehorcht. Das sagt ein Jeremiawort mit Schelte [13–15a] und Strafankündigung [15b–17], das wie ein Gerichtswort an [12] angeschlossen ist. [13]

14 Weicht denn das Felsgestein von der Landschaft, der Schnee vom
Libanon, oder versiegen immerströmende Wasser, sprudelnde Quel-
len? 15 Mein Volk aber hat mich vergessen; nichtigen Götzen bringt 2^{32} 3^{21} 13^{25}
es Opfer dar. Doch ich lasse sie straucheln auf ihren Wegen, den alt- 2 Chron 25^{8}
gewohnten Bahnen, so daß sie auf ungebahnten Pfaden gehen müs-
sen. 16 Ich will ihr Land zu einem Ort des Entsetzens machen, zum 19^{8} 49^{17}
Gespött für immer. Jeder, der dort vorbeikommt, wird sich entsetzen 50^{13}
und den Kopf schütteln. 17 Wie der Ostwind zerstreue ich sie vor dem
Feind. Ich zeige ihnen den Rücken und nicht das Gesicht am Tag ih-
res Verderbens.

Die Bitte um Bestrafung der Gegner: 18^{18-23}

18 Sie aber sagten:
Kommt, laßt uns gegen Jeremia Pläne schmieden!
Denn nie wird dem Priester die Weisung ausgehen,
dem Weisen der Rat und dem Propheten das Wort.

18^{14} Felsgestein: *ṣûr;* M: »vom Felsen«. Versiegen: *jinnāšᵉtû,* M: »werden ausgerissen«. – Immerströmende: *zārîm,* gewöhnlich: »fremde«.
18^{15} Nichtigen Götzen, wörtlich: »dem Nichts«. – Ich lasse sie straucheln: *wᵉakšîlem;* M: »sie ließen ...«
18^{16} Gespött, wörtlich: »Pfeifen«.
18^{17} Ich zeige: *'ar'em;* M: »ich sehe sie«.

Das Jahwevolk hat seinen Gott vergessen, eine ganz abscheuliche Tat (5^{30} 23^{14}), ein unerhörter Vorgang, und hat die wertlosen Götter verehrt. Israel hat das Gottesverhältnis aufgegeben, das es zu dem machte, was es war. Das ist so unnatürlich, wie wenn sich Felsbrocken vom Feld, der Schnee sich vom Libanon entfernen, immer fließende Quellen sich aus dem Boden herauslösen (so M) bzw. versiegen wollten. Doch Jahwe läßt sie durch ihr Verhalten, das sie nun schon gewohnt sind, zu Fall kommen und zwingt sie in einen ungesicherten, gefährlichen Zustand, indem er ihr Land zur Wüste und zu einem Bild des Grauens macht. Wer dort vorbeikommt, pfeift, um die dort hausenden Dämonen abzuwehren, und schüttelt den Kopf höhnisch und schadenfroh. Der Herr wird sie durch die Feinde forttreiben und verstreuen, wie der Sturm aus dem Osten Sand und Staub vor sich hertreibt. Er wendet sich von seinem Volk ab, wenn das Unheil kommt. Nach M bewirken die Götzen, daß das Volk auf dem einst begonnenen Heilsweg zu Fall kommt, und bringen es auf einen gefährlichen Weg. An dessen Ende steht die Zerstörung des Landes. Jahwe verhängt zudem die Strafe der Verbannung. In keinem Fall aber wird er sich erbitten lassen.

18 bildet die Überleitung zur Klage Jeremias, indem der Anschlag auf den Propheten als Antwort auf seine vorausgehende Gerichtspredigt aufgefaßt wird. Das Stichwort »Pläne« weist auf 11.12 zurück. Der Plan der Widersacher ist, Jeremia mit der Zunge zu schlagen und nicht auf seine Worte zu achten (s. Anm. zum Text). Sie wollen ihn mit Worten,

Kommt, wir wollen ihn mit seinen eigenen Worten schlagen
und achtgeben auf alles, was er sagt.
19 Gib du, Herr, acht auf mich,
und höre das Gerede meiner Widersacher!
Ps 35[1] 14[27] 20 Darf man denn Gutes mit Bösem vergelten?
Ps 35[12] 38[21] [Denn sie haben (mir) eine Grube gegraben.]
Ps 71[6] 57[7] Denk daran, wie ich vor dir stand,
15[1.15.19] um zu ihren Gunsten zu sprechen
Num 25[11] und deinen Zorn von ihnen abzuwenden.
Ps 106[23]

18[18] Und achtgeben, M: »und nicht lauschen«.
18[20] [ ] stammt aus [22].

die sie vorbringen, treffen, damit niemand mehr auf seine Verkündigung achtet. Sie sind dazu in der Lage; denn sie sind viele und haben Priester, Weise und Propheten auf ihrer Seite, wie sie mit einem Sprichwort (Duhm, vgl. Ez 7[26]) sagen. So planen sie, den Propheten, den Unheilsverkünder, aus dem Feld zu schlagen und seine Botschaft wirkungslos zu machen. Vor allem wird an die Heilspropheten gedacht sein (23[31]), die ihre Aussagen den Worten Jeremias entgegensetzen. So spielt hier die Auseinandersetzung mit den falschen Propheten hinein. Das Sprichwort als solches nennt die Bereiche, in denen die verschiedenen Stände der geistigen Führungsschicht zuständig waren: Tora (Gesetz und seine Auslegung), Rat (im privaten und politischen Leben), Jahwewort. Sie alle, Priester, führende Männer und Propheten stellten sich gegen Jeremia, wie der Verfasser des Verses schon hier betonen will. Besonders während der Belagerung Jerusalems kommt es zur Auswirkung.

[19–23] Mit dem Stichwort »achten auf« angebunden, folgt ein erneutes Klagegebet des Propheten, das allerdings aus einer anderen Situation stammt, als [18] sie voraussetzt. Es bestehen Mordpläne gegen Jeremia; man will ihn beseitigen [23]. Deshalb bittet er dringend um Rettung. Zweimal [20.22] wird als Begründung für den Hilferuf und als Notschilderung angegeben: »Denn sie haben (mir) eine Grube gegraben.« Das ist ein Zeichen dafür, daß der Text gestört ist. Damit ist eine Nahtstelle im Aufbau des Textes bezeichnet: [20a] setzt sich in [22b] fort. Nach dem Anruf an Jahwe [19] folgt eine Unschuldsbeteuerung in [20], ein Gerichtswort [21.22a], die Anklage gegen die Feinde [22b.23aα] und die Bitte um ihre Bestrafung. Das Gerichtswort kommt, mit »darum« eingeleitet, zu früh und verdoppelt die Bitte, die Gegner zu bestrafen. Wenn von ihren Kindern, Frauen, Männern, jungen Männern und Häusern die Rede ist, paßt dies eher auf die Israeliten als auf die persönlichen Gegner Jeremias. Das Gerichtswort ist wohl nachträglich eingefügt im Blick auf 15[8] 11[22], ebenso der Hinweis auf die Fürbitte Jeremias, die ihn in der Rolle des Mose sieht. Im übrigen spricht der Prophet in Ausdrücken der Klagepsalmen (bes. Ps 35) und eigene Worte. Der Unterschied zu 15[10–21] und 20[7–10. 14–18] ist unverkennbar. 18[19–23] ist in Parallele zu 20[7–10.14–18] abgefaßt und Jeremia in den Mund gelegt.

Der Prophet bittet in harten, rachsüchtig erscheinenden Worten [23] um die Bestrafung seiner Rechtsgegner

21 Darum gib ihre Kinder dem Hunger preis,
und liefere sie der Gewalt des Schwertes aus!
Ihre Frauen sollen der Kinder beraubt Ps 63[11]
und zu Witwen werden, 15[8]
ihre Männer töte die Pest, 11[22]
ihre jungen Männer
erschlage das Schwert in der Schlacht.
22 Geschrei soll man hören aus ihren Häusern,
wenn du plötzlich plündernde Horden
über sie kommen läßt.
Denn sie haben (mir) eine Grube gegraben,
um mich zu fangen; Ps 35[8]
meinen Füßen haben sie Schlingen gelegt. Ps 35[7f] 140[6] 142[4]
23 Du aber, Herr,
du kennst all ihre Mordpläne gegen mich. 15[15] 26
Nimm für ihre Schuld keine Sühne an, Lk 23[34]
lösch bei dir ihre Sünde nicht aus! Ps 51[11] 78[38]
Laß sie zu Fall kommen vor deinen Augen, 6[15] 8[12] 20[11]
handle an ihnen zur Zeit deines Zorns!

Drohreden und ihre Folgen: 19[1]–20[6]

19[1] Der Herr sprach zu mir: Geh und kauf dir einen irdenen Krug,
und nimm einige Älteste des Volkes und der Priester mit dir! [2] Dann
geh hinaus zum Tal Ben-Hinnom am Eingang des Scherbentors!

18[23] Lösch aus: *timaḥ.*

19[1] Der Herr sprach zu mir, vgl. G; M: »so spricht Jahwe«. – Irdenen Krug, M: »einen Geschirrmacherkrug«. – Nimm mit dir: *wᵉlāqaḥtā ʾittᵉkā* mit GST; M: »und«.

(*jᵉrībāj* [19]), die ihm wegen seiner Tätigkeit den Prozeß machen wollen (vgl. 7.26), und damit um die eigene Rettung: Jahwe soll ihnen die Schuld nicht vergeben, wodurch Jeremia als schuldig dastehen würde, sondern sie am Tag des Gerichtes ahnden. Der Zusatz [20b–22a] erklärt, was der Prophet Gutes getan hat, und sieht das ganze Volk als schuldig an, das die furchtbare Strafe in vollem Ausmaß treffen muß. – So wird in [19–23] die Härte der Unheilsbotschaft und des Prophetenschicksals veranschaulicht.

19[1]–20[6] enthalten eine symbolische Handlung mit Gerichtspredigt [1–13] eine Szene am Tempel [14f] und einen Bericht über eine Mißhandlung durch den Oberaufseher am Tempel. Schon die doppelte Ortsbezeichnung [2] weist darauf hin, daß in [1–13] zwei Stücke miteinander verbunden sind: eine symbolische Handlung am Scherbentor ([1.2a*.10.11a]) und eine Predigt zum Thema Tofet im Hinnom-Tal ([2a*b–9.11b–13]) (vgl. schon Giesebrecht, jetzt Thiel), die sich durch dtr Ausdrücke und die Einfügung in die Symbolhandlung als später er-

$7^{2.27}$ 22^{1f} Dort verkünde die Worte, die ich dir sage. 3 Du sollst sagen: Hört
17^{20} das Wort des Herrn, ihr Könige und ihr Einwohner Jerusalems! So
spricht der Herr der Heere, der Gott Israels: Seht, ich bringe solches
6^{19} 11^{11} Unheil über diesen Ort, daß jedem, der davon hört, die Ohren gellen.
1 Sam 3^{11} 4 Denn sie haben mich verlassen, mir diesen Ort entfremdet und an
2 Kön $21^{12.16}$ ihm anderen Göttern geopfert, die ihnen, ihren Vätern und den Königen von Juda früher unbekannt waren. Mit dem Blut Unschuldiger
7^{31-33} haben sie diesen Ort angefüllt. 5 Sie haben dem Baal eine Kulthöhe
gebaut, um ihre Söhne als Brandopfer für den Baal im Feuer zu ver-
7^{22} brennen, was ich nie befohlen oder angeordnet habe und was mir nie-
mals in den Sinn gekommen ist. 6 Seht, darum werden Tage kom-
men – Spruch des Herrn –, da wird man diesen Ort nicht mehr Tofet
oder Tal Ben-Hinnom nennen, sondern Mordtal. 7 Dann vereitle ich

19^{7} Vereitle ich (*ūbaqqotī*]klingt an *baqbuq* »Krug« an. Durch das Wortspiel wird die Nachinterpretation auch vom Wortlaut her in den Text eingebunden.

weist. 20^{1-6} setzen den Tempel als Ort der Handlung voraus, zu dem $^{13.14}$, wo Jeremia nur nachträglich seine Gerichtsbotschaft wiederholt, überleiten.

Über die symbolische Handlung berichtet der Prophet selbst (vgl. 13^{1} 16^{1} 27^{2} 32^{6}): »1 Der Herr sprach zu mir: Geh und kauf dir einen irdenen Krug und nimm einige Älteste des Volkes und Priester mit dir! 2 Dann geh hinaus zum Eingang des Scherbentors! 10 Dann zerbrich den Krug vor den Augen der Männer, die mit dir gehen. 11 Sag ihnen: So spricht der Herr der Heere: Ebenso zerbreche ich dieses Volk und diese Stadt, wie man Töpfergeschirr zerbricht, so daß es nie wieder heil werden kann.« Der Bericht teilt nur den Auftrag und das deutende Wort mit, die Ausführung wird als selbstverständlich geschehen betrachtet. Jeremia wird von Jahwe zum Scherbentor gesandt, das wahrscheinlich mit dem Misttor (Neh 2^{13} $3^{13.14}$ 12^{31}) »am Ausgang des Tyropöontales in das Hinnomtal« gleichzusetzen ist (BHH 840). Dort soll er vor den genannten qualifizierten Zeugen ein Tongefäß zerbrechen und das ihm aufgetragene Deutewort sprechen. Es besagt und bewirkt als wirkmächtiges, unwiderstehliches Jahwewort die vollständige und unheilbare Zerstörung, die der Herr über sein Volk und seine Hauptstadt bringen wird. Wie eine herbeigerufene unheilbringende Macht wartet das Wort auf seine Stunde, in der es sich auswirken wird.

Die Tofet-Predigt knüpft an die Ortsangabe »Scherbentor« an, handelt aber von einer anderen Örtlichkeit im Hinnomtal. Tofet bezeichnet wohl eine Feuerstätte, an der Opfer dargebracht wurden. Dort opferte man Söhne oder Töchter, anscheinend sogar für Jahwe (vgl. 7^{31f}). Joschija hatte die Opferstätte zerstört (2 Kön 23^{10}). Nach ^{5} dient sie nun wieder dem Baalskult. Die Predigt nimmt nach einer Einleitung ^{3} diese Sünde $^{4.5}$ zum Anlaß, das Gericht über das Tofet und über Jerusalem anzukündigen $^{6-9.11b-13}$, wobei sie sich $^{5-7}$ ähnlich wie in 7^{31-33} äußert und besonders in der Anklage an die Zeit des Königs Manasse (2 Kön 21) denkt. Damals wurden (2 Kön 21^{16})

die Pläne Judas und Jerusalems an diesem Ort. Ich bringe sie vor den
Augen ihrer Feinde durch das Schwert zu Fall und durch die Hand
derer, die ihnen nach dem Leben trachten. Ich gebe ihre Leichen den 22[25] 21[7] 34[20f]
Vögeln des Himmels und den Tieren des Feldes zum Fraß. 8 Ich ma-
che diese Stadt zu einem Ort des Entsetzens und zum Gespött; jeder, 18[16]
der dort vorbeikommt, wird sich entsetzen und spotten über alle
Schläge, die sie getroffen haben. 9 Ich gebe ihnen das Fleisch ihrer Lev 26[29]
Söhne und Töchter zu essen; einer wird das Fleisch des andern ver- Dtn 28[53]
zehren in der Not und Bedrängnis, mit der ihre Feinde und alle, die Bar 2[3]
ihnen nach dem Leben trachten, sie bedrängen. – 10 Dann zerbrich
den Krug vor den Augen der Männer, die mit dir gehen. 11 Sag ihnen:
So spricht der Herr der Heere: Ebenso zerbreche ich dieses Volk und
diese Stadt, wie man Töpfergeschirr zerbricht, so daß es nie wieder
heil werden kann. Im Tofet wird man Tote bestatten, weil sonst kein 6[14] 7[32]
Platz ist zum Begraben. 12 So werde ich mit diesem Ort verfahren –
Spruch des Herrn – und mit seinen Bewohnern, um diese Stadt dem
Tofet gleichzumachen. 13 Die Häuser Jerusalems und die Häuser der
Könige von Juda sollen unrein werden wie der Ort des Tofet, alle
Häuser, auf deren Dächern man dem ganzen Heer des Himmels 32[29]
Rauchopfer und anderen Göttern Trankopfer dargebracht hat. –
14 Als nun Jeremia vom Tofet zurückkam, wohin der Herr ihn zum

auch viele unschuldige Menschen in Jerusalem getötet. Jahwe hat mit dem Tofet und mit dem Morden nichts zu tun, hat all das weder angeordnet noch akzeptiert. Durch diese bösen Taten und die Hinwendung zu anderen Göttern haben die Bewohner Jerusalems, allen voran die Könige, die Stadt, die Israels Gott sich als den Ort seiner besonderen Gegenwart erwählt hatte, Jahwe abspenstig gemacht [4], ihm sein Eigentum entzogen. Der Herr wehrt sich dagegen; er bringt schwerstes Unheil [3] über Jerusalem [8], wie es schon dem König Manasse (2 Kön 21[12]) angekündigt war. Jeden, der davon hört, packt das Entsetzen, viele zeigen Schadenfreude. Die Bewohner des Landes und der Stadt werden im Hinnom-Tal, nun Mordtal genannt, umkommen [6.7]. Die Kultstätte des Tofet wird durch die Bestattung von Leichen [11b] »unrein«, für kultische Begehungen unbrauchbar (vgl. 2 Kön 23[10]), ebenso die Häuser Jerusalems [13] durch die Toten, die unbestattet liegen bleiben [7], so daß auch der Kult des Himmelsheeres unmöglich wird. Schaurig aber ist die Strafe für die Kinderopfer: Man hat Söhne und Töchter im Brandopfer den Götzen zum Fraß vorgesetzt. Nun müssen die Schuldigen selbst das Fleisch ihrer Nachkommen verzehren [9], wie es Lev 26[29] für den Fall des Ungehorsams dem Volk angedroht und Ez 5[10] für die Belagerung Jerusalems angesagt ist und im Krieg wohl in extremen Situationen auch furchtbare Wirklichkeit war (2 Kön 6[28f]). In dieser Not, wie sie über die Stadt hereinbrechen wird, verschont niemand den anderen. Die Katastrophe, auf die der Verfasser der Predigt schon zurückschaut, ist eine Antwort des Herrn auf das, was sein Volk getan hat. Nur durch diese Einsicht ist sie zu bestehen und zu bewältigen.

Weissagen gesandt hatte, begab er sich in den Vorhof beim Haus des
Herrn und sagte zu allem Volk: 15 So spricht der Herr der Heere, der
7^{26} 17^{23} Dtn 10^{16} Gott Israels: Seht, ich bringe über diese Stadt und über alle ihre
2 Kön 17^{14} Nachbarstädte all das Unheil, das ich ihr angedroht habe, weil sie ih-
11^{10f} 13^{10f} ren Nacken versteift haben und nicht auf meine Worte hören wollen.
21^{1} 38^{1} Esr 2^{37} 20 1 Der Priester Paschhur, der Sohn des Immer, der Oberaufseher
im Haus·des Herrn, hörte, wie Jeremia diese prophetischen Worte
V. 10 6^{25} verkündete. 2 Da ließ Paschhur den Propheten Jeremia schlagen und
46^{5} 49^{29} in den Block spannen, der im oberen Benjamintor beim Haus des
Ps 31^{14} Herrn war. 3 Als ihn Paschhur am nächsten Morgen aus dem Block
entließ, sagte Jeremia zu ihm: Nicht mehr Paschhur nennt dich der
Herr, sondern: »Grauen ringsum«. 4 Denn so spricht der Herr: Ja, ich
gebe dich dem Grauen preis, dich und alle deine Freunde. Sie werden
unter dem Schwert ihrer Feinde fallen, und du mußt mit eigenen Au-
gen zusehen. Ganz Juda aber gebe ich in die Hand des Königs von
Babel; er wird sie nach Babel wegführen und mit dem Schwert er-
schlagen. 5 Auch allen Besitz dieser Stadt, all ihre Habe, alles Kost-
bare und alle Schätze der Könige von Juda gebe ich in die Hand ihrer
Feinde; sie werden alles rauben, wegschleppen und nach Babel brin-
gen. 6 Du aber, Paschhur, und alle deine Hausgenossen, ihr werdet in
die Verbannung ziehen; nach Babel wirst du kommen, dort wirst du
sterben und dort begraben werden, du und alle deine Freunde, denen
du Lügen geweissagt hast.

^{14f} dienen als Überleitung; sie versetzen Jeremia in den Tempel, wo er seine Botschaft vom Hinnom-Tal wiederholt und mit dem Oberaufseher zusammentrifft. Die Nachbarstädte Jerusalems werden hier in das Drohwort einbezogen. Der bewußte und unbeugsame (vgl. den dtr Ausdruck vom »steifen Nacken«) Ungehorsam des Volkes wird hervorgehoben.

20^{1-6} berichten von der Mißhandlung des Propheten und seinem Drohwort gegen Paschhur, der ihn mißhandelte. Er ließ ihn schlagen (auspeitschen) und über Nacht in ein Folterwerkzeug spannen, wo er mit »verdrehten« Gliedern – darauf deutet die Bezeichnung hin –, gekrümmt eingeschlossen war. Das geschah am Benjamintor im Norden des Tempels, wohl unweit des gleichnamigen Stadttors. Der Text ist nachträglich überarbeitet worden, wohl in ^{1} (vgl. 21^{1} 38^{1}, wo Paschhur der Sohn Malkijas ist; ^{1b} ist im Sinn der Überleitung zugefügt), vielleicht in $^{2b\beta.3a}$, sicherlich aber im Drohwort. Dieses richtet sich anfänglich nur gegen Paschhur: Jeremia verkündet ihm die Änderung seines Namens ^{3} und fügt hinzu: »Denn so spricht der Herr: Ja, ich gebe dich dem Grauen preis (doch s. u.): Nach Babel wirst du kommen, dort wirst du sterben und dort begraben werden«. Der Prophet verwendet ein Wortspiel, das ursprünglich wohl lautet: »Jahwe wird deinen Namen nicht mehr Paschhur, sondern *māgūr* rufen«. *māgūr*, abgeleitet von *gūr* »als Fremder weilen« bedeutet hier »Verbannter« (vgl. G: μέτοικον »anderswo wohnend«). Was der geänderte Name besagt, wird seinem Träger geschehen. Er muß nach Babel in die Verbannung

Das Prophetenschicksal: 20^{7-18}

7 Du hast mich betört, o Herr,
und ich ließ mich betören;
du hast mich gepackt und überwältigt.
Zum Gespött bin ich geworden den ganzen Tag,
ein jeder verhöhnt mich.
8 Ja, sooft ich rede, muß ich schreien,
»Gewalt und Unterdrückung!« muß ich rufen.
Denn das Wort des Herrn bringt mir
den ganzen Tag nur Spott und Hohn.

ziehen. Seine Heimat sieht er nicht mehr wieder. Der Prophet nennt hier zum ersten Mal das Exilsland mit Namen. Babel hat sich als bestimmende Macht durchgesetzt, etwa um 605 v. Chr.

Unter dem Eindruck der Wendung »Grauen ringsum« (6^{25} 46^{5} 49^{29} Ps 31^{14}) wurde der Name als *māgōr* »Grauen« gelesen und das beim Fall Jerusalem sich in Paschhurs Umgebung ausbreitende Unheil entsprechend der bitteren Erfahrung ausgemalt. Es wird, wie er selbst mit ansehen muß, seine Gesinnungsgenossen $^{4.6}$, wobei vor allem an die Gegner des Propheten gedacht ist, ergreifen, ebenso seine Familie, aber auch ganz Juda und Jerusalem. Auch der Tempel, wo die Schätze der Könige und des Staates verwahrt werden ^{5}, wird nicht verschont. Was Paschhur hüten will, geht verloren. Schließlich wird er ^{6} vom Bearbeiter des Drohwortes in die Gruppe der schärfsten Gegner Jeremias, unter die falschen Propheten eingereiht (29^{9}), die noch aus dem Exil gegen ihn vorgehen und verlangen, daß er in den Block gesperrt wird (29^{26}): Die Mißhandlung Jeremias stärkt die Position dieser Lügenpropheten, die das Volk ins Verderben stürzen.

$^{7-18}$ bringen als letzte der sogenannten Konfessionen Jeremias in $^{7-9.14-18}$ eine erschütternde Klage und Anklage des Propheten, dem sein Beruf zur Last und Qual geworden ist, die er nicht mehr ertragen zu können glaubt. In $^{10-13}$ ist ein Klagepsalm eingeschoben, der am Ende in ein Danklied mündet, also die Situation der umgebenden Stücke verläßt. Er schöpft aus Texten des Jeremiabuches und aus Psalmen: 20^{12} = 11^{20}; ^{10a} (»hörte ... ringsum«) = Ps 31^{14}; als kleinen Hymnus muß man ^{13} nach Form und Inhalt bezeichnen, wobei auch das Vokabular der Psalmensprache entlehnt ist (»Leben retten« Ps 22^{21} u. ö., »Arme« Ps 35^{10} 37^{14} u. ö., »Übeltäter« Ps 22^{17} u. ö.). Im überlieferten Text will $^{7-13}$ als eine Einheit, als ein Gebet Jeremias verstanden werden mit Klage $^{7-10}$, Äußerung der Zuversicht ^{11}, Erhörungsgewißheit ^{12} und Lob ^{13}. Doch ^{14} schließt gut an ^{9} an. Es geht Jeremia nicht um die Verfolgung, der er ausgesetzt ist ^{10}. Dagegen würde er Jahwes Hilfe herbeirufen ^{11}. Was ihn in die Verzweiflung treibt, ist die höhnische Ablehnung, der er nicht entgehen kann, und die ihm das Leben zur ständigen bitteren Qual macht.

$^{7-9}$ Mit einem Aufschrei und massiven Vorwürfen gegen Jahwe beginnt Jeremia seine Klage. Er wirft seinem Gott vor, daß er seine Unerfahrenheit und Arglosigkeit ausgenützt und mißbraucht habe. Das Wort »betören« (*pth*) hat einen üblen Beige-

9 Sagte ich aber: Ich will nicht mehr an ihn denken
und nicht mehr in seinem Namen sprechen!,
23^{29} so war es mir, als brenne in meinem Herzen ein Feuer,
eingeschlossen in meinem Innern.
6^{11} Ich quälte mich, es auszuhalten,
und konnte nicht;
Ps 31^{14} 10 hörte ich doch das Flüstern der Vielen:
36^{16} Grauen ringsum! Zeigt ihn an!
Wir wollen ihn anzeigen.
Ps 41^{10} Meine nächsten Bekannten
Ps 35^{15} warten alle darauf, daß ich stürze:

schmack; es bezeichnet Ex 22^{15} die Verführung eines Mädchens, Dtn 11^{16} die Verleitung zum Götzendienst, 2 Sam 3^{25} die Täuschung, die 1 Kön 22^{20-22} auch die Lüge zu Hilfe nimmt. Die Beschuldigung, die der Prophet seinem Gott entgegenschleudert, ist schärfer als die von 15^{18}, er sei ihm ein versiegender (eigentlich: trügerischer) Bach geworden. Wie in einem ungleichen Ringen hat Jahwe als übermächtiger Gegner einen schwachen, ahnungslosen Menschen überwältigt und ihm Gewalt angetan. Was drängt Jeremia diese geradezu lästerlichen Worte auf die Lippen? Es ist ^{7b} die Erfahrung, daß er nur noch mit Hohnlachen abgelehnt wird und doch immer wieder Gottes Wort verkünden muß ^{9}. Das quält und verletzt ihn zutiefst. Seine ganze Verkündigung ^{8} ist Gerichtsbotschaft, in der er mit dem Ruf »Gewalt und Unterdrükkung« nicht auf seine Not aufmerksam macht, sondern einerseits die bösen Taten mit dem Hilferuf der Bedrängten (Ijob 19^{7}) im Scheltwort rügt (6^{7} Hab 1^{2f} 2^{17} Am 3^{10}), andererseits das Gericht des Herrn verkündet (Hos 7^{13} Am 5^{9}). Das geht ihm innerlich zuwider; er tut es nur auf Befehl Jahwes. Die Zuhörer antworten mit höhnendem Lachen und verspotten ihn: »Wo bleibt denn das Wort des Herrn? Soll es doch eintreffen!« (17^{15}). Anscheinend droht noch keine unmittelbare Gefahr durch den Feind, von dem der Prophet immer wieder spricht. Dieser aber sieht keinen Ausweg aus seiner schrecklichen Lage. Denn es gelingt ihm nicht, zu schweigen und Jahwes Wort nicht zu verkündigen ^{9}. Das Gotteswort ist auch für ihn unwiderstehlich; es setzt seine Verkündigung durch mit der gleichen Wucht, mit der es, ausgesprochen, wirkt. Er zweifelt nicht an der Wirklichkeit seiner Berufung und leugnet seinen Auftrag nicht. Ihn durch Ungehorsam, durch Verweigerung des Botendienstes zu umgehen, war ihm nicht möglich. So muß er in einer schier unerträglichen Spannung leben. Die Zerreißprobe will er nicht länger ertragen. Der Vorwurf, den der Prophet Gott macht, ist ein Hilfeschrei in äußerster Not. – $^{7-9}$ wird in der erneuerten Liturgie als Lesung im Commune heiliger Männer und Frauen verwendet. Kaum ein anderer Text vermag so eindringlich zu verdeutlichen, was »Prophetenschicksal«, Berufung durch Gott als totale Anforderung sein und verlangen kann.

$^{10-13}$ Dieser Klagepsalm schließt begründend (*kī* »denn«) an die Klage Jeremias an, ändert aber deren Thema: Gewalt und Unterdrückung ^{8} werden ^{10} auf den Propheten bezo-

Vielleicht läßt er sich betören,
daß wir ihm beikommen können
und uns an ihm rächen.
11 Doch der Herr steht mir bei wie ein gewaltiger Held. 32[18] Zef 3[17]
Darum straucheln meine Verfolger und kommen nicht auf. 17[18] 15[15]
Sie werden schmählich zuschanden, 6[15] 8[12]
da sie nichts erreichen,
in ewiger, unvergeßlicher Schmach. 23[40]
12 Aber der Herr der Heere prüft den Gerechten, 11[20] 15[15]
er sieht Nieren und Herz.
Ich werde deine Rache an ihnen erleben;
denn dir habe ich meine Sache anvertraut.
13 Singt dem Herrn, rühmt den Herrn; Ps 96[1f] 98[1] 148[1.7]
denn er rettet das Leben des Armen 149[1]
aus der Hand der Übeltäter. –
14 Verflucht der Tag, an dem ich geboren wurde; Ijob 3[1-12]
der Tag, an dem meine Mutter mich gebar, 15[10]
sei nicht gesegnet.

20[11] Steht mir bei: *'ittī*, M: *'ōti*.

gen, der verfolgt wird. Nach der Beschreibung der Bedrängnis [10] folgt eine Äußerung der Zuversicht [11], in die auch die Bitte um Rettung eingeschlossen ist, darauf eine Beteuerung der Unschuld [12] und schließlich der Ausdruck der Erhörungsgewißheit [13]. Der Verfasser erinnert sich anscheinend der Anzeige, die Jeremia nach Aufzeichnung und Verlesung seiner Drohworte widerfuhr (36). »Betören« [7] wie »können« [9] werden nun von den Feinden [10] ausgesagt. Wieder sind es Menschen aus dem Umkreis des Propheten (vgl. 12[6]), die ihn verfolgen. Die Einsamkeit und das Ausgeliefertsein des Boten Jahwes an übelwollende Zuhörer ist das Bedrängende: Sie spotten nicht mehr, sondern gehen brutal und mit List gegen den Mahner und Verkünder des Unheils vor. Aber auch das weiß der Verfasser des Psalms schon: Jahwe hat seinen bedrohten Propheten errettet, der unschuldig und gerecht war (s. zu 11[20]). Darum ist der Herr mit den Worten der Psalmen zu preisen. Im Textgefüge von [7-18] stellen [10-13] die andere Seite des Jeremiabildes dar. Er ist ein Prophet, der auch noch im Aufbegehren [7-9] und am Rand völliger Verzweiflung [14-18] zu seinem Gott, den er in seinem Schmerz wütend angreift, hält. Und wenn er die Bestrafung der Feinde fordern muß, um selbst gerettet zu werden, geht es ihm doch letztlich um Gottes Sache. Der Verlauf seiner weiteren Tätigkeit wird zeigen, daß der Klagepsalm richtig geurteilt hat. Mit diesem Wissen soll der Leser an [14-18] herantreten.

[14-18] Er stößt, auch wenn die folgende Verwünschung eine konventionelle Äußerung des Leidens widerspiegeln sollte, auf einen erschreckenden Ausbruch maßloser Enttäuschung und tiefster Resignation. Die schiere Verzweiflung scheint aus den Worten Jeremias zu sprechen. Weil er von Gott nicht loskommt und seinem Auftrag wegen der ihn bezwingenden Macht des

15 Verflucht der Mann,
der meinem Vater die frohe Kunde brachte:
Jes 9[5] Ein Kind, ein Knabe ist dir geboren!,
und ihn damit hoch erfreute.
Gen 19[21.25.29] 16 Jener Tag gleiche den Städten,
die der Herr ohne Erbarmen zerstört hat.
Er höre Wehgeschrei am Morgen
und Kriegslärm um die Mittagszeit,
17 weil er mich nicht sterben ließ im Mutterleib.
So wäre meine Mutter mir zum Grab geworden,
ihr Schoß auf ewig schwanger geblieben.
15 18 Warum denn kam ich hervor aus dem Mutterschoß,
um nur Mühsal und Kummer zu erleben
und meine Tage in Schande zu beenden?

Der Beginn der Belagerung Jerusalems: 21[1-10]

71 21[1] Das Wort, das vom Herrn an Jeremia erging, als König Zidkija

20[16] Tag: *hajjōm,* M: »Mann«.
20[17] Im Mutterleib mit GS: *b^erāḥaem;* M: »vom Mutterschoß an«.

Gotteswortes nicht zu entfliehen vermag [7–9], richtet er seine Angriffe gegen seine eigene Existenz. Nein, das ist kein Leben, das man sich wünschen oder auch nur ertragen kann: Mühsal, Kummer, Schande; keine Hoffnung auf eine Wende. So verflucht der Prophet den Tag seiner Geburt; er steht nicht zu seinem Dasein, lehnt es ab. Damals hat das Unheil begonnen, das sich nun im ständigen Mißerfolg äußert. Der Geburtstag, an dem man mit dem Ausruf »gesegnet sei er« dankbar für das Geschenk des Lebens mit Lob und Bewunderung an die Mutter denkt und Glückwünsche empfängt, war für Jeremia nicht der Beginn einer heilvollen Situation. Von diesem Tag gingen kein Segen und keine Freude aus. Die Meldung von der Geburt eines Knaben war hier eher ein böses Wort. So verwünscht der Prophet den, der sie überbrachte, als könne er dadurch das Ereignis ungeschehen machen. Den Geburtstag betrachtet er wie einen Feind [16], der vernichtet werden muß, ausgelöscht wie die Städte Sodom und Gomorrha. Er wünschte, nicht geboren zu sein [17]. Dann hätte er (vgl. 1[5]) auch die Last seines Auftrags nicht auf sich nehmen müssen. Erschütternder, als es hier geschieht – Ijob hat davon gelernt – kann eine Klage und Schilderung der Not kaum ausgesprochen werden. Ein menschlicher Ausweg bietet sich nicht an, auch keine Hoffnung auf ein glückliches ewiges Leben. Damals war die jenseitige Welt der Toten noch düster, ein dumpfes Dahindämmern ohne jeden Lichtblick und ohne Gemeinschaft mit Gott. Der Text bringt keine Antwort auf den Schrei des Gequälten. Aber Jeremia stand weiterhin im Dienst seines Herrn. Gott ließ ihn nicht fallen. Er hört auch aus den Worten der Verzweiflung noch den Ruf um Hilfe.

21[1]–24[10] Mit der Überschrift »Das Wort, das vom Herrn an Jeremia er-

den Paschhur, den Sohn Malkijas, und den Priester Zefanja, den 37$^{2-10}$
Sohn Maasejas, zu ihm sandte mit dem Auftrag: ^{2} Befrag doch den
Herrn für uns! Denn Nebukadnezzar, der König von Babel, führt ge-
gen uns Krieg; vielleicht handelt der Herr an uns wie bei all seinen
früheren Wundern, so daß Nebukadnezzar von uns abziehen muß.
^{3} Jeremia aber antwortete ihnen: Meldet Zidkija folgendes: ^{4} So
spricht der Herr, der Gott Israels: Fürwahr, ich drehe in eurer Hand
die Waffen um, mit denen ihr vor der Mauer gegen den König von
Babel und die Chaldäer, die euch belagern, kämpft, und hole sie ins
Innere dieser Stadt. ^{5} Ich selbst kämpfe gegen euch mit hoch erhobe- Dtn 4^{34} 5^{15}
ner Hand und starkem Arm, mit Zorn, Grimm und großem Groll. 32^{37} Dtn 29^{27}

21^{4} Wörtlich: »So spricht Jahwe [, der Gott Israels]: Siehe, ich wende die Geräte des Krieges [, die in eurer Hand sind], mit denen ihr [gegen den König von Babel und] gegen die Chaldäer kämpft, die euch bedrängen von außerhalb der Mauer [und sammle sie] zur Mitte dieser Stadt hin«: [ ] fehlt in G.

ging« wird auch hier ein großes redaktionelles Textgefüge eingeleitet, das bis 24^{10} reicht. In einen Rahmen, der 21$^{1-10}$ auf die unter Zidkija drohende und 24$^{1-10}$ auf die unter Jojachin erfolgte Wegführung der Jerusalemer und Judäer hinweist, sind Drohworte gegen das Königtum 21^{11}–22^{30} (mit einem heilvollen Ausblick 23$^{1-8}$) und gegen die falschen Propheten 23$^{9-32}$ (samt einer Gerichtsankündigung wegen Mißdeutung des Gotteswortes 23$^{33-40}$) eingefaßt. So wird die zweimalige Eroberung Jerusalems und Verschleppung großer Teile des Volkes insbesondere in der Schuld und dem Fehlverhalten der Könige und der falschen Propheten, ja überhaupt der maßgebenden Leute (23^{33}) begründet gesehen, sicher nicht zu Unrecht. Als Stichwort für die Anbindung mag der Name Paschhur 21^{1} 20$^{1-6}$ gedient haben. Eher aber soll wohl der Kontrast deutlich werden: »der in Kap. 20 um des Wortes Jahwes willen beschimpfte und mißhandelte Prophet erlebt in Kap. 21 den Triumph, daß der König selbst zu ihm schickt, um ein Jahwewort zu empfangen« (Rudolph). Demnach ist und bleibt Jeremia, wenn auch verfolgt und durch Anfeindung zur schieren Verzweiflung getrieben, der wahre Prophet des Herrn.

21$^{1-10}$ gliedert sich in einen Bericht über eine Gesandtschaft Zidkijas an Jeremia und dessen Antwort $^{1-7}$ und ein Wort an das Volk $^{8-10}$. Die Auskunft, die der Prophet auf die Anfrage des Königs gibt, ist nicht einheitlich überliefert. Teile von ^{4} fehlen in G, ein Zeichen dafür, daß der Vers nachträglich aufgefüllt wurde. In ^{5} sagt Jahwe: »Ich selbst kämpfe gegen euch.« Damit stößt sich seine Aussage, daß die Jerusalemer gegen die Chaldäer kämpfen ^{4}. Der Rest von ^{5} stammt aus dtr Theologie (s. Randverweise). Von ^{6} ist nur der Anfang (»ich schlage die Einwohner dieser Stadt«) Jahwewort, das Übrige aber nachträgliche Entfaltung dieser Drohung. Mit ^{7} beginnt ein Nachtrag (»und danach«), der sich im einzelnen mit dem Schicksal der Überlebenden befaßt. So ergibt sich als ursprüngliches Jeremiawort: »So spricht der Herr: Siehe, ich lenke die Geräte des Krieges von außerhalb

6 Ich schlage die Einwohner dieser Stadt, Mensch und Vieh; an
schwerer Pest sollen sie sterben. 7 Und danach – Spruch des Herrn –
liefere ich Zidkija, den König von Juda, seine Diener und das Volk,
14^{12} das in dieser Stadt der Pest, dem Schwert und dem Hunger entron-
$19^{7.9}$ 20^{4f} nen ist, der Hand Nebukadnezzars, des Königs von Babel, aus, der
Hand ihrer Feinde und der Hand derer, die ihnen nach dem Leben
trachten. Er wird sie mit scharfem Schwert erschlagen, ohne Mitleid,
ohne Schonung, ohne Erbarmen.

der Mauer zur Mitte dieser Stadt hin. Ich selbst kämpfe gegen euch und erschlage die Bewohner der Stadt.« Der Prophet sagt mit diesem Drohwort an, daß Jahwe selbst zum Feind seines Volkes geworden ist, gegen es kämpfen, dazu die Waffen der Feinde benutzen und es schlagen wird.

Ein Interpret jeremianischer Verkündigung griff diese Drohung auf, setzte sie in eine bestimmte Situation und entfaltete sie. Sie schien ihm am besten in die Lage der Stadt am Beginn der Belagerung zu passen, als die Feinde noch nicht an die Mauer herangerückt waren und die Jerusalemer dies durch Kämpfe im Vorfeld zu verhindern suchten. Damals hatte Zidkija eine Gesandtschaft zu Jeremia geschickt (37^{3-18}). Darauf bezieht sich der Verfasser des Textes; er übernimmt auch von 37^{3} als Boten den Priester Zefanja, den Sohn Maasejas. Die Kriegsgeräte außerhalb der Mauer versteht er als die Waffen der Belagerten, die Jahwe umwenden, unwirksam machen wird. Daß die Jerusalemer sich gegenseitig umbringen, sagt der Text nicht. Ihre Waffen nützen nichts gegen die belagernden Chaldäer (vgl. 37^{5}), die Jahwe in der Mitte der Stadt im Vollzug ihrer Eroberung versammeln wird.

Der Interpret vertieft aber auch die theologische Dimension des Jeremiawortes. Er verweist darauf, daß Jahwe einst für sein Volk gekämpft hat, bei der Landnahme (Jos $10^{14.42}$ 23^{10}) und bereits beim Auszug aus Ägypten (Ex $14^{14.25}$). Auf beide Heilstaten weist das Stichwort »Wunder« [2] hin (Ex 3^{20} Jos 3^{5} u. ö.), auf die Rettung aus der ägyptischen Knechtschaft deutet »Pest« [6] hin; mit der Pest hat der Herr einst die Ägypter geschlagen (Ex $5^{3}9^{3.15}$ Num 14^{12}). Einst schlug der Herr bei den Feinden Menschen und Vieh (Ex 8^{13f} 9^{25} 11^{7}), jetzt tut er es bei seinem eigenen Volk [6]. Durch diese Gegenüberstellungen von den einstigen rettenden und nun das Volk in der Existenz bedrohenden Taten Jahwes wird der Ernst des Prophetenwortes verstärkt.

Verschärft wird es auch durch die Situationsangabe [2] und die Frage nach göttlicher Hilfe; es ist keine allgemeine Strafandrohung, sondern ein Gerichtswort, das sich bereits zu verwirklichen beginnt. Jahwe hat begonnen, seinem Zorn freien Lauf zu lassen und zu strafen. Was das Ende sein wird, führt [7] aus. Der Verfasser blickt schon auf die Zerstörung der Stadt zurück und beschreibt das Schicksal des Königs, der führenden Schicht und des Volkes in häufig gebrauchten Wendungen, die das strafende Handeln Gottes ansagen. Der Herr verhängt die dreifach vernichtende Plage Pest, Schwert und Hunger, übergibt in die Hand der Feinde, schlägt mit scharfem Schwert. Sein immer wieder erwiesenes Erbarmen läßt er nicht mehr aufkommen; sein Mitleid drängt er zurück. Schonung wird nicht mehr ge-

8 Zu diesem Volk aber sollst du sagen: So spricht der Herr: Seht, den Dtn 30^{15} 11^{26}
Weg des Lebens und den Weg des Todes stelle ich euch zur Wahl. Spr 6^{23} $16^{14.25}$
9 Wer in dieser Stadt bleibt, der stirbt durch Schwert, Hunger und 38^{2}
Pest. Wer aber hinausgeht und sich den Chaldäern, die euch bela-
gern, ergibt, der wird überleben und sein Leben wie ein Beutestück 39^{18} 45^{5}
gewinnen. 10 Denn ich habe mein Angesicht gegen diese Stadt gerich- 24^{6} 44^{11} Am 9^{4}
tet zu ihrem Unheil, nicht zu ihrem Heil – Spruch des Herrn. Der 34^{2} 37^{8} 38^{3}
Hand des Königs von Babel wird sie ausgeliefert, und er wird sie mit
Feuer verbrennen.

Die Botschaft an die Regierung: 21^{11-14}

11 An das Haus des Königs von Juda:
Hört das Wort des Herrn, Haus David!
12 So spricht der Herr:
Haltet jeden Morgen gerechtes Gericht!
Rettet den Ausgeplünderten 52^{8} 22^{3}
aus der Hand des Gewalttäters!
Sonst bricht mein Zorn wie Feuer los; 4^{4}
er brennt, und niemand kann löschen.

21^{12} M: »wegen eurer bösen Taten«, ein Zusatz am Ende des V. aus 4^{4}.

währt. Es gibt einen Zeitpunkt, an dem die göttliche Langmut zu Ende ist. Für das Volk des Herrn ist er nunmehr gekommen.

$^{8-10}$ Nur dem einzelnen steht noch eine Rettungsmöglichkeit offen: die Stadt verlassen und ins Lager der Feinde gehen. Jeremia hat tatsächlich dazu, nicht nur dem König 38^{17f}, sondern allen im Volk 38^{2} geraten. Sein kurzer Spruch dürfte (vgl. 38^{2}) gelautet haben: »Wer in dieser Stadt bleibt, der stirbt; wer aber zu den Chaldäern hinausgeht, der wird überleben« (Thiel 236). Der Verfasser von $^{8-10}$ hat diesen Rat mit verdeutlichenden Zusätzen erweitert und ihn als Willensäußerung des Herrn dargestellt. Er verweist auf den vielfältig drohenden Tod, die strenge Belagerung, die einzige Beute, die in diesem Kampf zu gewinnen ist: das persönliche Überleben durch Überlaufen zu den Feinden. Er bezeichnet die Weisung Jeremias ausdrücklich als Jahwewort und rahmt sie durch eine Gottesrede. In ihr sagt der Herr ^{8}, daß es bei dieser Anweisung wie bei seinen am Gottesberg verkündeten Geboten um Leben und Tod geht. Und er begründet das ^{10} mit seiner festen Entschlossenheit, Jerusalem preiszugeben, so daß es durch den König von Babel im Feuer vernichtet wird. Auch in dieser Verschärfung der prophetischen Weisung schwingt noch das Erleben bei der Zerstörung der Stadt nach. Wenn der Herr sich fest entschlossen hat, Unheil zu verhängen, gibt es kein Zurück mehr. Muß es soweit kommen?

21^{11-14} Der Abschnitt, der in M durch »und« an das Vorausgehende angeschlossen und mit der Situation von $^{1.2}$ verbunden ist, besteht aus zwei Jeremiaworten $^{11b.12}$ und $^{13.14}$. Das erste ist ein mit einer Drohung

13 Nun gehe ich gegen dich vor, du Stadt,
die du in der Mulde des Felsengebirges
über der Ebene wohnst – Spruch des Herrn.
Ihr freilich sagt: Wer kann über uns kommen
und eindringen in unsere Bauten?
14 Ich zahle euch heim, wie es eure Taten verdienen –
Spruch des Herrn.
50^{32} Ich lege Feuer an den Wald dieser Stadt,
das ringsum alles verzehrt.

Das Drohwort im Königspalast: 22^{1-9}

7^{1f} $17^{19f.}$ 22^{1} So hat der Herr gesprochen: Geh hinab in den Palast des Königs
von Juda, und rede dort folgende Worte! ^{2} Du sollst sagen: König
von Juda, der du auf dem Thron Davids sitzt, höre das Wort des

21^{13} Wörtlich: »Bewohnerschaft [des Tals] des Felsens der Ebene«.

^{12b} versehener Befehl an die herrschende Dynastie und damit eine Antwort an Zidkija, das zweite ein Drohwort an die Bewohnerschaft der Stadt, vgl. $^{8-10}$. Jahwe nennt dem Haus Davids die Voraussetzung für ein helfendes Eingreifen, das es von ihm erwartet: den Armen, Bedrückten und Beraubten zu ihrem Recht zu verhelfen, wie das Volk es von dem neuen König bei seinem Amtsantritt verlangt Ps $72^{2.4}$, wie es aber gerade in Jeremias Tagen nicht geschah $22^{3.16}$. Das darf nicht nur hie und da einmal, vielleicht in Zeiten der Not erfolgen, sondern stets, täglich, jeden Morgen, dem Zeitpunkt der Gerichtssitzung. Der König muß dafür sorgen, daß es geschieht, vgl. 1 Sam 8^{20}. Er hat Raub und Unterdrückung der Schwachen durch die Mächtigen, vgl. Jes 5^{8} Mi 2^{2} 3^{2}, abzuwehren. Sonst antwortet der Herr mit dem verheerenden Feuer seines Zorns, das erfahrungsgemäß niemand löschen kann, vgl. Jes 1^{31} Am 5^{6}.

Vom Feuer des göttlichen Gerichts spricht auch ^{14} und bedroht damit die Einwohner einer nicht genannten und auf ihre besondere Lage hin angeredete Stadt. Nach dem Zusammenhang ist Jerusalem gemeint, das auf einem nach drei Seiten steil abfallenden Berg lag und sich deshalb für nahezu uneinnehmbar hielt ^{13}. Jahwe beeindruckt das nicht; er eröffnet mit der Herausforderungsformel (Anfang ^{13}) den Kampf, prüft bei solch stolzen und selbstsicheren Worten ^{13b} die Taten nach ^{14a} und vergilt entsprechend. Die Frucht böser Taten ist Strafe, Unheil, wie die Weisheit lehrt, vgl. 17^{10} Mi 7^{13}. Verheerend wie das Feuer, das einen Wald vernichtet und nicht an einer bestimmten Stelle haltmacht, wird das Strafgericht des Herrn die Stadt und das Umland (Judäa) zerstören.

22^{1-9} Der Abschnitt kommentiert $^{1-5}$ im Stil von 7^{1-15} 17^{19-27} das vorausgehende Jeremiawort unter sinngemäßer und wörtlicher Zitierung von 21^{12a}, nimmt $^{6.7}$ einen Ausspruch des Propheten auf und fügt wie in 21^{13f} ein mit Hilfe von Dtn 29^{23-25} 1 Kön 9^{8f} gestaltetes Gerichtswort über Jerusalem $^{8.9}$ an. Der Prophet, der sich anscheinend nach Meinung des Verfassers im Tempel befindet, erhält

Herrn, du selbst, deine Diener und deine Leute, die durch diese Tore
kommen. 3 So spricht der Herr: Sorgt für Recht und Gerechtigkeit,
und rettet den Ausgeplünderten aus der Hand des Gewalttäters! 21^{12}
Fremde, Waisen und Witwen bedrängt und mißhandelt nicht; ver-
gießt kein unschuldiges Blut an diesem Ort! 4 Wenn ihr wirklich die-
ses Wort erfüllt, dann werden durch die Tore dieses Palastes Könige 17^{25}
einziehen, die auf dem Thron Davids sitzen; mit Wagen und Rossen
werden sie fahren, sie selbst, ihre Beamten und ihre Leute. 5 Hört ihr
aber nicht auf diese Worte, so schwöre ich bei mir selbst – Spruch des 17^{27}
Herrn: Zum Trümmerhaufen wird dieser Palast. 6 Ja, so spricht der
Herr gegen den Palast des Königs von Juda: Giltst du mir auch so
viel wie Gilead, wie der Gipfel des Libanon, fürwahr, ich mache dich 7^{34} 27^{17}
zur Wüste, zur unbewohnten Stadt. 7 Ich biete Verwüster gegen dich
auf, die mit ihren Äxten kommen, deine auserlesenen Zedern um-
hauen und ins Feuer werfen. 8 Wenn dann Leute aus vielen Völkern Dtn 29^{23-25}
an dieser Stadt vorbeikommen und einander fragen: Warum hat der 1 Kön 9^{8f} 19^{8}

22^{4} Wörtlich: »er und seine Beamten und sein Volk«; Zusatz nach 2b.
22^{6} Stadt, M: »Städte«.
22^{7} Ich biete auf, wörtlich: »ich heilige«.

den Auftrag, zu dem tiefer gelegenen Königspalast hinunterzugehen, wo sich der König, seine Beamten und Volk versammelt haben, das nach Jerusalem gekommen ist. Zunächst und vor allem ist der regierende Herrscher (»der auf dem Thron Davids sitzt« 17^{25} $22^{2.4.30}$) angesprochen (s. 21^{12} 22^{15}); aber das Wort richtet sich auch an alle (s. $7^{5.6}$ 5^{1}).

»Recht und Gerechtigkeit tun« bezieht sich [3] insbesondere auf die Rechtsprechung, die der Ausbeutung wehrt, auch und gerade bei Personen minderen Rechts, wie es Fremde, Waise und Witwen waren (Ex 22^{20f}). Sie muß sicherstellen, daß niemand ungerecht verurteilt und zu Tode gebracht wird. [4f] stellt in der Alternative den Hörern, hier jedoch ausdrücklich dem Königshaus, Verheißung und Drohung entsprechend der Einstellung zu den Forderungen von [3] vor Augen: Vom »Tun dieses Wortes« hängt es ab, ob Davididen weiterhin in Jerusalem regieren. Verweigerung zieht die Vernichtung des Palastes und damit auch der Dynastie nach sich. Jahwe schwört, da es keine höhere Macht gibt als ihn, bei sich selbst. Die Drohung ist damit kräftig unterstrichen; sie hat sich für den Verfasser schon erfüllt.

[6.7] Darum wendet er ein Prophetenwort, das wohl (s. Ende [6]) Jerusalem meint, auf den Königspalast an. Das waldreiche ostjordanische Gilead und der durch seine mächtigen Zedern berühmte Libanon (Jes 37^{24} Ez 31^{16}) werden als Bild für die herrliche Stadt genommen, an der Jahwe selbst seine Freude hat. Ihr wird die Zerstörung angesagt. Der Herr hat bereits die Verwüster ausgewählt, sie »geheiligt«, d. h. für seine Zwecke reserviert. Diese werden sie und all ihre Pracht, auch den Palast des Königs zerstören.

[8.9] tragen aus dtn Sicht und Theologie in Frage und Antwort (vgl. 5^{19} 16^{10-13}) die Begründung nach. Es ist, anders als in [3] und ergänzend dazu der Bundesbruch, womit die Nicht-

Herr so an dieser großen Stadt gehandelt?, 9 wird man erwidern:
Weil sie den Bund mit dem Herrn, ihrem Gott, aufgegeben, andere
Götter angebetet und ihnen gedient haben.

Gegen Schallum: 22^{10-12}

10 Weint nicht um den Toten, und beklagt ihn nicht! Weint vielmehr
um den, der fortmußte; denn er kehrt nie wieder zurück, nie mehr
sieht er sein Heimatland. 11 Denn so spricht der Herr über Schallum,
den Sohn Joschijas, den König von Juda, der seinem Vater Joschija in
der Regierung gefolgt war und wegziehen mußte von diesem Ort:
Nie mehr kommt er hierher zurück. 12 An dem Ort, wohin man ihn
verschleppt hat, dort wird er sterben und dieses Land nie wiederse-
hen.

Gegen Jojakim: 22^{13-19}

Mi 3^{10} 13 Weh dem, der seinen Palast
mit Ungerechtigkeit baut,
seine Gemächer mit Unrecht,
Lev 19^{13} Dtn 24^{14f} der seinen Nächsten ohne Entgelt arbeiten läßt
und ihm seinen Lohn nicht gibt,
14 der sagt: Ich baue mir einen stattlichen Palast
und weite Gemächer.

22^{10} Den Toten, M: »einen Toten«, gemeint ist Joschija.

beachtung des (dtn) Gesetzes gemeint ist, und der Götzendienst, der dieses Unheil verursacht hat. Das war letztlich der Grund und die Ursache für die Zerstörung Jerusalems, auf die der Verfasser zurückblickt.

22^{10-12} Ein Ausspruch des Propheten ^{10} wird ^{11f} für spätere Leser interpretiert. Jeremia nennt keine Namen; aber wer gemeint war, konnte aus der Situation mit Sicherheit erschlossen werden. Der Tote, König Joschija (2 Kön 23^{30}), ist besser daran als sein Sohn Joahas, den der Pharao Necho nach seinem Sieg bei Megiddo (609 v. Chr.) nach Ribla am Orontes zitierte (2 Kön 23^{33f}), absetzte und nach Ägypten mitnahm, wo er starb. Denn in der Verbannung weilen und sterben zu müssen, ist das härtere Schicksal. Während Joahas, der vor seiner Thronbesteigung Schallum hieß, auf dem Weg zum Pharao war, sprach Jeremia die Aufforderung zur Klage um ihn aus; ihm, der nie wiederkehren wird, kann man schon das Leichenlied (vgl. 16^{5} 48^{17}) singen. An seiner Stelle wurde sein älterer Bruder (2 Kön $23^{31.36}$) Eljakim von Necho zum König gemacht und Jojakim genannt. Der Pharao wollte zeigen, wer der Herr im Lande ist, und eine Fortführung der Politik Joschijas unterbinden.

22^{13-19} folgen Aussprüche gegen Jojakim ^{18}: ein als Weheruf gestaltetes Scheltwort ^{13f}, eine Gegenüberstel-

Er setzt ihm hohe Fenster ein,
täfelt ihn mit Zedernholz
und bemalt ihn mit Mennigrot.
15 Bist du König geworden, um mit Zedern zu prunken?
Hat dein Vater nicht auch gegessen und getrunken,
dabei aber für Recht und Gerechtigkeit gesorgt?
Und es ging ihm gut.
16 Dem Schwachen und Armen verhalf er zum Recht.
Heißt nicht das, mich wirklich erkennen?
– Spruch des Herrn.

22[16] M liest nach »verhalf er zum Recht«: »da war es gut«. Dieser Satz wird meist als Zusatz betrachtet, vgl. [15].

lung des Königs mit seinem Vater [15f], ein erneutes Scheltwort [17], an das sich ein Drohwort [18f] anschließt. Weheruf und Drohwort reden über den König Jojakim; in [15a.17] ist er direkt angesprochen; [15b.16] handeln von seinem Vater Joschija. [18aα] (»Darum ... Juda«) fungiert als Überleitung. Deshalb ist anzunehmen, daß der Weheruf [13f] in [18aβ] weitergeführt wird. Die Schelte [15–17] wurde nachträglich eingefügt.

Der Weheruf über den Palastbauer [13f.18*.19]. »Weh« ruft der Prophet (vgl. schon Am 5[18] 6[1] Jes 5[8–24] Mi 2[1]) und nimmt in diesem Wort den Klageruf (vgl. [18]) der Totenklage auf. Er tritt mit ihm einem Menschen entgegen, dessen Tun unheilvoll und todbringend für diesen selber ist. Nicht das Bauen als solches ist verwerflich und verderbenbringend, sondern das Unrecht (vgl. auch Hab 2[9]), das im Fall Jojakims dabei geschieht. »Bauen« und »pflanzen« werden ja als Stichworte der Heilszusage im Jeremiabuch (1[10] u. ö.) verwendet und entsprechen dem berechtigten Verlangen des jungen Israeliten, der eine Familie gründen will. Sünde, die den Menschen ins Unheil stürzt, ist das Unrecht, das dieser Bauherr verübt, indem er den Arbeitern den Lohn vorenthält und so seine Brüder im Volk des Herrn ausbeutet. Zudem ist der Aufwand angesichts der hohen Tributleistung, die an den Pharao entrichtet werden mußte (2 Kön 23[35]), nicht zu rechtfertigen. Das Volk war schon bis zur Unerträglichkeit belastet. Dennoch wird ein weiteres Stockwerk auf den Palast aufgesetzt, anscheinend ein Audienzfenster (vgl. 2 Kön 9[30.32]) nach ägyptischem Vorbild ausgebrochen und der Palast vergrößert; alles soll stattlich und prachtvoll wie bei Salomo (vgl. 1 Kön 6[9] 7[7]) sein. Die Strafe [18f] wird den prunksüchtigen Ausbeuter treffen: Der so prächtig wohnen will, erhält nicht einmal ein rechtes Begräbnis. Die Totenklage, von der die Liedanfänge zitiert werden (vgl. 1 Kön 13[30]), wird für ihn nicht gehalten; man wirft ihn wie ein verendetes Tier auf den Schindanger vor der Stadt. Für den Israeliten, der dadurch entehrt wurde, daß er kein Begräbnis erhielt, und fürchten mußte, in der Unterwelt keine Ruhe zu finden, war dies eine furchtbare Drohung. Ob sie sich an Jojakim erfüllt hat, ist nicht bekannt. 2 Kön 24[6] meldet nur: »Jojakim entschlief zu seinen Vätern.«

Die Schelte [15–17] rügt den König wegen seines prunksüchtigen Gehabes [15a] und wegen seiner räuberischen

17 Doch deine Augen und dein Herz
sind nur auf deinen Vorteil gerichtet,
7^6 22^3 2 Kön auf das Blut des Unschuldigen, das du vergießt,
24^{1-4} auf Bedrückung und Erpressung, die du verübst.
18 Darum – so spricht der Herr über Jojakim,
den Sohn Joschijas, den König von Juda:
Man wird für ihn nicht die Totenklage halten:
»Ach, mein Bruder! Ach, Schwester!«
Man wird für ihn nicht die Totenklage halten:
34^5 »Ach, der Herrscher! Ach, seine Majestät!«
19 Ein Eselsbegräbnis wird er bekommen.
36^{30} Man schleift ihn weg und wirft ihn hin,
draußen vor den Toren Jerusalems.

Jerusalems Sturz: 22^{20-23}

20 (Jerusalem,) steig auf den Libanon, und schrei,
im Baschan erheb deine Stimme,
schrei vom Abarimgebirge herab,
daß alle deine Freunde zerschmettert sind.
21 Ich habe dir zugeredet,
als du dich noch sicher fühltest;
du aber hast gesagt: Ich höre nicht.
So hast du es getrieben von Jugend an:
Du hast auf meine Stimme nicht gehört.
Hos 12^2 22 All deine Hirten wird der Wind weiden,
deine Freunde müssen fort in die Gefangenschaft.

Gewinnsucht (vgl. Spr 1^{19} 15^{27}), die bei dem Hausbau hervortreten (vgl. Hab 2^9). Sich so zu gebärden, ist nicht die Aufgabe des Königs. Was seine Pflicht ist, wird am Beispiel Joschijas, eines keineswegs darbenden und dem Lebensgenuß abgeneigten Herrschers (s. »essen und trinken«, vgl. ^{15}), der vom dtr Werk (2 Kön 22^3 und vgl. den Bericht über ihn 2 Kön 22^1–23^{30}) so positiv beurteilt wird, in dtr Sicht (vgl. auch Jer 22^{16}: »damals war es gut«) dargelegt: Recht und Gerechtigkeit tun (1 Kön 10^9), worauf die dtn Verheißung des Wohlergehens steht (»es ging ihm gut«: vgl. Dtn 10^{13} 19^{13}); den Schwachen und Armen zum Recht verhelfen, wie schon die Weisheit sagt (Spr 31^9, vgl. Ps $72^{2.12f}$); kein unschuldiges Blut vergießen (Dtn 21^{8f} 27^{25} 2 Kön 24^4); keine Unterdrückung und keine Erpressung (vgl. Dtn 28^{33}) ausüben. Das ist wahre Gotteserkenntnis ^{16b}, Erkenntnis und Ausführung des göttlichen Willens. In ihr muß der König, jeder, der eine Leitungsfunktion hat, vorbildlich sein. Der Herr erwartet und verlangt es, wie die »Spruch-Formel« (Ende ^{16}) bezeugt.

Die wahrscheinlich kurz vor 597 v. Chr. an Jerusalem gerichtete Aufforderung zur Klage $^{20-23}$ wird von Jahwe selbst ^{21} ausgesprochen. Sie setzt die unmittelbar bevorstehende

Dann wirst du Schmach und Schande ernten
wegen all deiner Untaten.
23 Die du auf dem Libanon thronst (Jerusalem),
in Zedern nistest,
wie wirst du stöhnen,
wenn Wehen über dich kommen,
Schmerzen wie die einer Gebärenden.

Gegen Jojachin: 22^{24-30}

24 So wahr ich lebe – Spruch des Herrn –, selbst wenn Jojachin, der 2 Kön 24^{8-16}
Sohn Jojakims und König von Juda, ein Siegelring an meiner Rechten
wäre, ich risse dich weg. 25 Ich gebe dich in die Hand derer, die dir 19^{7}
nach dem Leben trachten, in die Hand derer, vor denen dir graut, in 39^{17}

22^{23} Wirst du stöhnen: *nae'*^{ae}*naḥat* mit GSVg, M: »du wirst Erbarmen finden«.
22^{24} Jojachin: in M Konjahu genannt, wohl eine Abkürzung von Jekonjahu (M: 24^{1}, vgl. 29^{2}).

Eroberung voraus, die sie somit eindrucksvoll ankündigt. Jerusalem soll gleichsam auf den hohen Bergen im N (Libanon), NO (Baschan mit dem Hermon) und SO (Abarim mit dem Nebo), von denen man in das Land Kanaan schauen kann, klagend um Hilfe schreien. So groß wird die kommende Bedrängnis sein. Berge werden auch 3^{21} 7^{29} als Ort der Klage genannt. Die Bundesgenossen (»Freunde«, vgl. 30^{14}) sind bereits besiegt. Zusammen mit den führenden Männern ^{22}, die der Sturm der feindlichen Strafaktion hinwegfegt, werden sie gefangen weggeführt. Das Gericht kommt nicht von ungefähr. Es ist von Jahwe verhängt wegen der bösen Taten, und weil Jerusalem im Wahn falscher Sicherheit nie auf Gottes Wort hören und gehorchen wollte ^{21}. Tatsächlich ist Jerusalem eine fast uneinnehmbare Festung, unzugänglich wie der Libanon (vgl. 22^{6}), wie ein Vogelnest auf einer hohen Zeder. Doch es wird die bittere Not der Belagerung und Zerstörung verspüren.

König Jojachin wird $^{24-30}$, obwohl er erst kurz im Amt ist – er regierte nur drei Monate – und für das Fehlverhalten Judas nicht verantwortlich ist, ebenfalls von dem Strafgericht Jahwes mitbetroffen. Drei jeremianische, nachträglich kommentierte Aussprüche beschreiben (1.3) und beklagen (2) sein Geschick.
Das erste Prophetenwort lautete ursprünglich wohl: »^{24} So wahr ich lebe – Spruch des Herrn – selbst wenn du, Jojachin, ein Siegelring an meiner Rechten wärest, ich risse dich weg; ^{26} ich schleuderte dich ^{27} auf die Erde« (Hermisson). Das Siegel, mit dem der Besitzer wie mit einer Unterschrift persönlich signiert, wird sorgfältig gehütet, als Ring an der rechten Hand oder an einer Schnur um den Hals getragen. Selbst wenn Jojachin, dem von Israels Gott Vollmacht gegeben ist, für Jahwe so kostbar wäre, Jahwe wird sich von ihm trennen und ihn verwerfen. Hierin zeigt sich der bittere Ernst des beschlossenen Gerichtes. Das Wort des Propheten wurde $^{25-27}$ im

die Hand Nebukadnezzars, des Königs von Babel, und in die Hand
der Chaldäer. [26] Ich schleudere dich samt deiner Mutter, die dich ge-
bar, in ein anderes Land, in dem ihr nicht geboren seid, und dort wer-
V. 11f 42^{16} det ihr sterben. [27] In das Land aber, nach dem ihr Herz sehnlich zu-
rückverlangt, werden sie nie wieder kommen. – [28] Ist denn dieser
Mann Jojachin ein verachtetes, zerschlagenes Gefäß oder ein Gerät,
16^{13} das niemand mehr mag? Warum wird er fortgeschleudert und hinge-
worfen in ein Land, das er nicht kennt? [29] Land, Land, Land, höre das
Wort des Herrn! [30] So spricht der Herr: Schreibt diesen Mann als
kinderlos ein, als Mann, der in seinem Leben kein Glück hat. Denn
17^{25} 22^{4} 29^{16} keinem seiner Nachkommen wird es glücken, sich auf den Thron Da-
vids zu setzen und wieder über Juda zu herrschen.

22^{28} M liest nach »fortgeschleudert«: »er und seine Nachkommen (Same)«.

Nachhinein aufgrund der Ereignisse (2 Kön $24^{12.15}$ 25^{27-30}) kommentiert: So hatte sich die Drohung des Herrn erfüllt.

Das zweite Wort Jeremias steckt in [28]: »Ist denn Jojachin ein verachtetes Gefäß oder ein Gerät, das niemand mehr mag? Warum wurde er auf die Erde geschleudert?« (Duhm, Thiel). Jeremia beklagt – s. das vorwurfsvolle (vgl. 2^{31} 8^{5}), klagende (vgl. 14^{19}) »Warum?« – mit der anscheinend sprichwörtlichen Wendung von »dem Gefäß, das niemand mehr mag« (48^{38} Hos 8^{8}), die Verwerfung Jojachins, dem er keine Schuld zur Last legt (s. auch 1 und 3). Die Interpretamente verbinden das Wort mit dem folgenden (»dieser Mann« [30]; »er und sein Same«, vgl. [30]) und dem vorausgehenden (*'aeraeṣ* »Erde« wie in [27] in »Land« umgedeutet) und weisen auf die Verschleppung hin (»hingeworfen in ein Land, das er nicht kennt«, vgl. 15^{14} 16^{13} 17^{4}; auch »zerschlagen« [*nāfūṣ*] läßt die häufigere Bedeutung »verstreut« anklingen).

Der dritte Ausspruch findet sich in [30]: »Schreibt diesen Mann als kinderlos ein; denn keinem seiner Nachkommen wird es glücken, wieder über Juda zu herrschen«. Auch keiner von Jojachins Söhnen – sie werden 1 Chr 3^{17f} aufgezählt – wird König von Juda sein. Es ist, wie wenn er kinderlos wäre und als solcher in die Bürgerliste Jerusalems eingetragen werden müßte. Die Nachinterpretation bezeichnet (»der in seinem Leben kein Glück hat«) Jojachins Leben als mißlungen, da ihm auch dieses Letzte versagt war, daß wenigstens seine Nachkommen, wenn er schon kein Glück hatte, Erfolg hätten. Sie nimmt das dtr Anliegen (vgl. 1 Kön 1^{13-48} $2^{12.24}$) vom Herrscher auf dem Davidsthron auf. Sie steht vor der Erfahrung, daß kein Davidide mehr in Jerusalem herrscht. So gesehen, geht es in dem Wort eigentlich um das Geschick des Landes, das, wie in 1 Kön 13^{2} der Altar von Bet-El, in dreifachem Anruf [29] eindringlich zum Hören aufgefordert wird: Das traurige Schicksal Jojachins ist Strafe für das Volk des Herrn. Jahwe hat seine große Zusage, die Davidsverheißung (2 Sam 7^{16}) zurücknehmen müssen. War das wirklich notwendig, und kann er auf Dauer von seiner Verheißung Abstand nehmen?

Darauf antworten 23^{1-8} als Abschluß der Königssprüche. Ein Wehespruch gegen die Hirten (= Könige, führende Männer) [1] wird mit einem

Der Davidsproß: 23[1-8]

23[1] Weh den Hirten, die die Schafe meiner Weide zugrunde richten 10[21] Ez 34
und zerstreuen – Spruch des Herrn. [2] Darum – so spricht der Herr,
der Gott Israels, über die Hirten, die mein Volk weiden: Ihr habt
meine Schafe zerstreut und versprengt und habt euch nicht um sie ge-
kümmert. Jetzt ziehe ich euch zur Rechenschaft wegen eurer bösen
Taten – Spruch des Herrn. [3] Ich selbst aber sammle den Rest meiner Ez 34[12f]
Schafe aus allen Ländern, wohin ich sie versprengt habe. Ich bringe
sie zurück auf ihre Weide; sie sollen fruchtbar sein und sich vermeh- 3[16]
ren. [4] Ich werde für sie Hirten bestellen, die sie weiden, und sie wer- 3[15]
den sich nicht mehr fürchten und ängstigen und nicht mehr verloren-
gehen – Spruch des Herrn.
[5] Seht, es kommen Tage – Spruch des Herrn –, da werde ich für Da- 33[15f]
vid einen gerechten Sproß erwecken. Er wird als König herrschen Jes 16[5] 32[1]
und weise handeln, für Recht und Gerechtigkeit wird er sorgen im Sach 3[8] 22[3.15]

Drohwort gegen sie fortgeführt [2], das in ein Heilswort für die verstreuten Israeliten [3.4] übergeht. Eine Verheißung des künftigen Heilskönigs [5.6] und der Heimführung Israels [7.8] wird jeweils mit der »eschatologischen« Formel »siehe Tage werden kommen« eingeleitet. Alle diese Einzelworte erweisen sich nach Thematik (Heimkehr der Diaspora, messianische Erwartung, »Hirten«-Thema, wie Ez 34) und Begrifflichkeit (z. B. »Sproß« als Bezeichnung für den erwarteten Heilsträger, vgl. Jes 11[1] 4[2] Sach 3[8] 6[12]; Volk Jahwes als »Herde«, bzw. »Schafe seiner Weide« Ps 100[3] 77[21] 78[52] 79[13]) als spät.

[1] Das Wehe (s. 22[13]) wirft den untreuen (2[8]) Hirten vor, daß sie am Untergang des Volkes Jahwes schuld sind. Das Gerichtswort [2a] spricht es noch einmal deutlich aus, um Jahwes Strafe [2b] (vgl. 21[14]) anzukündigen. Sie bleibt nicht der Auswirkung der fluchwürdigen Tat (so die ursprüngliche Intention des »Wehe«) überlassen. Jahwe, um dessen »Herde« es geht, ist herausgefordert und greift ein. In einem Wortspiel mit dem Verbum *pāqad* »(unter-, heim-)suchen« werden Vergehen und Strafe im M (»ihr habt sie«, die Schafe, »nicht gesucht«; »jetzt suche ich an euch« eure bösen Taten »heim«) im Sinn von Tat und von der durch Gott verhängten Folge verbunden: Hirte sein, auch im Auftrag Gottes, bedeutet Verantwortung tragen; wer unverantwortlich oder verantwortungslos gegenüber denen handelt, die ihm anvertraut sind, den zieht der Herr zur Verantwortung. Aber Jahwe läßt seine »Herde« nicht im Stich, sondern sammelt sie und führt sie heim in ihr Land. Er schenkt Fruchtbarkeit; hier wird das Anliegen von P (vgl. Gen 1[22.28] u. ö. Ez 36[11]) aufgegriffen. Sie können in Ruhe und ohne Angst im Land leben; denn der Herr setzt Hirten ein (hier ist das Stichwort der Davidsverheißung 2 Sam 7[12.25] *qūm* hi., vgl. auch Ez 34[23] aufgenommen), die sich um sie kümmern.

[5.6] Ein erneutes Heilswort nimmt das Stichwort *qūm* hi. noch einmal auf, um es eindeutig im messianischen Sinn zu verwenden: Es wird eine Zeit kommen, in der ein Davidide,

Land. [6] In seinen Tagen wird Juda gerettet werden, Israel kann in Si-
cherheit wohnen. Man wird ihm den Namen geben: Der Herr ist un-
16[14] sere Gerechtigkeit. [7] Darum seht, Tage werden kommen – Spruch des
Herrn –, da sagt man nicht mehr: So wahr der Herr lebt, der die
Söhne Israels aus Ägypten heraufgeführt hat!, [8] sondern: So wahr der
Herr lebt, der das Geschlecht des Hauses Israel aus dem Nordland
und aus allen Ländern, in die er sie verstoßen hatte, heraufgeführt
und zurückgebracht hat. Dann werden sie wieder in ihrem Heimat-
Ez 36[17] land wohnen.

Gegen die falschen Propheten: 23[9–32]

Ez 13 [9] Über die Propheten:
Mir bricht das Herz in der Brust,
alle meine Glieder zittern.

als erwarteter königlicher Heilsträger aus dem Davidsstamm nach Jes 11[1] »Sproß« genannt, die Königsherrschaft ausübt. Er ist gerecht, handelt so, wie es richtig ist und Gott es verlangt, und verhilft allen, besonders den Unterdrückten und Benachteiligten, zum Recht. Sein Name, den er deshalb zu Recht trägt, sagt aber noch mehr aus. Er bedeutet nicht, daß der kommende Messias hier als Gott vorgestellt und Jahwe gleichgestellt würde. Nach 33[16] wird Jerusalem ebenso genannt. Er trägt nicht den Jahwenamen »der Herr« mit dem Beinamen »unsere Gerechtigkeit«. Erst das NT kündet den göttlichen Ursprung und das Gottsein des messianischen Königs. Die Benennung, die ihm [6] zuteil wird, meint vielmehr, daß der Herr zu seiner aus reiner Gnade übernommenen Verpflichtung steht, das Heil seines Volkes zu bewirken. Das ist seine »Gerechtigkeit« uns gegenüber und für uns. Er wirkt sie durch den kommenden Davidssproß [5]. Deuterojesaja sagt: durch seinen Knecht (Jes 42[6]). Zidkija, an dessen Namen die Bezeichnung des kommenden Königs anklingt (*jhwh ṣidqenū*), ist in [5.6] nicht, auch nicht in Erwartung eines heilvollen Regiments, am Beginn seiner Herrschaft angesprochen. Eher diente der schwache König, der in entscheidender Stunde kläglich versagte, (38[14–28]) der späteren Hoffnung als negativ düsterer Hintergrund: Wenn nicht der Herr selbst durch seinen Erwählten handelt, wird kein Heil, bleibt ein solcher Name leer.

[7.8] Noch einmal wird in einem weiteren Heilswort die Heimkehr der Diaspora angesagt, ein Zeichen dafür, welches Gewicht diese Thematik für den Verfasser und seine Zeit hatte. Sie steht so sehr im Vordergrund, daß dahinter das große heilsgeschichtliche Thema von der Herausführung aus Ägypten zurücktritt, wie es auch bei Deuterojesaja der Fall ist (vgl. Jes 43[14–21]). Als Erweis der Macht Jahwes, der beim Schwur angerufen wird, gilt nun die Heimführung aus der weltweiten Zerstreuung. Der ungestörte Besitz des verheißenen, verlorenen und nun wiedergeschenkten Landes ist das Ziel der Hoffnung auf das Heilshandeln Gottes.

In 23[9–40] sind eine Reihe von Aussprüchen über die Propheten zusammengestellt: An der allgemeinen

Wie ein Betrunkener bin ich,
wie ein Mann, der vom Wein überwältigt ist,
wegen des Herrn und seiner heiligen Worte:
10 Voll von Ehebrechern ist das Land;
ja, wegen des Fluches vertrocknet das Land, 12[4] Jes 24[6]
sind die Weideplätze der Steppe verdorrt.
Schlechtigkeit ist ihr Ziel, 8[6]
Unrecht ihre Stärke.
11 Sogar Prophet und Priester sind ruchlose Frevler,
selbst in meinem Haus
stoße ich auf ihre Schlechtigkeit
– Spruch des Herrn.

23[10] Wegen des Fluches, G: »ihretwegen« (d. h. wegen der Ehebrecher).

Verderbtheit [9–12] haben die Propheten besonderen Anteil und Schuld [13–15]; sie erweisen sich als falsche Propheten [16–22], denn Jahwes Wort wird ihnen nicht zuteil [23–32]. Den Abschluß bildet ein später Abschnitt über »die Last des Herrn« [33–40]. Auffallend häufig steht die »Spruch-Jahwes«-Formel, die zwar anscheinend wichtige Aussagen unterstreicht, eher aber Zusätze, die weitere Auslegungen und Konkretisierungen beisteuern, anbindet.

[9–12] Jeremia klagt erschüttert und bis ins Herz getroffen, vgl. 4[19] 8[8], über die völlige Verderbnis des Volkes [9.10.12a]. Er ist wie betäubt, seiner Stimme kaum mächtig. [10] Denn er stellt Ehebruch, womit wohl in erster Linie, doch nicht ausschließlich und damit zusammenhängend (vgl. 5[7]), der Fruchtbarkeitskult (3[8.9]) gemeint ist, fest, der im Land sehr häufig geschieht. Er beobachtet, daß man dem Bösen, das man sich vorgenommen hat, nachrennt, und Macht, die man hat, mißbraucht. Ein Zusatz nach 4[28] 12[4] mitten in [10] weist darauf hin, daß der Fluch, den das böse Treiben, vor allem des Fruchtbarkeitskultes, hervorruft, das Land verdorren läßt (vgl. 3[24f]). [12] Dieses üble Tun wird die Täter ins Unglück stürzen; mit einem Bild, das vom unwegsamen Bergland Palästinas genommen ist: Sie gehen im Dunkeln gefährliche Wege, auf denen man zu Fall kommen muß.

Ein Redaktor, der dieses Scheltwort über das Volk wegen des Themas »Ehebruch« [10.14] auf die Propheten bezog [9], bringt sie (und die Priester) in den Text [11] ein: Auch sie sind beteiligt, treiben ihre Bosheit (s. [10]) in Gegenwart Jahwes und entweihen (*ḥnp*, vgl. 3[1.2]) seinen Tempel. Darum wird Jahwe [12b] sie entsprechend bestrafen ([12b] = 11[23] mit geändertem Adressaten).

Einen zweiten Gedanken bringt der Redaktor [10b] im Blick auf das ab [16] verhandelte Thema »Wort Jahwes« herein: Jeremia als wahrer Prophet hängt nicht leeren Träumen nach und befindet sich nicht in selbstgemachter Ekstase, sondern ist getroffen und überwältigt von dem heiligen (vgl. Ps 105[42]), unverfügbaren Wort des Herrn. [10–12] wird dann als ein solches Gotteswort verstanden. [13–15] ist ein Wort, das sich nun direkt und ursprünglich mit den Propheten befaßt; es enthält Schelte [13f] und nachträglich Drohung [15]. Jeremia spricht [13.14a.15b] und berichtet, was er feststellen mußte; sein Wort wird zu

Ps 35^{6} 12 Deshalb wird ihr Weg für sie
wie ein schlüpfriger Pfad;
sie stürzen in die Finsternis,
sie kommen darin zu Fall.
Denn Unheil bringe ich über sie,
das Jahr ihrer Bestrafung – Spruch des Herrn.
13 Zwar habe ich auch bei Samarias Propheten
Häßliches gesehen:
Sie weissagten im Namen des Baal
und verführten mein Volk Israel.
14 Aber bei den Propheten Jerusalems
sah ich grauenhafte Dinge:
Sie brechen die Ehe, gehen mit Lügen um
und bestärken die Bösen,
18^{8} so daß keiner umkehrt von seinem bösen Treiben.
Für mich sind alle wie Sodom,
Jes 1^{10} Jerusalems Einwohner sind für mich wie Gomorra.
15 Darum – so spricht der Herr der Heere
gegen die Propheten:
9^{14} Ich gebe ihnen Wermut zu essen
und Giftwasser zu trinken;
denn von den Propheten Jerusalems
ist Frevel ausgegangen ins ganze Land.

23^{14} Wörtlich: »sie stärken die Hände der Bösen«.

einer scharfen Anklage, die sich gegen die Propheten in Jerusalem richtet. Es gehört sich nicht und erregt Anstoß bei Jahwe, wenn Propheten, wie sie es in Samaria taten, unter Berufung auf Baal weissagen (vgl. 2^{8}); sie führten das Volk in die Irre. Aber die Propheten Jerusalems treiben es viel schlimmer: Sie stehen im Dienst Jahwes, aber nur scheinbar. Und was das Gräßliche dabei ist: Sie tun Böses, handeln dem Willen des Herrn entgegen und erwecken so den Eindruck, als sei Jahwe mit diesen bösen Taten (Ehebruch, Betrug) einverstanden. So hindern sie die Übeltäter daran, umzukehren und ihr verwerfliches Treiben aufzugeben; ja sie bestärken sie darin, das Böse zu tun. Den gleichen Vorwurf macht Ez 13^{22}. Sie sind schuld, durch ihr schlechtes Beispiel schuld daran ^{15b}, daß Verruchtheit das ganze Land ergriffen hat.

Ein Ergänzer unterstreicht ^{14b} das Ergebnis mit dem Verweis auf die wegen ihrer Verkommenheit berüchtigten Städte Sodom und Gomorra (Gen 18^{20f} 19^{1-13}). Israel sollte für Jahwe »zum Volk werden« (7^{23} 11^{4} 13^{11} 24^{7}). Doch das Land (bzw. Jerusalem) ist für ihn zur sprichwörtlichen Schlechtigkeit geworden. Das Gericht wird von Jahwe ^{15a} den Schuldigen mit der Strafansage von 9^{14} verkündet. Dadurch wird das Ganze $^{13-15}$ zum Jahwewort und wird auf diese Weise verschärft. Der Herr distanziert sich von jenen und bestraft die, die sein Wort verkünden, seinen Willen aber nicht tun wollen und so andere zum Bösen verführen.

16 So spricht der Herr der Heere:
Hört nicht auf die Worte der Propheten,
die euch weissagen.
Sie betören euch nur; sie verkünden Visionen, 14^{14}
die aus dem eigenen Herzen stammen,
nicht aus dem Mund des Herrn.
17 Immerzu sagen sie denen,
die das Wort des Herrn verachten:
Das Heil ist euch sicher!;
und jedem, der dem Trieb seines Herzens folgt, 3^{17}
versprechen sie: Kein Unheil kommt über euch.

23^{16} Die euch weissagen: fehlt in G.
23^{17} *lim^{e}na^{ʾa}sē d^{e}bar* mit G; M: »zu meinen Verächtern. Jahwe hat geredet.«

$^{16-22}$ ist kein einheitlicher, vielmehr ein recht komplexer Text. $^{19.20}$ stehen beinahe gleichlautend 30^{23-24} und sind wohl ein selbständiger Spruch, der mit dem Prophetenthema nichts zu tun hat. ^{18} und ^{22} sind dem Inhalt und der Wortwahl nach anscheinend Dopplungen. ^{18} schließt sich mit *kī* »denn« sachlich und inhaltlich an ^{16} an. $^{16.18}$ sind, weil über Jahwe gesprochen wird, trotz der einführenden Botenspruchformel, die nur vor ^{21} paßt, ein Prophetenwort, ^{21f} ein Jahwewort.

$^{16.18}$ Die Warnung, auf die Propheten zu hören, die selbsterdachte Visionen verkünden, nimmt gegen jene Stellung, »die aus ihrem eigenen Herzen heraus prophetisch reden, ihrem eigenen Geist folgen und nichts geschaut haben« (Ez 13^{2f}). Ihre Schauungen sind erlogen, ihr Wort ist leere Wahrsagerei (Jer 14^{14}). Sie geben nichtige Sehersprüche, trügerische, weil falsche Orakel von sich (Ez 12^{24} 13^{6-8}), und machen ihre Hörer selbst »zunichte«. Angesichts der leeren Worte haben diese nichts, woran sie sich orientieren und worauf sie bauen könnten. Die Verkündigung solcher Propheten kommt nicht von Jahwe; er hat sie ihnen nicht mitgeteilt. Sie können nicht seine Sprecher sein, als sein Mund fungieren (15^{19}). Denn ^{18} niemand von ihnen – so ist die Frage nach dem Zusammenhang zu beantworten (vgl. ^{22}) – hat an der Ratsversammlung des Herrn teilgenommen, bzw. war zu einer vertraulichen Besprechung (*sōd*) von Jahwe herangezogen worden (vgl. Am 3^{7}), hat dort sein Wort gehört und den Verkündigungsauftrag empfangen. Sie sind weder informiert noch ermächtigt.

Was Jeremia $^{16.18}$ über die falschen Propheten gesagt hat, bekräftigt das Jahwewort ^{21f}: Sie haben weder Sendung noch Auftrag (»geh und sag« z.B. Jes 6^{9}, vgl. Jer $1^{7.17}$ 7^{1} u. ö.); dennoch tun sie so, als wären sie Gottes Boten (»sie laufen und verkünden«)^{21}. Sie sind tatsächlich nicht von Jahwe unterrichtet ^{22} und geschickt. Sonst würden sie seine Ziele verfolgen und das Volk zur Umkehr bewegen (vgl. 18^{11}). Das ist das echte Kriterium für einen wahren Jahwe-Propheten.

^{17} steuert nachträglich unter Verwendung von 4^{10} 5^{12} die grundlegenden Aussagen – so darf man wohl den inf. abs. (»sagend sagen sie«) deuten – dieser falschen Propheten bei. Es ist eine unbedingte Heilsbotschaft, eine Heilsverkündigung auch für

Jes 40^{13} 1 Kön 22^{19-23}

18 Doch wer hat an der Ratsversammlung des Herrn teilgenommen,
hat ihn gesehen und sein Wort gehört?
Wer hat sein Wort vernommen
und kann es verkünden?

30^{23f}

19 Hört, der Sturm des Herrn [sein Grimm] bricht los.
Ein Wirbelsturm braust hinweg
über die Köpfe der Frevler.
20 Der Zorn des Herrn hört nicht auf,
bis er die Pläne seines Herzens
ausgeführt und vollbracht hat.
Am Ende der Tage werdet ihr es klar erkennen.
21 Ich habe diese Propheten nicht ausgesandt,
dennoch laufen sie;
ich habe nicht zu ihnen gesprochen,
dennoch weissagen sie.
22 Hätten sie an meiner Ratsversammlung teilgenommen,
so könnten sie meinem Volk meine Worte verkünden,
damit es umkehrt von seinem schlechten Weg
und von seinen bösen Taten.
23 Bin ich denn ein Gott aus der Nähe
– Spruch des Herrn –
und nicht vielmehr ein Gott aus der Ferne?

23^{18} Hat ihn gesehen: *w*^{e}*jir'ehū*, vgl. S, M: »hat es (d. h. sein Wort) gesehen«. – Kann es verkünden: *w*^{e}*jašmi*^{ac}, M: »hat es gehört«.

23^{19} Hinweg über die Köpfe: andere Übersetzungsmöglichkeit: »gegen die Köpfe«. – Der Grimm: Glosse, die den Gottessturm deutet.

die, die Jahwe nicht dienen wollen, sein Wort und damit ihn selber (Jes 1^{4} 5^{24}) durch ihre bösen Taten verachten (Ps $10^{3.13}$) und sich anderen Göttern zuwenden (Dtn 31^{20}). So ermutigen sie die Übeltäter, die der Verbohrtheit ihres Herzens folgen (7^{24} u. ö.), in ihrem Tun.

^{19f} Diesen aber steht Gottes Strafgericht bevor, das wie ein Wirbelsturm alles mitfortreißt. Er wird durch den göttlichen Zorn hervorgerufen, der nicht nachläßt (Jes 5^{25} 9^{11} u. ö.), bis der unheilvolle Plan des Herrn (vgl. 51^{11}) durchgeführt ist. Wie die fehlgeleiteten Hörer werden auch die falschen Heilspropheten erst im Nachhinein, am Ende der Unheilstage erkennen, was Gott wirklich vorhatte. Dann wird klar sein, daß sie keine Ahnung von den Plänen Gottes hatten.

$^{23-32}$ in diesem Abschnitt wird dargelegt, daß Jahwe das Verhalten und Verfahren der falschen Propheten durchschaut und die Folgerungen zieht. Er besteht aus drei Einzelsprüchen über Jahwes Nähe und Ferne $^{23.24a.b}$, einem längeren Wort, das diese Propheten beurteilt $^{25-28a}$, einem weisheitlichen Spruch ^{28b}, der das Urteil zusammenfaßt, einem Ausspruch über die Gewalt des Jahwewortes ^{29}, drei Gerichtsankündigungen $^{30-32a}$, die jeweils mit der Herausforderungsformel (»ich gehe

24 Kann sich einer in Schlupfwinkeln verstecken,
so daß ich ihn nicht sähe? – Spruch des Herrn.
Bin nicht ich es,
der Himmel und Erde erfüllt? – Spruch des Herrn.

25 Ich habe gehört, was die Propheten reden, die in meinem Namen
Lügen weissagen und sprechen: Einen Traum habe ich gehabt, einen
Traum. 26 Wie lange noch? Haben sie denn wirklich etwas in sich, die
Propheten, die Lügen weissagen und selbsterdachten Betrug?
27 Durch ihre Träume, die sie einander erzählen, möchten sie meinen
Namen in Vergessenheit bringen bei meinem Volk, wie ihre Väter
meinen Namen wegen des Baal vergessen haben. 28 Der Prophet, der
einen Traum hat, erzählt nur einen Traum; wer aber mein Wort hat,
der verkündet wahrhaftig mein Wort. Was hat das Stroh mit dem

gegen ... vor«) beginnen, und einer abschließenden Folgerung zum Gesamtthema [32b].

23.24 Die drei Aussprüche sind wohl als Einleitung zu den folgenden Ausführungen über die Propheten gedacht. Der erste sagt, daß Jahwe sich nicht nur in der Nähe, die der Bedrängte wünscht und erbittet (Ps 34^{19} 119^{151} 145^{18}), als Gott erweist, sondern auch aus der Ferne, aus der er zur Hilfe erscheinen (Jer 31^{3}) und wirken kann (vgl. Dtn 28^{49}). Er ist so mächtig und gewaltig, daß der Mensch schon aus der Ferne ihn anbeten muß (Ex 24^{1}). Darum – so der zweite Ausspruch – kann sich niemand vor ihm verstecken (vgl. Ps 139^{7-11}); er durchschaut alles. Er ist überall zugegen, sagt der dritte Ausspruch. Nicht nur seine Herrlichkeit (Jes 6^{3}), die Ausstrahlung seiner Macht, sondern er selbst füllt Himmel und Erde. Es gibt keinen Raum, der von ihm frei wäre. Jahwe ist, wie sein Name sagt, der zum Heil und Gericht anwesende, aber auch der unendlich erhabene, doch zugleich allwissende und allgegenwärtige Gott. Seiner Kenntnis entgeht nichts und seiner Macht entzieht sich nichts von dem, was geschieht.

25–28a Der Herr durchschaut also auch die angeblichen Offenbarungen, die die Propheten gehabt haben wollen. Gott offenbart sich (Joel 3^{1} Sach 1^{7f}) in Träumen, die er schickt (Gen 37 41 Num 12^{6} 1 Sam 28^{6}). Aber die falschen Propheten erfinden ihre Traumoffenbarungen selbst und machen sich damit wichtig. Die Anmaßung, die in ihrem Treiben liegt, ist die Behauptung, im Namen Jahwes sprechen zu können. Darin liegt der Betrug, mit dem sie ihre Zuhörer täuschen (5^{31} 14^{14} 27^{15} 29^{9}). Ein Leser schrieb an den Rand: »Wie lange noch?«; die Bemerkung kam in den Text. In Wirklichkeit dienen diese Propheten Jahwe nicht, sondern bringen ihn in Vergessenheit; ihr Treiben ist so schlimm wie die Verehrung Baals, wie der Götzendienst (3^{21} 18^{15}). Sie kompromittieren den Namen Jahwes, weil er dadurch, daß ihre Träume sich nicht erfüllen, als machtlos, ja als Urheber von Trug und Täuschung erscheint. Einen solchen Namen, der nichts bedeutet, wird man folglich vergessen. So distanziert sich der Herr von den angeblichen Propheten und den selbstersonnenen Träumen; sein Wort, er selbst hat mit ihnen nichts zu tun.

28b.29 Die leeren Träume sind wert-

Korn zu tun? – Spruch des Herrn. 29 Ist nicht mein Wort wie Feuer –
Spruch des Herrn – und wie ein Hammer, der Felsen zerschmettert?
30 Darum gehe ich nun gegen die Propheten vor – Spruch des Herrn
–, die einander meine Worte stehlen. 31 Nun gehe ich gegen die Pro-
pheten vor – Spruch des Herrn –, die ihre Zunge gebrauchen, um
Sprüche zu machen. 32 Ja, nun gehe ich gegen die Propheten mit ih-
ren erlogenen Träumen vor – Spruch des Herrn; sie erzählen die
Träume und verführen mein Volk durch ihre Lügen und ihr freches
Geschwätz. Ich aber habe sie weder gesandt noch beauftragt, und sie
sind diesem Volk ganz unnütz – Spruch des Herrn.

Die »Last« des Herrn: 23^{33-40}

33 Fragt dich dieses Volk oder ein Prophet oder ein Priester: Was ist
der »Last-Spruch« des Herrn?, so antworte ihnen: Ihr selbst seid die

23^{33} Oder ein Prophet oder ein Priester: Zusatz aus 34. – Ihr selbst seid die Last: *'attaem hammaśśā'*, so G, Hieronymus, NVg. Mit der Form des Pers. Pron., die in 1 QIs^a bezeugt ist *'tmh*, könnte man auch korrigieren: »ihr seid eine Last« (*'attemāh maśśā'*), M: »in Bezug auf: was ist der Ausspruch (Last-Spruch)«; Vg: utquid vobis onus.

los; Gottes Wort aber ist gehaltvoll. Man muß sie, wie es bei Ernte und Drusch des Getreides geschieht, voneinander scheiden und sorgfältig auseinanderhalten. Das göttliche Wort ist voll zerstörerischer, unwiderstehlicher Kraft, seine Wirkung kann tödlich sein (Hos 6^5). Wie ein Feuer verzehrt es das Volk (5^{14}) und auch den Propheten, der es nicht verkünden will (vgl. 20^9). Sicherlich ist hier an das Gerichtswort gedacht.
$^{30-32}$ Der Herr kündigt in einem dreimaligen Anlauf an, daß er die falschen Propheten bestrafen will und bringt zum Teil neue Beschuldigungen vor: Sie verführen das Volk, anscheinend durch Weissagen im Name Baals (s. ^{13}). Sie reden, auch ohne innerlich inspiriert zu sein, ihre Sprüche daher. Sie bestehlen einander, wohl indem sie »einander aushorchen und das so Erlauschte als eigenen geistigen, durch Offenbarung gewonnenen Besitz« (Nötscher), als Gotteswort weitergeben, wie Jahwe voll Ironie sagt. Ihre Inspiration ist Menschenwort, das sie zudem noch mit List und Betrug gewonnen haben. Lügen und freches Geschwätz ist ihre Verkündigung. ^{32b} Mit ihnen hat der Herr nichts zu tun; sie schaden den Menschen, statt ihnen zu helfen.
$^{33-40}$ Ein Jahwewort, das an den Propheten gerichtet ist ^{33}, wird mit einem Kommentar $^{34-40}$ versehen, der mehrfach ansetzt $^{34.35f.37.38-40}$, um seine Interpretation vorzutragen. Beides ist schwierig zu verstehen und in der Auslegung umstritten. Alles dreht sich um das Wort *maśśā'*, das von *nś'* »aufheben« abgeleitet, »Last« oder auch (Jes 15^1 u. o.) »Ausspruch« (wohl von der Wendung *nāśā' qōl* »die Stimme erheben«) bedeuten kann. Ursprünglich war ^{33} wohl eine Anweisung Jahwes an den Propheten, auf eine Anfrage, ob er einen Ausspruch (so die Bedeutung

Last, und ich werfe euch ab – Spruch des Herrn. 34 Den Propheten
aber, den Priester und das Volk, jeden, der sagt: »Last-Spruch des
Herrn«, den ziehe ich samt seinem Haus zur Rechenschaft – Spruch
des Herrn. 35 Vielmehr sollt ihr so zueinander und untereinander sa-
gen: Was hat der Herr geantwortet?, oder: Was hat der Herr ge-
sagt? 36 Aber den Ausdruck »Last-Spruch des Herrn« sollt ihr nicht
mehr gebrauchen. Denn »die Last« ist für jeden sein eigenes Wort,
weil ihr die Worte des lebendigen Gottes, des Herrn der Heere, unse-
res Gottes, verdreht habt. 37 So soll man zum Propheten sagen: Was
hat der Herr dir geantwortet?, oder: Was hat der Herr gesagt?
38 Wenn ihr aber »Last-Spruch des Herrn« sagt, so sagt der Herr dar-
auf: Weil ihr dieses Wort »Last-Spruch des Herrn« gebraucht, ob-
wohl ich euch verbieten ließ, »Last-Spruch des Herrn« zu sagen,
39 darum hebe ich euch empor und schleudere euch samt der Stadt,
die ich euch und euren Vätern gegeben habe, weg von meinem Ange-
sicht. 40 Ich verhänge über euch ewige Schande und ewige Schmach,
die nie vergessen werden soll.

23[39] Hebe ich: *wᵉnāśā'tī*, M: »ich vergesse«.

des Wortes noch bei Sach 9[1] 12[1]) des Herrn habe, zu antworten: Hinsichtlich »Was ist der Ausspruch?«: ich werde euch verstoßen (7[29] 12[7]) – eine Aussage, die im dtr Werk aufgenommen wurde (Ri 6[13] 1 Kön 8[57] 2 Kön 21[14]). Der Inhalt ist ein belastendes Gerichtswort. In diesem Sinn wurde dann *maśśā'* »Last-Spruch« bei der Redaktion prophetischer Bücher (vgl. Jes 15[1] 17[1] 19[1] u. ö.) verwendet. Möglicherweise schwang bei der Frage der Leute auch schon die zweite Wortbedeutung »Last« mit. Dann hätten sie Jeremia, der immer nur belastendes Unheil verkündete, spöttisch gefragt und ihn als abzulehnenden Pessimisten hingestellt. G scheint in diese Richtung zu denken; sie läßt Jahwe antworten: ihr seid die (eine) Last, und ich werde euch abwerfen.

34–40 Der Kommentar geht einen Schritt weiter. Er bringt nun die Priester und Propheten ins Spiel, anscheinend auch im Sinne der Auseinandersetzung zwischen Jeremia und den Heilspropheten (vgl. W. McKane 45–53). Er setzt sich für den Unheilspropheten Jeremia und seine Verkündigung ein. Wer ihm nachsagt, er habe seinen eigenen Pessimismus zum belastenden Wort Jahwes gemacht, soll von Gott selbst zur Rechenschaft gezogen werden [34]. Die richtige Haltung ist, nach dem Wort bzw. bei einer Anfrage nach der Antwort des Herrn zu fragen [35.37]. Last-Spruch des Herrn [36] wird nun so verstanden, daß die Aussagen der falschen Propheten für jeden von ihnen zur Last, zur Belastung werden. Denn sie haben das Wort des unvermindert mächtigen Gottes Israels umgewendet, statt des Unheils, das es verhängen wollte, Heil verkündet. Abschließend wird das Verbot von [34] in [38–40] aufgegriffen und in seiner Strafandrohung [39.40] weiter entfaltet. Die Verstoßung, von der schon [33] gesprochen hatte, trifft alle, die vom Last-Spruch des Herrn reden [34] und die Stadt Jerusalem [39]. In [34–40] schaut die Gemeinde

Die beiden Feigenkörbe: 24^{1-10}

1^{11-16} Am 8^{1f} 24^{1} Der Herr ließ mich schauen: Da standen zwei Körbe mit Feigen
vor dem Tempel des Herrn. Dies geschah, nachdem Nebukadnezzar,
2 Kön 24^{14-16} der König von Babel, Jojachin, den Sohn Jojakims, den König von
Juda, sowie die Großen von Juda samt den Schmieden und Schlos-
sern aus Jerusalem weggeführt und nach Babel gebracht hatte. ^{2} In
dem einen Korb waren sehr gute Feigen, wie Frühfeigen, im andern
Korb sehr schlechte Feigen, so schlecht, daß sie ungenießbar waren.
^{3} Der Herr fragte mich: Was siehst du, Jeremia? Feigen, antwortete
ich. Die guten Feigen sind sehr gut, die schlechten aber sehr schlecht,
so schlecht, daß sie ungenießbar sind. ^{4} Nun erging an mich das Wort
des Herrn: ^{5} So spricht der Herr, der Gott Israels: Wie auf diese gu-
ten Feigen, so schaue ich liebevoll auf die Verschleppten aus Juda, die

24^{1} Standen: *ᶜōmᵉdīm,* M: »waren bestimmt«.
24^{3} Fragte, wörtlich: »sagte« (s. u.).

auf die Katastrophe von 586 zurück, die sie nicht vergessen kann und bekennt, daß der Herr durch Jeremia gesprochen hat. Sein Wort ist und bleibt Anruf an jeden einzelnen, dessen Stellungnahme über Heil und Unheil für ihn entscheidet.

24^{1-10} bringen eine Vision $^{1-3}$ und ihre Deutung $^{4-10}$, die in zwei Redegängen verläuft $^{4-7.8-10}$. Der Text ist nicht einheitlich. Darauf weist schon die zweimalige Botenspruchformel $^{5.8}$ hin, die nicht am Platz ist, weil Jahwes Wort nur an Jeremia ergeht, der auch keinen Auftrag zum Verkündigen erhält. Die historische Angabe ^{1b} sprengt die Erzählung. Ferner müßten parallel zu den Verschleppten aus dem Haus Juda die Bewohner Jerusalems und Judas stehen. Wahrscheinlich liegt dem Text ein Bericht Jeremias zugrunde: »^{1} Der Herr ließ mich schauen: Da standen zwei Körbe mit Feigen vor dem Tempel des Herrn. ^{2} In dem einen Korb waren gute Feigen, im anderen Korb schlechte Feigen. ^{3} Und der Herr sagte zu mir: ^{5} Wie auf diese guten Feigen, so schaue ich auf die Verschleppten aus Juda. ^{8} Aber wie mit den schlechten Feigen, so verfahre ich mit Zidkija und mit seinen Großen.«

In der kurzen, von Jahwe selbst gedeuteten Vision, handelt es sich wohl um zwei Körbe mit Feigen aus den Früchten des Landes, die dem Gott Israels gebracht wurden (vgl. Dtn 26^{1-4}). Die guten akzeptiert er, die schlechten muß er verwerfen. Das Bild wird auf die Verschleppten von 597 – dies trägt ^{1b} richtig nach – und auf Zidkija und seine Großen gedeutet. Letztere trifft das Gericht des Herrn, die Verwerfung. Die guten Feigen sind Jojachin und die mit ihm Weggeführten. Jeremia nimmt hier Stellung zu einer Auffassung, die nach 597 in Jerusalem herrschte, und von der auch Ezechiel berichtet: »Sie sagen: In nächster Zeit braucht man keine Häuser zu bauen. Die Stadt ist der Topf und wir sind das Fleisch ... die Einwohner Jerusalems sagen: Sie sind fern vom Herrn; das Land ist uns zum Besitz gegeben« (Ez $11^{3.15}$). Mit anderen Worten: Die von der Wegführung Verschonten, besonders Zidkija und seine Großen, sprechen die Verschleppten schuldig und

ich von diesem Ort vertrieben habe ins Land der Chaldäer. 6 Ich
richte meine Augen liebevoll auf sie und lasse sie in dieses Land heim- $29^{10.14}$
kehren. Ich will sie aufbauen, nicht niederreißen, einpflanzen, nicht 1^{10} 31^{28}
ausreißen. 7 Ich gebe ihnen ein Herz, damit sie erkennen, daß ich der 31^{33} Dtn 29^{3}
Herr bin. Sie werden mein Volk sein, und ich werde ihr Gott sein; 30^{22} Lev 26^{12}
denn sie werden mit ganzem Herzen zu mir umkehren. 8 Aber wie Dtn 26^{17f} $30^{2.10}$ 1
mit den schlechten Feigen, die so schlecht sind, daß sie ungenießbar Sam 7^{3}
sind, [ja, so spricht der Herr,] so verfahre ich mit Zidkija, dem König 29^{17f} 1 Kön 8^{48} 2
von Juda, mit seinen Großen und dem Rest Jerusalems, mit denen, Kön 23^{25}
die in diesem Land übriggeblieben sind, und denen, die sich in Ägyp-
ten niedergelassen haben. 9 Ich mache sie zu einem Bild des Schrek-
kens für alle Reiche der Erde, zum Schimpf und Gespött, zum Hohn 15^{4} 29^{18} Dtn
und zum Fluch an allen Orten, an die ich sie verstoße. 10 Ich sende $28^{25.37}$
unter sie Schwert, Hunger und Pest, bis sie ganz ausgerottet sind aus
dem Land, das ich ihnen und ihren Vätern gegeben habe.

Das drohende Exil: 25^{1-14}

25,1 Das Wort über das ganze Volk von Juda, das an Jeremia erging 7^{1} 36^{1}
im vierten Jahr Jojakims, des Sohnes Joschijas, den Königs von Juda;
es war das erste Jahr Nebukadnezzars, des Königs von Babel. 2 Der

eignen sich ihren Besitz an. Dagegen wendet sich Jahwe.

Die Nachinterpretation baut die Vision im Blick auf Am 8^{1f} Jer 1^{11-14} aus 3^{*} und sagt damit, daß Jeremia ein echter Prophet war, das Urteil des Herrn richtig erkannt und verkündet (s. die Botenspruchformeln) hat. Sie verschärft den Gegensatz (»sehr gute – sehr schlechte Feigen«; »wie Frühfeigen«, die als besonders köstlich galten – »ungenießbar«) und wertet die 597 Verschleppten mit teils dtr Heilszusagen auf, so daß sie allein als das kommende wahre Israel erscheinen: Diese kehren heim, werden »eingepflanzt«, erhalten ein »neues Herz« (Ez 11^{19} 36^{26}), sind Jahwes Volk, vollziehen mit ganzem Herzen die Umkehr. In Wirklichkeit sind aber schon die Weggeführten von 586 eingeschlossen, wie sich aus der Nachinterpretation der »schlechten Feigen« ergibt. Das sind nämlich nun nicht mehr (nur) Zidkija und seine Großen, sondern die im Land Gebliebenen und die nach Ägypten Geflohenen (41^{17f} 42^{1}–43^{13}). Sie haben keine Zukunft, wie mit einer Häufung von Strafe androhenden, zum Teil ebenfalls dtr geprägten Wendungen betont wird. Jeremias Wort (s. o.), das sich gegen die Überheblichkeit der noch Verschonten und noch einmal Davongekommenen wendet, wird zu einer Botschaft ausgestaltet, die das künftige Volk Gottes durch göttliche Huld und Zuwendung aus dem Volk hervorgehen sieht, das durch das Gericht gegangen ist. Das letzte Wort und das Ziel des Herrn ist das Heil seines Volkes. Er erreicht es bei jenen, die sich ihm wieder zuwenden.

25^{1-14} Der Text besteht aus einer Scheltrede $^{1-7}$ mit ungewöhnlich langer Einleitung $^{1-2(3)}$, in der sich Prophetenwort $^{3-6a}$ und Gotteswort $^{6b.7}$ mischen, und einer Drohrede $^{8-14}$, in der formentsprechend nur Jahwe re-

Prophet Jeremia richtete es an das ganze Volk von Juda und an alle
Einwohner Jerusalems; er sagte: [3] Seit dem dreizehnten Jahr Joschi-
jas, des Sohnes Amons, des Königs von Juda, bis zum heutigen Tag,
also dreiundzwanzig Jahre lang, ist an mich das Wort des Herrn er-
7^{13} 11^{7} 32^{23} 35^{14} gangen, und ich habe es euch unermüdlich weitergegeben. [Ihr aber
7^{25f} 26^{5} 11^{7} 44^{4} habt nicht gehört. [4] Der Herr hat immer wieder alle seine Knechte,
die Propheten, zu euch gesandt. Ihr aber habt nicht gehört und euer
$7^{24.26}$ 11^{8} 35^{15} Ohr nicht geneigt, um zu hören.] [5] Ich sagte: Kehrt doch alle um von
eurem schlechten Weg und von euren bösen Taten; dann dürft ihr in
dem Land bleiben, das der Herr euch und euren Vätern gegeben hat
13^{10} 16^{11} Dtn 8^{19} seit jeher und für immer. [[6] Lauft nicht anderen Göttern nach, um ih-
Ri 2^{19} nen zu dienen und sie anzubeten, und erzürnt mich nicht durch das
7^{18} 11^{17} Dtn 9^{16} Werk eurer Hände, damit ich euch nicht Schlimmes antun muß.]
Ri 2^{12}

25^{3} Ich ... weitergegeben, wörtlich: »ich habe zu euch ... geredet«.
25^{5} Ich sagte, wörtlich: »sagend« *(le'mor)*.

det. Der Abschnitt ist nicht aus einem Guß. Ursprünglich muß auch die Scheltrede Jahwewort sein (s. Thiel 263f); das »Ich« Jeremias kam nachträglich hinzu. Auch in der Drohrede finden sich eine Reihe von Aussagen, die über die Ankündigung der Bestrafung Judas hinausgehen. Viele Wendungen und auch ganze Sätze, die bei der Überarbeitung des Textes eingefügt wurden, sind aus anderen (teils auch deutlich mit dtr Terminologie durchsetzten) Stücken des Jeremiabuches genommen; dtr, auch liturgischer [4] Sprachgebrauch ist festzustellen.

Aus dem stark bearbeiteten und erweiterten Text läßt sich als Grundbestand folgende Jahwerede gewinnen, die im M rhythmisch (3 + 3 Akzente) zu lesen ist: »[3] Das Wort des Herrn erging an mich: Ich habe zu euch geredet [5] sagend: Kehrt doch um, jeder von seinem bösen Weg! [7] Aber ihr habt nicht auf mich gehört. [8] Darum: Weil ihr nicht auf meine Worte gehört habt, [9] siehe, ich hole herbei alle Stämme des Nordens. Ich lasse sie über dieses Land kommen und über seine Bewohner. Ich weihe sie dem Untergang. [10] Ich lasse bei ihnen aufhören das Geräusch der Handmühle und das Licht der Lampe. [11] Dieses ganze Land wird zum Trümmerfeld.«

In der Mitte der Scheltrede steht als Zitat die Forderung des Herrn, umzukehren. Mitten in der Drohrede und an ihrem Ende wird die Verheerung des Landes angekündigt; darauf liegt der Akzent.

Jeremia sieht, daß seine Predigt, mit der er das Volk zur Umkehr ruft, keinen Erfolg hat. Jahwe läßt ihn erkennen, daß die verweigerte Bekehrung die Verheerung des Landes zur Folge hat; der Herr selbst wird sie herbeiführen. Er wird die Bewohner dem Untergang weihen, wie es beim sog. »Bann« verlangt ist. Dann erstirbt jegliches Leben im Land: Die Handmühle, auf der man täglich das Getreide zum Backen des Brotes mahlen mußte, ist nicht mehr zu hören. Die Lampe, die anzeigt, daß in einem Haus Bewohner vorhanden sind, wird nicht mehr angezündet. Trümmer überall, vollständige Vernichtung! Natürlich ist auch diese Strafankündigung, die wie sicher die meisten anderen gerade deshalb grelle Farben nicht scheut, als drin-

[7] Aber ihr habt nicht auf mich gehört [– Spruch des Herrn –, um mich
zu erzürnen durch das Werk eurer Hände, zu eurem eigenen Scha-
den]. [8] Darum – so spricht der Herr der Heere: Weil ihr auf meine
Worte nicht gehört habt, [9] darum hole ich alle Stämme des Nordens 11[5]
herbei – Spruch des Herrn –, auch Nebukadnezzar, den König von 27[6]
Babel, meinen Knecht. Ich lasse sie über dieses Land und seine Be-
wohner kommen und über alle diese Völker ringsum. Ich weihe sie
dem Untergang und mache sie zu einem Bild des Entsetzens, zum
Gespött und zur dauernden Schmach. [10] Ich lasse bei ihnen aufhören 7[34] 16[9]
den Jubelruf und den Freudenruf, den Ruf des Bräutigams und den
Ruf der Braut, das Geräusch der Handmühle und das Licht der
Lampe. [11] Dieses ganze Land wird zum Trümmerfeld und zu einem
Bild des Entsetzens, und diese Völker werden dem König von Babel 27[7.17]
siebzig Jahre lang dienen. [12] Sind aber die siebzig Jahre vorüber, dann 29[10]
ziehe ich den König von Babel und jenes Volk zur Rechenschaft für
ihre Schuld – Spruch des Herrn – und auch das Land der Chaldäer,
indem ich es für immer zur schaurigen Wüste mache. [13] Ich lasse über

25[9] Schmach: *ulᵉḥaerpat;* M: »Trümmer«.

gender Appell gedacht: Hört auf Jahwes Wort und befolgt, was es zu eurem Besten verlangt!

Eine erste Bearbeitung in [1–13] steuerte den Großteil des Textes bei, außer den Hinweisen auf Nebukadnezzar und die Völker ([1b.11b.13bβ.14] und in [9] die Worte: Auch Nebukadnezzar, meinen Knecht; und über alle Völker ringsum). Sie versetzt das Jeremiawort mit Bezug auf 36[1] und 1[1–3] in das vierte Jahr Jojakims und gibt den zeitlichen Rahmen der bisherigen Verkündigung Jeremias (ab dem dreizehnten Jahr Joschijas) sowie ihre Dauer (23 Jahre) an. Sie präzisiert also ihre (d. h. der Redaktion 1[2]) Auffassung, daß der Prophet schon vor der joschijanischen Reform (also ab ca. 627 v. Chr.) das Wort ergriffen habe. Sie gewinnt mit diesen Zeitangaben zugleich einen Abschluß der Sammlung (s. »alles, was in diesem Buch aufgezeichnet ist« [13]) jeremianischer Worte gegen Juda und Jerusalem (Duhm 200, vgl. Diehl 272f). Dabei betont sie, daß sowohl Jahwe [4] wie auch Jeremia [3] nichts versäumt haben (Unermüdlichkeitsformel), das Volk aber nicht gehört und gehorcht hat [3.4.7]. Sie weist in dtr Formulierung vor allem auf die Verletzung des ersten Gebots hin [6], die Jahwe erzürnt hat, der Heil erwiesen hatte durch die Verleihung des Landes [5]. Umkehr wäre die Voraussetzung für das Verbleiben im Lande [5]; sie wurde nicht geleistet. Deshalb kam das Strafgericht in seiner ganzen Furchtbarkeit [9.10] als Erfüllung aller jeremianischen Drohreden [13] über das Land und seine Bewohner. So schließt der erste Teil des Jeremiabuches mit einem Überblick über die prophetische Tätigkeit und ihr Ergebnis.

Die zweite Bearbeitung des Textes ([1b.9*.11b.12.13bβ.14]) öffnet ihn wieder für die kommenden Kapitel, besonders 46–51 (Reden gegen die anderen Völker), die sich, wie es heute noch in G der Fall ist, unmittelbar anschlossen. Mit Nebukadnezzar wird der feste Bezugspunkt für die Völkersprüche genannt, ebenso für das Exil, auf das die 70 Jahre [11f] hin-

jenes Land all das kommen, was ich ihm angedroht habe, alles, was in
diesem Buch aufgezeichnet ist [was Jeremia über alle Völker geweis-
27,7 sagt hat]. 14 Denn auch sie werden mächtigen Völkern und großen
Königen dienen müssen. So vergelte ich ihnen entsprechend ihren Ta-
ten und dem Tun ihrer Hände.

weisen. Der Babylonier hatte 605 bei Karkemisch den Pharao Necho II. besiegt und damit den Beginn der Herrschaft des Neubabylonischen Reiches (bis 539) begründet. Auch dieses wird, wie alle anderen Völker, von Jahwe, dem wahren und eigentlichen Herrn der Welt, gerichtet. Er ist der Gott der Geschichte. Nichts geschieht ohne oder gegen ihn. Sein Wort gilt, wirkt und bleibt. Jeder tut gut daran, zu hören und entsprechend zu handeln.

DIE EINLEITUNG ZU DEN GERICHTSWORTEN ÜBER DIE VÖLKER: 25^{15-38}

Der Zornbecher für die Völker: 25^{15-29}

15 Ja, so hat der Herr, der Gott Israels, zu mir gesprochen: Nimm die-
sen Becher voll Zornwein aus meiner Hand, und gib ihn allen Völ-
kern zu trinken, zu denen ich dich sende. 16 Trinken sollen sie, tau-
meln und torkeln vor dem Schwert, das ich unter sie schicke. 17 Da Jes 51^{17}
nahm ich den Becher aus der Hand des Herrn und ließ alle Völker
trinken, zu denen der Herr mich sandte: 18 Jerusalem und die Städte

25^{15} So: *koh* steht auch in der Redeeinführung vor dem Auftrag zu symbolischen Handlungen 13^{1} und 19^{1}, wo G τότε »damals« liest. Dies ist vielleicht $13^{1}19^{1}25^{15}$ und auch 17^{19} ursprünglich. Die Botenspruchformel ist hier unpassend.

25^{15-29} Schon auf den ersten Blick zeigt sich, daß dieser Text nicht aus einem Guß ist: ^{17} läßt der Prophet die Völker trinken, ^{27} aber sagt er erst an, daß sie es tun sollen, und ^{28} wird mit ihrer Weigerung gerechnet. Nach $^{27.29}$ ist das Schwert, nicht der Becher $^{16-18}$ das Strafwerkzeug Jahwes. Zudem ist die Liste der Völker $^{19-26}$, die in sich selbst wieder uneinheitlich ist (Völker, Herrscher, Städte, »alle Könige von« wechseln sich ab), nur eine Explikation von »allen Völkern« ^{15}. Jerusalem wird einbezogen ^{29} und doch wieder eigens herausgestellt ^{18}.
Ursprünglich ist sicher die im bildlichen Wort verbleibende symbolische Handlung mit dem Becher, die dem Propheten befohlen wird ^{15}; das Schwert dient zur Erläuterung und soll besagen, daß der Herr nicht nur Betäubung verhängt, sondern den Tod. Das Wort vom berauschenden Becher wird Jes $51^{17.22}$ Ez 23^{32-34} zu Jerusalem, Jer 49^{12} Klgl 4^{21} zu Edom, Jes 51^{23} zu den Feinden Jerusalems, Jer 25^{15-29} zu den Völkern, Ps 75^{9} über alle Frevler der Erde gesprochen. Es mag seinen »Sitz im Leben« darin haben, daß man seinen Gegner trunken macht, um ihn auszuschalten oder zu töten (vgl. z. B. 2 Sam 13^{28}). Der Gewalttäter verfährt so, um sogar seinen Freund in Schande zu stürzen (Hab 2^{15f}). Das Becherbild steht im Hintergrund, wenn vom »betäubenden Wein« (Ps 60^{5}), von »trinken und taumeln« (Ob^{16}), »betrunken und ohnmächtig sein« (Nah 3^{11}) als Ansage des göttlichen Strafgerichts über das Volk des Herrn, alle Völker oder Ninive die Rede ist. Nach Jer 51^{7} ist Babel ein berauschender Becher in der Hand des Herrn, der den Völkern den Verstand nimmt.
In $^{15-29}$ dürfte ein Becherwort an Jerusalem stecken, das unter dem Eindruck der Zerstörung der Stadt (»wie es heute ist« ^{18}) nicht nur auf Edom ^{21}, sondern auf alle Völker bezogen wurde. Es könnte gelautet haben: »^{15} So hat der Herr zu mir gesprochen: Nimm diesen Becher voll Zornwein aus meiner Hand und gib ihn ganz ^{18} Jerusalem zu trinken, ^{27} und sag zu ihnen: So spricht der Herr: Trinkt, berauscht euch und speit, stürzt hin und steht nicht mehr auf« (vgl. 13^{13}). Zu Fall kommen und nicht mehr aufstehen bedeutet

Judas – samt seinen Königen und Fürsten –, um sie zu Trümmerhau-
fen zu machen, zu einem Bild des Entsetzens, zum Gespött und zum
Fluch [wie es heute ist], ^{19} den Pharao, den König von Ägypten, samt
seinen Höflingen und Fürsten und seinem ganzen Volk, ^{20} das ge-
samte Völkergemisch, alle Könige des Landes Uz, alle Könige des
Philisterlandes, (die Städte) Aschkelon, Gaza, Ekron und den Rest
von Aschdod, ^{21} Edom, Moab und die Ammoniter, ^{22} alle Könige von
Tyrus, alle Könige von Sidon sowie die Könige der Inseln jenseits des
9^{25} Meeres, ^{23} Dedan, Tema, Bus und alle mit gestutztem Haar, ^{24} alle
Könige Arabiens und alle Könige des Völkergemisches, die in der
Wüste wohnen, ^{25} alle Könige von Simri, von Elam und Medien,

25^{18} Und zum Fluch ... ist: fehlt ursprünglich in G.
25^{23} Tema, G: Teman.
25^{24} Und alle Könige des Völkergemisches, vgl. ^{20}, wohl Dittographie zu »alle Könige Arabiens« (*^{ca}rāb, hā^{c}æræb).*
25^{25} Alle Könige von Simri, fehlt ursprünglich in G, vielleicht ein Atbasch für Elam (Rudolph nach Perles).

den Untergang (vgl. Am 5^{2}8^{14}). Er wird von Jahwe über die Bewohner Jerusalems verhängt und über sie hereinbrechen.
Das wird ^{18} mit Hinweis auf die Könige und Fürsten (1^{18}2^{26}), auch auf die Städte Judas im Blick auf die erfolgte Zerstörung (»Trümmerhaufen« 7^{34}22^{5}, »Entsetzen«, »Gespött« 19^{8}, »Fluch« 26^{6}) entfaltet. – Sodann reicht die Nachinterpretation den Zornesbecher des Herrn, wie es das Anliegen der exilisch-nachexilischen Zeit ist (Jes 51^{23} Ob^{16}), den bzw. allen feindlichen Völkern weiter. Jeremia soll sie aus diesem Becher voll Zornwein trinken lassen, da er als Völkerprophet 1^{5} eingesetzt ist und dorthin gehen muß 1^{7}, wohin der Herr ihn sendet 1^{7}. Um keinen Zweifel zu lassen, daß das Gericht Jahwes über sie kommt (vgl. ^{29}), wird der Bericht über die Ausführung ^{17} des göttlichen Befehls noch vor der Aufzählung der einzelnen Völker $^{18-26}$ gebracht. Jerusalems nahe und weiter entfernte Nachbarn werden genannt, wobei die Namen zumeist aus 46–51 genommen sind: Ägypten 46$^{2-26}$ mit dem Pharao 46$^{2.25}$, die Philister 47$^{1-7}$ mit Aschkelon 47$^{5.7}$ und Gaza 47$^{1.5}$, Edom 49$^{7-22}$, Moab 48, die Ammoniter 49$^{1-6}$, Tyrus, Sidon, Insel (Kaftor) 47^{4}, Dedan 49^{8}, Teman 49^{7}; Elam 49$^{34-39}$; Medien 51$^{11.28}$; Babel 50^{1}–51^{64}. Offensichtlich nimmt 25$^{15-38}$ auf die Worte gegen die Völker Bezug und steht daher in G als Zusammenfassung 32$^{1-24}$ nach den Gerichtsworten über die Völker 26–31. In M fungiert der Abschnitt als Hinweis auf den letzten Teil des Jeremiabuches 46–52. Das Völkergericht wird als umfassende Strafe, der nichts, kein König und kein Reich entgehen kann ^{26}, verstanden. Darum werden auch andere Namen genannt, die nicht in den Völkersprüchen stehen: die Philisterstädte Ekron und Aschdod (Am 1^{8} Zef 2^{4}); Uz im Anschluß an Klgl 4^{21}, die Heimat Ijobs im (südlichen?) Ostjordanland; Bus wohl im nordarabischen Raum und wie Uz in der Nähe Edoms; die mit gestutztem Haar (vgl. 9^{25}), sind arabische Stämme; das Völkergemisch ^{20} wird die Fremdstämmigen in Ägypten be-

[26] auch alle Könige des Nordens, die in der Nähe und die in der
Ferne, einen nach dem andern, ja, alle Reiche [der Welt], die es auf
der Erde gibt; und zuletzt soll der König von Scheschach trinken.
[27] Sag zu ihnen: So spricht der Herr der Heere, der Gott Israels:
Trinkt, berauscht euch, und speit, stürzt hin, und steht nicht mehr auf
vor dem Schwert, das ich unter euch schicke. [28] Weigern sie sich aber,
den Becher aus deiner Hand anzunehmen und zu trinken, dann sag
zu ihnen: So spricht der Herr der Heere: Trinken müßt ihr. [29] Denn
seht, bei der Stadt, über der mein Name ausgerufen ist, beginne ich
mit dem Unheil, und da solltet ihr ungestraft bleiben? Nein, ihr werdet nicht ungestraft bleiben; denn ich rufe das Schwert gegen alle Bewohner der Erde – Spruch des Herrn der Heere.

Das Gericht über die Völker: 25[30–38]

[30] Du aber sollst ihnen als Prophet alle diese Worte verkünden und zu 20[1]
ihnen sagen:

Aus der Höhe herab donnert der Herr, Ps 29
von seiner heiligen Wohnung her Joël 4[16]
läßt er seine Stimme erschallen. Am 1[2]

25[26] Scheschach ist ein Atbasch für Babel, vgl. 51[41], eine Vertauschung der Buchstaben des Alphabets, gelesen *'-t* und *t-'*, also *š* statt *b*, *k* statt *l*. – Und zuletzt ... trinken, fehlt ursprünglich in G.

25[30] Donnert, wörtlich: »brüllt«.

zeichnen. Nach [25] ist wohl zur Zeit das persisch-medische Reich mächtig. Nachträglich wird [26b] noch einmal darauf hingewiesen, daß in den Tagen Jeremias die Gefahr von Babel her kam.

[27–29] begründen das Gericht über die Völker, das durch das Schwert (durch Kriege) vollstreckt wird ([27.29.16]), einfach damit, daß sie, wenn schon Jerusalem gestraft wird, nicht verschont bleiben können. Eine ähnliche Argumentation erfolgt 49[12]. Es geht wie im ursprünglichen Text von [15–27*] nicht um den Aufweis der Schuld, sondern darum, daß das Gericht sicher, total und unabwendbar ist. Jerusalems Zerstörung war nur ein Anfang.

[30–38] malen, eigens und insgesamt als Verkündigung Jeremias bezeichnet [30a] und [31b.32a] als Jahwewort deklariert, obwohl weder er noch Jahwe spricht, mit Bildern der Strafe und der Zerstörung das angekündigte Gericht aus: Jahwes, des richtenden Stimme [30.31]; das kommende Unheil [32.33]; die Vernichtung der Hirten [34.35]; das verwüstete Land [36–38]. Verschiedene Einzelaussprüche sind aneinandergereiht.

[30.31] wird im Anschluß an Am 1[2] gesagt, daß Jahwe hinter dem Gericht steht. Doch er brüllt (wie ein Löwe) nicht vom Zion, sondern vom Himmel (Höhe), seiner eigentlichen Wohnung her, und »seine Flur« ist nicht mehr Palästina, sondern die ganze Erde ([31]). Eingeblendet wird das Bild vom Keltertreter, dessen rotbespritztes Gewand an blutigen Kampf und Jes 63[2.3] Joël 4[13] an das

Mächtig donnert er über seiner Flur
und ruft wie die Keltertreter.
Jes 16[9f] [31] Zu allen Erdbewohnern dringt der Schall,
ja bis ans Ende der Erde;
Hos 4[1] denn der Herr hat einen Rechtsstreit mit den Völkern:
Er hält Gericht über alle Sterblichen
und liefert die Schuldigen dem Schwert aus
– Spruch des Herrn.
[32] So spricht der Herr der Heere:
23[19] Seht, Unheil schreitet von Volk zu Volk,
6[22] ein gewaltiger Sturm bricht los
von den Grenzen der Erde.
9[21] 16[4] [33] Die vom Herrn Erschlagenen liegen an jenem Tag
Jes 66[16] von einem Ende der Erde bis zum andern.
Man beklagt sie nicht,
man sammelt sie nicht
und begräbt sie nicht;
8[2] sie werden zum Dünger auf dem Acker.
[34] Klagt, ihr Hirten, und schreit;
6[26] wälzt euch im Staub, ihr Herren der Herde!
Klgl 4[18] Denn die Zeit ist gekommen,
daß ihr geschlachtet werdet;
ich zerschmettere euch, daß ihr berstet
wie ein Prunkgefäß.
[35] Es gibt keine Flucht mehr für die Hirten,
kein Entrinnen für die Herren der Herde.
[36] Horcht, wie die Hirten schreien
und die Herren der Herde wehklagen,

25[34] Ich ... Prunkgefäß, Text unsicher. Das kaum zu übersetzende *ūt*^{e}*pō-ṣōtīkæm* ist von *pṣṣ* »zerschmettern« abgeleitet; es fehlt in G.

Strafgericht über die Völker, die »zertreten« werden, erinnert. Warum Jahwe (in Nachahmung von Hos 4[1]) einen Rechtsstreit mit ihnen hat, sie verurteilt und hinrichten läßt, wird nicht gesagt (s. oben).

[32.33] Mit der Formel »an jenem Tag« angeschlossen, wird das Unheil geschildert. Wie ein Sturm kommt es von den Grenzen der Erde (vgl. 6[22]) und sucht alle, ein Volk nach dem anderen, heim: Jahwe erschlägt die Menschen. Die Wirkung wird [33b] wie 16[4a] beschrieben.

[34.35] Die Bestrafung der Hirten, d. h. der Könige, wird mit der Schlachtung bei einem Opferfest, dessen Termin gekommen ist, verglichen [34]. »Prunkgefäß« sprengt das Bild. Vielleicht ist besser mit G *k*^{e}*'ēlē* zu lesen: Ihr fallt wie erlesene Widder. Alle Könige (vgl. [20–26]) werden von der Strafe des Herrn getroffen.

[36.37] Nach [34] klagen die Könige wegen ihres eigenen Untergangs, nach [36] wegen der Vernichtung ihrer Länder, wobei möglicherweise [37a] an die Menschen gedacht ist, die um-

weil der Herr ihre Weide verwüstet.
37 Verdorrt sind die friedlichen Wiesen
vor dem glühenden Zorn des Herrn.
38 Er verläßt sein Versteck wie ein Löwe; 4^{7}
ihr Land ist zu einem Bild des Entsetzens geworden
durch sein rasendes Schwert
und durch die Glut seines Zorns.

DIE GERICHTSWORTE ÜBER ISRAEL UND JUDA: 26^{1}–29^{32}

Die Tempelrede: 26^{1-19}

7^{1-15}

26^{1} Im Anfang der Regierung Jojakims, des Sohnes Joschijas, des Königs von Juda, erging vom Herrn dieses Wort: ^{2} So spricht der Herr:

25^{38} *kī* ist wohl Dittographie zum vorhergehenden Wort. – Schwert, mit G, M: »Zorn«.

kommen ($49^{26}50^{30}$; Ni. von *dmm*). Das Feuer des göttlichen Zornes ^{37b} läßt die Länder verdorren.
^{38} Sie werden zur Wüste. Und noch einmal wird mit dem Bild des Löwen, der auf Raub ausgeht, auf Jahwe verwiesen, auf sein Schwert, seinen Zorn. Vielleicht erinnert sich der Verfasser an Nebukadnezzar (vgl. 4^{7}), der, von Jahwe gerufen, einst Judas Land zum Bild des Entsetzens machte.
26^{1-16} Mit 26^{1} beginnt ein zweiter Teil des Jeremiabuches (26–45), der überwiegend Berichte über oder um Jeremia enthält; in ihn sind auch die Heilsweissagungen (besonders in 30–35) hineingestellt. Die Berichte, die man meist Baruch, dem »Sekretär« des Propheten (vgl. 36) zuschreibt, setzen mit einer Darstellung der Vorgänge bei der Tempelrede (vgl. 7^{1-15}) ein. 26 will, anhand dieser Rede, berichtend in die anschließend erzählte Auseinandersetzung mit falschen Propheten (27–29), gegen die sich Jeremia in 23^{9-32} grundsätzlich äußert (s. dort), einführen.
26 besteht aus drei Teilen: $^{1-16}$ der Verhandlung gegen Jeremia; $^{17-19}$ einem Hinweis auf den Propheten Micha; $^{20-24}$ dem Bericht über den Propheten Urija. Denn mit ^{16} ist die Gerichtsverhandlung abgeschlossen, die $^{17-19}$ in der Rede einiger Ältesten, auf die hin nichts geschieht, nur einen literarischen Nachtrag erhält und mit der Urijas Schicksal nichts zu tun hat.
26^{1-16} sind nicht aus einem Guß: Warum sollte Jeremia den Tod erleiden, wenn sein Wort nur eine ernste Mahnung ($^{3-5.13}$) war? Der Ruf nach der Todesstrafe durch die Priester ist doch nur verständlich, wenn sich der Prophet mit dem Wort von der unbedingt eintretenden Zerstörung des Tempels ihrer Auffassung nach gegen Jahwe stellt. Die Mahnworte und die Aussage von der Vernichtung der Stadt sind also sekundär.

1^{15} 4^{16} $7^{17.34}$ Stell dich in den Vorhof des Hauses des Herrn, und sag zu den Leu-
7^{2} ten, die aus allen Städten Judas kommen, um im Haus des Herrn an-
7^{23} $11^{3.4.8}$ 29^{23} zubeten, alles, was ich dir ihnen zu verkünden aufgetragen habe; kein
35^{14} Dtn 4^{2} 13^{1} Wort sollst du weglassen. ^{3} Vielleicht hören sie und kehren um, jeder
von seinem bösen Weg, so daß mich das Unheil reut, das ich ihnen
15^{7} 18^{11} 25^{5} wegen ihrer schlechten Taten zugedacht habe. ^{4} Sag also zu ihnen: So
4^{4} 21^{12} 44^{22} spricht der Herr: Wenn ihr nicht auf mein Wort hört und meiner

Zudem sind $^{3-5(6).13(-15)}$ mit Ausdrükken durchsetzt, die bei nachträglichen Bearbeitungen von Jeremiaworten verwendet werden und zum großen Teil dtr Sprachgebrauch aufweisen (s. die Randverweise). Daher muß man mit einer Überarbeitung einer älteren Erzählung bei 26^{1-16} rechnen.

Diese dürfte gelautet haben: »^{1} Im Anfang der Regierung Jojakims erging vom Herrn dieses Wort: ^{2} Stell dich in den Vorhof des Hauses des Herrn ^{4} und sag: So spricht der Herr: ^{6} Ich verfahre mit diesem Haus wie mit Schilo. ^{7} Die Priester und die Propheten hörten, wie Jeremia diese Worte vor dem Haus des Herrn vortrug, ^{8} und sie ergriffen ihn und schrien: Jetzt mußt du sterben. ^{9} Warum weissagst du: Wie Schilo wird es diesem Haus gehen? Das ganze Volk rottete sich beim Haus des Herrn zusammen. ^{10} Als die Beamten Judas von diesen Vorgängen hörten, gingen sie vom Königspalast zum Haus des Herrn hinauf und setzten sich am Eingang des Neuen Tempeltores nieder. ^{11} Die Priester und Propheten sagten zu den Beamten: Dieser Mann hat den Tod verdient. ^{12} Jeremia aber erwiderte: Der Herr hat mich gesandt, damit ich als Prophet gegen dieses Haus verkünde. ^{16} Da sagten die Beamten: Dieser Mann hat den Tod nicht verdient; denn er hat im Namen des Herrn, unseres Gottes, geredet.«

Diese in drei »Szenen« ($^{1-6.7-9.10-12.16}$) aufgebaute Erzählung verwendet die Tempelrede Jeremias, um eine Thematik zur Sprache zu bringen, die ihr angesichts der Erzählungen über die falschen Propheten (28;29) und das Geschick Jeremias (36–45) wichtig erschien. Es geht nicht um das Schicksal Jeremias; davon handeln $^{16-24}$. Auch um ein Lehrzuchtverfahren, das gegen eine Falschaussage angewandt oder gegen Amtsanmaßung durchgeführt würde (vgl. Dtn 18^{20}), handelt es sich nicht; denn »im Namen des Herrn« (^{9}) nimmt ^{16} die Aussagekraft und ist ein vorwegnehmender Zusatz. Das Ziel der Geschichte liegt in ^{16}. Sie will sagen: Wer als Prophet wirklich im Namen Jahwes spricht, darf, auch wenn er Unheil und selbst die Vernichtung des Tempels verkündet, nicht mit dem Tod dafür bestraft werden. Dies wird durch einen förmlichen Gerichtsbeschluß, der bei der Gerichtsverhandlung im Tor gefaßt wird, festgestellt. Die handelnden Gruppen bleiben recht unbestimmt: die Priester, die Propheten als Ankläger und die Beamten als Richter; das Volk ist nur Zuschauer. Der »Oberaufseher im Haus des Herrn« (20^{1}, vgl. 29^{26}), der zuständig gewesen wäre, tritt nicht auf, ebenso der König nicht. Von ihm kann man vermuten, er sei abwesend oder »im Anfang der Regierung« (^{1}), das heißt, in den Monaten bis zum offiziellen Regierungsantritt (Spätsommer 609 nach Absetzung des Joahas bis zum Jahresbeginn im Frühjahr) noch nicht voll im Amt oder im normalen

Weisung nicht folgt, die ich euch gegeben habe, 5 wenn ihr nicht auf 2 Kön 10[31]
die Worte meiner Knechte, der Propheten, hört, die ich immer wie- 9[12] 44[10] Dtn 4[8]
der zu euch sende, obwohl ihr nicht hört, 6 dann verfahre ich mit die- 25[4] 7[25] 29[19]
sem Haus wie mit Schilo und mache diese Stadt zu einem Fluch bei 7[12] 9[10]
allen Völkern der Erde. 7 Die Priester, die Propheten und das ganze 25[18]
Volk hörten, wie Jeremia diese Worte vor dem Haus des Herrn vor-

Gerichtsverfahren nicht zuständig gewesen. Die ursprüngliche Erzählung sieht demnach eher wie eine theologische Lehrerzählung aus, kaum wie ein historischer Bericht, was nicht ausschließt, daß Jeremia wegen seiner Worte gegen den Tempel tatsächlich angegriffen wurde (vgl. [17–24]). Sie will sagen, daß das Recht zur prophetischen Verkündigung und der Maßstab für sie das wirkliche Reden »im Namen des Herrn, unseres Gottes« [16] ist. Das kann Jeremia im Gegensatz zu den falschen Propheten für sich in Anspruch nehmen, und er kann von sich behaupten, daß er in göttlichem Auftrag spricht.

Diese Lehrerzählung wird in der Überarbeitung zu einem mahnenden Drohwort ausgestaltet, das die ganze Unheilsverkündigung des Propheten ([2.8]) gegen Jerusalem ([6.9.11.12.15]) in den Blick nimmt. Zu diesem Zweck wird ganz Juda im Tempel versammelt ([2]), wobei an ein Fest gedacht ist, das alle im Haus Jahwes zusammenführt, wie etwa das Herbstfest (vgl. Dtn 16[16f] 1 Sam 1[3]). Damit ist der umfassende Hörerkreis geschaffen, auf den es der Nachinterpretation ankommt. Allerdings wird dann die Rolle »des ganzen Volkes« uneinheitlich: Ursprünglich kommen die Leute – als stumme Zuschauer und Zeugen – zusammen ([9]), als die Priester und Propheten Jeremia ergreifen. Jetzt sind sie Zuhörer ([7f]), dann Richter ([11.12.16]) und [8b], falls der Ausdruck hier nicht versehentlich zugefügt ist, sogar Ankläger. Am Ende ([16]) soll das Volk sicherlich mit den Beamten zusammen bestätigen, daß Jeremia ein wahrer Prophet ist. Das ist eine Verstärkung der Mahnung. Dem Propheten befiehlt der Herr im Sinn dtr Entfaltung jeremianischer Botschaft, alle Unheilsworte zu sagen und nichts wegzulassen. Noch könnte Aussicht bestehen ([3]), daß das Wort ankommt und Umkehr bewirkt (vgl. 36[3]), so daß Gott seinen Unheilsplan nicht durchführen muß. Die Strafe, die auf die bösen Taten des Volkes antwortet, ist hier, anders als in der Grunderzählung (s. o.), nur eine bedingte. Sie tritt für den Fall des Ungehorsams ein. Das wird nach der langen reflektierenden Einleitung ([1–3]) im Jahwewort ausgesprochen ([4–6]) und nunmehr vor allem mit dem Gericht über Jerusalem begründet ([6]). Dementsprechend lautet jetzt die Anklage: »Dieser Mann hat den Tod verdient; denn er hat gegen diese Stadt geweissagt, wie ihr mit eigenen Ohren gehört habt« ([11]). Die Nachinterpretation schaut schon aus einem gewissen Abstand auf die Zerstörung Jerusalems zurück und erklärt sie als Folge des Ungehorsams und des mangelnden Willens zur Umkehr. So wird denn auch die Botschaft, die Jeremia im Zusammenhang mit seinem Tempelwort zu sagen hat, auf das Gotteswort und die Weisung (Tora) Jahwes ganz allgemein sowie auf die gesamte Verkündigung der Propheten ([5]) nach dtr Verständnis, und möglicherweise noch einmal nachträglich unter Heranziehung der Un-

trug. 8 Als Jeremia alles gesagt hatte, was er im Auftrag des Herrn vor
dem ganzen Volk zu verkünden hatte, ergriffen ihn die Priester, die
Propheten und alles Volk und schrien: Jetzt mußt du sterben.
9 Warum weissagst du im Namen des Herrn: Wie Schilo wird es die-
sem Haus gehen, und diese Stadt wird verwüstet und entvölkert wer-
33^{10} 34^{22} 44^{12} den? Das ganze Volk rottete sich beim Haus des Herrn um Jeremia
24^{1} 29^{2} zusammen. 10 Als die Beamten Judas von diesen Vorgängen hörten,
gingen sie vom Königspalast zum Haus des Herrn hinauf und setzten
sich am Eingang des Neuen Tempeltors nieder. 11 Die Priester und
Propheten sagten zu den Beamten und zum ganzen Volk: Dieser
Mann hat den Tod verdient; denn er hat gegen diese Stadt geweis-
sagt, wie ihr mit eigenen Ohren gehört habt. 12 Jeremia aber erwiderte
allen Beamten und dem ganzen Volk: Der Herr hat mich gesandt,
damit ich als Prophet gegen dieses Haus und diese Stadt alle Worte
2^{33} 7^{3} 35^{15} verkünde, die ihr gehört habt. 13 Nun also, bessert euer Verhalten und
$3^{13.25}$ 7^{23} euer Tun, und hört auf die Stimme des Herrn, eures Gottes! Dann
18^{8} 42^{10} Dtn 4^{30} wird den Herrn das Unheil reuen, das er euch angedroht hat. 14 Ich
Jos 9^{25} selbst bin in eurer Hand; macht mit mir, was ihr für gut und recht
haltet. 15 Aber das sollt ihr wissen: Wenn ihr mich tötet, bringt ihr un-
7^{6} Dtn 21^{8} schuldiges Blut über euch, über diese Stadt und ihre Einwohner.
28^{9} Denn der Herr hat mich wirklich zu euch gesandt, damit ich euch
alle diese Worte in die Ohren rufe. 16 Da sagten die Beamten und das
ganze Volk zu den Priestern und Propheten: Dieser Mann hat den
Tod nicht verdient; denn er hat zu uns im Namen des Herrn, unseres

ermüdlichkeitsformel (vgl. 7^{25} 25^{4}), ausgeweitet.

$^{8-11}$ Sofort kommt es zur Reaktion der Zuhörer: Der Prophet wird abgelehnt; man fordert seinen Tod. Die Begründung zielt anscheinend auf eine Anklage wegen Gotteslästerung ab: »Wer den Namen des Herrn schmäht, wird mit dem Tod bestraft« (Lev 24^{16}). Jeremia hat im Namen des Herrn gegen seinen Tempel und seine Stadt gesprochen (^{9}), ihn also nach Ansicht der Zuhörer selbst geschmäht. Vor den Beamten und dem Volk wird dann förmlich Anklage erhoben (^{11}), damit das angebliche Verbrechen, auf dem die Todesstrafe steht, gesühnt wird.

$^{12-16}$ Jeremia benützt die Gelegenheit, die ihm seine Verteidigungsrede bietet, zu einer Mahnung, wie er sie nach dtr Auffassung öfter vorgebracht hat (^{13}): Wandel des Verhaltens und der Tat, also Gehorsam gegen den erklärten Willen Gottes sind nötig, wenn der Herr von dem geplanten Unheil Abstand nehmen soll. Zugleich weist er noch einmal auf seine gesamte Unheilsverkündigung hin ($^{12.15}$). Er weiß, in welcher Gefahr er sich befindet (^{14}), betont seine Unschuld (^{15}) und ein weiteres Mal (vgl. $^{12.15}$) sein Gesendetsein. Wenn man ihn tötete, wäre das eines jener Verbrechen, deren er Jerusalem immer wieder anklagen muß (^{15}). Eindrucksvoll schließt das Urteil (^{16}) den erweiterten Text ab. Auch das Volk stimmt mit ein: Jeremia ist kein Verbrecher, sondern ein echter Jahweprophet. Wenn er aber im Namen des Herrn spricht, dann unterstreicht

Gottes, geredet. [17] Einige von den Ältesten des Landes standen auf
und sagten zu der ganzen Volksversammlung: [18] Micha von Moreschet, der zur Zeit Hiskijas, des Königs von Juda, als Prophet wirkte,
hat zum ganzen Volk Juda gesagt: So spricht der Herr der Heere: Mi 3,12
Zion wird umgepflügt zu Ackerland, Jerusalem wird zum Trümmerhaufen, der Tempelberg zur überwucherten Höhe. [19] Haben ihn etwa
Hiskija, der König von Juda, und ganz Juda deshalb hingerichtet?
Hat er nicht Gott gefürchtet und den Zorn des Herrn besänftigt, so
daß den Herrn das Unheil reute, das er ihnen angedroht hatte? Und
wir sollten ein so großes Unrecht tun zu unserem eigenen Schaden?

Die Ermordung des Propheten Urija: 26,20–24

[20] Damals wirkte noch ein anderer Mann als Prophet im Namen des
Herrn, Urija, der Sohn Schemajas, aus Kirjat Jearim. Er weissagte
gegen diese Stadt und dieses Land mit ganz ähnlichen Worten wie Jeremia. [21] Der König Jojakim, alle seine Heerführer und alle Beamten
hörten von seinen Reden. Daher suchte der König ihn zu töten. Als
Urija davon erfuhr, bekam er Angst, floh und gelangte nach Ägypten.

das noch ein letztes Mal die Warnung (4–6) und Mahnung (13), die der erweiterte Text verkündet.

17–19 Die Lehrerzählung (s. o.) wird mit einem Beispiel untermauert. Dies geschieht im Nachtrag: Zwei andere Gruppen stehen sich, abweichend von 1–16 gegenüber; die Ältesten des Landes sprechen zur Volksversammlung, die hier zur Gerichtsgemeinde wird und über die Anklage zu entscheiden hat. Dazu kommt es freilich in der nachgetragenen Szene nicht. Die Sippenhäupter (vgl. 1 Kön 20,7) vertreten den bereits gefaßten Beschluß (16), in dem sie auf Micha verweisen. Der Prophet aus Moreschet (Mi 1,1) hat sein Wort gegen den Tempel und die Stadt gesprochen (Mi 3,12), das ebenso hart und unerbittlich war wie die Botschaft Jeremias. Seine Drohung wurde richtig verstanden. Hiskija ließ sich zur Gottesfurcht aufrufen und machte, wie es wörtlich heißt, Jahwes Antlitz milde. Anscheinend ist hier an die 2 Kön 18,4 berichtete Kultreform gedacht, durch die der Tempel von fremdem Kult gereinigt wurde. Nicht den Propheten beseitigen, sondern seine Mahnung ernst nehmen und befolgen! Das ist der richtige Weg, um Unheil abzuwenden.

20–24 Gefahr aber drohte Jeremia vom König (20–23), nicht erst von Zidkija, der durch Unentschlossenheit und Nachgiebigkeit beinahe am Tod des Propheten schuldig geworden wäre, sondern schon durch Jojakim. Dieser gewalttätige Despot verfolgte die Boten Jahwes, die Unheil verkündeten. Das wird am Beispiel Urijas aus Kirjat-Jearim, 10 km nordwestlich von Jerusalem, heute *dēr el-azhar* (s. auch 1 Sam 6,21 7,1), aufgezeigt (20–23). Er war ein Unheilsprophet; über seine Botschaft ist Näheres nicht bekannt. [21] Anscheinend wandte er sich auch gegen den König. Die Flucht war vergebens; denn als ägyptischer (2 Kön 23,34) Vasall (609–605) konnte Jojakim leicht die Auslieferung erwirken. Elnatan, aus einflußreicher Familie (2 Kön 24,8), wird

22 Der König Jojakim aber schickte Leute nach Ägypten, nämlich Elnatan, den Sohn Achbors, mit einigen Männern. 23 Sie holten Urija aus Ägypten und brachten ihn zu König Jojakim; dieser ließ ihn mit dem Schwert erschlagen und seinen Leichnam zu den Gräbern des niedrigen Volkes werfen. 24 Ahikam jedoch, der Sohn Schafans, beschützte Jeremia, so daß man ihn nicht dem Volk auslieferte, das ihn töten wollte.

Das Joch Babels: 27^{1-22}

27 1 Im Anfang der Regierung Zidkijas, des Sohnes Joschijas, des Königs von Juda, erging vom Herrn folgendes Wort an Jeremia. 2 So

27^{1} Zidkijas, M: »Jojakims«. 1 ist bis auf die Worte »an Jeremia« dem Text von 26^{1} gleich. 27^{1} fehlt in der ursprünglichen G.

auch $36^{12.25}$ genannt. Das grausame Schicksal Urijas wird dadurch noch härter, daß er nicht ordentlich, wohl im Familiengrab (vgl. 2 Sam 19^{38}), bestattet, sondern auf die Gräber des gemeinen Volkes geworfen wird (vgl. 22^{19}) – eine über den Tod hinaus wirkende Entehrung. 24 Jeremia war nach seiner Tempelrede, auf die die Schlußnotiz mit der Bemerkung, daß das Volk (^{8}) ihn töten wollte, wieder zurücklenkt, in der gleichen Gefahr wie Urija. Er aber hatte einen mächtigen Beschützer: Ahikam, der wie auch sein Vater Schafan Minister unter König Joschija war (2 Kön 22^{8-14}). Sein Sohn war der spätere Statthalter Gedalja (Jer 40^{5}), zu dem Jeremia nach der Eroberung Jerusalems ging (40^{6}), um mit ihm zusammenzuarbeiten. Auch in dieser Stunde der Konfrontation nach der Tempelrede erweist sich Jahwes Zusage, die er bei der Berufung gegeben hatte (1^{18}), als zuverlässig. Er läßt seinen Propheten nicht im Stich.

27–29 sind miteinander verbunden durch das Thema (»falsche Propheten«) und stilistische Eigenheiten (der Name des babylonischen Königs lautet hier Nebukadnezzar statt sonst in Jer Nebukadrezzar; mit Jahwe zusammengesetzte Eigennamen erscheinen in der Kurzform auf *-ja*, nicht auf *-jahu;* Jeremia und Hananja werden häufig »der Prophet« genannt). Jer 27–29 sind redaktionell gestaltet als ein für sich stehender Großabschnitt, der »den geschichtlichen Beleg« zu den »grundsätzlichen Sprüchen« Jeremias in 23 (Volz 255) bieten soll. Um den Bericht von der Auseinandersetzung mit dem falschen Propheten Hananja (vgl. 28) sind als Rahmen 27 und 29 gelegt, die ein Jeremiawort (in 27) und einen Brief des Propheten an die Verbannten in Babel (vgl. 29) verwenden und ausgestalten, um die Verwerflichkeit der Falschprophetie und die Gefahr, die von ihr ausging, aufzuzeigen: Jeremia verlangte, den Willen Jahwes, der sich in den gegebenen Verhältnissen manifestiere (Herrschaft des babylonischen Königs; lange Dauer der Verbannung), zu akzeptieren. Die vom Herrn nicht gesandten Propheten widersprachen ihm zum Schaden des Volkes. Jeremia verkündigt Gottes Wort. Jahwe selbst macht es deutlich (vgl. 28^{16f}).

27^{1-22} besteht aus zwei thematisch

sprach der Herr zu mir: Mach dir Stricke und Jochhölzer, und leg sie 28^{10}
dir auf den Nacken! [3] Dann schick eine Botschaft an den König von
Edom, den König von Moab, den König der Ammoniter, den König
von Tyrus und den König von Sidon, durch die Gesandten, die zu
Zidkija, dem König von Juda, nach Jerusalem gekommen sind. [4] Gib
ihnen folgenden Auftrag an ihre Gebieter: So spricht der Herr der
Heere, der Gott Israels: Sagt so zu euren Gebietern: [5] Ich bin es, der 32^{17} 10^{12} Jes 45^{12}
die Erde erschaffen hat samt den Menschen und den Tieren, die auf Gen 1^{25}

27^{3} Schick eine Botschaft, M: »schick sie«, nämlich die Stricke und die Jochhölzer. Auch G liest »sie«.

27^{5} Wem ich will, wörtlich: »dem, der recht war in meinen Augen.« Vgl. zur Redewendung Dtn 6^{18} 12^{25} u. ö.

unterschiedenen Abschnitten: $^{1-15}$ geht es um das »Joch des Königs von Babel«, $^{16-22}$ um die Tempelgeräte.

$^{1-15}$ ist nicht aus einem Guß, wie schon die Unstimmigkeit zwischen ^{1} und $^{3.12}$ zeigt: Nach ^{1} datiert das Jeremiawort in der Zeit Jojakims, so richtig M (s. u.), nach $^{3.12}$ aber richtet es sich an Zidkija. Es enthält zwei verschiedene Botschaften: eine an eine Reihe von Königen (^{11}), eine andere an Zidkija allein (^{12}).

Letztere – ein rhythmisch mit je 3 Wortakzenten geformter Text – bildet den Grundbestand in $^{1-15}$, sie läßt sich so herauslösen: »[2] So sprach der Herr zu mir: Mach dir Stricke und Jochhölzer, und leg sie dir auf den Nacken! [3] Dann schick sie zu Zidkija, dem König von Juda, [4] sagend: So spricht der Herr: [12] Beugt euren Nacken unter das Joch des Königs von Babel und seid ihm untertan; dann bleibt ihr am Leben.« Der Prophet wird von Jahwe angewiesen, eine symbolische Handlung zu vollziehen und dazu ein deutendes Wort zu sprechen. Symbolhandlung und Deutewort richten sich an den König von Juda und damit an sein Volk; zu ihnen ist Jeremia gesandt (vgl. Jer 1). Der Prophet legt sich auf Befehl des Herrn ein Joch auf die Schultern und schickt es dann zu Zidkija mit der Forderung, daß Juda dem König von Babel dienstbar sein und bleiben soll. »Das Joch der Pflugochsen ist – noch heute in Palästina und sonst – eine etwa eineinhalb Meter lange und acht Zentimeter dicke Eichenstange, die über den Nacken der Tiere gelegt und mit Stricken und Haken an Hals und Hörnern befestigt wird« (Nötscher EB). Jeremia verwendet das Bild vom Joch, das ein Symbol der Dienstbarkeit ist (vgl. Gen 27^{40} 1 Kön 12^{4-14} Klgl 3^{27}), wo er Israel vorwirft, es habe den Dienst Jahwes aufgegeben (2^{20} 5^{5}). Insofern hat es für ihn nicht die negativen Farben von Unterdrückung wie anscheinend für Hananja (28^{2-4}).

Seit der Eroberung Jerusalems 597 v. Chr. mußte auch der führenden Schicht in Juda klar sein, daß Nebukadnezzar die Herrschaft über das Südreich ausübte. Offensichtlich war dies Jahwes Wille; denn er hatte die Stadt den Babyloniern in die Hände fallen lassen. Jeremia hatte es angekündigt, lange vorher den Feind aus dem Norden kommen und das Strafgericht des Herrn vollstrecken sehen. Nebukadnezzar hatte als seinen Vasallen Zidkija, den König von Babels Gnaden, eingesetzt (2 Kön 24^{17}). Dieser hatte Treue geschwo-

Dtn $4^{34.37}$ 9^{29} der Erde leben, durch meine gewaltige Kraft und meinen hoch erho-
benen Arm, und ich gebe sie, wem ich will. [6] Jetzt gebe ich alle diese
25^{9} 43^{10} Länder in die Hand meines Knechtes, des Königs Nebukadnezzar
von Babel; selbst die Tiere des Feldes mache ich ihm dienstbar. [7] Alle
Völker sollen ihm untertan sein, ihm, seinem Sohn und seinem Enkel,
25^{14} bis auch für sein eigenes Land die Zeit kommt, daß große Völker und
mächtige Könige es knechten. [8] Will aber ein Volk oder Reich dem
König Nebukadnezzar von Babel nicht untertan sein und seinen Nak-
ken nicht unter das Joch des Königs von Babel beugen, so werde ich
21^{9} 24^{10} 29^{18} dieses Volk mit Schwert, Hunger und Pest heimsuchen – Spruch des

27^{6} Wörtlich: »Und nun, ich, ich habe gegeben ... ich habe ihm dienstbar gemacht.«

27^{7} Fehlt in G ursprünglich. – es: *bāh.* M: *bō.*

27^{8} Ausgeliefert: *tittī* mit S. Ist *tummī* M von 24^{10} beeinflußt?

ren (Ez 17^{13}), war eine Verpflichtung eingegangen, die er nicht abschütteln durfte (Ez 17^{15-21}). Auflehnung, Aufkündigung des Vasallenverhältnisses mußte den Untergang nach sich ziehen. Doch der Prophet wendet sich nicht nur gegen gefährliche politische Unvernunft, wie sie der Vertragsbruch darstellte, sondern auch gegen den Ungehorsam gegenüber Jahwe. Seiner Weisung, die im Geschichtsverlauf zu erkennen und aus der Botschaft Jeremias zu vernehmen war, müssen König und Volk gehorchen: Es ist Jahwes Wille, daß Juda dem babylonischen König untertan ist. Andernfalls verspielen sie ihr Leben.

Das Wort an die Gesandten der Könige aus den Nachbarstaaten $^{(1).3^*.4^*.5.6.8.11}$ setzt Jeremias symbolische Handlung und Botschaft voraus (s. o.) und entfaltet sie im Sinn des Völkerpropheten (vgl. Jer 1). Die Könige werden mit der gleichen Symbolhandlung konfrontiert (^{3}) und erhalten den nämlichen Befehl (^{7a}), jedoch in verallgemeinerter Form; er ist zu einer alternativen Predigt abgewandelt ($^{8.11}$), die Unheil bzw. Heil verkündet. Der Verfasser schaut schon auf die Zeit zurück, in der sich Nebukadnezzar nicht nur Syrien – Palästina – dafür stehen die Namen von Judas Nachbarn: Edom, Moab, Ammon, Tyrus und Sidon (^{3}) – unterworfen, sondern auch Juda 586 zerstört (^{8}) und den großen Teil seiner Bevölkerung verschleppt hatte (vgl. ^{11}). Es ist die Zeit des Exils, in der diese Ausweitung der ursprünglich an Zidkija gerichteten Botschaft erfolgt. Jeremia, deutlich in Ansehen und Geltung im Vergleich zu seinen Lebzeiten erhöht (vgl. 1^{10}), hat die Macht, den königlichen Gesandten zu befehlen, wie er es gegenüber Baruch tut ($32^{13}36^{5.8}$). Sie müssen das vom Propheten übermittelte Jahwewort ihren Gebietern ausrichten. Die Predigt, die an die fremden Könige gerichtet ist, aber doch Jahwes Volk ansprechen soll, ist theologisch fundiert (^{5}): Israels Gott ist, was die fremden Gesandten kaum akzeptiert hätten, der Schöpfer der Erde, um die es im folgenden geht, und aller Lebewesen (Menschen und Tiere, vgl. Gen $6^{7}7^{23}$ u. ö.). Darin zeigt sich, wie in dtr Sprache (besonders: »mit hoch erhobenem Arm« Dtn 4^{34} u. ö.) gesagt wird, seine Macht; dies begründet seine absolute Verfügungsgewalt, die

Herrn –, bis ich es seiner Hand ausgeliefert habe. [9] Ihr aber, hört 14^{13f}
nicht auf eure Propheten, Wahrsager, Träumer, Zeichendeuter und 23^{16} 29^{8}
Zauberer, wenn sie zu euch sagen: Ihr werdet dem König von Babel
nicht untertan sein. [10] Denn sie lügen, wenn sie euch weissagen, und 23^{25f} 29^{9}
damit vertreiben sie euch aus eurer Heimat; denn ich verstoße euch,
so daß ihr zugrunde geht. [11] Das Volk aber, das seinen Nacken unter
das Joch des Königs von Babel beugt und ihm untertan ist, lasse ich
ungestört auf seinem heimatlichen Boden – Spruch des Herrn –; es

27^{9} Eure Träumer: *ḥolᵉmēkæm*, vgl. Dtn $13^{4.6}$. M: »eure Träume«.

er auch ausübt. Er hat bereits (^{6}) für die gegenwärtige Epoche eine entsprechende umfassende Anordnung getroffen, alle genannten Länder (^{3}) samt allen Lebewesen dem König von Babel unterstellt. Dieser ist sein »Knecht«, sein Sachwalter und Vertreter, wie es für Israel David (2 Sam 7^{5} 1 Kön $11^{13.32-38}$ u. ö.) war. Ihm sind, wie es bei Kyrus geschah (Jes 45^{1}), die Völker von Jahwe unterworfen. So gibt es für sie keine Wahl (^{8}). Weigern sie sich, Nebukadnezzar untertan zu sein, verfallen sie dem mit stereotypen Wendungen beschriebenen Strafgericht Jahwes. Wenn zunächst die negative (^{8}), dann erst (^{11}) die positive Folgerung gezogen wird, ist das wohl ein Zeichen dafür, daß die über die Völker bzw. Juda verhängte Strafe für den Autor des Textes Wirklichkeit war. Die heilvolle, dem Gehorsam in Aussicht gestellte Alternative (^{11}) ist, jedenfalls für die Jerusalemer und Judäer, nicht eingetroffen; sie waren nach Babel verschleppt worden. Der Verfasser des Wortes an die Gesandten geht ganz von der eingetretenen Unheilssituation aus, im Vergleich zu der das bloße ungestörte Wohnen in der Heimat schon Heil bedeutet. Er vermag auch für die Bestellung des »Jahwe-Knechtes« Nebukadnezzar im Gegensatz zu dem Kyrus-Orakel von Jes 44^{28}–45^{6} nicht zu sagen, mit welchem Auftrag und Ziel der König von Babel in die Weltherrschaft eingesetzt wird; er geht von den Tatsachen aus und interpretiert sie im Sinn des Jeremiawortes. ^{7} ist anscheinend ein Nachtrag, der auf das Ende Babels zurückschaut. Die beiden länger regierenden Nachfolger (562–539) Nebukadnezzars gelten ihm als dessen Söhne, was auf eine späte Abfassungszeit schließen läßt (vgl. Dan 5^{2}), wo Belschazzar als Sohn Nebukadnezzars bezeichnet wird. Jahwe hat auch der babylonischen Herrschaft ihre Grenze gesetzt.

$^{9.10}$ und $^{14.15}$ bringen, vor allem im Hinblick auf 28, das Thema »falsche Propheten« ein, sozusagen schon als Vorwarnung für den Auftritt Hananjas, $^{9.10}$ im engen inhaltlichen Anschluß an das Wort an die Gesandten (vgl. besonders ^{8}), $^{14.15}$ bezogen (vgl. ^{13a}) auf das Wort an Zidkija. Die Völker werden ^{9} auch vor all den Zukunftsdeutern gewarnt, die Dtn $18^{10.14}$ vom Herrn zwar ihnen konzediert, Israel aber verboten sind; diese gelten ebenfalls als falsche Propheten. Vor ihnen, vor all den Wahrsagern, sollen sich – das ist die Absicht von ^{9} – die Jerusalemer und Judäer hüten; denn sie werden in ^{10} in den Blick genommen: Sie wurden vertrieben, aus dem Land entfernt (Ez 11^{16}) und verstoßen (24^{9} $29^{14.18}$). In den Gesandten der fremden Könige sollte Jerusalem an-

kann ihn bebauen und auf ihm wohnen. [12] Auch zu Zidkija, dem Kö-
nig von Juda, redete ich ganz in diesem Sinn: Beugt euren Nacken
unter das Joch des Königs von Babel, und seid ihm und seinem Volk
untertan; dann bleibt ihr am Leben. [13] Warum sollt ihr, du und dein
Volk, durch Schwert, Hunger und Pest umkommen, wie der Herr
dem Volk, das dem König von Babel nicht untertan sein will, ange-
14[14] 29[8f] droht hat? [14] Hört nicht auf die Reden der Propheten, die zu euch sa-
gen: Ihr sollt dem König von Babel nicht untertan sein. Denn was sie
euch weissagen, ist Lüge. [15] Ich habe sie nicht gesandt – Spruch des
Herrn –; darum ist es Lüge, wenn sie in meinem Namen weissagen;
die Folge wird sein, daß ich euch verstoße und daß ihr zugrunde
geht, ihr und die Propheten, die euch weissagen.
[16] Zu den Priestern und dem ganzen Volk sagte ich: So spricht der
Herr: Hört nicht auf die Reden eurer Propheten, die euch weissagen:
Die Geräte des Hauses des Herrn werden aus Babel zurückgebracht
werden, und zwar bald. Denn was sie euch weissagen, ist Lüge.

27[12] Ganz in diesem Sinn, wörtlich: »gemäß allen diesen Worten«.
27[13] Fehlt in G ursprünglich.
27[16] Und zwar bald: fehlt in G.

gesprochen sein. Noch einmal, und nun ganz auf die falschen Propheten, die eigentliche Gefahr, bezogen, wird [14] die Warnung nur an Zidkija und das Volk gerichtet. Die Falschpropheten sind deswegen so gefährlich, weil sie im Namen Jahwes ([15]) auftreten, des heilswilligen Gottes, und Heil verkünden, das der Herr, wenn es den Ungehorsam und die Abkehr des Volkes nicht gäbe, schenken würde. Aber Jahwe steht nicht hinter ihrem Wort; sie sind ohne Auftrag. Sie täuschen die Menschen und werden für sie zum Verderben.

[12a.13] wurden zur Überleitung eingefügt, nachdem die Botschaft an Zidkija zu einer Aufforderung an die Könige der Nachbarvölker erweitert worden war, wobei [13] anscheinend erst in einem zweiten Gedankenschritt zugesetzt wurde. [13] nimmt die ezechielische Mahnung (Ez 18[31]33[11]) auf, sich nicht selbst ins Verderben zu stürzen ([8]), wo die Möglichkeit zum Leben offensteht. Das Prophetenwort hat sie [11.12] aufgezeigt.

[1] Die redaktionelle Überschrift wiederholt 26[1], ohne den Namen Jojakim, wie es vom Inhalt des Kap. 27 gefordert ist, durch Zidkija zu ersetzen. Gesandtschaften der Nachbarvölker, die einen Aufstand planten, wären allerdings wohl eher unter Jojakim (vgl. 2 Kön 24[1]) als unter Zidkija denkbar. Nachrichten darüber haben wir für die Zeit der beiden Könige nicht. Für einen zeitlichen genauen Ansatz des Jeremiawortes (s. o.) erbringt [1] nichts. Manche denken mit 28[1] an das 5. Jahr Zidkijas (594 v. Chr.).

[16–22] enthalten eine Rede an die Priester und das ganze Volk, die dem Propheten Jeremia in den Mund gelegt ist. Sie nimmt ihr Thema »Tempelgeräte« aus 28[3] und weist, schon bevor Hananja das Wort ergreift, im anders lautenden Jahwewort nach, daß er, ein falscher Prophet ([16]), im

[17] Hört nicht auf sie! Seid dem König von Babel untertan; dann bleibt
ihr am Leben. Warum soll diese Stadt ein Trümmerhaufen werden?
[18] Wenn sie Propheten sind und das Wort des Herrn wirklich bei ih-
nen ist, so mögen sie doch den Herrn der Heere bestürmen, daß die
Geräte, die noch im Hause des Herrn, im Palast des Königs von Juda
und in Jerusalem verblieben sind, nicht auch nach Babel kommen. 2 Kön 24[13–16]
[19] Denn so spricht der Herr der Heere über die Säulen, das Eherne 2 Kön 25[13–17]
Meer, die fahrbaren Gestelle und den Rest der in dieser Stadt noch
verbliebenen Geräte, [20] die Nebukadnezzar, der König von Babel,
nicht mitgenommen hat, als er Jojachin, den Sohn Jojakims, den Kö-
nig von Juda, aus Jerusalem nach Babel verschleppte samt allen Vor-

27[17–22] G liest ursprünglich einen kürzeren Text.

Unrecht ist. Der Abschnitt [16–22] besteht aus drei Worten des Herrn [16–18.19f.21f.], von denen das zweite und dritte das erste begründen. Jedoch spricht Jahwe selbst (in der 1. Person) nur in [22], und die Botenspruchformel in [21] ist nur als Wiederaufnahme aus [19] wegen des in [19.20] eingebrachten geschichtlichen Rückblicks notwendig. [16–18] sind eine prophetische Mahnung, nicht Rede Jahwes. In [16–22] bietet G einen viel kürzeren Text, ein Zeichen dafür, daß hier bis in späte Zeit hinein ergänzt wurde. Läßt man sich von G anregen, kann aus [21f] ein Jeremiawort gewonnen werden: »So spricht der Herr über die Geräte, die im Haus des Herrn verblieben sind: Nach Babel werden sie gebracht.« Das wäre nach 28[5] als Erwiderung auf Hananjas Prophezeiung 28[3a] möglich, findet sich aber im dortigen Zusammenhang nicht und paßt nicht in den Gang der Erzählung (s. u.). Anscheinend schließt das Wort über die noch vorhandenen Geräte eher an 27[16] an, der nicht von [17] weitergeführt wird. Es dient als Argument für die Aussage, daß die Weissagung der falschen Propheten über die Rückkehr der Tempelgeräte nach Jerusalem eine Täuschung ist. Es untermauert die Forderung, nicht auf diese trügerische Weissagung zu hören ([16]). Ein zweites Mal wird die Aufforderung, nicht auf die Lügenpropheten zu hören ([17]), ausgesprochen. Hier wird die Mahnung Jeremias ([12]) wiederholt; auf ihre Befolgung kommt es an. Und im Stil von [13a] wird auf die drohende Zerstörung der Stadt und die Möglichkeit, sie noch abzuwenden, hingewiesen. [18] schaltet eine Reflexion über das Prophetenamt ein, verweist auf 7[16], wo Jeremia verboten wird, den Herrn zu drängen (nur 7[16] und 27[18] wird *pg*[c] von der prophetischen Fürbitte gebraucht), und zitiert König Joschafats Urteil über Elischa: »Bei ihm ist das Wort des Herrn« (2 Kön 3[12], vgl. Jer 37[17]). Der echte Prophet, bei dem Gottes Wort ist, hat demnach vor Jahwe Fürbitte für sein Volk zu leisten. Hier geht es darum, neues und alles vernichtendes Unheil abzuwenden. [18] schaut jedoch wohl auf die Zerstörung Jerusalems zurück; er weiß, daß alles, was in der Stadt an kostbaren Geräten vorhanden war, geraubt und nach Babel verbracht wurde.

[19–21] führen dies mit Bezug auf 2 Kön 24[13–16]25[13–17] näher aus. [22] hat darüber hinaus auch Kenntnis von der Rückgabe der Tempelgeräte

nehmen Judas und Jerusalems: [21] Ja, so spricht der Herr der Heere,
der Gott Israels, über die Geräte, die im Haus des Herrn, im Palast
des Königs von Juda und in Jerusalem verblieben sind: [22] Nach Babel
werden sie gebracht, und dort bleiben sie bis zu dem Tag, an dem ich
Esra 1[7–11] mich ihrer annehme – Spruch des Herrn – und sie wieder an diesen
Ort heraufbringe.

Der falsche Prophet Hananja: 28[1–17]

28[1] Im selben Jahr, im Anfang der Regierung Zidkijas, des Königs
von Juda, im fünften Monat des vierten Jahres, sagte der Prophet
Hananja, der Sohn Asurs aus Gibeon, im Haus des Herrn vor den

28[1] G liest: »Und es geschah (M: *way^ehi*) im vierten Jahr Zidkijas, des Königs von Juda, im fünften Monat«. – Zu Jeremia, M: »zu mir«. Doch wird ab [5] über Jeremia berichtet.

(Esra 1[7]) durch Kyrus (so schon Volz 258). [18–22] sind also »nachträgliche Weissagung« (vaticinium ex eventu). Wegnahme und Rückgabe der Tempelgeräte sind von Jahwe verfügt im Vollzug seines Gerichts- und Heilswortes. So erhalten sie in ihrem Schicksal über den Dienst hinaus, zu dem sie bestimmt sind, theologische Funktion. Sie bezeugen die Abkehr des Herrn von seinem Volk wie seine erneute Zuwendung und seine unbeschränkte Verfügungsgewalt. Wenn er sich ihrer annimmt [22], nimmt er sich auch seines Volkes an (29[10]) und führt es aus der Knechtschaft heraus (vgl. Ex 3[16]4[31]).

28 ist keine ursprüngliche, mit nur wenigen Glossen versehene (so Thiel II 10), sondern eine redaktionell gestaltete Einheit. [5–9] reflektieren über wahres und falsches Prophetentum und sprengen die in [1–4.10.11] berichtete, in sich aber selbst wieder uneinheitliche (s. u.) Symbolhandlung Hananjas. Die Botschaft, die Jeremia seinem Widersacher Hananja im Auftrag Jahwes ausrichten soll ([12–14]) hat nichts mit dem zu tun, was Jeremia dann [15.16] wirklich sagt. Das auf den Völkern liegende Joch Nebukadnezzars ([11.14]) ist wie in 27[5–8.11] ein Ergebnis der Nachinterpretation. Darum können auch [11.14] und damit ebenfalls [12], der sich in der Redeweise eng an [11] anschließt, und folglich [13] nicht zum ursprünglichen Bericht über die symbolische Handlung Hananjas und Jeremias Reaktion gehören. Ferner sind [3.4] aus 2 Kön 24[13–16] aufgefüllt: Eine Rückkehr Jojachins konnte, nachdem Zidkija König geworden war, für den judäischen Staat nicht sinnvoll sein. Ebenso wird man die Ansage einer Rückführung der Verschleppten kaum als ein Heilswort betrachtet haben, sagte man doch in Jerusalem: »Sie sind fern vom Herrn; das Land ist uns zum Besitz gegeben« (Ez 11[15]). Dagegen dürfte eine Rückgabe der Tempelgeräte ([3]), die sicherlich in den Augen der Judäer und Jerusalemer eine Bereicherung und Stärkung des Tempels und damit eine Bestätigung ihres Vertrauens auf den Tempel (vgl. [15] mit 7[4]) bedeutete, als eine Heilszusage betrachtet worden sein. [1a] ist redaktioneller Anschluß (vgl. 27[1]) an die sehr stark, interpretierend erweiterte Symbolhandlung Jeremias; [4b] wurde

Priestern und dem ganzen Volk zu Jeremia: 2 So spricht der Herr der
Heere, der Gott Israels: Ich zerbreche das Joch des Königs von Ba-
bel. 3 Noch zwei Jahre, und ich bringe alle Geräte des Hauses des
Herrn, die Nebukadnezzar, der König von Babel, von diesem Ort 2 Kön 24^{13-16}

28^2 Wörtlich: »Ich habe zerbrochen«, was gewöhnlich als prophetisches Perfekt gedeutet wird.

28^3 Die Nebukadnezzar ... hat: steht nicht in G.

durch den Einschub gemäß 2 Kön 24^{13-16} notwendig; $^{16b\beta}$ ist ein Zitat aus Dtn 13^6.

So ergibt sich als ursprünglicher Bericht über die Konfrontation Jeremias mit dem Heilspropheten Hananja: »^{1b} Der Prophet Hananja, der Sohn Asurs aus Gibeon, sagte im Haus des Herrn vor den Priestern und dem ganzen Volk: ^{2} So spricht der Herr: Ich zerbreche das Joch des Königs von Babel. ^{3} Noch zwei Jahre, und ich bringe alle Geräte des Hauses des Herrn wieder an diesen Ort zurück. ^{10} Da nahm der Prophet Hananja das Jochholz vom Nacken des Propheten Jeremia und brach es entzwei. ^{11} Vor den Augen des ganzen Volkes erklärte Hananja: So spricht der Herr: Ebenso zerbreche ich das Joch des Königs von Babel. ^{15} Der Prophet Jeremia sagte zum Propheten Hananja: Höre Hananja! Der Herr hat dich nicht gesandt, und du hast dieses Volk dazu verführt, auf Lügen zu vertrauen. ^{16} Darum – so spricht der Herr: Siehe, ich schaffe dich vom Erdboden fort. Noch in diesem Jahr bist du tot. ^{17} Im siebten Monat desselben Jahres starb der Prophet Hananja.«

Die knappe Erzählung besteht aus drei Szenen: $^{1b-3a}$: Hananja spricht zu den Priestern und zum Volk; $^{10.11*}$ Hananjas symbolische Handlung zur Bekräftigung seiner Botschaft $^{(2b.3a)}$; Jeremias Wort an Hananja $^{15.16a.b\alpha.(17)}$, wobei ^{1b} als Exposition und ^{17} als Abschluß fungieren. Der Prophet Hananja, der zunächst kurz vorgestellt wird, verkündet, sicherlich im Tempel, vor den Priestern und dem Volk die Heilsbotschaft: Es ist bereits bei Jahwe beschlossene Sache – daher das hebr. Perfekt –, daß er das Joch des Königs von Babel zerbrechen wird. Zeichen dafür ist, daß binnen zweier Jahre die Tempelgeräte wieder zurückkehren werden, was die Priester sicher gerne hörten. Das besagt aber auch, daß die Stadt nicht zerstört wird und der Tempel weiterhin das Bollwerk des Vertrauens bleibt (vgl. 7^4). So sieht es auch Jeremia, der mahnen mußte: »Vertraut nicht auf die trügerischen Worte (*dibrē haššæqær*): Der Tempel des Herrn, der Tempel des Herrn, der Tempel des Herrn ist hier.« Er wirft Hananja daher vor: Du hast dieses Volk dazu verführt, auf Lügen (*ᶜal šāqær*) zu vertrauen (^{15}). Dieser unterstreicht seine falsche Botschaft mit einer symbolischen Handlung (^{10}), der das deutende Wort folgt (^{11*}). Daß Jahwe das Joch der Fremdherrschaft zerbricht, ist eine Heilszusage (30^8; vgl. auch Jes 9^3). Jeremia kann solches nicht verkünden. Er muß sagen, daß Jahwe Volk und Stadt zerbricht (19^{11}), weil diese das Joch des Herrn zerbrochen (2^{20}), seinen Dienst aufgekündigt haben. Er bleibt auch gegenüber Hananja nicht untätig ($^{15.16}$), bestreitet dessen Sendung, wirft ihm sein Vergehen vor (^{15b}) und sagt ihm die Strafe an(^{16}). Hananja hatte unter Verwendung der Botenspruchformel vorgetäuscht,

weggenommen und nach Babel gebracht hat, wieder an diesen Ort
zurück. 4 Auch Jojachin, den Sohn Jojakims, den König von Juda,
samt allen Verschleppten aus Juda, die nach Babel gebracht wurden,
führe ich an diesen Ort zurück – Spruch des Herrn –; denn ich zer-
breche das Joch des Königs von Babel. 5 Der Prophet Jeremia ant-
wortete dem Propheten Hananja vor den Priestern und vor dem gan-
zen Volk, das im Haus des Herrn stand. 6 Der Prophet Jeremia sagte:
Ganz recht! Mag der Herr so tun. Der Herr erfülle deine Worte, die
du verkündet hast, und bringe die Geräte des Hauses des Herrn und
alle Verschleppten aus Babel zurück an diesen Ort. 7 Doch höre das
Wort, das ich dir und dem ganzen Volk in die Ohren rufe: 8 Die Pro-
pheten, die vor mir und vor dir je gelebt haben, weissagten Krieg,
Unheil und Pest gegen viele Länder und mächtige Reiche. 9 Der Pro-
Dtn 18^{21f} phet aber, der Heil weissagt – an der Erfüllung des prophetischen

28^{4} G liest: »Und Jojachin und die Verschleppten aus Juda; denn ich werde das Joch des Königs von Babel zerbrechen.«

28^{8} Je, wörtlich: »von Urzeit her«, so EB *(min hāᶜōlām)*.

Jahwe habe ihn gesandt (*šlḥ*). Jahwe wird ihn darum »hinwegsenden« (*šlḥ*) von der Oberfläche des Erdbodens. Er hatte sich, ohne ermächtigt zu sein, angemaßt, dem Heilshandeln des Herrn eine Frist (2 Jahre) zu setzen. Der Herr setzt ihm die Frist für seinen Tod (noch im selben Jahr). Der Erzähler weiß abschließend zu berichten, daß das Strafwort eintraf. So ist Jeremia als echter, Hananja als falscher Prophet sehr rasch erwiesen.

$^{3b.4}$ Hananjas Botschaft, die nur eine Rückkehr der Tempelgeräte ankündigte, wird nachträglich erweitert unter Verwendung von 2 Kön 24^{13-16}: Alle Verschleppten werden aus dem babylonischen Exil zurückkehren. Als Begründung wird ^{2b}, nun aber im Futur, wiederholt.

$^{5-9}$ Dem Propheten Jeremia wird, noch ehe Hananja die Symbolhandlung ausführen kann, eine Erwiderung, die langatmig eröffnet wird (^{5}), in den Mund gelegt: Der falschen Botschaft muß sofort grundsätzlich widersprochen werden (vgl. auch $6^{14}8^{11}23^{17}$). Natürlich möchte jeder gerne ein Heilswort akzeptieren (vgl. 11^{5}) und mit Amen (EÜ: ganz recht) seine Zustimmung (vgl. 1 Kön 1^{36}) und den Wunsch, daß es so geschehen möge, ausdrücken. Es wäre zu wünschen, daß die babylonische Verbannung bald zu Ende ginge. Jedoch ergibt sich im Rückblick auf die lange Geschichte (»von Urzeit her«^{8}) der Prophetie, daß die Propheten umfassend und weltweit, wobei anscheinend auch (»viele Länder und mächtige Reiche«) an die oft späten Unheilsworte gegen fremde Völker gedacht ist, Unheil verkündet haben. Jahwes Volk machte die Erfahrung, daß Unheilsworte eintrafen und sich so als wahr erwiesen. Mit demselben Maßstab aber muß sich auch die Heilsprophetie messen lassen. Auf sie wird hier Dtn 18^{22} angewendet: »Wenn ein Prophet im Namen des Herrn spricht und sein Wort sich nicht erfüllt und nicht eintrifft, dann ist es ein Wort, das der Herr nicht gesprochen hat. Der Prophet hat sich nur angemaßt, es zu

Wortes erkennt man den Propheten, den der Herr wirklich gesandt
hat. 10 Da nahm der Prophet Hananja das Jochholz vom Nacken des 27[2]
Propheten Jeremia und brach es entzwei. 11 Vor dem ganzen Volk er-
klärte Hananja: So spricht der Herr: Ebenso nehme ich binnen zwei
Jahren das Joch Nebukadnezzars, des Königs von Babel, vom Nak- 27[11]
ken aller Völker und zerbreche es. Der Prophet Jeremia ging seines
Weges.
12 Nachdem nun der Prophet Hananja das Jochholz vom Nacken des
Propheten Jeremia genommen und zerbrochen hatte, erging das
Wort des Herrn an Jeremia: 13 Geh und sag zu Hananja: So spricht
der Herr: Jochstangen aus Holz hast du zerbrochen, dafür aber mußt
du nun Jochstangen aus Eisen machen. 14 Denn so spricht der Herr
der Heere, der Gott Israels: Ein eisernes Joch habe ich auf den Nak-
ken aller dieser Völker gelegt; sie müssen Nebukadnezzar, dem Kö-
nig von Babel, untertan sein. [Sie werden ihm untertan sein, und auch 27[6]
die Tiere des Feldes gebe ich ihm.] 15 Der Prophet Jeremia sagte also
zum Propheten Hananja: Höre, Hananja! Der Herr hat dich nicht
gesandt, und du hast dieses Volk dazu verführt, auf Lügen zu ver-
trauen. 16 Darum – so spricht der Herr: Siehe, ich schaffe dich vom
Erdboden fort. Noch in diesem Jahr bist du tot; denn du hast Aufleh-
nung gegen den Herrn gepredigt. 17 Im siebten Monat desselben Jah- Dtn 13[6]
res starb der Prophet Hananja.

28[12] Der Vers ist in der Übersetzung umgestellt, im M steht zuerst [12a] die Wortereignisformel »Das Wort des Herrn erging an Jeremia«.

sprechen«. Für den Autor des Textes hat sich längst gezeigt, daß Hananja nicht recht behielt; er war im Gegensatz zu Jeremia (26[15]) nicht wirklich vom Herrn gesandt. Doch im Augenblick, da Hananja sein Wort spricht, muß man es stehen lassen.

11*–14 Auch Jeremia bleibt nichts anderes übrig. Er geht ([11b]) und läßt Hananja mit dem zerbrochenen Joch und seinem Wort, das nachträglich noch auf alle Völker ausgeweitet ist ([11a]), stehen. Eigentlich kann nach Meinung des Ergänzers in dieser Situation ([12a]) nur ein echtes Jahwewort ([12b]) die Entscheidung bringen und Jeremia zu dem ermächtigen, was er dann zu Hananja sagt ([15.16]). Den Autor dieses Textes interessiert nicht das Schicksal des falschen Propheten, sondern die Richtigstellung der vorgebrachten prophetischen Verkündigung. Sie erfolgt durch Überbietung: Ein hölzernes Joch kann man zerbrechen, ein eisernes nicht (vgl. 15[12]). Das trügerische Wort macht ([13b]) den Entschluß Jahwes ([14]), wobei noch einmal die Ausweitung auf die anderen Völker betont wird, nur noch fester. Er läßt sich seine absolute, freie Oberhoheit nicht einschränken oder bestreiten. So macht Hananja, indem er das hölzerne Joch zerbricht, in Wirklichkeit sozusagen ein eisernes. Auch der falsche Prophet entgeht dem verfügenden Eingriff Jahwes nicht, entrinnt ihm weder mit seinem Wort ([13b]), noch, da er Auflehnung gegen den Herrn predigt, mit seiner Existenz ([17]).

Der Brief an die Verbannten: 29[1–23]

29[1] Das ist der Wortlaut des Briefes, den der Prophet Jeremia aus Je-
rusalem an den Rest der Ältesten der Gemeinde der Verbannten
sandte, an die Priester, Propheten und das ganze Volk, das Nebukad-
24[1] nezzar von Jerusalem nach Babel verschleppt hatte, [2] nachdem der
2 Kön 24[14f] König Jojachin, die Herrin, die Hofbeamten, die Großen von Juda
und Jerusalem sowie die Schmiede und Schlosser aus Jerusalem fort-

29[1] Rest: fehlt in G, wohl mit Recht.
29[2] Sprengt den Zusammenhang [1.3]: ein Nachtrag.

In 29 soll nach [1] der Wortlaut des Jeremiabriefes an die nach Babel Verschleppten mitgeteilt werden. Zu ihm können [16–19], ein Drohwort gegen den regierenden König und die Jerusalemer, nicht gehören, ebenso auch der Brief nicht, den Schemaja nach Jerusalem geschickt hat ([25–30]). Die Heilsverheißung ([10–14]), die auf eine Heimführung ([14]) hinausläuft und dazu noch die Rückkehr der ganzen Diaspora ansagt, widerspricht der Zielsetzung des Jeremiabriefs ([5–7]). Auch die allgemeine Warnung vor den falschen Propheten insgesamt, die [8.9] ebenso wie 27.28 (s. o.) eingeblendet ist, ist nicht das Anliegen Jeremias. [15] schließt (so auch Thiel II 14) an [7] an; der Vers eröffnet die Auseinandersetzung mit Ahab, Zidkija und Schemaja in [21.32].[22.23] sehen die Strafe für Ahab und Zidkija anders als [21] und geben auch die Anrede an die Verschleppten auf. [2] und auch Teile von [1.4.7] schließlich malen die Situation mit Bezug auf 2 Kön 24[14f] aus. 29 ist demnach kein in sich einheitlicher, sondern ein redaktionell zusammengesetzter Text, worauf auch der häufige Neueinsatz mit der Botenspruchformel ([4.8.10.16.17.21.25.31.32]) und die (abschließende) Formel »Spruch des Herrn« ([9.11.14.19.23.32]) hinweisen.

Der Brief Jeremias samt einleitendem Bericht könnte ursprünglich gelautet haben: »[1] Das ist der Wortlaut des Briefes, den Jeremia an die Ältesten der Gemeinde der Verbannten sandte [3] durch Elasa, den Sohn Schafans, und Gemarja, den Sohn Hilkijas, die Zidkija, der König von Juda, nach Babel zu Nebukadnezzar, dem König von Babel, sandte: [4] So spricht der Herr: [5] Baut Häuser, und wohnt darin, pflanzt Gärten, und eßt ihre Früchte! [6] Nehmt euch Frauen, und zeugt Söhne und Töchter, nehmt für eure Söhne Frauen, und gebt eure Töchter Männern, damit sie Söhne und Töchter gebären. Ihr sollt euch dort vermehren und nicht vermindern. [7] Bemüht euch um das Wohl der Stadt (G: des Landes); denn in ihrem (seinem) Wohl liegt euer Wohl. [15] Zwar werdet ihr sagen: Auch in Babel hat der Herr für uns Propheten auftreten lassen. [16] Jedoch so spricht der Herr [21] über Ahab, den Sohn Kolajas, und über Zidkija, den Sohn Maasejas, die euch in meinem Namen Lüge weissagen: Seht, ich liefere sie Nebukadnezzar, dem König von Babel, aus. Er wird sie vor euren Augen niederhauen lassen. [31] Und über Schemaja aus Nehelam: Schemaja hat euch geweissagt, obwohl ich ihn nicht gesandt hatte, und hat euch dazu verführt, auf Lügen zu vertrauen: [32] Seht, ich ziehe Schemaja zur Re-

gezogen waren; 3 er schickte den Brief durch Elasa, den Sohn Scha-
fans, und Gemarja, den Sohn Hilkijas, die Zidkija, der König von
Juda, nach Babel zu Nebukadnezzar, dem König von Babel, sandte:
4 So spricht der Herr der Heere, der Gott Israels, zur ganzen Ge-
meinde der Verbannten, die ich von Jerusalem nach Babel wegge-
führt habe: 5 Baut Häuser, und wohnt darin, pflanzt Gärten, und eßt
ihre Früchte! 6 Nehmt euch Frauen, und zeugt Söhne und Töchter,
nehmt für eure Söhne Frauen, und gebt eure Töchter Männern, da-

chenschaft. Er wird das Glück nicht schauen, das ich meinem Volk (G: euch) bereite.«

Jeremias Brief, den er wegen seines für den jerusalemischen wie für den babylonischen König unbedenklichen Inhalts einer offiziellen Gesandtschaft (^{3}) – die Familie Schafan war überdies Jeremia zugetan ($26^{24}36^{10-12}39^{14}$ u. ö.) – mitgeben konnte, ist ein prophetisches Jahwewort (^{4}) an die Verschleppten. Über Anlaß, Zweck und Auftrag dieser Gesandtschaft – auch 51^{59} berichtet von einer solchen – ist (Überbringung des Tributs oder einer Ergebenheitsadresse, die den Verdacht des Aufstandes ausräumen sollte?) nichts bekannt. Der Brief richtet sich an die »Ältesten« der Verschleppten. »Die ›Ältesten‹, ursprünglich die Familien- oder Sippenhäupter, spielten in der alten vorköniglichen Zeit in öffentlichen Angelegenheiten eine hervorragende Rolle, die ihnen auch unter den Königen nicht ganz verloren ging vgl. $19^{1}26^{17}$« 1 Kön 20^{7} 2 Kön 23^{1}. »Unter den Weggeführten kam die alte Einrichtung wieder zur Geltung; sie scheint dort unter babylonischer Duldung den Rahmen für eine Art freier Gemeindeverfassung gebildet zu haben vgl. Ez $8^{1}14^{1}20^{1}$« (Nötscher, EB). Die 597 aus Jerusalem Weggeführten wohnten anscheinend in einem geschlossenen Siedlungsgebiet (Ez 3^{15}). Hier sollen sie sich ($^{5-7}$) auf einen langen Aufenthalt einrichten und nicht der falschen Hoffnung auf eine baldige Heimkehr nachhängen. Das gebietet ihnen Jahwe; es ist sein Entschluß und Wille. Sie sollen ein starkes, nicht ein sterbendes Volk werden und sein, ein Anliegen, das auch Ez 36^{11} und die Priesterschrift (vgl. Gen $1^{22.28}8^{17}9^{1.7}$), die im Exil spricht, vertreten. Familiengründung (^{6}), Bemühen um wirtschaftliche Erfolge (^{5}) und Kooperation mit der babylonischen Bevölkerung (^{7}) sind dazu unerläßlich. Diese sachliche Beurteilung der Lage und der sich ergebenden Erfordernisse geht davon aus, daß sich der Wille Gottes in den Verhältnissen zu erkennen gibt, die der Herr der Geschichte eintreten läßt.

Der Brief Jeremias berücksichtigt auch den Einwand (^{15}), den die Empfänger machen werden: Aber unsere Propheten, die ja auch von Jahwe gesandt sind, reden anders. Nur indirekt ist dem Brief zu entnehmen, was sie verkünden. Ez 13^{16} ist deutlicher: Sie versprechen der Stadt Heil, und damit bestärken sie die Hoffnung der Verbannten auf Rückkehr. Ähnliches werden die beiden ^{21} genannten Propheten von sich gegeben haben. Aus der Strafe, die sie treffen soll, kann man schließen, daß sie Widerstand gegen Babel gepredigt haben. Anders scheint das Vergehen Schemajas zu sein, den Jahwe zur Rechenschaft zieht und bestraft (vgl. $5^{9.29}$ u. ö.): Er wird die Leute in ihrer Lethargie und Hoff-

30[19] mit sie Söhne und Töchter gebären. Ihr sollt euch dort vermehren
und nicht vermindern. [7] Bemüht euch um das Wohl der Stadt, in die
ich euch weggeführt habe, und betet für sie zum Herrn; denn in ih-
rem Wohl liegt euer Wohl. [8] Denn so spricht der Herr der Heere, der
14[14] 27[9] Gott Israels: Laßt euch nicht täuschen von den Propheten, die unter
euch sind, und von euren Wahrsagern. Hört nicht auf die Träume,
die sie träumen. [9] Denn Lüge ist das, was sie euch in meinem Namen

29[7] Der Stadt, G: »des Landes«.
29[8] Die sie träumen, vgl. SVg; M: »die ihr sie träumen laßt«.

nungslosigkeit bestärkt haben. Darum wird er keinen Anteil an dem Guten (*baṭṭōb*) haben, das der Herr seinem Volk mit seiner Anweisung im Jeremiawort zugedacht hat und schenkt. Beides ist »Lüge«, nicht Wort und Wille des Herrn, und täuscht die Verschleppten.

Der Brief, den Jeremia an die Verbannten schickte, gab denen, die ihn weiter überlieferten, Anlaß, ihn reichlich zu kommentieren. Er ging – so wird in der Einleitung ([1]) betont – an die ganze Gemeinde ([4]) im babylonischen Land, besonders die maßgebenden Kreise. Die Situation wird ([2]) noch einmal ausführlich beschrieben; auch »die Herrin«, die Königinmutter (2 Kön 24[15]), wird nicht vergessen.

Jeremia hatte sich gegen die falschen Propheten gewandt. Das Thema wird [8.9] grundsätzlich aufgegriffen und mit Argumenten wie 27[9.10] (vgl. 28[15] 14[14]) abgehandelt. Jahwe warnt vor denen, die er nicht gesandt und bevollmächtigt hat; sie können nur täuschen und irreführen, verwirren und falsche Wege weisen. Auch Ahab und Zidkija ([21]) wird dies ([23]) vorgeworfen, dazu schwere Schandtat (vgl. Gen 34[7]), nämlich Ehebruch, für den Gen 38[24] Lev 21[9] die Strafe der Verbrennung vorgesehen ist. Jahwe selbst tritt als Belastungszeuge auf ([23]) und fällt das Urteil ([21]), das dann Nebukadnezzar vollstreckt ([22]). Damit wird in der Nachinterpretation ([22–24]) deutlich gemacht, daß er selbst die Strafverfolgung gegen die falschen Propheten in die Hand nimmt. Wer sich mit seinen Taten gegen den Willen des Herrn wendet, kann nicht sein Prophet sein. Das furchtbare Schicksal der beiden üblen Falschpropheten wird sprichwörtlich werden und als entsetzliche Strafe im zerstörenden Fluchwort vergegenwärtigt ([22]). – Schließlich wird am Beispiel Schemajas ([24–32]) gezeigt, daß falsche Prophetie der echten widerspricht und wie sie daher zu beurteilen ist ([32b]). Anscheinend hat man eine Reaktion aus der Gemeinde der Verbannten auf das Schreiben Jeremias vermißt und deshalb von einem Brief Schemajas berichtet, der aber dem Propheten durch den Empfänger vorgelesen werden muß ([29]) um das, nun erweiterte Drohwort, das an den Absender gerichtet ist, anschließen zu können. Der Empfänger des Briefes ist Zefanja. Nach 2 Kön 25[18] war er der zweite Priester am Tempel, nach Jer 21[1]37[3] wurde er – 21[1] mit Paschhur – vom König zu Jeremia geschickt. Nicht er, sondern Paschhur (20[1]) war der »Oberaufseher im Haus des Herrn«, der Jeremia in den Block spannen ließ (20[2]). In 29[26] soll das Halseisen noch die Strafe und Qual verschärfen. Schemajas Brief hat demnach seine Forderung 20[1–3]

weissagen; ich habe sie nicht gesandt – Spruch des Herrn. [10] Ja, so
spricht der Herr: Wenn siebzig Jahre für Babel vorüber sind, dann 25^{11-13}
werde ich nach euch sehen, mein Heilswort an euch erfüllen und Dtn 9^{5} 1 Kön 2^{4}
euch an diesen Ort zurückführen. [11] Denn ich, ich kenne meine 12^{15}
Pläne, die ich für euch habe – Spruch des Herrn –, Pläne des Heils
und nicht des Unheils; denn ich will euch eine Zukunft und eine
Hoffnung geben. [12] Wenn ihr mich ruft, wenn ihr kommt und zu mir
betet, so erhöre ich euch. [13] Sucht ihr mich, so findet ihr mich. Wenn Dtn 4^{29}
ihr von ganzem Herzen nach mir fragt, [14] lasse ich mich von euch fin-
den – Spruch des Herrn. Ich wende euer Geschick und sammle euch

29^{14} G liest nur: »Ich werde euch erscheinen«, vgl. 31^{3}. – Euer Geschick, mit dem Qere; M: »eure Gefangenschaft«.

entnommen. Er qualifiziert Jeremia als einen Verrückten ab (vgl. Hos 9^{7}), wie man die Charismatiker in den Scharen der Nebiim (2 Kön 9^{11}) nannte. Zefanja soll nun für Ordnung am Tempel sorgen, wie es einst Jojada (^{26}) getan hatte (2 Kön 11f). Der Vorwurf, auf den hin er eigentlich keinen Grund hat einzugreifen, da in keiner Weise der Tempel tangiert ist, wird dem Brief Jeremias entnommen (^{28} vgl. ^{5}) und interpretiert: Das Exil zieht sich lange hin. Dies zu sagen, lag aber nicht in der Absicht des Propheten. Er wollte, daß sein Volk in der Verbannung überlebe und sich nicht durch eine falsche Einstellung gegenüber den Erfordernissen der Zeit selbst schwäche. – Dementsprechend trifft nun die Strafe auch die Nachkommen Schemajas (^{32}): Sie und damit natürlich auch er haben keine Zukunft ; er schließt sich selbst mit seinem Widerspruch gegen das prophetische Wort vom Heil aus und wird so durch Jahwe ausgeschlossen. Er hat (^{32b}) Aufruhr gegen den Herrn gepredigt (Dtn 13^{6}, s. o. zu 28^{16}): Sich gegen den wahren Propheten und damit gegen das Gotteswort wenden, ist Aufruhr gegen Jahwe.

$^{10-14}$ Jeremia hatte im Jahwewort Gutes (^{32}) für die Verschleppten verheißen. Dies wird nun nachträglich näher entfaltet, zunächst zeitlich ^{10}: Es dauert in der Tat noch lange, 70 Jahre, wohl eine runde Zahl (vgl. 27^{7}), die man vielfach auf den Zeitraum von 605 (Nebukadnezzars Sieg) bis 538 (Eroberung Babels durch Kyrus) bezieht. Dann ist es so weit, daß der Herr, wie mit dtr Ausdrucksweise gesagt wird, sein »gutes Wort über euch aufrichtet«, d. h. in Erfüllung gehen läßt. Diese besteht in der Heimführung nach Jerusalem (^{10}), die in ^{10} auf die Rückführung aller Juden in der Diaspora bezogen und so als die große Schicksalswende gesehen wird. ^{11} dient der Bekräftigung von ^{14}: Jahwe allein kennt seine Pläne, die oft anders sind als die Gedanken und Vorhaben der Menschen (Jes 55^{8f}); er weiß sehr wohl, was er will; er kennt auch die Not seines Volkes (Ex 3^{7}). Seine Absichten zielen auf das Heil der Verschleppten, wie Deuterojesaja eindringlich verkündet hat. Ihnen, die sagten: »Unsere Hoffnung ist untergegangen; wir sind verloren« (Ez 37^{11}), gibt er Hoffnung und eine Zukunft, die darin besteht, daß sie weiterhin Volk Jahwes sind. Letzteres führen $^{12-14a\alpha}$ näher aus und geben damit Antwort auf die Frage, was den Verbannten jetzt bleibt. Sie

Ez 11^{17} $20^{34.41}$ aus allen Völkern und von allen Orten, wohin ich euch versprengt
8^{3} 16^{15} $23^{3.8}$ habe – Spruch des Herrn. Ich bringe euch an den Ort zurück, von
dem ich euch weggeführt habe. [15] Zwar werdet ihr sagen: Auch in Ba-
bel hat der Herr für uns Propheten auftreten lassen. [[16] Fürwahr, so
spricht der Herr über den König, der auf dem Thron Davids sitzt,
und über das ganze Volk, das in dieser Stadt wohnt, eure Brüder, die
noch nicht mit euch in die Verbannung fortgezogen sind, [17] so spricht
24^{8-10} der Herr der Heere: Seht, ich schicke unter sie Schwert, Hunger und
Pest, und ich behandle sie wie verdorbene Feigen, die so schlecht
sind, daß sie ungenießbar sind. [18] Ich verfolge sie mit Schwert, Hun-
ger und Pest und mache sie zu einem Bild des Schreckens für alle Rei-
che der Erde, zum Fluch und zum Entsetzen, zum Hohn und Gespött
aller Völker, zu denen ich sie verstoße, [19] weil sie nicht auf meine
Worte gehört haben – Spruch des Herrn –, obwohl ich immer wieder
7^{25} 25^{4} 26^{5} 35^{15} meine Knechte, die Propheten, zu ihnen gesandt habe; ihr aber habt
nicht gehört – Spruch des Herrn. [20] Ihr jedoch, hört jetzt das Wort
des Herrn, all ihr Verschleppten, die ich von Jerusalem nach Babel
wegführen ließ.] [21] So spricht der Herr der Heere, der Gott Israels,
über Ahab, den Sohn Kolajas, und über Zidkija, den Sohn Maasejas,
die euch in meinem Namen Lüge weissagen: Seht, ich liefere sie Ne-
bukadnezzar, dem König von Babel, aus. Er wird sie vor euren Au-
gen niederhauen lassen. [22] Dann wird man bei allen Verschleppten Ju-
das, die in Babel sind, von ihnen das Fluchwort herleiten: Der Herr
mache dich Zidkija und Ahab gleich, die der König von Babel im
Feuer rösten ließ. [23] Sie haben nämlich Schändliches in Israel getrie-
23^{14} ben, mit den Frauen ihrer Nächsten Ehebruch begangen und in mei-
nem Namen Worte verkündet, die ich ihnen nicht aufgetragen hatte.
Ich bin der Wissende und der Zeuge – Spruch des Herrn.

Das Drohwort gegen Schemaja: 29^{24-32}

[24] Zu Schemaja aus Nehelam sollst du sagen: [25] So spricht der Herr
der Heere, der Gott Israels: Du hast in deinem eigenen Namen einen

29^{16-20} fehlt in G.
29^{23} Worte, M + Lüge, eine erklärende Glosse. – Der Wissende: *hajjōde*^{ca}.
29^{25} [ ] fehlen in G.

haben in Anrufung und Gebet Zugang zu Jahwe, können und sollen sogar für das Wohl des Staates beten (^{7}), in dem sie leben. Allerdings ist eine Hinwendung zu Gott mit ganzem Herzen (^{13}), wie die dtn Theologie mahnt, erforderlich.

$^{16-20}$ Im übrigen ist – und ^{19} unterstreicht es noch mit der Unermüdlichkeitsformel (vgl. 7^{25}) – das mahnende und warnende Wort des Herrn auch, freilich vergeblich, an Jerusalem ergangen. Zuletzt geschah es, wie mit Hinweis auf 24^{8-10} gesagt

Brief [an das ganze Volk in Jerusalem und] an den Priester Zefanja,
den Sohn Maasejas, [sowie an alle Priester] geschickt mit diesem In-
halt: 26 Der Herr hat dich anstelle des Priesters Jojada zum Priester
bestellt, damit du im Haus des Herrn achtgibst auf jeden verrückten
Propheten und ihn in Block und Halseisen legst. 27 Warum bist du 20^{1-3}
also nicht gegen Jeremia aus Anatot eingeschritten, der sich bei euch
wie ein Prophet gebärdet? 28 Deshalb hat er auch an uns nach Babel
die Botschaft geschickt: Es wird noch lange dauern; baut Häuser,
und wohnt darin, pflanzt Gärten, und genießt ihre Früchte!
29 Der Priester Zefanja aber hatte diesen Brief dem Propheten Jeremia
vorgelesen. 30 Da erging das Wort des Herrn an Jeremia: 31 Schick
eine Botschaft an alle Verschleppten: So spricht der Herr über Sche-
maja aus Nehelam: Weil Schemaja euch geweissagt hat, obwohl ich 28^{15}
ihn nicht gesandt hatte, und weil er euch dazu verführt hat, auf Lü-
gen zu vertrauen, 32 darum – so spricht der Herr: Seht, ich ziehe
Schemaja aus Nehelam und seine Nachkommen zur Rechenschaft.
Keiner von den Seinen soll unter diesem Volk wohnen bleiben und
das Glück schauen, das ich meinem Volk bereite – Spruch des Herrn –;
denn er hat Auflehnung gegen den Herrn gepredigt. 28^{16} Dtn 13^{6}

DIE TROSTSCHRIFT: 30^{1}–31^{40}

Die Rettung Israels und Judas: 30^{1-11}

30 1 Das Wort, das vom Herrn an Jeremia erging: 2 So spricht der
Herr, der Gott Israels: Schreib dir alle Worte, die ich dir gesagt habe, $36^{2.28}$
in ein Buch! 3 Denn seht, es werden Tage kommen – Spruch des 7^{32}

29^{26} Du ... achtgibst: *paqīd bᵉbēt* G, Vg.
29^{32} Spruch ... gepredigt: fehlt in G.

wird, durch Jeremia. Richtendes Gotteswort bleibt aber auch den Verbannten nicht erspart (^{20}), wenn sie die jetzt ergehende Botschaft nicht annehmen: »Ihr jedoch, hört jetzt das Wort des Herrn«! Das gilt für alle, immer und in jeder Situation. Denn der Herr will »eine Zukunft und eine Hoffnung geben«.

30.31 werden als Trostbüchlein für Israel (und Juda) bezeichnet. Es ist durch die abgewandelte Wortereignisformel »Das Wort, das vom Herrn an Jeremia erging«, mit der es 30^{1} eröffnet wird, und die 32^{1} die Darstellung eines anderen Themas einleitet, vom umgebenden Text abgegrenzt. In ihm steht unter dem Namen Jeremias (30^{1}) nur Heilsbotschaft. In sie sind auch die Hinweise auf vergangene Strafe ($30^{11.14b.15}$ $31^{10.28}$) und noch andauerndes Leid ($30^{5-7.12-14a.15}31^{15}$), das nun durch Jahwes Erbarmen überwunden wird, einbezogen. Das Gesamtthema dieser Heilsverkündigung lautet, im Jahwewort formuliert: »Seht, ich wende das Geschick« meines Volkes

29^{14} Herrn –, da wende ich das Geschick meines Volkes Israel und Juda,
spricht der Herr. Ich führe sie zurück in das Land, das ich ihren Vä-
16^{15} 2 Kön 21^{8} tern zum Besitz gegeben habe. [4] Das sind die Worte, die der Herr
Dtn 4^{1} über Israel und Juda gesprochen hat:

30^{4} Über Israel und Juda, so G; M: »zu Israel und zu Juda« (ʼel).

(30^{18}). Das wird auf vielfältige Weise ausgesprochen. 30.31 sind eine Zusammenstellung verschiedener Heilsworte. Das zeigt schon die äußere Struktur: Mit der häufig verwendeten Botenspruchformel ($30^{2.5.12.18}31^{2.7.15.16.23.35.37}$) und den »eschatologischen« Formeln »an jenem Tag wird es geschehen« (30^{8}), »in jener Zeit« (31^{1}), »in jenen Tagen« (31^{29}), »seht, es werden Tage kommen« ($31^{27.31.38}$) setzt der Text jeweils neu ein. Die Formel »Spruch des Herrn« dient zuweilen ($30^{10.11}31^{17}$) der Hinzufügung weiterer Heilszusagen. Somit stellt sich die Frage, woher die abgrenzbaren Sprucheinheiten stammen und welche Situation sie ansprechen. Eine Beantwortung dieser Frage trägt nicht unerheblich dazu bei, die Aussage und die Zielrichtung eines Textabschnitts zu erfassen. Die Forschung hat bislang keine sichere Antwort erreicht und weist bei allen Unterschieden Jeremia mehr in 31 als in 30 zu (Duhm: $30^{12-15}31^{2-6.15-21a}$, dem man häufig, zum Teil unter Hinzunahme weiterer Verse, etwa $30^{5-7.18-21[22]}$ – so z. B. Bright – folgt). Für das theologische Gewicht der Texte und für die Tatsache, daß sie dem Gläubigen Wort Gottes sind, ist es nicht von Belang, ob sie vom Propheten selbst oder von anderen formuliert wurden. Daran sollte schon hier, vor allem im Blick auf das viel erörterte Wort vom Neuen Bund (31^{31-34}), erinnert werden.

30^{1-4} besteht aus drei Teilen: der oben genannten Formel [1], welche die bis 31^{40} folgenden Abschnitte als eigene Sammlung zusammenfaßt, einem begründeten ([3]) Auftragswort ([2]) an Jeremia und einer erneuten Einleitung ([4]) der anschließenden Aussprüche. Was mit [4] eröffnet wird, kommt anscheinend 31^{26} zu einem Abschluß. 31^{26} hat in der Tat Abschlußfunktion, wie es bei der Notiz über das Erwachen vom Schlaf, der einen offenbarenden Traum enthielt (Gen $28^{16}41^{4.7.21}$ 1 Kön 3^{15}; vgl. auch Dan 2^{1} Sach 4^{1}), der Fall ist. Demnach ist die Offenbarung, sind die »Worte« ([4]) an Jeremia abgeschlossen. Im engeren Sinn schließt 31^{26} den Abschnitt 31^{23-26}, dessen Thema »Heil für Juda« ist. Auch 30^{4} bringt Juda, das sonst in 30^{5}–31^{22} nicht genannt wird, ins Spiel. Man darf also (mit Thiel II 20f) 30^{4} und 31^{23-26} als Rahmen für die judäisch interpretierten Prophetensprüche verstehen. 30^{1-3} weisen späten ([3a]) und dtr ([3b]) Sprachgebrauch auf, sind somit die dtr Einleitung zu der schon vorliegenden (»Buch«) Sammlung 30^{4}–31^{26}.

In [2.3] wird Jeremia, trotz Botenspruchformel ([2a]), die besser zu [3] passen würde, nicht mit der Verkündigung eines Jahwewortes, sondern wie $36^{2.28}$ (vgl. Jes 8^{1} Hab 2^{2}) mit der Aufzeichnung der Worte, die Jahwe gesprochen hat, beauftragt. Damit soll die bereits schriftlich vorliegende Sammlung als Jeremia- und Jahwewort ausgewiesen werden, ähnlich wie Ex 34^{27} die Gebotsreihe des sogenannten Privilegrechts Jahwes als Mose- und Gotteswort qualifiziert wird. Dies erschien wohl, besonders im Blick auf die Ergän-

5 Ja, so spricht der Herr:
Angstgeschrei vernehmen wir:
Schrecken und kein Friede.
6 Fragt doch und schaut,
ob je ein Mann Kinder zur Welt bringt.
Warum sehe ich alle Männer
mit den Händen auf den Hüften wie eine Gebärende?
Jedes Gesicht ist verstört und leichenblaß.

30^{6} Wie eine Gebärende, fehlt in G; verdeutlichende Glosse?

zung der Sammlung in $31^{27-34(40)}$, als wichtig. Zugleich soll mit dem Befehl zum Aufschreiben das Buch 30.31 als heilverheißendes Gegenstück neben der mit Gerichtsworten beschriebenen Buchrolle, von der 36 berichtet wird, (»Urrolle«) bezeichnet werden. Die Begründung, eingeleitet mit der auf eine zeitlich nicht festgelegte Zukunft weisenden, in Jer oft verwendeten Formel »Tage werden kommen«, spricht von der heilvollen Wende des Geschicks für Jahwes Volk, wobei eigentlich Juda gemeint ist – eine Verheißung, die wohl kaum schon nach 722 v. Chr., sondern erst in der Zeit des babylonischen Exils – *(šūb) š^{e}būt* spielt zumindest auf die Gefangenschaft (*š^{e}bīt*) an – formuliert wurde. Die große Wende, die Jahwe herbeiführt, besteht in der Heimkehr in das Land der Väter, in das Land Jahwes. Voraussetzung, Inhalt und Auswirkung dieser für die Zukunft Israels entscheidenden Schicksalswende sollen nach der Auffassung der dtr Redaktion in 30^{4}–31^{34} dargelegt werden. »Das sind die Worte« (^{4}) weist darauf hin, daß das folgende mitgeteilt (vgl. Ex 19^{6} Dtn 1^{1}), also Israel, d. h. Juda verkündet werden soll. Vielleicht spiegelt sich in der Einleitung (^{4}) noch ein Stadium der Redaktion des Jeremiabuchs wider, in dem die Heilsworte für Jahwes Volk nach den Völkersprüchen (vgl. die Textanordnung der G) gemäß dem Schema »Gerichtsworte über das eigene Volk – über fremde Völker – Heilsworte für das eigene Volk« standen: »Aber (*w^{e}*–) das sind die Worte ...«.

$^{5-7}$ Eine Klage des Volkes (»wir« in ^{5}) bzw. des Propheten (»ich« in ^{6}), also trotz der einleitenden Botenspruchformel (^{5}) kein Wort Jahwes, wird zum Hintergrund für eine Rettungsaussage ($^{7b\beta}$), die als Jahwewort verstanden werden kann. Angstschreie und Zittern (wie am Jahwe-Tag; vgl. Jes $2^{10.19.21}$) kennzeichnen die Situation; es gibt kein Heil $6^{14}8^{11}$) im Strafgericht Gottes, an seinem Gerichtstag (^{7}), der »jener Tag« (Jes $2^{11.17.20}$ Zef 1^{9f} u. ö.), der große (Joël 3^{4} Zef 1^{14} Mal 3^{23}) genannt wird. ^{6} bringt den Vergleich mit den sprichwörtlichen Geburtswehen, die eine Frau überfallen und jede Aktivität unmöglich machen: So sind auch die starken, kampftüchtigen Männer vor Schrecken wehrlos, wenn Jahwes Strafgericht hereinbricht. Die Notzeit (^{7}) ist 14^{8} eine Dürrekatastrophe, 15^{11} unbestimmtes Unheil, wie auch 30^{7}, Ri 10^{14} Jes 33^{2} Unterdrückung durch Feinde (vgl. Ps 37^{39}). »Jakob« als Bezeichnung für Jahwes Volk wird von Jeremia selbst nicht verwendet, wohl aber von Deuterojesaja (Jes 40^{27} 41^{8} u. ö.), an den auch die Jakob-Stellen $10^{16.25}$ erinnern. Jeremia sagt »Israel« ($2^{3.14.31}4^{1}$ u. ö.).

Zef 1^{14f} 7 Denn groß ist jener Tag,
keiner ist ihm gleich.
Eine Notzeit ist es für Jakob,
doch wird er daraus gerettet.
8 An jenem Tag wird es geschehen
– Spruch des Herrn der Heere –,
da zerbreche ich das Joch auf seinem Nacken;
ich zerreiße seine Stricke,
und Fremde sollen ihn nicht mehr knechten.
Hos 3^5 Ez 37^{24f} 9 Vielmehr wird mein Volk dem Herrn,
seinem Gott, dienen
23^5 und David, seinem König, den ich ihm erstehen lasse.
46^{27f} Jes 44^2 10 Fürchte dich nicht, du, mein Knecht Jakob
– Spruch des Herrn –,
verzage nicht, Israel!
Denn ich bin es, der dich aus fernem Land errettet,
deine Kinder aus dem Land ihrer Gefangenschaft.
Jakob wird heimkehren und Ruhe haben;
er wird in Sicherheit leben,
und niemand wird ihn erschrecken.

30^7 EÜ liest anscheinend mit G *hājū* (sind geworden ^{6}); M: »wehe (ja groß ist der Tag ...)«.

30^8 Seinem (Nacken), mit Vg, M: »deinem«, G: »ihrem«. – Seine (Stricke), mit Vg, M: »deine«, G: »ihre«.

$30^{10.11}$ fehlen in G, stehen aber dort 26^{27f} = M 46^{27f}.

Allem Anschein nach ist $^{5-7}$ ein späterer, nicht von Jeremia, für den der Tag Jahwes, auch als Tag des Heils (so Ob ^{17} Joël 3^5 Sach 14^2), kein Thema ist, stammender Text, der unter Verwendung jeremianischer Diktion (vgl. zu ^{6} auch $6^{16}18^{13}$) dem bedrängten Volk von Juda, wohl in der Exilszeit, Jahwes Hilfe verheißt. $^{8-9}$ schließen an mit der Verheißung, daß zukünftig ($^{8a\alpha}$) Jahwes Volk nicht mehr fremden Völkern unterworfen ist, sondern Jahwe, seinem Gott, und David, seinem König (Hos 3^5 Ez 34^{23f}; vgl. 37^{24f}), dient. Es ist eine Heilszusage, die mit der Nennung Davids deutlich auf Juda abzielt. Sie verwendet, anders als Jeremia ($2^{20}5^5$; vgl. dagegen 28), das Bild vom Zerbrechen des Jochs im Sinn späterer Heilserwartung (Ez 34^{27} Lev 26^{13}) – und plädiert für die Einsetzung eines davidischen Königs (wie Ez 34^{23} Jer 23^5). Die Verheißung enthält, anknüpfend an das Urteil von 2^{25}, das bereits 5^{19} auf den Götzendienst hin ausgelegt wird, eine Mahnung in dtr Geist: Jahwe dienen (Dtn 6^{13} u. ö.), ihn, nicht fremde Götter verehren, was zur Unterdrückung durch fremde Völker führte! Seine Gnade, in der er die Initiative ergreift, macht dies möglich, so daß das frei geschenkte Heil von Dauer ist.

$^{10.11}$ bringen zwei (zu ^{10} vgl. 46^{28} »Fürchte dich nicht, du mein Knecht Jakob«) prophetische Heilsorakel, die mit geringen Abweichungen zwischen ^{11} und 46^{28} auch in 46^{27f} stehen,

11 Denn ich bin mit dir 1[8.19]
– Spruch des Herrn –,
um dich zu retten.
Ja, ich vernichte alle Völker,
unter die ich dich zerstreut habe.
Nur dich werde ich niemals vernichten;
ich züchtige dich mit rechtem Maß, 10[24] 46[28]
doch ganz ungestraft kann ich dich nicht lassen.

Die Heilung für die Wunden: 30[12–17]

12 Ja, so spricht der Herr:
Arg ist dein Schaden,
unheilbar deine Wunde. 10[19] 14[17]
13 [Niemand verschafft dir Recht.]
Für das Geschwür gibt es keine Heilung, 15[18]
keine Genesung gibt es für dich.

30[13] Zusatz, der die bildhafte Schilderung unterbricht. – Für das Geschwür: *lammāzōr.*

in der für Deuterojesaja, auf den auch Jakob, mein Knecht (Jes 44[1.2]45[4]) hinweist (44[2]: »Fürchte dich nicht, Jakob, mein Knecht!«), typischen Form »Fürchte dich nicht, denn ...«. Verheißen wird [10] die Heimführung der Judäer (Jakobs = Israels wie bei Deuterojesaja; vgl. Jes 40[27]41[14] u. ö.) und ihre Befreiung aus dem Land der Gefangenschaft (2 Chr 6[37f]). Jahwe trägt den Titel »Retter« (Israels) wie Jes 43[3]49[26]; er ist der einzige, der retten kann (Jes 45[21]), der sein Volk aus der Ferne heimholt (Jes 43[6]49[12]60[4.9]). Er wird seinem Volk gedeihliche Ruhe und Sicherheit (Ez 34[28] Lev 26[6] Zef 3[15]) schenken, wie er es immer wieder in Zeiten der Richter tat (Ri 3[11.30]5[31]8[28]), sobald sein Volk sich ihm zuwandte und ihm allein diente. – Die Beistandsformel eröffnet [11] das zweite Heilsorakel. Die rettende Tat Jahwes ist nicht mit der Heimführung abgeschlossen; sie umfaßt auch die Bestrafung der Völker, von denen das Volk des Herrn gefangen gehalten wurde, so daß von ihrer Seite keine Gefahr mehr droht. Der Herr bereitet ihnen das Ende (Zef 1[18]), schont aber sein Volk, wie in Aufnahme von 4[27]5[10.18] gesagt wird. Er muß es zwar züchtigen, doch, wie 10[24] es erbittet, mit Maßen und wohl eher erziehend (31[18] Dtn 8[5] Jes 28[26]) als strafend (2[19]). Oder ist doch daran gedacht, daß das Volk den Willen Jahwes nicht ganz erfüllt und deswegen mit einer Bestrafung rechnen muß (vgl. Ex 20[7] Nah 1[3])? Auch in [11] ist der mahnende Unterton unverkennbar.

[12–17] Der mit der Botenspruchformel eingeleitete Abschnitt besteht aus einer Notschilderung ([12–15]) und einem doppelten Heilszuspruch ([16.17]), der auf ihr aufbaut und sie anders als [15b] interpretiert. Jahwe spricht eine Frau (so die Suffixe der Nomina) an, eine Personifikation Jerusalems (und Judas), dessen Schaden (*šæbær:* Zusammenbruch, Verder-

14 Alle deine Freunde haben dich vergessen,
sie kümmern sich nicht mehr um dich.
Denn wie ein Feind schlägt,
so habe ich dich geschlagen
mit harter Züchtigung
[wegen deiner vielfachen Schuld
und deiner zahlreichen Sünden].
15 Was schreist du über deinen Schaden
und dein arges Leiden?
Wegen deiner vielfachen Schuld
und deiner zahlreichen Sünden
habe ich dir das getan.
2^{3} 8^{16} 16 Doch alle, die dich fraßen, werden gefressen,
50^{7} alle deine Bedränger ziehen als Gefangene fort;
wer dich ausplünderte, wird ausgeplündert,
wer dich beraubte, den gebe ich dem Raub preis.
33^{6} 17 Denn ich lasse dich genesen
und heile dich von deinen Wunden
– Spruch des Herrn –,
weil man dich [das ist Zion]
die Verstoßene genannt hat,
nach der niemand fragt.

30^{14} [ ] Zusatz aus ^{15b}.
30^{16} Doch alle: *w^{e}kól,* M: »daher (werden) alle ...«
30^{17} [ ] Erklärender Zusatz; G ϑήρευμα ἡμῶν (unsere Jagdbeute: *ṣēdenû*).

ben) Jeremia ($4^{6.20}6^{1.14}8^{11.21}$) beklagt. Das göttliche Strafgericht ist über die Stadt und das Volk hereingebrochen, wie eine schwere Krankheit einen Menschen befällt. Derselbe Vergleich findet sich bei Jes 1^{6} Hos 5^{12f} Mi 1^{9}. Wie es einem Erkrankten oft ergeht (Ps 31^{12} 38^{12}), so auch Jerusalem: Die Freunde, wohl verbündete Mächte (vgl. $22^{20.22}$ Ez 16^{33}), lassen es im Stich; an die »fremden Götter« (Ez 16^{36}, die »Baale« Hos $2^{7.9.15}$) ist wohl nicht gedacht. Die schwere Bestrafung wird vom Propheten ^{15b} für berechtigt erklärt. Klage darüber zu führen (^{15a}), ist nicht angebracht. Angesichts dieser Stellungnahme können $^{16.17}$ nicht vom Autor der Verse $^{12-15*}$ stammen. Ein Prophetenwort ($^{12-15*}$, das man als Ankündigung des Gerichts über Jerusalem (und Juda) Jeremia nicht absprechen muß, wurde ^{17} in die Zusage der Heilung für das geschlagene Volk uminterpretiert. Der Verfasser verstand das Schreien (^{15}) wohl im Sinn eines Hilferufs an Jahwe (vgl. Ri $3^{9.15}$ u. ö.), der entsprechend antwortet. Er macht auch die Verstoßung seines Volkes ($8^{3}16^{15}23^{8}$ u. ö.) rückgängig (^{17b}), das von ihm wieder gesucht wird (vgl. Jes 62^{12}). In ^{16}, der wohl nachträglich eingefügt wurde und an ^{17} besser anschließen würde, wird die Erfüllung von 2^{3} verheißen und die Bestrafung der feindlichen Völker durch Androhen der Verschleppung ($20^{6}22^{22}$) und im Bild vom überwältigten Räuber (Ri $2^{14.16}$) an-

Die Wiederherstellung des Volkes: 30[18]–31[1]

18 So spricht der Herr:
Seht, ich wende das Geschick der Zelte Jakobs,
seiner Wohnstätten erbarme ich mich.
Die Stadt soll auf ihrem Schutthügel
aufgebaut werden,
die Burg auf ihrem alten Platz stehen.
19 Lobgesang wird dort erschallen,
die Stimme fröhlicher Menschen.
Ich will ihre Zahl vermehren,
sie sollen nicht weniger werden;
ich will ihnen Ehre verschaffen,
sie sollen nicht verachtet werden.
20 Die Söhne Jakobs werden sein wie ehedem,
seine Gemeinde wird vor mir bestehen bleiben,
doch alle seine Unterdrücker
ziehe ich zur Rechenschaft.
21 Sein Machthaber wird ihm selbst entstammen,
sein Herrscher aus seiner Mitte hervorgehen.

30[21] Sein ... entstammen, G verbindet [21aα], der inhaltlich gleich [21aβ] ist, mit [20]: Die Israeliten werden stärker als ihre Feinde. – Denn ... wagen, wörtlich: »Denn wer ist es, der sein Herz zum Pfand gegeben hat.«

gesagt. Der Abschnitt spricht von dem Erbarmen und der Hilfe Gottes, die er in seiner Gnade trotz der verdienten Strafe gewährt.

[18–21] Von Botenspruchformel und Gottesspruchformel umgrenzt, nimmt der Abschnitt ein Thema, das in exilisch-nachexilischer Zeit (Böhmer 49) lebendig war und von [3] betont am Anfang des Trostbüchleins hervorgehoben wird, auf: Die Schicksalswende, die Jahwe herbeiführen wird, besteht im Wiederaufbau Judas und besonders Jerusalems (vgl. Jes 44[26ff] Ez 36[33–36]), in der Vermehrung des Volkes (vgl. Jes 49[20f] 54[1–3] Ez 36[10f.37f]), das erneut Ansehen gewinnt ([19b]) und dankbar Gottes Heilszuwendung anerkennt ([19a]), in einem gefestigten, dem ursprünglichen Ideal entsprechenden Gottesverhältnis ([20a]), in der Bestrafung der Feinde ([20b]) und im Leben unter einem eigenen Herrscher, der wirklich ein Segensmittler ist ([21]). Diese Wende zum Heil geschieht durch das Erbarmen des Herrn, das die Ursache für das göttliche Heilswirken ist (Jes 30[18]49[10–15]54[8–10]). Von einem König spricht der Text nicht; der Titel war durch das Versagen der Davididen belastet. Der Herrscher (so auch Mi 5[1]), der gemäß Dtn 17[15] dem Volk Israel entstammen muß, darf sich wie Aaron und Mose, in priesterlicher und heilsmittlerischer Funktion (vgl. Lev 16[1] Num 16[9f]) Gott nahen: »Wen der Herr erwählt, der darf sich ihm nähern« (Num 16[5]). Nur er kann es unter Einsatz seines Lebens wagen. Denn er muß sich für die anderen verbürgen (Gen 43[9] 44[32] Spr 6[1] u.ö.), sich selbst für sie zum Pfand geben

Ich gewähre ihm Zutritt, so daß er mir nahen kann;
denn wer sonst dürfte sein Leben wagen,
um mir zu nahen? – Spruch des Herrn.
24[7] [22] Ihr werdet mein Volk sein,
Lev 26[12] und ich werde euer Gott sein.
Dtn 26[17f] [23] Hört, der Sturm des Herrn [sein Grimm] bricht los.
23[19f] Ein Wirbelsturm braust hinweg
über die Köpfe der Frevler.
[24] Der glühende Zorn des Herrn hört nicht auf,
bis er die Pläne seines Herzens
ausgeführt und vollbracht hat.
Am Ende der Tage werdet ihr es klar erkennen.
31[1] [31] In jener Zeit – Spruch des Herrn –
7[23] 11[4] werde ich der Gott aller Stämme Israels sein,
24[7] 30[22] und sie werden mein Volk sein.

Die Heimkehr aller Versprengten: 31[2–14]

[2] So spricht der Herr:
Gnade fand in der Wüste das Volk,
das vom Schwert verschont blieb;
Israel zieht zum Ort seiner Ruhe.
[3] Aus der Ferne ist ihm der Herr erschienen:

30[22] fehlt in G.
31[2] Zieht, M: *hālōk* (inf. abs. als nachdrückliche Zusage, Brockelmann, Hebr. Syntax § 46 a): »es wird (soll) gehen.«
31[3] Ihm, mit G; M: »mir«.

(Neh 5[3]). Das wird von dem kommenden Herrscher verlangt. [18–22] würde sich wegen [21] vorzüglich für eine gottesdienstliche Lesung am Herz-Jesu-Fest eignen: Niemand hat sich so wie Jesus, der Priester und der Prophet des Neuen Bundes, mit seiner ganzen Person, seinem Herzen (seinem Sinnen und Trachten) und seinem Leben für die anderen, für Gottes Volk, für alle zum Pfand gegeben.
[22] folgt die sogenannte Bundes- bzw. Zugehörigkeitsformel in der Fassung der Gottesrede als Zusage dauernden Heils, wie ein Siegel unter [18–21] gesetzt: Alle Initiative zur Verleihung des Heils und zu seinem Fortbestehen gehen von Jahwe aus, der sich sein Volk zu eigen nimmt.
[23.24] = 23[19f]; hier eingefügt, um deutlich zu machen, daß die Frevler (die Schuldiggewordenen) in Jahwes Volk nicht am verheißenen Heil teilhaben werden.
31[1] Der allein stehende, dtr geprägte Vers entspricht sachlich 30[22], bringt aber in einer erneuten Überschrift zum Ausdruck, daß die folgenden Verheißungen, insbesondere [31–34] (vgl. die Zugehörigkeitsformel [33]), wie es dtr Anliegen entspricht, ganz Israel, nicht nur dem Nordreich (vgl. [2–5]), zugesagt werden.

Mit ewiger Liebe habe ich dich geliebt,
darum habe ich dir so lange die Treue bewahrt.
4 Ich baue dich wieder auf,
du sollst neu gebaut werden, Jungfrau Israel.
Du sollst dich wieder schmücken mit deinen Pauken,
sollst ausziehen im Reigen der Fröhlichen.
5 Wieder sollst du Weingärten pflanzen
auf Samarias Bergen.
Wer Pflanzungen anlegt,
darf ihre Früchte genießen.
6 Denn es kommt der Tag,
da rufen die Wächter auf Efraims Bergland:
Auf, laßt uns hinaufpilgern nach Zion
zum Herrn, unserem Gott.
7 Ja, so spricht der Herr:
Jubelt Jakob voll Freude zu,
und jauchzt über das Haupt der Völker!
Verkündet, lobsingt und sagt:
Der Herr hat sein Volk gerettet,
den Rest Israels.

31^{7} Hat sein Volk gerettet, mit G, T; M: »rette dein Volk!«

$^{2-6}$ Was zwischen zwei redaktionell zugefügten Botenspruchformeln ($^{2.7}$) steht, ist Prophetenwort ($^{2.3a.6}$), das einem Jahwewort ($^{3b-5}$) als Rahmen dient. Jeremia wendet sich hier wie in 3^{19}–4^{2} an des Nordreichs (Israel ^{4}, Samaria ^{5}) Bewohner, die seit 721 im Exil leben. Sie sind dem Schwert entronnen; sie gehören zu dem Volk, das einst in der Wüste (2^{6}) Jahwes frei gewährte Zuneigung und Gnade erfahren hat (vgl. Ex $33^{19}34^{9}$). Wie Israel einst (2^{7}) von seinem Gott in das Land Kanaan geführt wurde, so soll es wieder dorthin gehen (^{2}), dort in »seine Ruhe kommen«, d. h. für immer dort bleiben (vgl. Jes 34^{14}). Unter den Nationen wird es keine Ruhe finden (Dtn 28^{65}). ^{3} Der ferne Gott (23^{23}), der erhabene, alles überblickende und durchschauende, ist dem Volk (M: dem Propheten) erschienen wie einst dem Mose (Ex 3^{16}) vor dem Auszug aus Ägypten. Sein Erscheinen bedeutet Zuwendung seiner Huld, die das folgende Jahwewort erneut zuspricht.

$^{3b-5}$ Die unbegrenzte, nie aufhörende Liebe Jahwes zu seinem Volk (Hos $3^{1}11^{4}14^{5}$), die seit der Befreiung aus der ägyptischen Knechtschaft besteht (Hos 11^{1}) und sich nach dtn Auffassung auch auf die Patriarchen erstreckte (Dtn 10^{15}), ist der Grund, daß Jahwe an seiner Verbundenheit (*ḥæsæd*) mit Israel festgehalten hat. Sie besteht immer noch.

^{4} Darum stellt er sein Volk wieder her, so daß es in seiner Heimat das Land wieder bebauen kann und die Erträge auch nicht mehr fremden Herren abliefern muß (^{5}). Fest und Feier (^{4b}) zeigen an, daß Frieden und Wohlergehen (*šālōm*) herrschen.

^{6} Das Prophetenwort kündigt an, daß Israel dann wieder Kultgemeinschaft mit Jerusalem und Juda am Zionstempel haben wird. Welche

8 Seht, ich bringe sie heim aus dem Nordland
und sammle sie von den Enden der Erde,
darunter Blinde und Lahme,
Schwangere und Wöchnerinnen;
als große Gemeinde kehren sie hierher zurück.
50^{4} 9 Weinend kommen sie,
und tröstend geleite ich sie.
Ich führe sie an wasserführende Bäche,
auf einen ebenen Weg, wo sie nicht straucheln.
Denn ich bin Israels Vater,
und Efraim ist mein erstgeborener Sohn.
10 Hört, ihr Völker, das Wort des Herrn,
verkündet es auf den fernsten Inseln und sagt:

31^{9} Tröstend, mit G: *ūbᵉtanḥūmīm;* M: »unter Flehrufen«, wohl Angleichung an 3^{21}.

Funktion die Wächter haben (ob sie etwa die Weinberge ^{5}, vgl. Jes 27^{3}, oder das Land, vgl. 2 Kön $17^{9}18^{8}$, bewachen), ist nicht klar. Anscheinend stimmen sie ein Wallfahrtslied (vgl. Ps 122^{1} Jes 2^{3}) an, das die Pilger auffordert und begleitet. Der von Jerobeam I. (1 Kön 12) in Bet-El eingerichtete Kult, der Israel und Juda auch religiös trennen sollte, besteht nicht mehr.

$^{7-9}$ Nach der Botenspruchformel folgt ^{7} ein »eschatologisches Loblied«, wie Deuterojesaja es liebt und nach Heilsankündigungen bringt (Jes $44^{23}48^{20f}49^{13}52^{9f}$: Texte, die in Sprache und Inhalt ^{7} nahestehen), und erst ^{8f} das Jahwewort. Zum Loblied gehört eigentlich nur ^{7b}, ein kleiner Jahwe-Hymnus mit Aufforderung zum Gotteslob und Hauptstück, das Gottes Erlösungstat an Jakob (Jes $44^{23}48^{20f}52^{9}$) zum Inhalt hat. In ^{7} geht ein Lob Jakobs voraus; er bzw. das Volk ist das »Haupt der Völker«, ist, kraft der Erwählung durch Jahwe, das erste von ihnen und bleibt es auch nach dem Strafgericht. Mit dem Rest Israels sind wohl Juda bzw. die übriggebliebenen Judäer gemeint (vgl. Jer 6^{9} Ez $9^{8}11^{13}$ Mi 2^{12} Zef 3^{13}). ^{8} verheißt die Heimkehr aus dem »Nordland«, aus der babylonischen Gefangenschaft (vgl. $3^{18}16^{15}23^{8}$ Sach 2^{10}), wobei Jahwe auch die Behinderten, die werdenden und jungen Mütter, alle, denen der Marsch schwerfällt, sorgsam geleiten wird. Das Volk, der blinde und taube Knecht (Jes 42^{18f}), wird von seinem Gott in die Heimat geführt (Jes 40^{10f}). An der großen (kultischen) Versammlung der Gemeinde des Herrn beim Heiligtum Jahwes hat erst die nachexilische Zeit Interesse (1 Kön 8^{65} 2 Chr 30^{18}). Jahwe führt sein Volk, das er tröstet (Jes $40^{1}49^{13}$ u. ö.), wie Deuterojesaja verheißen hat, auf ebenem Weg (vgl. Jes $40^{3}45^{2.13}$) in ein prächtiges Land mit ständig fließenden Bächen (Dtn 8^{7}), ins Land Kanaan. Als Begründung für das Heilshandeln Gottes wird auf das besondere Verhältnis Jahwes zu Israel verwiesen, zunächst mit einer Adoptionsaussage, wie sie 2 Sam 7^{14} dem Davididen zugesprochen wird, dann mit Hinweis auf die besondere Vorzugsstellung Efraims (= Israels) unter allen »Söhnen«, womit wohl die Völker gemeint sind, die Jahwe geschaffen

Er, der Israel zerstreut hat, wird es auch sammeln
und hüten wie ein Hirt seine Herde.
11 Denn der Herr wird Jakob erlösen
und ihn befreien aus der Hand des Stärkeren.
12 Sie kommen und jubeln auf Zions Höhe,
sie strahlen vor Freude über die Gaben des Herrn,
über Korn, Wein und Öl, über Lämmer und Rinder.
Sie werden wie ein bewässerter Garten sein
und nie mehr verschmachten.
13 Dann freut sich das Mädchen beim Reigentanz,
jung und alt sind fröhlich.
Ich verwandle ihre Trauer in Jubel,
tröste und erfreue sie nach ihrem Kummer.
14 Ich labe die Priester mit Opferfett,
und mein Volk wird satt an meinen Gaben
– Spruch des Herrn.

Der Trost durch die Heimkehr: 31^{15-22}

15 So spricht der Herr:
Ein Geschrei ist in Rama zu hören, Mt 2^{18}
bitteres Klagen und Weinen.

$31^{12.14}$ Gaben, wörtlich: »Güte« *(ṭūb).*

hat. Zugleich wird dabei an die Herausführung aus Ägypten erinnert (vgl. Ex 4^{22f} Hos 11^{1} Jer 2^{3}).
$^{10-14}$ Durch den Aufmerksamkeitsruf (^{10}) und die Gottesspruchformel (^{14}) umgrenzt, enthält der Text ein Propheten- ($^{10-13a}$) und ein Jahwewort ($^{13b-14}$), die von der Heimkehr nach Zion (aus der Gefangenschaft in Babel) und von Gottes Heilszuwendung sprechen. Die Sprache Deuterojesajas und der exilischen bzw. nachexilischen Zeit ist deutlich zu vernehmen: »Hört auf mich, ihr Inseln, merkt auf, ihr Völker in der Ferne« (Jes 49^{1}; vgl. 66^{19}); Jahwe, der Hirt, der seine Herde sammelt (Jes 40^{11} 43^{5}; vgl. Ez 34^{11-22}), sein Volk Israel erlöst und befreit (Jes $50^{2}51^{11}43^{1}44^{22f}$ u. ö.), so daß es vor Freude strahlt (60^{5}), weil er es tröstet ($49^{13}51^{12}52^{9}66^{13}$) und die Trauer hinwegnimmt (Jes 61^{3}); sie sind wie ein bewässerter Garten (Jes 58^{11}), erfreuen sich und sättigen sich an der Güte des Herrn (Jes $63^{7}65^{11}66^{11}$), die in der dtn Reihe »Korn, Wein, Öl, Lämmer, Rinder« (vgl. Dtn 12^{17} 14^{23}) entfaltet wird. Der Prophet, der das Heil des heimgekehrten Volkes verkünden darf, das er auch als ein Zeichen der Macht Jahwes an die Völker versteht, besiegelt seine Botschaft in einem Gotteswort. Ihm zufolge findet auch wieder Gottesdienst (^{14}) auf dem Zion statt.
$^{15-20}$ Ein Prophetenwort (^{15}) – die Botenspruchformel steht erst ^{16} richtig – wird durch ein Jahwewort ($^{16-20}$) mit Zitat einer Klage Efraims (^{18f}) weitergeführt. ^{15} Jeremia hat den Untergang des Reiches Israel, dessen Bewohner immer noch in der

Rahel weint um ihre Kinder
und will sich nicht trösten lassen,
um ihre Kinder, denn sie sind dahin.
16 So spricht der Herr:
Verwehre deiner Stimme die Klage
und deinen Augen die Tränen!
Denn es gibt einen Lohn für deine Mühe
– Spruch des Herrn:
Sie werden zurückkehren aus dem Feindesland.
17 Es gibt eine Hoffnung für deine Nachkommen
– Spruch des Herrn:
Die Söhne werden zurückkehren in ihre Heimat.
18 Ich höre gar wohl, wie Efraim klagt:
Du hast mich erzogen,
und ich ließ mich erziehen
wie ein ungezähmter Jungstier.
Führ mich zurück,
umkehren will ich;
denn du bist der Herr, mein Gott.

$31^{16.17}$ Spruch des Herrn: fehlt in G, wohl Zusatz.
31^{18} Ich höre, M: »ich habe gehört«. – Erzogen, erziehen, eher: gezüchtigt, züchtigen.

Gefangenschaft im nördlichen Mesopotamien (2 Kön 17^{6}) leben, vor Augen. Darum klagt Israel, personifiziert in der Stammutter Rahel (Mutter Josefs, nach dem das Nordreich auch »Haus Josef« heißt, und Benjamins), immer noch. Rahels Grab in Rama (heute *er-rām*, ca. 10 km nördlich von Jerusalem) liegt nicht weit entfernt von Anatot, der Heimat Jeremias. ^{15} ist Mt 2^{18} im Sinne der Vorhersage des Kindermordes durch Herodes zitiert. Efrata, als Ort des Rahelgrabes angegeben, wurde erst spät mit Betlehem, wo die Sippe der Efratiter wohnte (1 Sam 17^{12}), identifiziert (Gen 35^{19}); es lag im benjaminitischen Gebiet, südlich von Bet-El (Gen 35^{16}), nahe bei Rama.
$^{16.17}$ antwortet Jahwe auf die Klage mit der Zusicherung, daß es eine Heimkehr für die Nordisraeliten gibt. Jedoch sind $^{16b.17}$, wie die Gottesspruchformel, die oft Zusätze markiert, zeigt, spätere Zufügungen, die das verhaltene Jahwewort (^{20}) deutlich im Sinn einer Heimkehr interpretieren. ^{16b} erinnert mit den Stichworten »Lohn« und »Mühe«, von denen vorher nicht gesprochen wird, an Jes $40^{10}62^{11}$ und mit »Feindesland« an 1 Kön $8^{46.48}$. Dagegen schließt ^{18} an ^{16a} an. Jahwe hat, wie er betont, die Klage Efraims gehört; sie ist nicht mehr notwendig (^{16a}), weil das Erbarmen Gottes auf sie antwortet (^{20}). Efraim (= Israel) hat harte Züchtigung vom Herrn erfahren – Jeremia verwendet hier ein Bild Hoseas vom gelehrigen Rind Efraim (Hos $10^{10.11}$) – und beklagt sich darüber. Gleichzeitig aber sagt es, daß die Züchtigung Erfolg hatte (^{18b}): Israel will umkehren und zurückkehren, bittet um Umkehr und Rückkehr, die der Herr gewährt, zu dem

19 Ja, nach meiner Umkehr fühle ich Reue;
nachdem ich zur Einsicht gekommen bin,
schlage ich an meine Brust.
Ich bin beschämt und erröte;
denn ich trage die Schande meiner Jugend. –
20 Ist mir denn Efraim ein so teurer Sohn Hos 11^{8}
oder mein Lieblingskind?
Denn sooft ich ihm auch Vorwürfe mache,
muß ich doch immer wieder an ihn denken.
Deshalb schlägt mein Herz für ihn,
ich muß mich seiner erbarmen – Spruch des Herrn.
21 Stell dir Wegweiser auf, setz dir Wegmarken,
achte genau auf die Straße,
auf den Weg, den du gegangen bist.
Kehr um, Jungfrau Israel,
kehr zurück in diese deine Städte!
22 Wie lange noch willst du dich sträuben,
du abtrünnige Tochter?
Denn etwas Neues erschafft der Herr im Land:
Die Frau wird den Mann umgeben.

31^{19} Brust, M: »Hüfte«.
31^{20} Vorwürfe mache, wörtlich: »mit ihm rede«.

es sich voll und ganz bekennt; es ist zur Einsicht gekommen, bereit, zeigt dies durch den sprechenden Trauergestus des Schlagens auf die Hüfte (Ez 21^{17}) und distanziert sich von seinen früheren Sünden. Jahwes Angebot zur Umkehr und Rückkehr besteht (4^{1}). In seiner Antwort hier (^{20}) spricht er, ähnlich wie bei Hos 11^{8f}, von seinem freien (Ex 33^{19}), herzlichen Erbarmen. Efraim/Israel ist also doch sein teurer Sohn (Hos 11^{1}), sein Lieblingskind. Das gibt Hoffnung auf erneute Heilszuwendung, deren Inhalt erst die Nachinterpretation als Heimführung klar beschreibt. Tut sie es in Kenntnis des folgenden Prophetenwortes? $^{21.22}$ sind eine Aufforderung an die »Jungfrau Israel« (so auch $18^{13}31^{4}$). Sie, die immer noch abtrünnig ist (^{22a}, vgl. $3^{14.22}$), wird zur Umkehr aufgefordert, anscheinend durch Jahwe selbst, der die Mahnung (^{22a}) hinzufügt, nicht länger zu zögern. Der Aufruf schließt sich gut an ^{20} an. Die Nachinterpretation $^{21a.b\beta}$ versteht den Aufruf als Mahnung, die Rückkehr vorzubereiten und durchzuführen. Nun wird die Straße wichtig (wie Jes $40^{3}62^{10}$) und der Weg, auf dem Israel in die Gefangenschaft ging. Darauf soll es achten; denn auf diesem Weg kehrt es auch zurück in seine Städte, wobei sich Jes 54^{3} Ez 36^{33} erfüllen. Man hat den Eindruck, daß hier unter dem Namen Israel von Juda die Rede ist. ^{22} Jahwe schafft Neues im Land (vgl. Jes 43^{19}). Was er in einem wunderbaren Handeln macht, ist unklar ($^{22b\beta}$) und in der Auslegung sehr umstritten. Wenn man »Frau« auf Israel und seine Aktion (wofür das Wortspiel *haššōbebāh* »abtrünnige« – *tᵉsōbeb* »umgibt« zu sprechen scheint)

Die Segensverheißung: 31^{23-30}

^{23} So spricht der Herr der Heere, der Gott Israels: Man wird im Land
Juda und in seinen Städten, wenn ich ihr Geschick wende, wieder die-
ses Wort sprechen: Es segne dich der Herr, du Hort der Gerechtig-
keit, du heiliger Berg. ^{24} Juda und alle seine Städte werden zusammen
dort wohnen, Ackerbauern und Wanderhirten. ^{25} Ja, ich labe den Er-
matteten und sättige den Verschmachtenden. ^{26} Darum heißt es: Ich
erwachte und blickte umher, und mein Schlaf war süß gewesen.
^{27} Seht, es werden Tage kommen – Spruch des Herrn –, da säe ich
über das Haus Israel und das Haus Juda eine Saat von Menschen und
1^{10} 24^{6} eine Saat von Vieh. ^{28} Wie ich über sie gewacht habe, um auszureißen
und einzureißen, zu zerstören, zu vernichten und zu schaden, so
werde ich über sie wachen, um aufzubauen und einzupflanzen –
Spruch des Herrn. ^{29} In jenen Tagen sagt man nicht mehr: Die Väter
Ez 18^{2} haben saure Trauben gegessen, und den Söhnen werden die Zähne
stumpf. ^{30} Nein, jeder stirbt nur für seine eigene Schuld; nur dem, der
die sauren Trauben ißt, werden die Zähne stumpf.

und folglich »Mann« auf Jahwe beziehen darf, erwartet der Verfasser, daß das Volk seinen Gott »umfangen« muß: Jahwe »besteht darauf« und macht es durch sein wunderbares Wirken möglich, »daß die ersten Annäherungen nach dem Zerwürfnis von Israel, dem schuldigen Teile, komme« (A. B. Ehrlich, Randglossen zur hebr. Bibel IV, 1912, 322).

$^{23-26}$ schließen die Schrift über die Heilszusagen für Israel und Juda, die der dtr Redaktion vorlag, ab (s. o.). In ein Jahwewort ($^{23a.24.25}$) ist das Zitat eines Segensspruchs, um dessen baldige Erfüllung es dem Verfasser zu tun ist, hereingenommen. Der Segenswunsch, der in der kultischen Feier seinen Platz hatte (Ps 67^{7f} 128^{5} 134^{3}), wird vom Herrn bei der Schicksalswende (der Heimführung aus der Gefangenschaft) erfüllt. Die »Stätte der Gerechtigkeit«, an der Jahwe den Gerechten, die seinen Willen tun, Heil erweist, ist der Zionsberg mit dem Tempel, der »Stätte Jahwes« (Ex 15^{13} 2 Sam 15^{25}). Hier aber ist das ganze Bergland Juda (wie Jes 11^{9}) mit eingeschlossen. Alle Bewohner (Städter, Bauern, Hirten) empfangen dann Jahwes Segen, der sich auch der Erschöpften annimmt (vgl. $^{9.12.14}$). Zu dem Abschlußvers ^{26} s. o.

$^{27-30}$ bringen zwei durch »eschatologische« Formeln (»Tage werden kommen; in jenen Tagen«) eingeleitete Heilsworte ($^{27f.29f}$), die die Probleme bewältigen wollen, welche mit dem Untergang des Reiches Juda und der Zerstörung Jerusalems (586 v. Chr.) entstanden sind: 1. Das Volk ist dezimiert. Doch Gott wird im Gebiet von Israel und Juda wieder sein Volk und das nötige Vieh vermehren. Wie er über sein Gerichtswort wachte (1^{12}; vgl. 44^{27}), um es auszuführen, so wacht er nun über seine Heilszusage, so daß sich die Ankündigung 1^{10} von Zerstörung und Wiederherstellung als wahr erweist. 2. Immer noch ist die Schuldfrage nicht bewältigt. Das Sprichwort ^{29}, das schon für Ezechiel Anlaß (18^{2}) war, die Verantwortlichkeit und Haftung des einzelnen für seine

Der neue Bund: 31^{31-34}

31 Seht, es werden Tage kommen – Spruch des Herrn –, in denen ich Hebr 8^{8-12}
mit dem Haus Israel und dem Haus Juda einen neuen Bund schließen
werde, 32 nicht wie der Bund war, den ich mit ihren Vätern geschlos-
sen habe, als ich sie bei der Hand nahm, um sie aus Ägypten heraus-
zuführen. Diesen meinen Bund haben sie gebrochen, obwohl ich ihr
Gebieter war – Spruch des Herrn. 33 Denn das wird der Bund sein, Hebr 10^{16f}

31^{32} Obwohl ... war, andere Übersetzung: »und ich, ich mußte mich an ihnen als Herr *(ba^c al)* erweisen«.

Taten darzulegen, wird in diesem Sinn auch hier widerlegt. Die Zielsetzung von Ez 18, zur Umkehr zu führen, wird nicht aufgenommen. Es geht ^{29f} darum, daß in der kommenden Heilszeit kein Grund mehr besteht, das Sprichwort zu zitieren. Denn dann wird klar sein, daß nur der Schuldige den Tod, die Strafe erleidet. – Beide Heilsworte passen in die Exilszeit, wo dtr Theologie nicht nur negativ durch Nachweis der Berechtigung des göttlichen Strafgerichts, sondern auch positiv durch Eröffnung neuen Heils die Situation nach dem Fall Jerusalems zu bewältigen hatte.

$^{31-34}$ Das viel erörterte, theologisch hoch bedeutsame Wort vom »Neuen Bund« wird heute (s. z. B. Böhmer, Thiel II wie schon Duhm) mit Recht der dtr geprägten »Schule Jeremias«, nicht dem Propheten selbst, zugewiesen. Für die Bedeutung und die Wertschätzung dieses Textes ist dies unerheblich. Diktion, Gedankengang und Inhalt sind weitgehend dtr geprägt. Es gelingt auch nicht, einen jeremianischen Kern, etwa $^{33a\beta\gamma.34}$, ein Wort über die dem Herzen von Jahwe vermittelte Gotteserkenntnis, die dann nachträglich mit dem Begriff »Bund« erläutert worden wäre, herauszulösen. Denn wie »Bund« sind auch »Gesetz« und »belehren« dtn bestimmt. Mit der Formel »Tage werden kommen«, die das Eintreffen der Zusage in eine dem Zeitpunkt nach unbestimmte Zukunft versetzt, wird die Verheißung eingeleitet. Jahwe spricht und kündigt an, daß er einen neuen »Bund« (*b^e rīt*) mit seinem Volk schließen (wörtlich: schneiden *krt,* siehe 34^{8-22}) werde. Weder aus den Begriffen »Bund« und »schließen« noch aus der Qualifizierung »neu« ist zu erschließen, daß es sich um eine Abmachung auf Gegenseitigkeit handelt. Dasselbe gilt von der sog. Bundesformel, die nur ein Zugehörigkeitsverhältnis ausdrückt. Israel wird von Gott in Pflicht genommen: Sein Gesetz ist auch im »neuen Bund« zur Erfüllung aufgegeben. Jahwe wird seinem Volk, das er sich erwählt und als besonderes Eigentum angenommen hat, auf neue Weise seine Verpflichtung auferlegen. Das ist: ihn erkennen = im Verstand, im Gemüt und durch den Einsatz des Willens wahrnehmen, was es bedeutet, daß er Israels Gott ist (vgl. Hos $2^{22}6^{3}$), den Weg und das Recht Gottes kennen (5^{5}), ihn lieben und entsprechend leben. Die alte *b^e rīt* (Verpflichtung), die durch die neue abgelöst und ersetzt wird, ist die im Dekalog mit seinem Schwerpunkt, dem ersten Gebot (Dtn $17^{2f}29^{24f}$), und seiner Auslegung im Dtn enthaltene Weisung ^{33} (*tōrāh* Gesetz) Jahwes (so

den ich nach diesen Tagen mit dem Haus Israel schließe – Spruch des
Herrn: Ich lege mein Gesetz in sie hinein und schreibe es auf ihr
V.[1] Herz. Ich werde ihr Gott sein, und sie werden mein Volk sein. ^{34} Kei-
ner wird mehr den andern belehren, man wird nicht zueinander sa-
gen: Erkennt den Herrn!, sondern sie alle, klein und groß, werden
3^{38} mich erkennen – Spruch des Herrn. Denn ich verzeihe ihnen die
Röm 11^{27} Schuld, an ihre Sünde denke ich nicht mehr.

auch E. Kutsch, Neues Testament – Neuer Bund, ^{2}1978, 42). Darauf weisen die Ausdrücke »schreiben auf« (Dtn 5^{22}), »hineinlegen in« (Dtn 10^{1-5}: Die Tafeln mit den Zehn Worten werden in die Lade [des Bundes] 10^{8} gelegt; vgl. 1 Kön $8^{9.21}$), *tōrāh* (Gesetz, das nach dtn Sicht mit *b*ᵉ*rīt* identisch ist; vgl. Dtn $28^{58.69}$), »lehren« (was die Aufgabe Moses im Dtn ist, 4^{1} u. ö.) hin. Den alten »Bund« hat das Volk mit der Verehrung anderer Götter, für die im dtr Werk vor allem Baal steht (bes. Ri), gebrochen (Dtn $31^{16.20}$). ^{32} Darum mußte sich Jahwe als Herr, als der wahre Gott erweisen (*bāᶜaltī* spielt wohl auf Baal an) in seinem Strafgericht. Nun aber – und das ist das Neue am neuen Bund – schreibt Jahwe seine verpflichtende Weisung nicht mehr auf steinerne Tafeln (des Bundes) Dtn 9^{9-16}, die in der im Tempel abgestellten Lade verborgen waren, sondern auf das Herz. Der Weg des Hörens, auf dem sich das Volk die Weisung seines Gottes zu Herzen nehmen sollte (Dtn $6^{4f}30^{14}$), führte nicht zum Ziel (Dtn 30^{17}). Jetzt bringt der Herr selbst seinen offenbaren Willen an die Stelle, wo er sich in die Tat umsetzen kann und muß, ins Herz, dem Sitz des Denkens, Planens und Wollens. Er schafft auch in der Vergebung der Sünden, deren er von nun an nicht mehr gedenkt, die also nicht mehr vor ihm auftauchen werden, die Voraussetzung, daß er seine Weisung ins Herz bringen kann. Die Verhärtung des Herzens (3^{17} u. ö. EÜ: »Trieb ihres bösen Herzens«) ist damit überwunden. – Im NT wird der Neue Bund im Kelchwort des Abendmahles als Heils-*b*ᵉ*rīt* verstanden; sein Inhalt ist – das ist aus Jer 31^{31-34} übernommen – die Vergebung der Sünden, die im Blut, im Tod Jesu nun verwirklicht wird (Lk 22^{20} 1 Kor 11^{25}; vgl. Mt 26^{28}). Hebr zitiert in 8^{8-12} Jer $^{31-34}$ ganz, in 10^{16f} teilweise: Der erste Bund ist nicht »ohne Tadel« (8^{7}); er wird durch den zweiten (8^{7}), den neuen Bund, der auf »bessere Verheißungen gegründet ist«, weil Jesus der Mittler dieses, »eines besseren Bundes ist« (8^{6}) »für veraltet erklärt« (8^{13}). Auch hier ist der Inhalt des neuen Bundes die Vergebung der Sünden ($9^{15}10^{18}$). Während Hebr bei aller Betonung des besseren Neuen vom Gemeinsamen beider Bünde spricht (Erwirken von Sündenvergebung), stellt Paulus (2 Kor 3) den Gegensatz des alten (^{14}) zum neuen (^{6}) Bund heraus (vgl. E. Kutsch, a. a.O., 161). Er argumentiert von ^{32}, dem sog. Sinaibund (Ex 34) her, dessen Verkündigung (im Gesetz und durch es) zur Verurteilung und somit »zum Tod führt« (^{7}), während die Verkündigung des neuen (im Herrn, im Geist) zur Freiheit, zur Gerechtigkeit, zum Leben führt. Jer 31^{31-34} gab nicht nur Anlaß, von AT und NT zu sprechen, sondern auch der theologischen Deutung des Todes Christi und der Reflexion über die Bestimmung des Menschen starke Impulse.

Das unvergängliche Heil: 31^{35-40}

35 So spricht der Herr,
der die Sonne bestimmt zum Licht am Tag, Gen 1^{14-18}
der den Mond und die Sterne bestellt
zum Licht in der Nacht,
der das Meer aufwühlt,
daß die Wogen brausen,
– Herr der Heere ist sein Name:
36 Nur wenn jemals diese Ordnungen $33^{20.25f}$
vor meinen Augen ins Wanken gerieten
– Spruch des Herrn –,
dann hörten auch Israels Nachkommen auf,
für alle Zeit vor meinen Augen ein Volk zu sein.
37 So spricht der Herr:
Nur wenn die Himmel droben abgemessen
und unten die Grundfesten der Erde
erforscht werden könnten,
dann verwürfe auch ich
Israels ganze Nachkommenschaft
zur Strafe für all das, was sie getan haben
– Spruch des Herrn.

31^{35} Bestellt: *ḥoqeq*, M: »Bestimmungen«.
31^{37} Ganze, fehlt in G, die ^{35} und ^{37} umstellt.

$^{35-37}$ Die Botenspruchformel, die das Verheißungswort (^{36}) einleitet, ist durch eine Doxologie (^{35}) erweitert. Ein zweites, erneut eingeführtes verheißendes Jahwewort (^{37}) mit ganz ähnlichem Inhalt, gleicher Form (wenn . . . dann) und verwandten Vergleichen, die ebenfalls der Schöpfungstheologie entnommen sind, schließt sich an. Die hymnische Lobpreisung Jahwes in ^{35a} schöpft aus Gen 1^{14-18}, in ^{35b} aus Jes 51^{15} und Jer 5^{22} und nimmt am Ende den Schluß der Doxologien von Am 4^{12f} (vgl. $5^{8}9^{6}$, Jes 51^{15} Jer $10^{16}51^{19}$) auf. So schafft sie mit dem Hinweis auf den schöpfungsmächtigen Gott die Basis, von der aus das Heilswort in ^{36} und auch das in ^{37} argumentiert. Mit der Beweisführung in ^{36}, bei der es um das Weiterbestehen des Volkes Jahwes geht, ist die in Jes 54^{10} verwandt, die das Fortbestehen der Huld des Herrn und seines »Heilsbundes« zusichert. Auf die unvergängliche, von Jahwe festgesetzte Schöpfungsordnung beruft sich auch P in seiner Schöpfungs- und Flutgeschichte (Gen 1.6–9*): »In und mit der Schöpfung als einem auf heilvolles Leben angelegten Geschehen hat der Schöpfergott Verantwortung auch für sein Volk als Teil dieser Schöpfung übernommen« (E. Zenger, in SBS 112, 179). Daß dies so ist, und daß Jahwe entsprechend handelt, die Existenz seines Volkes sichert, sagen $^{36.37}$, wobei in ^{37a} die Macht des unvergleichlichen Gottes, dessen Werk der Mensch nicht einmal nachprüfen kann (vgl. Jes $40^{12.21}$), herausstellt. $^{35-37}$ spricht

38 Seht, es werden Tage kommen – Spruch des Herrn –, da wird die
Stadt für den Herrn wieder aufgebaut, vom Turm Hananels bis zum
Eckturm. 39 Weiter läuft die Meßschnur geradeaus zum Hügel Gareb
und wendet sich nach Goa. 40 Das ganze Tal der Leichen und der
Fett-Asche und die ganzen Hänge bis zum Kidronbach, bis zur Ecke
des Roßtors im Osten werden dem Herrn heilig sein. Sie werden nie-
mals wieder zerstört und eingerissen werden.

DIE HEILSWORTE: 32^{1}–35^{19}

Der Ackerkauf in der Notzeit: 32^{1-44}

32 1 Das Wort, das vom Herrn an Jeremia erging im zehnten Jahr Zid-
2 Kön 25^{1f} kijas, des Königs von Juda – das ist das achtzehnte Jahr Nebukadnez-
zars. 2 Damals belagerte das Heer des Königs von Babel Jerusalem.

31^{38} Kommen, mit dem Qere ist *bāʾīm* einzufügen. – Bis, *ᶜad* ist mit den Übss. einzufügen. – Eckturm: Druckfehler, richtig: Ecktor.

exilische Theologie und arbeitet das Jeremiawort 6^{30} (vgl. 14^{19}), auf: Jahwe hat sein Volk trotz der Sünden nicht verworfen, wobei man sich fragen kann, ob die Verwerfung ganz Israel nicht (vgl. G) oder nicht ganz Israel trifft. Paulus legt Röm 9–11 dar, daß und warum Israel nicht verworfen ist, allerdings ohne sich auf unseren Text zu beziehen.

$^{38-40}$ bringen, durch eine einleitende »eschatologische« Formel abgesetzt, eine Verheißung des Wiederaufbaus Jerusalems, das nie mehr zerstört werden soll. Die einzelnen topographischen Angaben sind nicht sicher im Gelände festzulegen. Es scheint, als beginne die Beschreibung an (der Nordostecke?) der Nordmauer (Hananel), führe zu ihrer Westecke (Ecktor), zur Westmauer (Hügel Gareb; Goa nicht festlegbar), laufe dem Hinnomtal entlang und das Kidrontal aufwärts bis zum Osthang des Tempelareals (Roßtor). Anscheinend hat der Verfasser nachexilische Verhältnisse im Blick (vgl. Neh $3^{1}12^{39}$ Sach $14^{10f.20f}$). Die ganze (erweiterte?) Stadt, auch das durch Leichen und Abfälle unrein gemachte Tal Hinnom, wird heilig, Kultstätte zur Verehrung Jahwes sein, die auf das Volk Gottes Heil ausstrahlt.

32 wird von der Redaktion als (kompositorische) Großeinheit überliefert, der 33 ein mit der Wortereignisformel eröffneter Nachtrag (»zum zweiten Mal«) folgt. In 34 beginnt mit der gleichen Einleitung (Wortformel mit Zeitangabe) wie 32^{1} eine neue Thematik. Das Ereignis, von dem in 32 berichtet ($^{6-15}$) wird, ist chronologisch nach dem Geschehen von 37^{11-21} einzuordnen. Es wurde wegen 32^{15} an die jetzige Stelle vorgezogen, damit die Heilsworte 30–33 zusammenstünden. In 32 folgt nach der Einleitung (^{1}) eine Situationsangabe ($^{2-6a}$), ein Selbstbericht des Propheten über einen Ackerkauf ($^{6b-15}$), ein Gebet Jeremias ($^{16-25}$) und eine Antwort Jahwes ($^{26-44}$) mit Gerichtsbegründung ($^{26-35}$) und Heils-

Der Prophet Jeremia befand sich im Wachhof am Palast des Königs
von Juda in Haft. [3] Dort hatte ihn Zidkija, der König von Juda, ge-
fangengesetzt mit der Begründung: Warum hast du geweissagt: So
spricht der Herr: Ich gebe diese Stadt in die Hand des Königs von 34^{2f}
Babel, und er wird sie erobern. [4] Auch Zidkija, der König von Juda,
wird der Hand der Chaldäer nicht entrinnen, sondern in die Hand
des Königs von Babel gegeben werden, so daß er von Mund zu Mund
mit ihm reden und ihn Auge in Auge sehen wird. [5] Er wird Zidkija 52^{11}
nach Babel bringen; dort wird er bleiben, bis ich ihn zur Rechenschaft
ziehe – Spruch des Herrn. Wenn ihr mit den Chaldäern Krieg führt,
werdet ihr kein Glück haben. [6] Jeremia sagte: Das Wort des Herrn
erging an mich: [7] Hanamel, der Sohn deines Onkels Schallum, wird
zu dir kommen und sagen: Kauf dir meinen Acker in Anatot; denn
dir steht es nach dem Einlösungsrecht zu, ihn zu kaufen. [8] Tatsäch-
lich kam Hanamel, der Sohn meines Onkels, dem Wort des Herrn
gemäß zu mir in den Wachhof und sagte zu mir: Kauf doch meinen
Acker in Anatot [im Land Benjamin]; denn du hast das Erwerbs- und

32^{5} Bis ... haben, fehlt in G: Nachtrag?
32^{8} [ ] Glosse.

zusage ($^{36-44}$: Rückführung und ewiger Bund $^{36-41}$; Leben im Land $^{42-44}$). ^{15} und $^{42-44}$ entsprechen sich inhaltlich; sie sind wie ein Rahmen um $^{26-41}$ gelegt, wobei der zweite Teil des Rahmens den ersten mit sachlichen Angaben erläutert.

32^{1-6a} Die mit Datumsangabe erweiterte Wortformel (vgl. $25^{1}34^{1}$) führt in das Jahr 587 v. Chr. $^{2-6a}$ legen dar, warum Hanamel in den Wachhof (^{8}) kommt: Jeremia ist inhaftiert zur Zeit der Belagerung Jerusalems. Als Grund wird, anders 37^{11-21}, angegeben, daß er Unheil für die Stadt und besonders den König, der ihn gefangensetzen ließ, verkündet hat. Das ist sicherlich der eigentliche letzte Grund, auch für die Verhaftung (37^{11-21}). Der Verfasser bietet keine selbständige Überlieferung und übernimmt für die Begründung (^{3}) auch nicht die dortige Darstellung, sondern schöpft aus Gerichtsworten der Jer-Überlieferung: die Frage (^{3}) aus 26^{9}, das Wort gegen die Stadt (^{3}) aus $34^{1f.7.22}$ $32^{28.24}$, gegen Zidkija (^{4}) aus 21^{7} 34^{3} 38^{23} 52^{11}. In $^{5a\beta}$, der eine Aussage über das weitere Schicksal des Königs nachträgt, ist 27^{22} verwendet, doch die »Heimsuchung« Zidkijas meint sicherlich seine Bestrafung: Sterben in der Verbannung; ^{5b}, der auch Jeremias Abraten vom Widerstand erwähnt, entspricht sachlich 21^{1-7}. Im vorliegenden Text könnte es so scheinen, als antworte Jeremia $^{6b-44}$ auf die Frage Zidkijas ^{3}. Diese ist aber eine Anklage, die nur den Grund für die Inhaftierung $^{3-5}$ benennt, und ^{6a} »Jeremia sagte« ist nur Überleitung, um das dem Redaktor vorliegende Stück $^{6b-15}$ anzubinden.

$^{6b-15}$ ist eine Einheit, eine Erzählung im Selbstbericht: Jeremia führt im Auftrag Jahwes ($^{6b.8.15}$) mit dem Kauf eines in Anatot gelegenen Ackers eine symbolische Handlung aus, die anzeigt, was (nach der Zerstörung Jerusalems) im Land geschehen wird. Das Jahwewort ^{15b} wird durch

Einlösungsrecht. Kauf ihn dir! Da erkannte ich, daß es das Wort des
Herrn war. 9 So kaufte ich von Hanamel, dem Sohn meines Onkels,
den Acker in Anatot und wog ihm das Geld ab; siebzehn Silberschekel betrug die Summe.
10 Ich schrieb die Kaufurkunde, versiegelte sie,
nahm auch Zeugen hinzu und wog das Silber auf der Waage ab, alles
nach Gesetz und Vorschrift. 11 Dann nahm ich die Kaufurkunde, die
versiegelte und die offene. 12 Ich übergab die Urkunde Baruch, dem
Sohn Nerijas, des Sohnes Machsejas, in Gegenwart Hanamels, des
Sohnes meines Onkels, und vor den Zeugen, die die Kaufurkunde
unterschrieben hatten, sowie in Gegenwart aller Judäer, die sich im
Wachhof aufhielten. 13 In ihrer Gegenwart gab ich Baruch den Auftrag:
14 [So spricht der Herr der Heere, der Gott Israels:] Nimm diese
Urkunden, die versiegelte Kaufurkunde und auch die offene, und
leg sie in ein Tongefäß, damit sie lange Zeit erhalten bleiben.
15 Denn so spricht der Herr der Heere, der Gott Israels: Man wird
wieder Häuser, Äcker und Weinberge kaufen in diesem Land.

32^{10} Nach Gesetz und Vorschrift: ist aus ^{11} heraufgenommen.
32^{12} Des Sohnes meines Onkels: *bæn-dodī* mit hebr. HSS, G, S.
32^{14} [ ] kommt hier zu früh, steht richtig ^{15}.

den Vorgang und die Kaufhandlung Jeremias illustriert und bezeugt. Es ist angesichts der bevorstehenden Zerstörung Jerusalems und der Eroberung des Landes eine, allerdings nüchterne und verhaltene Verheißung: Das Leben im Land soll und wird nach der Katastrophe weitergehen; sie ist nicht das absolute Ende. Jahwe will dies und wird es ermöglichen. Dies mußte der Prophet aus der Tatsache schließen, daß ihn der Herr zuvor über das bevorstehende Kaufangebot informiert hatte (^{7}). Als der Verwandte kam, wußte er, daß es nach Jahwes Willen (^{8b}) geschah. Jeremia wird als *go'el* (»Löser«) angegangen, der als der nächste Verwandte eintreten mußte; er hatte das Vorkaufsrecht und die Pflicht, ein Grundstück der Familie zu erhalten, wenn der Besitzer es veräußern mußte, weil er in Not war (Lev 25^{25}). Die Kaufurkunde wird auf einem Blatt zweimal gleichlautend geschrieben. Der eine Text wird zusammengerollt und versiegelt, der andere offengelassen, so daß jederzeit Einsicht genommen, bei Streitfällen aber die versiegelte Fassung geöffnet werden konnte. Der Kaufvertrag wird von Zeugen unterschrieben und in einem Tongefäß verwahrt. Derartige Urkunden wurden auf der Insel Elephantine in Tonkrügen entdeckt (AOB 192). Das als Geld verwendete Silber war nicht in Münzen geprägt, sondern wurde abgewogen. Baruch (vgl. 36), der als Diener fungiert, wird hier zum ersten Mal erwähnt. Er soll die Kaufurkunde aufbewahren: Das Wort Jahwes, das mit dem in der Situation der Belagerung ungewöhnlichen Kauf unterstrichen wird, gilt; es bleibt bestehen und wird sich erfüllen.

$^{16-25}$ hat die dtr (unübersehbar in $^{17-23}$) Nachinterpretation Jeremia ein Gebet in den Mund gelegt; ihn läßt sie um Klarheit über den Vorgang und das empfangene Gottes-

[16] Nachdem ich die Kaufurkunde Baruch, dem Sohn Nerijas, überge- 2 Kön 6[18] 27[5]
ben hatte, betete ich zum Herrn: [17] Ach, mein Herr und Gott! Du 2 Kön 19[15] Neh 9[6]
hast Himmel und Erde erschaffen durch deine große Kraft und dei- Dtn 9[26] 2 Kön 17[36]
nen hoch erhobenen Arm. Nichts ist dir unmöglich. [18] Du übst Gnade Ex 20[5f] Dtn 17[8]
an Tausenden, doch zahlst du die Schuld der Väter ihren Söhnen Ex 34[6f] Dtn 7[10]
heim, die nach ihnen kommen, du gewaltiger, starker Gott, dessen Jes 65[6]
Name Herr der Heere ist. [19] Groß bist du an Rat und mächtig an Tat; Dtn 10[17]
deine Augen wachen über alle Wege der Menschen, um jedem ent- 2 Kön 19[16]
sprechend seinem Verhalten und seinem Verdienst zu vergelten. 17[10] 21[12.14]
[20] Du hast an Israel und an den Menschen Zeichen und Wunder ge- Dtn 7[19]
tan, in Ägypten und bis auf den heutigen Tag. So hast du dir einen Jos 23[8f]
Namen gemacht, wie du ihn noch heute hast. [21] Du hast dein Volk Is- Dtn 4[34] 11[25] 26[8f]
rael unter Zeichen und Wundern, mit starker Hand, mit hoch erho-
benem Arm und gewaltigen Schreckenstaten aus Ägypten herausge-
führt. [22] Du hast ihnen dieses Land gegeben, das du ihren Vätern Dtn 1[8] Dtn 6[3]
eidlich zugesichert hattest, ein Land, in dem Milch und Honig flie- Dtn 10[11]
ßen. [23] Als sie aber dorthin kamen und es in Besitz nahmen, hörten sie
nicht auf deine Stimme und folgten deiner Weisung nicht. Nichts von Dan 9[10–13]
alledem, was du ihnen befohlen hast, haben sie getan; darum hast du Dtn 4[30] 9[23]
über sie all dies Unheil gebracht. [24] Schon kommen die Wälle bis an 26[4] 2 Kön 10[31] 17[13]
die Stadt heran, bald wird man sie einnehmen; durch Schwert, Hun- 21[9]
ger und Pest ist die Stadt den Chaldäern preisgegeben, die gegen sie
ankämpfen. Was du angedroht hast, ist eingetroffen; du siehst es ja
selbst. [25] Dennoch, mein Herr und Gott, sagst du zu mir: Kauf dir
den Acker für Geld, und nimm Zeugen hinzu! Aber die Stadt ist doch 21[10]
den Chaldäern preisgegeben.
[26] Nun erging an mich das Wort des Herrn: [27] Siehe, ich bin der Herr, Num 16[22] 27[16]
der Gott aller Sterblichen. Ist mir denn irgend etwas unmöglich? Dtn 5[26]

32[26] An mich, mit G; M: »an Jeremia«.
32[27] Aller Sterblichen, wörtlich: »allen Fleisches«.

wort bitten, dessen Zuverlässigkeit und Inhalt für den Propheten (vgl. [8] und die fraglos getätigte Kaufhandlung) kein Problem war. Es war vielmehr (vgl. [36] mit [24aβ.25b]) das Problem des (im Exil lebenden) Volkes. [16] dient als Überleitung. [17–22] sind hymnisches Gotteslob im Du-Stil, [23] erinnert an die Schuld des Jahwevolkes, [24] an die gegenwärtige Situation und [25] kommt zu der eigentlichen Frage: Was soll jetzt das Heilswort ([15]), wo das Gottesgericht zu seinem schrecklichen Ende kommt. Stehen sich nicht Heilswort und Gerichtsdrohung unvereinbar gegenüber? Mit Hinweis auf die in der Schöpfung gezeigte unendliche Macht Gottes ([17]), seinen in der Geschichte Israels erwiesenen mächtigen Heilswillen ([20–22]) einerseits und seine unbestechliche, zu Recht bestehende, planvoll überlegte und wirksame Vergeltung ([18f]) andererseits, wobei der Akzent doch auf der Heilszuwendung liegt, wird die in [25] enthaltene Frage vorbereitet. Die Tatsachen ([23f]) sprechen eindeutig

28 Darum – so spricht der Herr: Ich gebe diese Stadt in die Hand der
Chaldäer und in die Hand Nebukadnezzars, des Königs von Babel,
und er wird sie einnehmen. 29 Die Chaldäer, die gegen diese Stadt an-
21[10] 34[2.22] 37[8] kämpfen, werden eindringen, die Stadt in Brand stecken und ein-
19[13] 2 Kön 23[5.12] äschern samt den Häusern, auf deren Dächern man dem Baal Rauch-
7[18] opfer und fremden Göttern Trankopfer dargebracht hat, um mich zu
7[19f] 25[7] 2 Kön 14[4] 2 Kön 16[2] erzürnen. 30 Denn die Leute von Israel und Juda haben von Jugend an
18[10] Dtn 4[25] immer nur das getan, was mir mißfiel, ja, die Leute von Israel haben
25[6f] Dtn 31[29] mich durch ihr Verhalten stets nur erzürnt – Spruch des Herrn. 31 In
2 Sam 7[6] der Tat, diese Stadt hat seit ihrer Gründung bis zum heutigen Tag
2 Kön 21[15] 2 Kön 17[18.23] meinen Zorn und Grimm erregt, so daß ich sie von meinem Angesicht
7[12] 11[17] 17[25] verstoßen muß 32 wegen all des Bösen, das die Leute von Israel und
2[26f] Juda verübt haben, um mich zu erzürnen, sie, ihre Könige, ihre Be-
amten, ihre Priester und ihre Propheten, die Leute von Juda und die
7[13,28] 17[23] 25[3f] Einwohner Jerusalems. 33 Sie haben mir den Rücken zugewandt und
7[25] 11[7] nicht das Gesicht. Ich habe sie unermüdlich belehrt, aber sie hörten
5[3] nicht darauf und besserten sich nicht. 34 Vielmehr stellten sie in dem
7[30f] 2 Kön 8[43] Haus, über dem mein Name ausgerufen ist, ihre Scheusale auf, um es
zu entweihen. 35 Sie errichteten die Kulthöhe des Baal im Tal Ben-
19[5] Dtn 12[31] Hinnom, um ihre Söhne und Töchter für den Moloch durchs Feuer
2 Kön 23[10] gehen zu lassen. Das habe ich ihnen nie befohlen, und niemals ist mir
in den Sinn gekommen, solchen Greuel zu verlangen und Juda in
Sünde zu stürzen.

32[30] Durch ihr Verhalten, wörtlich: »durch das Werk ihrer Hände«; in 1[16] = Götzen.

32[33] Ich habe sie belehrt: *wā'alammed* mit den Übss. – besserten sich nicht, wörtlich: »um Zucht anzunehmen«.

([25b]) gegen eine Verheißung. Die Schwierigkeiten, mit denen die dtr Bewegung während des Exils zu kämpfen hatte, melden sich hier zu Wort: Wird es für das Volk Jahwes noch eine Zukunft geben?

[26–35] Jahwe antwortet: Er steht in dtr geprägter Rede zu seinem Gerichtswort und begründet es ausführlich ([28–35]). Zunächst aber stellt er grundsätzlich ([27]) in einem Offenbarungswort ([26]) klar, daß für ihn beides nach- und sogar nebeneinander möglich ist: Unheilsansage ([28–35]) und Heilszusage ([36–44]), Herbeiführen des Gerichts und Gewähren eines neu beginnenden Heils. Zur Begründung dafür stellt er sich vor als der »Gott allen Fleisches«, als der Herr und Schöpfer aller Lebewesen, der unumschränkt Macht besitzt. Das Gerichtswort faßt zusammen ([27–29]), was anderwärts in Jer der Stadt Jerusalem an Unheil angedroht wird. Die Begründung ([30–35]) für das Strafgericht ist »ein Summarium« aus dtr Geist, wie auch die Erwähnung Israels ([30.32]) zeigt, und »soll offenbar die dtr. Anklagen (vor allem: Ungehorsam, Starrsinnigkeit, Götzendienst, Kinderopfer) breit und umfassend vereinen« (Thiel II 34). Es bleibt bei der wohlbegründeten Strafe für Jerusalem.

36 Jetzt aber – so spricht der Herr, der Gott Israels, über diese Stadt,
von der ihr sagt, sie sei durch Schwert, Hunger und Pest dem König
von Babel preisgegeben: 37 Seht, ich sammle sie aus allen Ländern, 23^{3} 29^{14}
wohin ich sie in meinem Zorn und Grimm und in großem Groll ver- 21^{5} Dtn 29^{27}
sprengt habe. Ich bringe sie wieder zurück an diesen Ort und lasse sie 24^{6}
in Sicherheit wohnen. 38 Sie werden mein Volk sein, und ich werde $31^{1.33}$
ihr Gott sein. 39 Ich bringe sie dazu, nur eines im Sinn zu haben und
nur eines zu erstreben: mich alle Tage zu fürchten, ihnen und ihren
Nachkommen zum Heil. 40 Ich schließe mit ihnen einen ewigen Bund, Dtn 4^{10} 5^{29}
daß ich mich nicht von ihnen abwenden will, sondern ihnen Gutes er- Jes 55^{3} 61^{8}
weise. Ich lege ihnen die Furcht vor mir ins Herz, damit sie nicht von Ez 37^{26}
mir weichen. 41 Ich werde mich über sie freuen, wenn ich ihnen Gutes Dtn 28^{63} 30^{9}
erweise. In meiner Treue pflanze ich sie ein in diesem Land, aus gan- 24^{6} 31^{28}
zem Herzen und aus ganzer Seele. 42 Denn so spricht der Herr: Wie Dtn 6^{5}
ich über dieses Volk all das große Unheil gebracht habe, so bringe ich 6^{19}

32^{36} M: »Jetzt aber, darum«.
32^{39} Ich ... erstreben, wörtlich: »Ich gebe ihnen *ein* Herz und *einen* Weg«.

$^{36-44}$ Mit »jetzt aber« beginnt die zweigeteilte Heilszusage ($^{37-41.42-44}$), die jeweils einen möglichen Einwand der Hörer ($^{36.43b}$) zurückweist: Menschen mögen aufgrund dessen, was geschah, so urteilen, Jahwe hat andere Pläne. Wie die Unheilsansage, so ist auch das Heilswort, sind seine Möglichkeit und seine Erfüllung in der unumschränkten Macht Jahwes (^{27}) begründet (vgl. *lāken* »darum« am Anfang von $^{28.36}$). Im ersten, ebenfalls summarisch Heilszusagen zusammenfassenden Heilswort wird nicht, was nach ^{36} zu erwarten wäre, vom Wiederaufbau der Stadt gesprochen. Die angezogenen Themen sind: Heimführung, Gottesbeziehung, Einheitlichkeit des Strebens, Bund, echte Religiosität, »Einpflanzung« im Land. Es geht um die großen Heilsgüter, die das Verhältnis Jahwes zu seinem Volk und umgekehrt betreffen. Sie werden dem aus der Diaspora heimgekehrten Volk, das nun unter Gottes Schutz in Sicherheit wohnt, versprochen. Zentral ist die Verheißung eines »ewigen Bundes«. Der »neue Bund« 31^{31-34} nimmt Israel aufs neue in Pflicht. Wenn Jahwe einen ewigen Bund errichtet (Gen $17^{7.19}$ Ez 16^{60}), setzt (2 Sam 23^{5}) oder schließt (Jes $55^{3}61^{8}$ Ps 105^{10}; vgl. Ri 2^{1}), dann verpflichtet er sich gegenüber seinem Volk zu Taten des Heils, so auch hier: Er wird sich von seinem Volk niemals abwenden. Als Heilstat ist auch die Gabe der Gottesfurcht zu verstehen, die nach dtn Theologie die ganze, echte und wirksame Beziehung zu Jahwe (neben anderen Ausdrücken) umschreibt; Ehrfurcht, Liebe, Dienst, Gehorsam, Anhänglichkeit eingeschlossen. Gott wird Heil zuwenden, dtr gesagt: Gutes tun (Dtn $6^{24}10^{13}19^{13}$). Er wird seinem Volk festen und dauernden Besitz des Landes geben. Er steht zu seiner Verpflichtung in seiner Treue und, anders als Israel (vgl. Dtn 6^{5}), ganz und ungeteilt.

$^{42-44}$ entfaltet ^{15} und umschreibt den dort gebrauchten Begriff »Land« näher als Gebiet Judas und qualifiziert die Zusage in ^{15} als Schicksalswende.

über sie all das Gute, das ich ihnen verspreche. [43] Man wird wieder
33[10] Felder kaufen in diesem Land, von dem ihr sagt: Es ist eine Wüste,
9[10] 34[22] V. [25] ohne Mensch und Vieh, der Hand der Chaldäer preisgegeben. [44] Äk-
ker wird man wieder kaufen für Geld, Kaufurkunden ausstellen und
versiegeln und Zeugen hinzunehmen im Land Benjamin, in der Um-
gebung Jerusalems, in den Städten Judas und des Gebirges, in den
29[14] 30[3] 33[7] Städten der Schefela und des Negeb. Denn ich wende ihr Geschick –
Spruch des Herrn.

Das neue Heil für Jerusalem und Juda: 33[1–26]

32[1f] 33[1] Das Wort des Herrn erging an Jeremia zum zweitenmal, während
er noch im Wachhof eingesperrt war: [2] So spricht der Herr, der die
Erde erschaffen, sie geformt und fest gegründet hat, Jahwe ist sein

33[2] Der die Erde erschaffen, mit G; M: »Jahwe hat sie gemacht«.

33 ist ein Nachtrag von Heilszusagen, der in die Situation von 32 eingebracht ist und in [1–13] die dortigen Verheißungen weiterführt. Textüberlieferung ([14–26] fehlen in G und sind dort erst von *O L* nachgetragen) und Struktur zeigen, daß 33 aus zwei thematisch und zeitlich unterschiedenen Abschnitten besteht: [1–13.14–26]. Nach der Situationsangabe ([1]) und der feierlichen Einleitung ([2.3]) folgt ein Heilswort für Jerusalem ([4–9]), das mit zwei gleichgebauten (Botenspruchformel, Rückblende, Verheißung, Formel »spricht der Herr«) Zusagen ([10–11.12–13]) fortgeführt wird. Diese drei Worte zeigen auch durch die Rückblende auf das Unheil ([4–5.10.12a*]) ihre Zusammengehörigkeit. Mit [14] setzt eine neue Thematik ein (David [15.17] und die levitischen Priester [18]), die bis zum Ende weitergeführt wird. Die Struktur in [14–26] ist kunstvoll gebaut. David ([15.26]) bildet den Rahmen für die enge Verbindung von David und Priestern ([17.18]), die in [21] und [22] noch enger wird; hierin spricht sich gewiß ein Anliegen des Verfassers aus. Mit der Erwähnung Jerusalems ([16]) ist der Abschnitt [14–26] an den vorausgehenden angebunden, den er folglich fortsetzen soll; demnach hat er kaum einmal unabhängig für sich allein existiert. Für die Abfassungszeit ist aus dem Text zu erschließen, daß 33 auf die Zerstörung Jerusalems zurückblickt ([4f.10.12]) und schon in der Nähe des chron Werkes steht, wo öfter, wie es auch [11] der Fall ist, die bekannte liturgische Formel in berichtenden Texten (Esra 3[11] 1 Chr 16[34.41] 2 Chr 5[13] 7[3.6] 20[21]) zitiert wird und das (levitische) Priestertum eine große Rolle spielt. [14–26] ist wohl in einem gewissen zeitlichen Abstand von [1–13] anzusetzen.

[1–3] In der Einleitung ist [2] die Botenspruchformel durch eine hymnische Prädikation verstärkt, die Jahwe als den Schöpfer und Erhalter der Welt preist, also seine alles bewirkende und tragende Macht betont (vgl. zu 31[35–37]). Jahwe allein besitzt diese Macht; darum der Hinweis auf seinen Namen. »Fest gründen« (***kūn*** Ni.Pol.Hi.) hat in theologischen Aussagen über Schöpfung (Jes 45[18]), Zion (Jes 2[2] Ps 48[9]) und davidische Dynastie (2 Sam 7[12] Ps 89[5]) seinen

Name: 3 Rufe zu mir, so will ich dir antworten und dir große, unfaß-
bare Dinge mitteilen, die du nicht kennst. 4 Denn so spricht der Herr,
der Gott Israels, über die Häuser dieser Stadt und die Häuser der Kö-
nige Judas, die man eingerissen hat, um sie gegen die Belagerungs-
wälle und für Kriegszwecke zu verwenden, 5 und die dazu dienten,
mit den Chaldäern Krieg zu führen und mit den Leichen der Leute
angefüllt zu werden, die ich in meinem Zorn und Grimm erschlug,
weil ich mein Angesicht vor dieser Stadt wegen all ihrer bösen Taten
verborgen hatte: 6 Seht, ich bringe ihnen Genesung und Heilung; ich 30[17]
mache sie wieder heil und gewähre ihnen beständiges Wohlergehen.
7 Ich wende das Geschick Judas und Jerusalems und baue sie auf wie 32[44]
ehedem. 8 Ich reinige sie von all ihrer Schuld, die sie gegen mich be- 50[20]
gangen haben, und ich vergebe ihnen alle ihre Verfehlungen, mit de-
nen sie gesündigt und sich gegen mich aufgelehnt haben. 9 Dann wird
Jerusalem meine Freude sein, mein Lobpreis und Ruhm bei allen Völ- 13[11] Dtn 26[19]
kern der Erde, wenn sie von all dem Guten hören, das ich tue; sie

33[4b.5aα] Text unsicher. M läßt nur eine freie Deutung zu.
33[6] Ihnen 1°, vgl. G^A, Vg, T; M: »ihr (der Stadt)«.
33[7] Jerusalems, vgl. G^{HSS}; M: »Israel«.
33[9] Jerusalem meine Freude, vgl. G; M: »mir zum Namen (Ruhm), Freude, zum Lob, zur Zierde«; Freude ist wohl eine in den Text gekommene Randnotiz. – das ich tue, mit G; M: »das ich ihnen tue«.

Platz. Von Jerusalem und vom Davidshaus wird im folgenden gesprochen. 3 bezieht sich auf 32, wo Jeremia betete und Jahwe antwortete, kaum schon auf apokalyptischen Offenbarungsempfang (wie z. B. 4 Esra 6[29–33]) und die Mitteilung unzugänglicher Geheimnisse. Noch in den Plänen Gottes verborgene Entschlüsse (vgl. Jes 48[3]) sollen dem »Propheten« kundgetan werden. In [4–9] hat der Verfasser anscheinend die Trümmer der Stadt vor Augen und spricht deshalb zunächst von der Zerstörung der Häuser Jerusalems und in [6] unter dem Bild der Heilung, das eigentlich nur auf Personen paßt, von ihrer Wiederherstellung. Doch ist Ende [5] schon die Einwohnerschaft der Stadt gemeint. [7.8] beziehen sich dann auf die Wiederherstellung des Volkes. Der schwierige Text in [4.5] kann (vgl. EÜ) so gedeutet werden, daß man Häuser abbrach, um mit ihren Steinen die Stadtmauer zu verstärken, gegen die die Sturmdämme des Feindes herangeführt wurden. Sie hatten aber in Wirklichkeit keine andere Funktion, als mit den Leichen der Bewohner gefüllt zu werden, die während der Belagerung fielen oder zugrunde gingen. Wenn Jahwe sein Angesicht verbirgt (Dtn 31[17f]32[20] Jes 8[17]), sich abwendet, bedeutet dies Unheil. Die Vergebung der Schuld ([8]) ist die Voraussetzung für die Gewährung von Heil. Sie ist umfassend, wie die Verwendung der drei Hauptbegriffe für Sünde bzw. sündigen (*ᶜāwōn* verkehrtes Handeln, *ḥāṭā'* sich verfehlen, *pāšaᶜ* brechen mit [Gott]) deutlich macht, und reines Gnadengeschenk. [9] Was nach Dtn 26[19] ganz Israel sein soll, wird hier Jerusalem zugesprochen: Es soll Jahwe bei den Völkern zum Lob,

werden zittern und beben wegen all des Guten und des Heils, das ich
32[43] ihm erweise. [10] So spricht der Herr: An diesem Ort, von dem ihr sagt:
Verwüstet ist er, ohne Mensch und Vieh!, in den Städten Judas und
auf den Straßen Jerusalems, die verödet sind, ohne Menschen, ohne
7[34] 16[9] 25[10] Bewohner und ohne Vieh, [11] hört man wieder Jubelruf und Freuden-
ruf, den Ruf des Bräutigams und den Ruf der Braut; sie rufen und
Ps 106[1] 107[1] singen: Dankt dem Herrn der Heere; denn der Herr ist gütig, denn
seine Huld währt ewig!, und bringen Dankopfer zum Tempel des
Herrn. Ich wende das Geschick des Landes: Es soll werden wie ehe-
dem, spricht der Herr.

[12] So spricht der Herr der Heere: An diesem Ort, der verwüstet ist,
ohne Mensch und Vieh, und in allen seinen Städten wird es eine
Weide für Hirten geben, die ihre Herden lagern lassen. [13] In den
17[26] 32[44] Städten des Gebirges, der Schefela und des Negeb, im Land Benja-
min, in der Umgebung Jerusalems und in den Städten Judas ziehen
wieder die Schafe an dem vorbei, der sie mit der Hand zählt, spricht
der Herr.

29[10] [14] Seht, es werden Tage kommen – Spruch des Herrn –, da erfülle ich
das Heilswort, das ich über das Haus Israel und über das Haus Juda
gesprochen habe. [15] In jenen Tagen und zu jener Zeit werde ich für
23[5f] David einen gerechten Sproß aufsprießen lassen. Er wird für Recht
und Gerechtigkeit sorgen im Land. [16] In jenen Tagen wird Juda geret-
tet werden, Jerusalem kann in Sicherheit wohnen. Man wird ihm den
Namen geben: Jahwe ist unsere Gerechtigkeit. [17] Denn so spricht der
1 Kön 2[4] 8[25] 9[5] Herr: Nie soll es David an einem Nachkommen fehlen, der auf dem
Thron des Hauses Israel sitzt. [18] Auch den levitischen Priestern soll es

33[17] Nie ... fehlen, wörtlich: »nie wird abgeschnitten dem David ein Mann«; desgleichen in [18] bezüglich der Priester.

zum Ruhm, zur Zierde sein, damit sie ihn fürchten und anerkennen. Denn an der Stadt, an seinem Volk wird sichtbar, daß Jahwe das Heil wirkt (vgl. Jes 60).

[10.11] sagen der verwüsteten Stadt, die menschenleer ist, neues Leben zu. Der Jubelruf von Braut und Bräutigam, ein Echo auf die göttliche Heilszuwendung, ist kultisch umgedeutet: Hymnus und Dankopfer sind die eigentliche, wahre Antwort auf das heilvolle Handeln Gottes. Der Verfasser spricht vom Kult des Zweiten Tempels und wünscht, wie es auch die Chr für ihre Kulttheologie darstellt, daß alles so werde wie früher. Die Schicksalswende soll eine Wiederherstellung früherer Zustände sein.

[12–13] Der zweite Teil der formelhaften Wendung »Ohne Menschen und ohne Vieh« ([10.12]) gab Anlaß, in die Heilszusage die Herden einzubeziehen. Die Verheißung gilt für das Gebiet, das einst das Reich Juda umfaßte. Zum Abzählen der Herdentiere vgl. Ez 20[37] Lev 27[32].

[14–18] interpretieren 23[5f]: Nicht mehr der Davidssproß steht im Zielpunkt jenes Heilswortes, das Jahwe erfüllen wird, sondern Jerusalem, das den

nie an einem Nachkommen fehlen, der alle Tage vor meinen Augen 17^{26}
Brandopfer darbringt, Speiseopfer verbrennt und Schlachtopfer zu-
richtet.
19 Das Wort des Herrn erging an Jeremia: 20 So spricht der Herr: Nur
wenn mein Bund mit dem Tag und mein Bund mit der Nacht gebro- 31^{35f}
chen werden könnte, so daß es nicht mehr Tag und Nacht würde zur Gen 1^{5} 8^{22}
rechten Zeit, 21 dann könnte auch mein Bund mit meinem Knecht Da-
vid gebrochen werden, so daß er keinen Sohn hätte, der auf seinem
Thron König wäre, und ebenso mein Bund mit den levitischen Prie-
stern, die mir dienen. 22 So unzählbar das Heer des Himmels und so Gen 15^{5} 22^{17} 32^{13}
unmeßbar der Sand des Meeres ist, so zahlreich mache ich die Nach-
kommen meines Knechtes David und die Leviten, die mir dienen.

33^{20} *tūfar* wie [21] mit Übss; M: »ihr könnt brechen.«

Namen erhält, der 23^{6} für den Davididen vorgesehen war: Gott wird ihm seine Gerechtigkeit, d. h. im Vollzug seiner Verheißungen, den man mit Recht erwarten darf, sein Heil zuwenden. Der Davidssproß dient diesem Ziel, indem er der prophetischen Forderung, Recht und Gerechtigkeit zu tun, nachkommt. Dem gleichen Ziel dient auch die Priesterschaft, indem sie ihre kultischen Funktionen täglich gewissenhaft vollzieht. Die dtr Formel vom dauernden Bestand (»nie wird es fehlen«) wird auf die Priesterschaft übertragen, die als zweite (oder gar: eigentliche?) Stütze des Staates gilt, wie es in chron Zeit, besonders in der Person des Hohenpriesters (vgl. [18] »einem Nachkommen«), der Fall war. Der Text tritt wie Dtn $17^{9.18}$ 18^{1-8} für die levitischen Priester ([22] die Leviten) ein, läßt aber keine Frontstellung gegenüber den Zadokiden erkennen.

[19-22] vertiefen und festigen die Zusage von [17f] mit der Anwendung des Begriffs »Bund«, wobei in [20] (Wenn-Satz) Thematik und Argumentationsweise an 31^{35f} erinnern. Von einem »Bund« Jahwes mit Tag und Nacht, d. h. von der Heilssetzung in seinem schöpferischen Handeln zur regelmäßigen Wiederkehr von Tag und Nacht, ist wegen des darauf erwähnten Bundes mit David (2 Sam 23^{5} Ps 89^{4}) die Rede: Wie dieses von Gottes Schöpfermacht gewährte und festbestehende heilvolle Geschehen von Tag und Nacht, so wird auch seine Heilszusage an David aufrechterhalten, ebenso der Bund, das Versprechen für die Priesterschaft, daß sie dauernd im Dienst des Herrn stehen wird. Von einem Bund mit Levi, der für ihn Leben und Heil bedeutet, aber auch erwarten läßt, daß er das Volk lehren kann und ein Bote des Herrn der Heere ist, spricht Mal 2^{4-9}. Nach Num 25^{12f} schloß Jahwe mit Pinhas einen Heilsbund, ihm und seinen Nachkommen für immer das Priestertum zuteil werden zu lassen. [22] Den Nachkommen Davids und den Leviten gilt sogar die Väterverheißung unermeßlicher Vermehrung, konkret nach Abzug der übertreibenden Ausdrucksweise: daß sie nie aussterben werden und daß in ihnen das Volk des Herrn steten Bestand hat. Vielleicht stehen hinter der starken Betonung des immerwährenden Priestergeschlechts Spannungen der nachexilischen Zeit in der Gemeinde von Jerusalem.

[23-26] beziehen sich auf [19-22] und le-

[23] Das Wort des Herrn erging an Jeremia: [24] Hast du nicht bemerkt,
10[25] 25[9] was diese Leute reden: Die beiden Stammesverbände, die der Herr
erwählt hatte, hat er verworfen!, und wie sie mein Volk verachten, so
daß es in ihren Augen kein Volk mehr ist? [25] So spricht der Herr: So
V. [20] gewiß ich meinen Bund mit dem Tag und mit der Nacht und die Ordnungen von Himmel und Erde festgesetzt habe, [26] so sicher werde ich
auch die Nachkommen Jakobs und meines Knechtes David nicht verwerfen; aus seinen Nachkommen werde ich die Herrscher über die Nachkommen Abrahams, Isaaks und Jakobs nehmen. Denn ich werde ihr Geschick wenden und mich ihrer erbarmen.

Zidkijas Ende: 34[1–7]

34[1] Das Wort, das vom Herrn an Jeremia erging, als Nebukadnezzar, der König von Babel, und sein ganzes Heer, alle Königreiche seines Herrschaftsgebietes und alle Völkerschaften gegen Jerusalem und alle

gen [20a] neu aus. [24] nimmt ein geflügeltes Wort, das die Grundlagen der Existenz des Jahwevolkes untergräbt, auf, um es [25f] zu widerlegen: Jahwe habe die Erwählung seines Volkes rückgängig gemacht. Die beiden Stammesverbände sind Jakob und David ([26]); *mišpāḥāh* ist gewählt, weil es nicht nur den kleinen Stamm, sondern auch die Großfamilie, wie sie die Angehörigen der Davidsdynastie bildeten, bezeichnen kann. Der Text sagt »Jakob« (vgl. Mal 1[2]), nicht Israel, wohl um auch hier wie bei David auf die bescheidenen Anfänge im Stammvater hinzuweisen. Die Erwählung Israels und der Davidsdynastie bleibt bestehen, wie die Heilssetzungen von Tag und Nacht und der ganzen Schöpfungsordnung. Der Herr hält an der besonderen Beziehung zu seinem Volk und zum Davidshaus fest, trotz des ergangenen Gerichts. Das ist die Voraussetzung für die Schicksalswende. Es geschieht aus reinem Erbarmen Gottes.

34–38 Mit 34 beginnt ein neuer Großabschnitt im Aufbau des Jer-Buchs: Die Redaktion, die mit der Häufung der Heilszusagen (30–33) den uneingeschränkten Heilswillen Jahwes betont hatte, richtet nun ihren Blick auf das nahe, noch vermeidbare Ende Jerusalems, wobei sie überliefertes Material (Erzählungen, Jeremiaworte) verwendet: Eine letzte große Warnung wird ausgesprochen (34–38): Dem wort- und eidbrüchigen Volk (34[8–22]) wird das Beispiel der unbestechlich treuen Rechabiter (35) vor Augen gehalten. Dem König wird (36) gesagt, wie gefährlich es ist, das Wort Gottes zurückzuweisen. Zidkija wird durch die Inhaftierung Jeremias eine letzte Möglichkeit gegeben, sich richtig zu orientieren (37[1]–38[13]). 34[1–7] und 38[14–28] dienen als Rahmen, der das Thema deutlich macht: König und Volk sind in die Entscheidung gerufen: Entweder sie unterwerfen sich, dem Wort Jahwes entsprechend, dem König von Babel und kommen davon, oder sie leisten Widerstand und gehen unter.

34[1–7] stellt diese Alternative mit zwei Prophetenworten [2b.3] und [4b.5] vor Augen. Daß hier die Redaktion spricht, zeigt sich an der Einleitung in [1] (umgeprägte Wortereignisformel, Zeit-

seine umliegenden Städte Krieg führten: ^{2} So spricht der Herr, der
Gott Israels: Mach dich auf, rede mit Zidkija, dem König von Juda, 32^{3f}
und sag zu ihm: So spricht der Herr: Ich gebe diese Stadt in die
Hand des Königs von Babel, und er wird sie niederbrennen. ^{3} Auch
du wirst seiner Hand nicht entrinnen, sondern ergriffen und in seine
Hand gegeben werden. Auge in Auge wirst du den König von Babel
sehen, und von Mund zu Mund wird er mit dir reden, und nach Ba-
bel wirst du kommen. ^{4} Doch höre das Wort des Herrn, Zidkija, Kö-
nig von Juda! So spricht der Herr über dich: Du brauchst nicht durch
das Schwert zu sterben. ^{5} In Frieden kannst du sterben, und wie dei- 2 Chr 16^{14}
nen Vätern und Vorgängern, den früheren Königen, so wird man
auch dir zu Ehren Totenfeuer anzünden und dir die Totenklage hal- 22^{18}
ten: »Ach, der Herrscher!« Ich bin es, der dieses Wort gesprochen hat
– Spruch des Herrn. ^{6} Der Prophet Jeremia sagte alle diese Worte zu
Zidkija, dem König von Juda, in Jerusalem, ^{7} als das Heer des Königs
von Babel bereits gegen Jerusalem und die übriggebliebenen Städte
Judas, nämlich Lachisch und Aseka, kämpfte; denn nur diese befe-
stigten Städte waren in Juda noch übriggeblieben.

Der Widerruf der Sklavenfreilassung: 34^{8-22}

^{8} Das Wort, das vom Herrn an Jeremia erging, als König Zidkija mit
dem ganzen Volk in Jerusalem das Abkommen getroffen hatte, eine

$34^{4.5}$ Du brauchst ..., wörtlich: »du wirst ...«; kannst du, wörtlich: »wirst du ...«, s. die Auslegung.

$34^{8.13.15.18}$ Abkommen getroffen, wörtlich: »einen Bund (*b*^{e}*rīt*) geschnitten«.

und Situationsangabe), dem uneigentlichen Gebrauch der Botenspruchformel in ^{2a} und an ^{6}, einer abschließenden Aussage, die das Vorausgehende als Jeremiawort bekräftigen will (vgl. 2 Sam 7^{17}). Die beiden Prophetenworte werden ganz bewußt unverbunden nebeneinandergestellt und darum jeweils in gewohnter Weise eingeführt. Sie führen dem König vor, was mit ihm, je nach seiner Entscheidung, geschieht (vgl. 38^{17f}): Zerstörung der Stadt, Gefangennahme mit Verschleppung nach Babel oder Leben und ein ehrenhaftes Begräbnis, anders, als es Jojakim angedroht wurde. Totenfeuer wurden zu Ehren des Verstorbenen angezündet (2 Chr $16^{14}21^{19}$), wobei vielleicht wohlriechende Kräuter und Spezereien (vgl. Jos Ant 17,8,3) verbrannt wurden. Eine Bedingung ist weder in $^{2b.3}$ noch in $^{4b.5}$ formuliert. Nur die Konsequenz des Verhaltens wird vorgestellt, anders 38^{17f}. Der König kann und muß entscheiden. Um zu sagen, wie dringlich die Übergabe der Stadt ist, und daß keine Zeit zu verlieren ist, wird ^{7} noch einmal die Situation beschrieben. Lachisch (wohl *tell edduwēr*, süd-westlich von Jerusalem) und Aseka (wohl *tell zakarīje*, westlich von Jerusalem), leisten noch Widerstand, aber bald ist Jerusalem an der Reihe.

$^{8-22}$ berichtet von einer Freilassung der Sklaven zur Zeit der Belagerung

Freilassung auszurufen. 9 Es sollte nämlich jeder seinen hebräischen
Sklaven und seine hebräische Sklavin freilassen, und keiner sollte
mehr seinen hebräischen Stammesbruder als Sklaven halten. 10 Dem
hatten sich alle Großen gefügt, ebenso das ganze Volk, das dem Ab-
kommen beigetreten war, daß jeder seinen Sklaven oder seine Sklavin
freilassen und nicht mehr als Sklaven halten werde. Sie hatten ge-
horcht und die Sklaven freigelassen. 11 Danach aber holten sie die
Sklaven und Sklavinnen, die sie freigelassen hatten, zurück und
machten sie mit Gewalt wieder zu Sklaven und Sklavinnen. 12 Da er-
ging das Wort des Herrn an Jeremia: 13 So spricht der Herr, der Gott
11^{7-10} Dtn 5^{6} Israels: Ich habe mit euren Vätern, als ich sie aus Ägypten, dem Skla-
venhaus, herausführte, ein Abkommen getroffen und verlangt: 14 Alle
Ex 21^{2} sieben Jahre soll jeder von euch seinen hebräischen Stammesbruder,
Lev 25^{41} der sich ihm verkauft hat, freilassen; sechs Jahre soll er dein Sklave
Dtn 15^{12} sein, dann sollst du ihn freilassen. Aber eure Väter haben mir nicht
7^{24} 11^{7f} 25^{4} gehorcht und mir ihr Ohr nicht zugeneigt. 15 Da seid ihr jetzt umge-
Dtn 6^{18} 12^{8} kehrt und habt das getan, was in meinen Augen recht ist, indem jeder
für seinen Nächsten die Freilassung ausrief. Vor mir hattet ihr ein Ab-
$7^{10f.14.30}$ kommen getroffen in dem Haus, über dem mein Name ausgerufen
1 Kön 8^{43} ist. 16 Aber ihr seid wieder umgekehrt und habt meinen Namen ent-
Lev 18^{21} 19^{12} weiht; denn jeder von euch hat seinen Sklaven oder seine Sklavin zu-
Ez 36^{20f}

34^{12} Des Herrn, M fügt »vom Herrn« hinzu, das in G, S fehlt.

Jerusalems, ihrer Rücknahme ($^{8-11}$) während des zeitweiligen Abzugs der Babylonier (^{21}) und über die Stellungnahme des Propheten ($^{12-22}$) zu diesem Vorgang. In die für die Redaktion typische Eröffnung (^{8a}) ist als Situationsangabe für das folgende Prophetenwort – an ihm ist der Verfasser interessiert und beteiligt – die kurze überlieferte Erzählung eingebunden. In ihr werden Anlaß und Grund für die Freilassung der hebräischen Sklaven, freier Bürger, die sich in Schuldknechtschaft begeben mußten, weil sie infolge der Kriegswirren ihre Existenzgrundlage verloren hatten, nicht genannt. Der König ordnete die Freilassung an und verpflichtete die Herren dazu (in einer *b^erīt* vor Jahwe = Inpflichtnahme mit Jahwe als Zeugen und Garanten), wohl um in der Belagerungsnot Unruhen zu unterbinden und weitere Kämpfer zu gewinnen. Als die Situation sich entspannte, wurden die Sklaven wieder zurückgeholt und erneut zur Knechtschaft gezwungen. Dagegen wendet sich Jeremia im Auftrag Jahwes. Nach dem Text hält er eine ausführliche dtr geprägte Rede (s. u.). Auch in ^{18}, wo das Drohwort überliefert ist, liegt dtr Bearbeitung vor: den Bund übertreten (vgl. Dtn 17^{2} Jos $7^{11.15}$ u. ö.), die Worte (des Bundes) aufrichten: 2 Kön 23^{3}; vgl. Dtn 9^{5} 27^{26} u. ö.; Ex 6^{4} Lev 26^{9} u. ö. Im Kern der Rede sind Jeremias Worte noch zu erkennen, ein prophetisches Schelt- und Drohwort: »^{13} So spricht Jahwe: ^{15} Ihr habt vor mir eine *b^erīt* geschnitten, ^{16} aber ihr habt zurückgeholt, ein Mann seinen Knecht und ein Mann seine Magd. ^{18} So mache ich die Männer zum Kalb, das sie in zwei Hälften schnitten und durch

rückgeholt, die ihr doch völlig freigelassen hattet. Ihr habt sie ge-
zwungen, wieder eure Sklaven und Sklavinnen zu werden. [17] Darum
– so spricht der Herr: Ihr habt mir nicht gehorcht, und keiner hat für 7[13.26]
seinen Stammesbruder und seinen Nächsten die Freilassung ausgeru-
fen. Wohlan, so rufe ich euch eine Freilassung aus – Spruch des
Herrn – für Schwert, Pest und Hunger, und ich mache euch zu einem 21[7]
Bild des Schreckens für alle Reiche der Erde. [18] Ich mache die Män- 15[4] 24[9] 29[18]
ner, die mein Abkommen verletzt und die Worte der Abmachung, die
sie vor mir getroffen hatten, nicht gehalten haben, dem Kalb gleich,
das sie in zwei Hälften zerschnitten haben und zwischen dessen Stük-
ken sie hindurchgegangen sind. [19] Die Großen Judas und Jerusalems, 29[2]
die Höflinge, die Priester und alle Bürger des Landes, die zwischen
den Stücken des Kalbes hindurchgegangen sind, [20] sie alle gebe ich in
die Hand ihrer Feinde und derer, die ihnen nach dem Leben trachten.
Ihre Leichen sollen den Vögeln des Himmels und den Tieren des Fel- 21[7] 22[25] 38[16]
des zum Fraß dienen. [21] Auch Zidkija, den König von Juda, und seine 7[13] 19[7] Dtn 28[26]
Großen liefere ich ihren Feinden aus und denen, die ihnen nach dem
Leben trachten, dem Heer des Königs von Babel, das eben von euch
abgezogen ist. [22] Schon gebe ich den Befehl – Spruch des Herrn – 37[8f]

34[18] Die Worte der Abmachung nicht gehalten haben, wörtlich: »nicht aufgerichtet haben die Worte der *bᵉrīt*.« – dem Kalb gleich, M: *hāᶜegæl* ist richtig: *nātan* mit doppeltem Akkusativ.

dessen Stücke sie hindurchschritten«. Das Prophetenwort bezieht sich auf einen Ritus der Selbstverfluchung, der bei Übernahme einer feierlichen Verpflichtung (*bᵉrīt*) vollzogen wurde. So steht z. B. im Text des Vertrags, durch den Bar-Gaja, der König von Katak, Mati-El, den König von Arpad, in Pflicht nimmt: »Und wenn meineidig wird Mati-El ... Gleichwie dieses Kalb zerschnitten wird, so soll Mati-El zerschnitten werden« (W. Beyerlin, Religionsgeschichtliches Textbuch zum AT, 1975, 273–276). Das Gerichtswort Jeremias wird dtr zu einer Predigt ausgestaltet. Der Verfasser zieht die Gesetzesbestimmung heran, daß Angehörige des Jahwevolkes nur sechs Jahre in Schuldknechtschaft gehalten werden durften, im siebten jedoch freizulassen waren. Darum aber oder auch um eine zusätzliche Freilassung derer, die bereits frei sein müßten, ging es nicht. Eine Freilassung aller, unabhängig von der Dauer der Knechtschaft, war getätigt worden. Der dtr Autor jedoch will zeigen, daß die von Jahwe festgesetzte Verpflichtung (*bᵉrīt* [13]) nie, auch jetzt nicht, erfüllt wurde, daß Israel nie ([14.17]) gehorcht hat. Weil das Volk gegen den Willen Jahwes keine Freilassung der Schuldsklaven vorgenommen hat, wird er eine »Freilassung« der Schuldigen anordnen – allerdings in den Untergang hinein ([17]), der mit den in der dtr Nachinterpretation gebräuchlichen Ausdrücken beschrieben wird. Auch das Strafwort Jeremias [18*] wird [19f] noch einmal dahingehend interpretiert: Die Schuldigen wurden dem Feind ausgeliefert und getötet. Sie haben die Sklaven zurückgeholt ([16]), Jahwe holt den Feind zurück ([22]),

und hole sie zu dieser Stadt zurück, damit sie gegen sie kämpfen, sie
9^{10} 32^{29} 34^{2} erobern und niederbrennen. Die Städte Judas mache ich zur men-
4^{7} 26^{9} schenleeren Wüste.

Das Vorbild der Rechabiter: 35^{1-19}

35^{1} Das Wort, das vom Herrn an Jeremia erging in den Tagen Joja-
kims, des Sohnes Joschijas, des Königs von Juda: ^{2} Geh hin zur Ge-
meinschaft der Rechabiter, rede mit ihnen, führ sie zum Haus des

der Stadt und Land zerstört, die Menschen tötet oder verschleppt.

35 berichtet, wie Jeremia auf Befehl Jahwes die Rechabiter in eine der Tempelhallen ruft, ihnen Wein vorsetzt, diese aber nicht trinken, und wie daraufhin ein Wort des Herrn vom Propheten verkündet wird. Der Selbstbericht (vgl. den Ichstil in 13 18 19^{1} 27^{2} 32) führt eine symbolische Handlung vor Augen, die dann im Gotteswort gedeutet wird. In einer Symbolhandlung läßt Gott nicht eine Botschaft an das Zeichen – das sind die Rechabiter hier – verkünden. Also kann ^{18f} nicht das Gotteswort sein, das den Vorgang deutet und seine Botschaft zur Aussage bringt. Es muß in $^{13-17}$ zu suchen sein. Nun tragen aber $^{15.17}$ in Wortfeld und Ausdrucksweise unverkennbar Züge der Nachinterpretation an sich, und ^{16} wiederholt mit ähnlichen Worten ^{14}; also steckt das Deutewort in ^{13f}. Daß es verlorengegangen sei, ist nicht anzunehmen. ^{13f} greifen nämlich den konkreten Zug des Weintrinkens auf, um den es auch in der symbolischen Handlung geht, während $^{15-17}$ sich ganz allgemein zum Gebot Jonadabs in ^{16} äußern. Die Nachinterpretation spricht hier im umfassenden pauschalen Sinn. Darum dürften ihr auch $^{7b-11}$ angehören, die $^{6.7a}$ entfalten. So wird der ursprüngliche Text in $^{2-7a.12-14*}$ vorliegen. Im Anschluß an die Erzählung wird das Wort Jahwes mitgeteilt: »^{12} Nun erging das Wort des Herrn (an mich): ^{13} So spricht der Herr: Wollt ihr nicht Zucht annehmen? ^{14} Das Gebot . . . Ich, ich habe zu euch geredet, doch ihr habt mir nicht gehorcht.«

$35^{1.11}$ Der Redaktor setzt die Zeichenhandlung mit den standhaften Rechabitern in der Zeit Jojakims an, wobei nicht zu entscheiden ist, ob er an das kriegerische Unternehmen von 602/1 (s. 2 Kön 24^{2}) oder an die Ereignisse vor 597 denkt. Beide Male dürften Bewohner des Landes vor dem Feind in die Hauptstadt geflüchtet sein.

$^{2-7a}$ Die Rechabiter leiten sich von Jonadab, einem Sohn Rechabs her, den sie *'ābīnū* »unseren Vater«, was Stammvater, Lehrmeister, Patron oder alles zusammen meinen kann. Wenn dieser Jonadab, wie man annimmt, mit Jehu (2 Kön $10^{15.23}$) gegen die Baalsverehrung kämpfte, war er ein entschiedener Jahweverehrer. Daraus zieht man den Schluß, daß die Rechabiter »die Gaben des Kulturlandes, feste Häuser, Acker- und Weinbau, verpönten, da ihre Früchte offenbar die Wurzeln des Abfalls vom Gott des Wüstenzuges in sich bargen« (G. Wallis, in: BHH 1559). $^{2-7a.14-17}$ spielen jedoch nicht auf eine besondere und intensive Jahweverehrung an. Die Verbote Jonadabs ($^{6.7a}$) können auch ein Abhängigkeitsverhältnis (kein Haus- und Landbesitz) begründen bzw. festschreiben. Für Jeremia kommt es nur auf das Verbot, Wein zu trinken, an. Die Anga-

Herrn in eine der Hallen, und gib ihnen Wein zu trinken! 3 Da holte
ich Jaasanja, den Sohn Jirmejas, des Sohnes Habazzinjas, samt seinen
Brüdern und allen seinen Söhnen und der ganzen Gemeinschaft der
Rechabiter. 4 Ich führte sie zum Haus des Herrn in die Halle der
Söhne Hanans, des Sohnes Jigdaljas, des Gottesmannes, die neben
der Halle der Großen oberhalb der Halle des Schwellenwächters
Maaseja, des Sohnes Schallums, gelegen ist. 5 Dann setzte ich den
Leuten von der Gemeinschaft der Rechabiter gefüllte Weinkrüge und
Becher vor und sagte zu ihnen: Trinkt Wein! 6 Sie aber entgegneten:
Wir trinken keinen Wein; denn unser Ahnherr Jonadab, der Sohn 2 Kön 10^{15}
Rechabs, hat uns geboten: Ihr sollt niemals Wein trinken, weder ihr
selbst noch eure Söhne. 7 Auch sollt ihr kein Haus bauen, keine Saat
bestellen, keinen Weinberg pflanzen oder besitzen. Vielmehr sollt ihr
euer Leben lang in Zelten wohnen, damit ihr lange lebt in dem Land,
in dem ihr euch als Fremde aufhaltet. 8 Wir gehorchten dem Auftrag
unseres Ahnherrn Jonadab, des Sohnes Rechabs, in allem, was er uns
gebot; wir tranken also zeitlebens keinen Wein, weder wir noch un-
sere Frauen, Söhne und Töchter. 9 Wir bauten uns keine Wohnhäu-
ser, wir besaßen keinen Weinberg, keinen Acker und keine Saat.
10 Wir wohnten in Zelten, und gehorsam handelten wir genauso, wie
unser Ahnherr Jonadab es uns geboten hat. 11 Als jedoch Nebukad-
nezzar, der König von Babel, gegen das Land heranzog, da sagten
wir: Kommt, wir wollen uns vor dem Heer der Chaldäer und dem
Heer der Aramäer nach Jerusalem begeben. So ließen wir uns in Jeru-
salem nieder. 12 Nun erging das Wort des Herrn an Jeremia: 13 So
spricht der Herr der Heere, der Gott Israels: Geh hin und sag zu den

35^{12} An Jeremia, so M; G: »an mich«; siehe den Ich-Stil $^{2-4}$.

ben über die Tempelhallen, ihre Lage und ihre »Besitzer« geben sicherlich damalige Verhältnisse wieder, sagen uns aber nichts über Größe, Lage, Funktion und Bedeutung dieser Räume.

$^{12-14*}$ Das Deutewort, das Jeremia den im Tempel Anwesenden verkündet, ist eine eindringliche Mahnung. Wenn schon ein Verbot Jonadabs von einer Gemeinschaft, die sich von ihm herleitet, genau und treu befolgt wird, dann muß Jahwes Volk umso mehr auf die Worte seines Gottes hören. Denn hier ergeht mehr als nur menschliche Vorschrift, hier spricht Gott.

$^{7b-11}$ Die Nachinterpretation führt nicht nur im einzelnen aus, daß die Rechabiter alle Verbote ihres »Vaters« stets treu befolgt haben, sondern fügt allem Anschein nach auch das nomadische Ideal des Wohnens in Zelten als Gebot hinzu, wie an der dtn Verheißung zu sehen ist: »damit ihr lange lebt . . .« (Dtn $5^{16.33}30^{16}$, vgl. $5^{33}6^{2}$ u. ö.).

$^{13-14*.15-17}$ Das ursprüngliche Deutewort wird durch ein erneutes Auftragswort und Angabe der Adressaten (^{13}), die nach der Einfügung $^{7b-11}$ als nötig erschienen, erweitert. Sodann wird die Tatsache, daß Jahwe zu seinem Volk geredet hat, durch

4^{4} 11^{2} 17^{20} 18^{11} Leuten von Juda und zu den Einwohnern Jerusalems: Wollt ihr euch
nicht endlich belehren lassen und auf meine Worte hören? – Spruch
des Herrn. [14] Das Gebot Jonadabs, des Sohnes Rechabs, der seinen
Söhnen das Weintrinken verboten hat, wird treu erfüllt; sie trinken
keinen Wein bis zum heutigen Tag, weil sie dem Befehl ihres Ahn-
11^{7} 26^{5} 32^{23} herrn gehorchen. Ich aber habe immer wieder zu euch geredet, doch
25^{3-7} ihr habt mir nicht gehorcht. [15] Und immer wieder sandte ich zu euch
7^{25} 29^{19} alle meine Knechte, die Propheten, mit der Mahnung: Kehrt doch
18^{11} 1 Kön 13^{33} 2 Kön 17^{13} alle um von eurem schlechten Weg! Bessert euer Tun, und lauft nicht
7^{3} 26^{13} anderen Göttern nach, um ihnen zu dienen. Dann dürft ihr in dem
7^{24} 23^{39} 25^{5} 30^{3} Land bleiben, das ich euch und euren Vätern gegeben habe. Ihr aber
11^{8} 17^{23} 25^{4} 34^{14} habt euer Ohr nicht geneigt und nicht auf mich gehört. [16] Ja, die
Söhne Jonadabs, des Sohnes Rechabs, haben das Gebot, das ihnen ihr
Ahnherr gegeben hat, erfüllt. Dieses Volk aber hat mir nicht ge-
horcht. [17] Darum – so spricht der Herr, der Gott der Heere, der Gott
4^{6} 11^{12} $19^{3.15}$ Israels: Seht, ich bringe über Juda und über alle Einwohner Jerusa-
lems das ganze Unheil, das ich ihnen angedroht habe, weil sie nicht
7^{13} hörten, sooft ich zu ihnen redete, und keine Antwort gaben, sooft ich
sie rief. [18] Zur Gemeinschaft der Rechabiter aber sagte Jeremia: So
spricht der Herr der Heere, der Gott Israels: Weil ihr dem Gebot eu-
Dtn $11^{13.27f}$ res Ahnherrn Jonadab gehorcht, alle seine Gebote gehalten und nach
allen seinen Anordnungen gehandelt habt, [19] darum – so spricht der
Herr der Heere, der Gott Israels: Niemals soll es Jonadab, dem
Sohne Rechabs, an einem Nachkommen fehlen, der in meinem
Dienst steht.

35^{14} Das Gebot (*d^e^bar*); M: »die Worte«.

die Unermüdlichkeitsformel (»immer wieder« ^{14f}) unterstrichen, mit dem Hinweis auf die Propheten (^{15}) erläutert und mit der dtr formulierten Angabe ihrer Botschaft (Umkehr, Besserung der Taten; Beachtung des ersten Gebots, Verheißung: Bleiben im Land) konkretisiert. Schließlich wird ^{17} ein Gerichtswort angefügt, womit das ursprüngliche Deutewort gegen die Zielrichtung der Symbolhandlung, die keine Bestrafung impliziert, sondern ein Vorbild hinstellt, verändert wird. $^{12-17}$ werden damit zu einem selbständigen Abschnitt mit Scheltwort ($^{13-16}$) und Drohwort (^{17}), der sich von $^{1-11}$ löst. Ein neuer Schluß wird (^{18f}) notwendig. ^{17} nimmt in der Strafandrohung bereits aus früheren Texten bekannte Formulierungen auf. Jahwes Reden zu seinem Volk ist ein Anruf, der eine Antwort durch die Tat verlangt.

^{18f} Ein Heilswort für die Rechabiter, das mit »alle seine Gebote« auf $^{7b-11}$ Bezug nimmt. Ihnen wird mit der aus 1 Kön $2^{4}8^{25}9^{5}$ bekannten Formel »nie soll es fehlen...« (vgl. 33^{17}) zugesagt, daß sie für immer im Dienst Jahwes stehen dürfen, wobei wohl auf 2 Kön $10^{17.23}$ angespielt ist: Jonadab gilt die Verheißung in ^{19}, die an sich besser in 2 Kön 10 stehen würde. Vielleicht ist von daher auch ^{7b} zu verstehen: Die Rechabiter müssen so konsequent Jahwe verehren und ihm treu sein, daß sie sich in Kanaan, als in der Fremde lebend

DIE BERICHTE BARUCHS: 36[1]–45[5]

Die Verbrennung der Buchrolle: 36[1–32]

36[1] Im vierten Jahr Jojakims, des Sohnes Joschijas, des Königs von 25[1]
Juda, erging vom Herrn dieses Wort an Jeremia: [2] Nimm dir eine
Buchrolle, und schreib darauf alle Worte, die ich zu dir über Israel
und Juda und über alle Völker gesprochen habe, seitdem ich zu dir 25[3]
rede, von den Tagen Joschijas an bis heute. [3] Vielleicht werden die 26[3]
Leute vom Haus Juda, wenn sie hören, wieviel Unheil ich ihnen an- 18[11]
tun will, umkehren von ihrem bösen Weg, und ich kann ihnen Schuld
und Sünde verzeihen. [4] Da rief Jeremia Baruch, den Sohn Nerijas,
und Baruch schrieb nach dem Diktat Jeremias alle Worte, die der
Herr zu ihm gesprochen hatte, auf eine Buchrolle. [5] Jeremia gab hier-
auf Baruch folgenden Auftrag: Mir ist es verwehrt, das Haus des
Herrn zu betreten. [6] Darum geh du hin, und lies am Fasttag aus der
Rolle, die du nach meinem Diktat geschrieben hast, dem Volk im
Haus des Herrn die Worte des Herrn vor. Auch allen Judäern, die

wie die Erzväter, wie Israel in Ägypten betrachten. So wird ihr Vorbild für Jahwes Volk noch erhöht und die Mahnung verstärkt. Nur wenn Israel so entschieden und treu wie die Rechabiter zu Jahwe steht, hat es Zukunft.

36 berichtet über die Aufzeichnung der bisherigen Verkündigung Jeremias ([1–8]), die Verlesung der Schrift in einer Tempelhalle ([9–13]), vor den obersten Beamten ([14–19]) und vor König Jojakim, der die Schrift stückweise verbrannte ([20–26]), sowie über die erneute Aufzeichnung ([27f.32]) und ein Drohwort gegen Jojakim ([29–31]). Baruch ist der Schreiber der Buchrolle. Wegen der genauen Angaben (eingehende Schilderung der Verlesung, Namen der Beamten) betrachtet man ihn wohl mit Recht als Verfasser von 36 und nimmt an, daß die sog. Baruch-Schrift (36–45) hier beginne. Von 36 wird auch die Existenz der sog. Urrolle hergeleitet, die wohl Jeremiaworte vor allem aus 2–6 enthielt. Die Einleitung in [1–3] ist in Verbindung mit 25[1–3] (vgl. dort) und 26[3] redaktionell gestaltet. Auch [6b–8] sind nachträglich eingefügt: [7] nimmt [3] auf, und [6b] und [8] nehmen [9f] vorweg. Im Schlußteil gehören [27f.32] und [29–31] zusammen. Da Jeremia den König nicht ansprechen kann ([26]), ist [29b] sekundär Der Prophet spricht nur ein Wort gegen (*ᶜal*[29]) Jojakim ([30]), das eine Fortführung der Drohung von 22[19] sein dürfte. [31] bringt Formulierungen der Nachinterpretation.

[2a*.4–6a] Der Auftrag an Jeremia (»nimm dir eine Buchrolle und schreib darauf alle Worte, die ich zu dir gesprochen habe«) wird mit Hilfe Baruchs erfüllt, wobei der Prophet, der wahrscheinlich erst unter Jojakim aufgetreten war, schriftliche Notizen wohl nicht benötigte. Jahwes Befehl impliziert auch den Verkündigungsauftrag, der an Baruch weitergegeben wird ([6]). Warum Jeremia verhindert war, ist nicht gesagt (Redeverbot im Tempel?, vgl. 26 Feindschaft der Tempelbehörde?). Von Anfang an wird im Bericht Wert darauf gelegt, daß die Schrift-

aus ihren Städten herbeiströmen, sollst du sie vorlesen. 7 Vielleicht
18[11] flehen sie vor dem Herrn um Erbarmen und kehren um, jeder von sei-
7[20] 32[31] nem bösen Weg; denn groß ist der Zorn und Grimm, den der Herr
diesem Volk angedroht hat. 8 Baruch, der Sohn Nerijas, handelte ge-
nau nach dem Auftrag des Propheten Jeremia und las im Haus des
Herrn die Worte des Herrn aus dem Buch vor.
9 Im fünften Jahr Jojakims, des Sohnes Joschijas, des Königs von
Juda, hatte man im neunten Monat alles Volk in Jerusalem und alle
Leute, die von den Städten Judas nach Jerusalem kommen sollten, zu
einem Fasten vor dem Herrn aufgerufen. 10 Nun las Baruch im Haus
des Herrn dem ganzen Volk aus dem Buch die Worte Jeremias vor,
und zwar in der Halle Gemarjas, des Sohnes des Staatsschreibers
Schafan, im oberen Vorhof am Eingang des Neuen Tempeltores.
11 Als Micha, der Sohn Gemarjas, des Sohnes Schafans, alle Worte
des Herrn aus dem Buch vernommen hatte, 12 ging er hinab in den
Königspalast zur Halle des Staatsschreibers. Dort waren gerade alle
hohen Beamten zu einer Sitzung versammelt: der Staatsschreiber Eli-
schama, Delaja, der Sohn Schemajas, Elnatan, der Sohn Achbors,
Gemarja, der Sohn Schafans, Zidkija, der Sohn Hananjas, und alle
sonstigen Beamten. 13 Micha teilte ihnen alle Worte mit, die er gehört
hatte, als Baruch dem Volk aus dem Buch vorlas. 14 Da schickten die
versammelten Beamten Jehudi, den Sohn Netanjas, des Sohnes Sche-
lemjas, des Sohnes Kuschis, zu Baruch und ließen ihm sagen: Nimm
die Rolle, aus der du dem Volk vorgelesen hast, und komm hierher!
Sogleich nahm Baruch, der Sohn Nerijas, die Rolle und ging zu ih-
nen. 15 Sie sagten zu ihm: Setz dich, und lies sie uns vor! Nun las ih-
nen Baruch vor. 16 Als sie all die Worte hörten, schauten sie einander
erschrocken an und sagten [zu Baruch]: Wir müssen das alles dem
König mitteilen. 17 Sie fragten Baruch: Sag uns doch, wie hast du alle

36[10] Staatsschreibers, wörtlich: »Schreibers«; ebenso 37[15.20].
36[16] [ ] fehlt richtig in G.

rolle nicht Baruchs, sondern Jeremias Wort ([6.18]), also prophetisches Jahwewort enthielt.

9–13 Genaue Angaben über Ort und Personen unterstreichen die Zuverlässigkeit des Berichts. Fasten wurde angeordnet bei Nöten, die das Volk trafen, besonders bei feindlichen Angriffen, Ausbleiben des Regens, Hungersnot. Es brachte viele Menschen, die zudem für die Buße und für die Weisung Jahwes aufgeschlossen waren, in den Tempel, so daß Gottes Wort einen großen und bereiten Hörerkreis fand. Von einer Reaktion der Anwesenden, ausgenommen den Enkel Schafans – die einflußreiche (29[3] 2 Kön 22) Schafanfamilie war dem Propheten wohlgesonnen (vgl. 26[24]39[14]40[5]43[6]) –, verlautet nichts; die Erzählung ist an den kommenden Ereignissen interessiert.

14–20 Der versammelte Ministerrat läßt sich die Rolle vorlesen, erkundigt sich über die Entstehung, um

diese Worte niedergeschrieben? 18 Baruch erwiderte ihnen: Jeremia
hat mir alle diese Worte diktiert, und ich habe sie mit Tinte in das
Buch geschrieben. 19 Darauf sagten die Beamten zu Baruch: Geh und
verbirg dich, du und auch Jeremia! Niemand soll wissen, wo ihr seid.
20 Dann begaben sie sich zum König in den Palasthof, nachdem sie
die Rolle in der Halle des Staatsschreibers Elischama verwahrt hat-
ten, und berichteten das alles dem König. 21 Da gab der König dem
Jehudi den Auftrag, die Rolle zu holen, und dieser holte sie aus der
Halle des Staatsschreibers Elischama. Und Jehudi las sie dem König
vor und allen Beamten, die um den König herumstanden. 22 Der Kö-
nig wohnte im Winterhaus, es war ja der neunte Monat, und vor ihm
brannte das Feuer auf dem Kohlenbecken. 23 Sooft nun Jehudi drei
oder vier Spalten gelesen hatte, schnitt sie der König mit dem Schrei-
bermesser ab und warf sie in das Feuer auf dem Kohlenbecken, bis
das Feuer auf dem Kohlenbecken die ganze Rolle verzehrt hatte.
24 Niemand erschrak, und niemand zerriß seine Kleider, weder der 2 Kön 22^{11}
König noch irgendeiner seiner Diener, die all diese Worte gehört hat-
ten. 25 Selbst als Elnatan, Delaja und Gemarja den König bestürmten,
die Rolle nicht zu verbrennen, hörte er nicht auf sie. 26 Vielmehr be-
fahl der König dem Prinzen Jerachmeël, ferner Seraja, dem Sohn As-
riëls, und Schelemja, dem Sohn Abdeëls, den Schreiber Baruch und
den Propheten Jeremia festzunehmen; aber der Herr hielt sie verbor-
gen.
27 Nachdem der König die Rolle mit den Worten, die Baruch nach

36^{18} Jeremia, nach G, S.
36^{22} *w^eʾeš*, vgl. Übss.

beurteilen zu können, welches Gewicht den erschreckenden Drohworten und damit dem ganzen Vorgang zukommt, und leitet die Angelegenheit an den König weiter. Inzwischen wird das Schriftstück in der Staatskanzlei sichergestellt. Das Erschrecken der Beamten und ihr Rat an Baruch und Jeremia zeigen, daß sie den Inhalt der Rolle als Gotteswort betrachten. Die Boten des Wortes dürfen keinen Nachteil erleiden; es wäre ein Angriff auf Jahwe, den Auftraggeber.

$^{21-26}$ Der König, der sich die Buchrolle vorlesen läßt und sie stückweise vernichtet, reagiert anders als sein Vater Joschija. Dieser hatte, als er die Worte des im Tempel gefundenen Gesetzbuches hörte, zum Zeichen der Trauer und Buße seine Kleider zerrissen, d. h. am oberen Rand eingerissen, und sich in einem feierlichen Akt zum erneuten Dienst Jahwes verpflichtet (2 Kön 22f). Jojakim verachtete das Prophetenwort und wollte es, um es unschädlich zu machen, durch Verbrennen aus der Welt schaffen. Seine Reaktion richtete sich auch gegen Jeremia und Baruch. Sie sollten an der weiteren Verkündigung gehindert werden. Aber Jahwe steht für sie ein (vgl. 15^{20} 1^{18f}) und entzieht sie dem Zugriff des Königs.

$^{27f.32}$ Aber Jahwes Wort kann von

dem Diktat Jeremias niedergeschrieben hat, verbrannt hatte, erging
das Wort des Herrn an Jeremia: [28] Nimm dir eine andere Rolle, und
schreib all die früheren Worte darauf, die auf der ersten Rolle stan-
den, die Jojakim, der König von Juda, verbrannt hat. [29] Über Jojakim
aber, den König von Juda, sollst du sagen: So spricht der Herr: Du
hast diese Rolle verbrannt und gesagt: Warum hast du darin geschrie-
39^{1} $52^{4.12}$ ben, der König von Babel werde bestimmt kommen, dieses Land ver-
heeren und Mensch und Vieh darin vernichten? [30] Darum – so spricht
22^{30} der Herr über Jojakim, den König von Juda: Er wird keinen Nach-
kommen mehr haben, der auf dem Thron Davids sitzt, und sein
22^{19} Leichnam soll weggeworfen werden und der Hitze des Tags und der
Kälte der Nacht ausgesetzt sein. [31] Ich ziehe ihn, seine Nachkommen
und seine Diener zur Rechenschaft für ihre Schuld. Ich bringe über
35^{17} sie, über die Einwohner Jerusalems und die Leute von Juda all das
Unheil, das ich ihnen angedroht habe, ohne daß sie hören wollten.
[32] Da nahm Jeremia eine andere Rolle und übergab sie dem Schreiber
Baruch, dem Sohn Nerijas. Dieser schrieb auf sie nach dem Diktat Je-
remias alle Worte des Buches, das Jojakim, der König von Juda, im
Feuer verbrannt hatte. Ihnen wurden noch viele ähnliche Worte hin-
zugefügt.

Menschen, die es nicht akzeptieren wollen, nicht beseitigt werden. Er hat die Macht und die Mittel, es erneut lebendig und wirksam werden zu lassen. So ergeht der erneute Auftrag an Jeremia, der ausgeführt wird unter Hinzunahme weiterer Worte, wie die Nachbemerkung ^{32b} sagt. – Die Erzählung ($^{2a*.4-6a.9-28.32}$) handelt von der Herstellung, der Verlesung, der Vernichtung und der Wiederherstellung der Buchrolle mit Gottes richtendem Wort. Es erreicht trotz Widerstand und Zurückweisung alle, für die es bestimmt ist, und bleibt bestehen.

$^{1-3*.6b-8}$ Die Nachinterpretation bringt (vgl. 26^{1-3}) das Verkündigungsanliegen ein, daß das ganze Volk, nicht nur die Jerusalemer, sondern auch die Judäer (^{6b}) zur Umkehr ($^{3.7}$) gerufen werden sollen: Vielleicht bewirkt die gesammelte, geballte Wucht der Drohworte, deren Niederschrift (vgl. ^{1} mit ^{9}) geraume Zeit in Anspruch nahm, doch noch einen Sinneswandel.

$^{29-31}$ Ihr zweites Anliegen ist, den König Jojakim für das Mißlingen dieser Zielsetzung und damit für den Untergang Jerusalems und Judas verantwortlich zu machen. Deswegen wird die ihm bereits angedrohte Strafe ($^{30}22^{19}$), die nach 22^{30} den Tatsachen entsprechend ergänzt wird, mit dem Hinweis auf die Vernichtung des Südreichs Juda gerahmt ($^{29.31}$). Wer das Wort Gottes zurückweist und auslöschen will, setzt seine zerstörerische Kraft erst recht frei. Er verhindert die heilsame Wirkung, die es als unerbittliche Mahnung haben sollte.

37 Mit 37 beginnt eine Reihe von Erzählungen (37–45), welche Vorgänge vor, bei und nach der Eroberung Jerusalems (586 v. Chr.) schildert. Sie legt besonderen Wert auf die Gestalt des Propheten und auf sein Geschick, ist aber nach Zielsetzung und Inhalt keine Leidensgeschichte Jeremias.

37^{1-10} ist eine redaktionelle Einheit. Der Verfasser leitet zunächst mit ^{1f},

Die Botschaft an König Zidkija: 37^{1-10}

37^{1} Anstelle Jojachins, des Sohnes Jojakims, wurde Zidkija, der Sohn 2 Kön 24^{17}
Joschijas, König. Ihn hatte Nebukadnezzar, der König von Babel, als
König über das Land Juda eingesetzt. [2] Weder er selbst noch seine
Diener, noch die Bürger des Landes hörten auf die Worte, die der 21^{7} $22^{2.4}$
Herr durch den Propheten Jeremia sprach.
[3] König Zidkija sandte einmal Juchal, den Sohn Schelemjas, und den 21^{1} 38^{1}
Priester Zefanja, den Sohn Maasejas, zum Propheten Jeremia und
ließ ihm sagen: Bete doch für uns zum Herrn, unserem Gott! [4] Jere- 32^{1-3}
mia konnte sich noch frei unter dem Volk bewegen; man hatte ihn
noch nicht ins Gefängnis geworfen. [5] Aus Ägypten war damals das
Heer des Pharao aufgebrochen, und als die Chaldäer, die Jerusalem
belagerten, davon Nachricht erhielten, rückten sie von Jerusalem ab.
[6] Nun erging das Wort des Herrn an den Propheten Jeremia: [7] So
spricht der Herr, der Gott Israels: Antwortet dem König von Juda,
der euch zu mir gesandt hat, um mich zu befragen: Fürwahr, das
Heer des Pharao, das aufgebrochen ist, um euch Hilfe zu bringen,
wird in sein Land Ägypten zurückkehren. [8] Dann werden die Chal-
däer wieder umkehren, gegen diese Stadt kämpfen, sie erobern und in 34^{21f}
Brand stecken. [9] So spricht der Herr: Täuscht euch nicht selbst mit
dem Gedanken: Die Chaldäer ziehen endgültig von uns ab. Nein, sie
ziehen nicht ab. [10] Selbst wenn ihr das ganze Heer der Chaldäer, die

37^{1} *mælæk,* in M Dittographie.

die den dtr Rahmenstücken der Königsbücher nachgestaltet sind, von Jojakim (36) auf Zidkija über. Über diesen letzten König von Juda weiß er als die zwei wesentlichen Züge zu berichten, daß er nach der Eroberung Jerusalems (597) als König von den Feinden eingesetzt wurde und daher nur eine schwache Stellung in der Stadt und im Land besaß, und daß er nicht auf die Worte Jahwes hörte, die Jeremia verkündete.

In $^{3-10}$ legt der Verfasser in einem doppelten Jahwewort ($^{6-8.9-10}$) dar, daß die Zerstörung Jerusalems von Jahwe fest beschlossen und daher unabwendbar ist. ^{4}, der über die Situation Jeremias spricht, bereitet für den Leser von 32^{1-3} den Bericht 37^{11-16} vor. Um den Anlaß für die Verkündigung der Gottesworte zu erhalten, ahmt der Verfasser wohl 21^{1-7} nach und läßt Zidkija eine nicht weiter begründete Gesandtschaft mit hohen Beamten an den Propheten schicken. Jeremia soll anscheinend wie einst König Hiskija (2 Kön $19^{15.20}$) zu Jahwe um Rettung der Stadt, um Abwendung der unmittelbar drohenden Eroberung bitten. Zidkija selbst bleibt – so auch die folgenden Berichte – untätig. Von einem ägyptischen Entsatzheer verlautet in 2 Kön 25 im Gegensatz zu 19^{9} (Sanheribsturm) nichts. Im ersten Jahwewort, das auf den nur vorübergehenden Abzug der Chaldäer hinweist, und im zweiten, bewußt übertreibenden, ergeht die negative Antwort Gottes: Gegen die Stadt kämpfen, sie erobern und in Brand stekken, ist die ständig wiederholte Aus-

gegen euch kämpfen, schlagen könntet und nur einige Verwundete
von ihnen übrigblieben, sie würden, jeder in seinem Zelt, aufstehen
und diese Stadt in Brand stecken.

Der Prophet im Gefängnis: 37^{11-21}

11 Damals, als das Heer der Chaldäer vor dem Heer des Pharao von
Jerusalem abgerückt war, 12 wollte sich Jeremia von Jerusalem ins
32^{8f} Land Benjamin begeben, um dort mit seinen Verwandten ein Erbe zu
teilen. 13 Er war bereits am Benjamintor angelangt. Dort stand ein
Wachhabender namens Jirija, der Sohn Schelemjas, des Sohnes Ha-
nanjas. Er hielt den Propheten Jeremia an und rief: Du willst zu den
Chaldäern überlaufen. 14 Jeremia entgegnete: Das ist nicht wahr; ich
laufe nicht zu den Chaldäern über. Doch Jirija hörte nicht auf ihn; er
nahm Jeremia fest und brachte ihn vor die Beamten. 15 Diese waren
über Jeremia wütend, schlugen ihn und warfen ihn in den Kerker, in
38^{26} das Haus des Staatsschreibers Jonatan; denn dieses hatte man als Ge-
fängnis eingerichtet. 16 So kam Jeremia in die Zisternenhöhle mit den
Gewölben. Dort saß Jeremia lange Zeit gefangen.
38^{14} 17 Eines Tages ließ ihn König Zidkija holen. Der König fragte ihn
heimlich in seinem Palast: Ist ein Wort vom Herrn da? Jeremia be-
jahte es und antwortete: Du wirst in die Hand des Königs von Babel
32^{4} 34^{21} ausgeliefert werden. 18 Dann sagte Jeremia zum König Zidkija: Wel-

sage über das Ende Jerusalems. Jahwe nimmt sein Gerichtswort über die Stadt nicht zurück; es wird sich erfüllen.

$^{11-16}$ berichten über den Versuch Jeremias, die Stadt zu verlassen, eine familiäre Angelegenheit zu regeln, und seine Inhaftierung. Die redaktionelle Überleitung (^{11}) setzt das Unternehmen des Propheten in die Zeit, als eine Pause in der Belagerung Jerusalems eingetreten war (vgl. ^{5}). Vielleicht handelte es sich um die in 32^{7-12} berichtete Angelegenheit. Am Benjamintor in der Nordmauer der Stadt wird Jeremia verhaftet. Der Vorwurf, den er zurückweist, scheint von dem Rat hergeleitet zu sein, den er nach $21^{9}38^{2}$ den Einwohnern Jerusalems gab. Anscheinend hat er, anders als unter Jojakim, bei den Beamten niemand mehr, der ihn schützt. ^{20} Nach Erleiden der Prügelstrafe kommt Jeremia in schwere, lebensbedrohende Haft. Er wird in eine leere Zisterne gestoßen, die keinen anderen Zugang hatte als die Öffnung zum Schöpfen des Wassers (vgl. Jer 38^{10-13}). Dort muß er, wenn keine Befreiung erfolgt, unweigerlich zugrunde gehen.

$^{17-21}$ scheinen die Rettung zu berichten, doch 38^{1-6} ist Jeremia in einer Zisterne gefangen, und die Rettung erfolgt erst 38^{7-13}. $^{17-21}$ ordnen sich nur schwer in den laufenden Fortgang der mit 37^{11} beginnenden Erzählung aus der letzten Zeit vor dem Untergang Jerusalems ein. Es ist kaum wahrscheinlich, daß Zidkija nach dem eindeutigen Bescheid 37^{17} noch einmal den Propheten 38^{14-28} befragt hätte. Doch 38^{14-28} ist der situationsgerechte, ursprünglichere Bericht. Nach dem schroffen Gerichtswort (^{17}) und der Anklage ge-

ches Verbrechen habe ich an dir, an deinen Dienern und an diesem
Volk begangen, daß ihr mich ins Gefängnis geworfen habt? 19 Und
wo sind jetzt eure Propheten, die euch geweissagt haben: Der König
von Babel wird nicht über euch und dieses Land kommen? 20 Doch
nun höre, mein Herr und König! Möge meine Bitte bei dir Gehör fin-
den. Laß mich nicht ins Haus des Staatsschreibers zurückbringen, 38^{26}
sonst gehe ich dort zugrunde. 21 Da gab König Zidkija den Befehl, Je-
remia im Wachhof zu verwahren, und man versorgte ihn täglich mit 32^{2} 38^{13}
einem Laib Brot aus der Bäckergasse, bis alles Brot in der Stadt zu
Ende ging. So blieb also Jeremia im Wachhof.

Jeremia in der Zisterne: 38^{1-6}

38 1 Schefatja, der Sohn Mattans, Gedalja, der Sohn Paschhurs, Ju-
chal, der Sohn Schelemjas, und Paschhur, der Sohn Malkijas, hörten 21^{1} 37^{3}
von den Worten, die Jeremia zum ganzen Volk redete, indem er
sagte: 2 So spricht der Herr: Wer in dieser Stadt bleibt, der stirbt 21^{9}
durch Schwert, Hunger und Pest. Wer aber zu den Chaldäern hin-
ausgeht, der wird überleben; er wird sein Leben wie ein Beutestück
gewinnen und davonkommen. 3 So spricht der Herr: Diese Stadt wird
ganz sicher dem Heer des Königs von Babel in die Hände fallen, und 21^{10} $32^{36.42f}$
er wird sie erobern. 4 Darauf sagten die Beamten zum König: Dieser
Mann muß mit dem Tod bestraft werden; denn er lähmt mit solchen
Reden die Hände der Krieger, die in dieser Stadt noch übriggeblie-
ben sind, und die Hände des ganzen Volkes. Denn dieser Mensch

gen den König (^{18}) ist nicht zu erwarten, daß dieser den Propheten rettet und mit Nahrung versorgt. Zudem haben (^{15}) die Beamten (*śārīm*), nicht der König, seine Diener (*ʿabādīm*) und das Volk Jeremia in die Zisterne geworfen. Und 38^{10} hebt der König die Verfügung der Beamten (»dieser Männer« ^{9}) auf. $^{17-21}$ ist redaktionell gebildet und eingefügt, damit 38^{1-6} nach 37^{11-16} folgen kann. Es geht in $^{17-21}$ nämlich nicht um ein Prophetenwort. Dieses (^{17}) ist längst bekannt und wird von der Redaktion öfter wiederholt. Es geht um eine vor 38^{1-6} notwendige zeitweilige Befreiung des Propheten. ^{21} gehört sachlich nach 38^{13}. Der aus dem Thema herausfallende Vorwurf (^{19}), der noch einmal die falschen Heilspropheten verurteilt, kann als ein Hinweis auf die Rückkehr der Babylonier (vgl. ^{11}) gedeutet werden (zu 37.38 vgl. Pohlmann 49–93).

38^{1-6} Jeremia wird nach dieser Darstellung erneut in eine Zisterne gestoßen. Doch 38^{26} ist nicht von dieser, dem »Königssohn« Malkija gehörenden – sie wird auch 38^{7-13} nicht so genannt – die Rede, sondern von der Zisterne im Haus des Staatsschreibers Jonatan. Nach 37 $^{11-16}$ hatte die Gefangensetzung einen konkreten Anlaß, seine Absicht, die Stadt zu verlassen. In 38^{1-6} wird mit Hilfe der in 21^{9f} mitgeteilten Prophetenworte die Begründung für die Einkerkerung in der Botschaft des Propheten gesucht und dargelegt, warum die Beamten auf den Gedanken kamen, er wolle zum Feind überlaufen. Der Abschnitt kommen-

sucht nicht Heil, sondern Unheil für dieses Volk. 5 Der König Zidkija
erwiderte: Nun, er ist in eurer Hand; denn der König vermag nichts
Gen 37^{24} gegen euch. 6 Da ergriffen sie Jeremia und warfen ihn in die Zisterne
des Prinzen Malkija, die sich im Wachhof befand; man ließ ihn an
Stricken hinunter. In der Zisterne war kein Wasser, sondern nur
Schlamm, und Jeremia sank in den Schlamm.

Die Rettung durch den Kuschiter: 38^{7-13}

37^{11-16} 39^{15-18} 7 Der Kuschiter Ebed-Melech, ein Höfling, der im königlichen Palast
bedienstet war, hörte, daß man Jeremia in die Zisterne geworfen
hatte. Während der König sich am Benjamintor aufhielt, 8 verließ
Ebed-Melech den Palast und sagte zum König: 9 Mein Herr und Kö-
nig, schlecht war alles, was diese Männer dem Propheten Jeremia an-
getan haben; sie haben ihn in die Zisterne geworfen, damit er dort
unten verhungert. Denn es gibt in der Stadt kein Brot mehr. 10 Da be-
fahl der König dem Kuschiter Ebed-Melech: Nimm dir von hier drei
Männer mit, und zieh den Propheten Jeremia aus der Zisterne her-
auf, bevor er stirbt. 11 Ebed-Melech nahm die Männer mit sich und
ging zum Königspalast in die Kleiderkammer des Vorratshauses.
Dort holte er Stücke von abgelegten und zerrissenen Kleidern und
ließ sie an Stricken zu Jeremia in die Zisterne hinunter. 12 Dann rief
der Kuschiter Ebed-Melech Jeremia zu: Leg die Stücke der abgeleg-
ten und zerrissenen Kleider in deine Achselhöhlen unter die Stricke!

38^{9} Damit er ... verhungert, wörtlich: »damit er vor Hunger ... stirbt« *(w^e^jāmut);* M: »und er ist gestorben«.

38^{10} Drei, mit 1 Hs; M: »dreißig«.

38^{11} Kleiderkammer: *mæltaḥat,* vgl. 2 Kön 10^{22}; M: »in unterhalb (des Vorratshauses)«.

tiert also $37^{13b\beta}$. Er will auch dartun ($^{4.6}$), wie gefährlich der Aufenthalt in der Zisterne für Jeremia war: Man scheut sich, Jeremia direkt zu töten, will ihn aber beseitigen. Der schwache König tut (hier) nichts zu seiner Rettung.

$^{7-13}$ Jahwe aber weiß seinen Propheten zu retten, nicht durch offizielle Stellen, auch nicht durch einen Menschen aus seinem Volk, sondern durch einen Fremden. Der Kuschiter ist über den perfiden Plan der Beamten und über das Unrecht, das Jeremia angetan wird, empört. Er schaltet den König ein, der offensichtlich nichts von der Erlaubnis weiß, die er (^{5}) den Beamten gegeben hat – ein Zeichen dafür, daß $^{1-6}$ später eingefügt wurden. G hingegen lastet, sicherlich mit Blick auf $^{1-6}$, die Tat dem König an: G hat den redaktionell vorliegenden Zusammenhang vor Augen. Sofort macht Zidkija die Verfügung der Beamten rückgängig. Die Rettungsaktion gelingt. Jeremia wird aus der Zisterne, die bei Anschluß von 38^{7-13} an 37^{11-16} nicht näher bezeichnet werden mußte, heraufgezogen; er darf sich im Wachhof aufhalten und wird mit Nahrung versorgt (vgl. 37^{21}).

Jeremia tat es. [13] Nun zogen sie Jeremia an den Stricken hoch und brachten ihn aus der Zisterne herauf. Von da an blieb Jeremia im Wachhof.

Letzte Warnung an den König: 38[14–28]

[14] König Zidkija ließ den Propheten Jeremia zu sich an den dritten Eingang beim Haus des Herrn holen. Der König sagte zu Jeremia: Ich möchte dich nach einem Gotteswort fragen. Verschweig mir nichts! [15] Jeremia antwortete Zidkija: Wenn ich es dir verkünde, läßt du mich bestimmt umbringen, und wenn ich dir einen Rat gebe, hörst du nicht auf mich. [16] Da schwor König Zidkija dem Jeremia heimlich

38[14] Gotteswort, wörtlich: »Wort«.

[14–28] schildern die letzte Unterredung Jeremias mit Zidkija. In [14–23] steckt ein ursprüngliches Jeremiawort ([21b.22]), eine Antwort auf eine Anfrage des Königs ([14b.15a*]), das in der Erzählung durch eine doppelte Alternativ-Predigt ([17f.20f]) kommentiert wurde: »[14] Der König sagte zu Jeremia: Ich möchte dich nach einem Wort fragen. Verschweig mir nichts! [15] Jeremia antwortete Zidkija: [21] Das ist das Wort, das der Herr mich sehen ließ: [22] Siehe die Frauen, die zu den Obersten des Königs von Babel hinausgeführt wurden, sie sagten: Überlistet, hereingelegt haben dich deine guten Freunde; stecken deine Füße im Sumpf, so machen sich alle davon«. Nach der Aufforderung, nichts zu verschweigen, erwartet der Fragende eine Unheilsankündigung (vgl. 1 Sam 3[17f]), nicht ein Heilswort, wie es [17.20] ergeht. Diese ist klar und eindeutig und steht in der Linie der bisherigen Verkündigung Jeremias. [22] In dem mitgeteilten Wort ist der Relativsatz »die ... waren«, der aus dem Duktus der Rede, die »in deinem Palast« erwarten ließe, herausfällt, späterer Zusatz. Er blickt auf die Eroberung Jerusalems 597 zurück. Das Wort der gefangenen Frauen ist kein Spott, sondern eine Klage. Sie sagt, daß die Sache der Kriegspartei in Jerusalem verloren ist, und ist zugleich eine letzte Warnung an den König. Er soll wissen, daß er sich falsch entschieden hat. Wenn er gegen die wiederholte Mahnung des Propheten bei dieser Entscheidung bleibt, ist sein Schicksal und das der Stadt besiegelt.

[17–21a] In der Alternativ-Predigt wird die in [22] steckende Warnung zu einer eindringlichen Mahnung verdichtet, wobei für [17f] auf 21[9–10] zurückgegriffen wird: In die Hand des Königs ist die Entscheidung über Leben und Tod, Heil und Unheil gelegt, für sich und die Stadt. [19–21a] binden noch einmal mit Hilfe einer Alternativ-Predigt das Jeremiawort ein. Zidkija bringt ein Problem vor, das ein bezeichnendes Licht auf die Lage wirft. Judäer, die offenbar mit der Politik der Kriegspartei nicht einverstanden waren, sind zu den Babyloniern übergegangen. Der König fürchtet, von ihnen mißhandelt zu werden. In [20b] mahnt der Erzähler mit dtr Terminologie zum Hören auf Gottes Wort, ein letzter, dringender Appell vor der Katastrophe.

[14a.15–16] bringen in die Erzählung [14b.17–22] das Schicksal Jeremias ein: Der König läßt den Propheten aus dem Wachhof ([13]) zu sich rufen. Über die Zahl der Eingänge (in den

und sagte: So wahr der Herr lebt, der uns dieses Leben gegeben hat,
ich lasse dich nicht umbringen und gebe dich nicht in die Hand jener
Männer, die dir nach dem Leben trachten. [17] Hierauf sagte Jeremia
zu Zidkija: So spricht der Herr, der Gott der Heere, der Gott Israels:
21^{9} Wenn du freiwillig hinausgehst zu den Heerführern des Königs von
Babel, dann ist dein Leben gerettet, diese Stadt wird nicht in Brand
gesteckt, und du bleibst am Leben, du und dein Haus. [18] Gehst du
21^{10} 34^{2-6} $37^{8.17}$ aber nicht hinaus zu den Heerführern des Königs von Babel, dann
wird diese Stadt den Chaldäern ausgeliefert. Sie werden sie in Brand
stecken, und du selbst wirst ihrer Hand nicht entrinnen. [19] König Zid-
kija entgegnete Jeremia: Ich habe Angst vor den Judäern, die bereits
zu den Chaldäern abgefallen sind; man könnte mich ihnen ausliefern,
Dtn 4^{30} 9^{23} und sie würden mir übel mitspielen. [20] Jeremia versicherte: Man wird
Dtn 4^{40} 5^{16} 6^{3} dich nicht ausliefern. Hör doch auf die Stimme des Herrn in meiner
Jes 55^{3} Rede! Dann geht es dir gut, und dein Leben bleibt erhalten. [21] Wei-
gerst du dich aber hinauszugehen, so wird geschehen, was der Herr
mich sehen ließ: [22] Ich sah, wie alle Frauen, die im Palast des Königs
von Juda noch übrig waren, zu den Obersten des Königs von Babel
hinausgeführt wurden. Sie klagten:

> Überlistet, hereingelegt
> haben dich deine guten Freunde;
> stecken deine Füße im Sumpf,
> so machen sich alle davon.

[23] Ja, alle deine Frauen und Kinder wird man zu den Chaldäern hin-
32^{4} 34^{3} ausführen; auch du wirst ihrer Hand nicht entrinnen, sondern wirst
gefangen dem König von Babel ausgeliefert werden; diese Stadt aber
wird man in Brand stecken. [24] Zidkija sagte zu Jeremia: Niemand
darf von diesem Gespräch erfahren, sonst mußt du sterben. [25] Wenn
aber die Beamten erfahren, daß ich mit dir geredet habe, und wenn
sie zu dir kommen und dich auffordern: Teil uns mit, was du zum

38^{21} Was ... ließ, wörtlich: »Das ist das Wort, das der Herr mich sehen ließ«.

Königspalast) ist nichts bekannt. Manche vermuten, es sei der Eingang der Leibwache (*haššālīšîm* statt *hašš^elīšî*) gemeint. Anlaß für die Einfügung von [15f] könnte die Aufforderung gewesen sein: »Verschweige mir nichts!« Jeremia hatte in doppelter Weise schlechte Erfahrungen gemacht: Man hörte nicht auf ihn und trachtete ihm nach dem Leben. Im Schwur des Königs kommt ein Gedanke zum Ausdruck, den auch P auf ihre Weise herausstellt (Gen 9^{5}) und der nicht genug betont werden kann: Jahwe, der das Leben gibt, ist auch der Herr des Lebens, er allein.

[23] Schließlich wird das Jeremiawort ([22]) (Stichwort »Frauen«) noch verdeutlicht: Zidkijas Haus ist betroffen und, wie noch einmal betont wird, er und Jerusalem.

[24–28] handeln im Anschluß an [14–23] über die Situation des Propheten nach dem letzten Gespräch mit dem König. Sie ist unverändert gefährlich. Das Gespräch mit dem Rat ([17]),

König gesagt hast und was der König zu dir gesagt hat, verheimliche
uns nichts, sonst bringen wir dich um!, [26] dann antworte ihnen: Ich
habe an den König die Bitte gerichtet, mich nicht ins Haus Jonatans 37[20]
zurückbringen zu lassen, weil ich dort zugrunde gehe. [27] Tatsächlich
kamen alle Beamten zu Jeremia und fragten ihn. Er antwortete ihnen
genau so, wie ihm der König geboten hatte. Da ließen sie von ihm ab;
denn niemand hatte das Gespräch gehört. [28] So blieb Jeremia im 37[21]
Wachhof bis zu dem Tag, an dem Jerusalem erobert wurde.

Der Fall Jerusalems: 39[1–10]

39[1] [Nach der Eroberung Jerusalems:] [1] Im neunten Jahr Zidkijas, des 52[4–7]
Königs von Juda, im zehnten Monat, rückte Nebukadnezzar, der
König von Babel, mit seiner ganzen Streitmacht vor Jerusalem und
belagerte es. [2] Im elften Jahr Zidkijas, am neunten Tag des vierten
Monats, wurden Breschen in die Stadtmauer geschlagen. [3] Da zogen
alle Heerführer des Königs von Babel ein und ließen sich im Mitteltor
nieder: [Nergal-Sarezer, der Fürst von Sin-Magir, und] Nebuschasban, der Oberkämmerer, Nergal-Sarezer, der Oberhofmeister, und
alle übrigen Heerführer des Königs von Babel.

38[28b], bei EÜ in [] zu 39[1] gestellt, ist Eröffnung der folgenden Erzählung [3.11–13aα] 40[2a.4aγ–6].

39[3] [ ] Nergal-Sarezer wird doppelt genannt; EÜ liest mit Rudolph *śar simmāger* (der Fürst von Sin-Magir), M: »Samgar«. – Nebuschasban mit [13], M: Nebu *śar-s^e kīm*. Siehe die Auslegung.

sich den Heerführern des Königs von Babel zu ergeben, darf den leitenden Männern in Jerusalem nicht zu Ohren kommen. Sonst kann der König den Propheten nicht mehr schützen ([24]). Der Ausweg, den der König ([26]) aufzeigt, wird in der Auslegung des Textes oft dem Propheten, der ihn beschreitet ([27]), als Lüge angelastet. Erst der Erzähler, der 37[11–16]38[7–13] vor Augen hat, bringt Jeremia in diese Situation. Er oder eher ein Späterer schafft aber auch in 37[17–21] die Entlastung: Der Prophet hat den König tatsächlich gebeten ([20]), nicht mehr ins Haus, d. h. in die Zisterne Jonatans ([26]) zurückgebracht zu werden. Zur Haltung der Jerusalemer aber sagt der Abschnitt: So verbissen lehnt die Kriegspartei das Gotteswort ab, daß der Prophet nur ungeschoren bleibt, wenn er ein rein privates Gespräch führt.

39[1]–40[6]. Das redaktionelle Erzählgefüge 39[1]–40[6] schildert in 38[28b] 39[3.11–14]40[1–6], wie es Jeremia bei der Eroberung Jerusalems 586 erging. 39[1.2.4–10] sind ein teils gekürzter, teils wörtlicher Auszug aus 52[4–16] (vgl. die Auslegung dort); er ist eingesetzt worden, um die in 38[28b] angezeigte Situation ausführlich zu beschreiben. 39[15–18] ist ein (vgl. 38[7–13]) nachgetragenes Heilswort für den Kuschiter Ebed-Melech. Es wurde wohl an diese Stelle gesetzt, um einerseits den Kontrast zwischen dem Schicksal der Jerusalemer ([1–10]) und dem des edlen Fremdlings, der anders als jene auf Jahwe vertraute ([18bβ]), her-

52^{7-11} 4 Als Zidkija, der König von Juda, und alle Krieger dies sahen, ergrif-
fen sie die Flucht und verließen bei Nacht die Stadt auf dem Weg
zum königlichen Garten; sie gingen durch das Tor zwischen den bei-
den Mauern und schlugen die Richtung nach der Araba ein. 5 Aber
die chaldäischen Truppen setzten ihnen nach und holten Zidkija in
den Niederungen von Jericho ein. Sie nahmen ihn gefangen, brachten
ihn vor Nebukadnezzar, den König von Babel, nach Ribla in der
Landschaft Hamat, und dieser sprach das Urteil über ihn. 6 Der Kö-
nig von Babel ließ in Ribla die Söhne Zidkijas vor dessen Augen nie-
dermachen; auch alle Vornehmen Judas ließ der König von Babel
niedermachen. 7 Zidkija ließ er blenden und in Fesseln legen, um ihn
nach Babel zu bringen. 8 Den königlichen Palast und die Häuser der
Bürger steckten die Chaldäer in Brand, und die Mauern Jerusalems
rissen sie nieder. 9 Den Rest der Bevölkerung, der noch in der Stadt
geblieben war, sowie alle, die zum König von Babel übergelaufen wa-
ren, und den Rest der Handwerker verschleppte Nebusaradan, der
Kommandant der Leibwache, nach Babel. 10 Nur von den armen Leu-
ten, die nichts hatten, ließ Nebusaradan, der Kommandant der Leib-
wache, einen Teil im Land Juda zurück und gab ihnen Weinberge
und Äcker.

Die Befreiung Jeremias: 39^{11-14}

11 Nebukadnezzar, der König von Babel, hatte Nebusaradan, dem
Kommandanten der Leibwache, über Jeremia folgende Anweisung
40^4 gegeben: 12 Laß ihn holen, kümmere dich um ihn, und füg ihm kein

39^4 Dies sahen: *rā'āh,* M: »sie sahen«. – schlugen: *w^ajjeṣ^e'ū* Hss Übss, M: sing.
39^8 Häuser: *bāttē,* M: sing.
39^9 Handwerker: *hā'āmōn* mit 52^{15}, M: »Volk«.

auszustellen und andererseits die Predigt Nebusaradans ($40^{2b.3}$) vorzubereiten.
Was Jeremia nach der Einnahme der Stadt widerfuhr, wird in zwei Erzählungen ($38^{28b}39^{3.11-14}$ und 40^{1-6}) berichtet, wie auch die Inhaftierung des Propheten in einer Zisterne und die Befreiung aus ihr zweimal erzählt wird ($37^{11-16}38^{1-6}$ und $37^{17-21}38^{7-13}$). Ursprünglich dürfte nur eine Erzählung vorgelegen haben, die redaktionell geteilt und zu zweien ausgestaltet wurde. Folgende Beobachtungen sprechen dafür: Der Anfang von 39^{13} und ^{14} widersprechen sich (^{13} »er schickte«; ^{14} »sie schickten«; EÜ glättet den Text). ^{11f} Nur Nebusaradan ist beauftragt, sich um Jeremia zu kümmern. Er tut dies auch (40^{1-6}). $40^{2a\alpha}$ schließt sich direkt an $39^{13a\alpha}$ an. Der Weisung, sich nach den Wünschen Jeremias zu richten ($39^{12b\beta}$), entspricht40^4 »wenn es dir beliebt . . .«. Im übrigen muß Nebusaradan, bevor er ab 39^{11} tätig wird, in ^{3}, wo die Namen zum Teil sicher verderbt sind – Nergal-Sarezer wird fälschlich zweimal und mit einem zuerst unsicheren Titel (»der

Leid zu, sondern richte dich nach seinen Wünschen! [13] Da schickten
Nebusaradan, der Kommandant der Leibwache, Nebuschasban, der
Oberkämmerer, und Nergal-Sarezer, der Oberhofmeister, sowie alle
Obersten des Königs von Babel Leute zum Wachhof, [14] ließen Jere-
mia von dort holen und übergaben ihn Gedalja, dem Sohn Ahikams,
des Sohnes Schafans, damit er ihn nach Hause entlasse. So blieb er
mitten unter dem Volk.

Fürst von Sin-Magir«) angeführt –, genannt sein. Nötscher (EB z. St.) ist wohl im Recht, wenn er den Text so wiederherstellt: »Da zogen ... Nebuzaradan, der Führer der Leibwache, Nebuschazban ...«. Die ursprüngliche Erzählung über das Schicksal Jeremias bei der Eroberung Jerusalems dürfte gelautet haben: »38[28b] Es geschah, als Jerusalem erobert war, 39[3] da zogen alle Heerführer des Königs von Babel ein und ließen sich im Mitteltor nieder: Nebusaradan, der Führer der Leibwache, Nebuschasban ... Babel. [11] Nebukadnezzar ... [13] Da schickte Nebusaradan, der Kommandant der Leibwache hin 40[2] und holte Jeremia und sagte zu ihm: [4] Wenn es dir beliebt ... [6] ... übriggeblieben war.«

Diese Erzählung (38[28b] 39[3.11–13aα] 40[2aα*.4aγ–6]) schildert, wie Jeremia nach der Einnahme der Stadt auf Befehl des Königs von Babel in Freiheit gesetzt wurde und sich dafür entschied, bei Gedalja und dem im Land zurückgelassenen Rest der Bevölkerung zu bleiben. Sicher war den Babyloniern seine Haltung gegenüber König Zidkija und der Kriegspartei bekannt. Der Prophet zieht aber keine Vorteile für sich daraus. Er bleibt bei seinem Volk, von dem er trotz seiner Verkündigung unter vollem persönlichen Einsatz Unheil nicht abwenden konnte. Jahwe kann, wenn er will, ihn wieder mit seinem Wort an das im Land verbliebene Volk beauftragen.

Die Nachinterpretation hat diese Erzählung in verschiedener Weise ausgestaltet. Sie verdeutlichte die Situation durch Einschub von 39[1.2.4–10]. Sie sagt durch das Einbringen der Heerführer in [13], daß die Befreiung Jeremias ([14]) nicht der Akt eines einzelnen, sondern der ganzen babylonischen Macht war. Die Beamten (*śārīm*) Zidkijas quälen und verhaften Jeremia, die Heerführer (*śārīm*) des Königs von Babel geben ihm die Freiheit. Sie tragen höfische Titel, die in EÜ in Richtung auf ihre Funktion gedeutet sind. Die Nachinterpretation macht aus der Tatsache, daß der Prophet zu Gedalja, einem Mitglied der ihm wohlgesonnenen (26[24]) Schafan-Familie ging (40[6]), eine offizielle Übergabe (39[14]), wobei allerdings nicht klar ist, was »zum Haus hin« (EÜ: nach Hause) bedeutet. Die Bemerkung, daß Jeremia mitten unter dem Volk blieb, leitet zu 40[1] über und erklärt, warum er sich in Rama gefesselt ([1.4]) unter den Gefangenen befindet. In 40[1–6] wird ein Teil der alten Erzählung zu einem Bericht über die Freilassung Jeremias aus der Schar der zum Abtransport nach Babel Bestimmten ausgebaut. Bei dieser Gelegenheit hält trotz 40[1] nicht Jeremia, sondern Nebusaradan (vgl. Jes 36[10]) eine dtr gefärbte Predigt ([2.3]), die das über Jerusalem hereingebrochene Unheil mit der Sünde und dem Ungehorsam des Volkes begründet. Die Einleitungsformel in [1] soll wohl nur einen neuen Großabschnitt eröffnen (40–43); das Jahwewort folgt nach einer langen Situationsbeschreibung (40[1]–42[6]) erst 42[7–18].

Die Verheißung für den Kuschiter: 39^{15-18}

$38^{7.13}$ [15] Als Jeremia noch im Wachhof gefangen saß, war an ihn das Wort
des Herrn ergangen: [16] Geh hin und sag zu dem Kuschiter Ebed-Me-
lech: So spricht der Herr der Heere, der Gott Israels: Bald erfülle ich
11^{8} 25^{13} Jos 23^{15} meine Worte, die ich über diese Stadt gesprochen habe – zu ihrem
21^{10} Unheil, und nicht zu ihrem Heil; sie werden an jenem Tag vor deinen
$44^{11.27}$ Augen eintreffen. [17] Aber dich werde ich retten an jenem Tag –
Spruch des Herrn –, und du wirst den Leuten, vor denen du Angst
hast, nicht in die Hände fallen. [18] Ja, ich werde dich heil entrinnen
21^{9} 38^{2} lassen; du wirst nicht unter dem Schwert fallen, sondern dein Leben
45^{5} wie ein Beutestück gewinnen, weil du auf mich vertraut hast – Spruch
des Herrn.

Jeremia beim Statthalter Gedalja: 40^{1-6}

7^{1} 11^{1} 40[1] Das Wort, das vom Herrn an Jeremia erging, nachdem ihn Nebu-
saradan, der Kommandant der Leibwache, in Rama freigelassen
hatte. Dieser hatte ihn nämlich holen lassen, als er, mit Handschellen
gefesselt, sich mitten unter den Gefangenen von Jerusalem und Juda
befand, die nach Babel weggeführt werden sollten. [2] Der Komman-
dant der Leibwache holte Jeremia und sagte zu ihm: Jahwe, dein
11^{17} 19^{15} 26^{13} Gott, hatte diesem Ort dieses Unheil angedroht. [3] Jetzt hat Jahwe
11^{8} 27^{13} seine Drohung eintreffen lassen und vollstreckt; denn ihr habt gegen
Dtn $9^{16.23}$ Jahwe gesündigt und nicht auf seine Stimme gehört. So mußte euch
16^{10} 44^{23} dieses Schicksal treffen. [4] Nun aber löse ich dir heute die Fesseln an
39^{12} deinen Händen. Wenn es dir beliebt, mit mir nach Babel zu kommen,
so komm mit, und ich will für dich sorgen. Willst du aber nicht mit
mir nach Babel kommen, so laß es! Siehe, das ganze Land liegt vor
dir; du kannst gehen, wohin du willst. [5] Wenn du es vorziehst dazu-
bleiben, so kehre um zu Gedalja, dem Sohn Ahikams, des Sohnes
Schafans, den der König von Babel über das Land Juda gesetzt hat.
Bleib bei ihm mitten unter dem Volk, oder geh, wohin du willst. Der
Kommandant der Leibwache gab ihm Reisevorrat sowie ein Ge-

40^{5} Wenn... dazubleiben: *'im ṭōb b^{e}ʿēnækā lāšæbæt,* vgl. [4], M: »und noch kehrt er nicht zurück«. – über das Land: *b^{e}æræṣ,* vgl. G, M: »über die Städte«.

39^{15-18} Das Heilswort für Ebed-Melech bedurfte wegen seiner jetzigen Plazierung einer Situationsangabe ([15]). Die eigentliche Zusage ist [18a] (»ich werde dich heil entrinnen lassen; du wirst nicht unter dem Schwert fallen«); sie ist von der dtr eingefärbten Nachinterpretation gerahmt ([16f.18b]) (Thiel II 56f). Diese betont, daß sich im Untergang Jerusalems Jahwes Wort erfüllt (vgl. 40^{3}), daß Gott dabei einen einzelnen retten kann, und daß das Vertrauen auf ihn Voraussetzung für die Rettung ist (vgl. 17^{7} Jes 36^{7} 37^{10}).

schenk und entließ ihn. 6 Jeremia ging zu Gedalja, dem Sohn Ahi- 39^{14}
kams, nach Mizpa und blieb bei ihm mitten unter dem Volk, das im
Land übriggeblieben war.

Gedalja als Statthalter: 40^{7-16}

7 Alle Truppenführer, die samt ihren Mannschaften noch über das 2 Kön 25^{22-24}
freie Feld verstreut waren, erfuhren, daß der König von Babel Ge-
dalja, den Sohn Ahikams, als Statthalter im Land eingesetzt und ihm
Männer, Frauen und Kinder sowie jenen Teil der armen Bevölkerung
unterstellt habe, der nicht nach Babel weggeführt worden war. 8 Sie
kamen nun mit ihren Leuten zu Gedalja nach Mizpa, nämlich Jisch-
mael, der Sohn Netanjas, Johanan und Jonatan, die Söhne Kareachs,
Seraja, der Sohn Tanhumets, ferner die Söhne Efais aus Netofa und
Jaasanja, der Sohn des Maachatiters. 9 Gedalja, der Sohn Ahikams,
des Sohnes Schafans, schwor ihnen und ihren Mannschaften:
Fürchtet euch nicht davor, den Chaldäern untertan zu sein. Bleibt im
Land, und dient dem König von Babel; dann wird es euch gut gehen.
10 Seht, ich selber bleibe in Mizpa und vertrete euch vor den Chal-
däern, die zu uns kommen. Ihr aber, erntet Wein, Obst und Öl, sam-
melt es in euren Gefäßen, und bleibt in den Ortschaften, die ihr besie-
delt. 11 Auch alle jene Judäer, die sich in Moab, bei den Ammonitern,
in Edom oder in irgendeinem anderen Land aufhielten, erfuhren, daß
der König von Babel Juda eine Restbevölkerung gelassen und über sie
Gedalja, den Sohn Ahikams. des Sohnes Schafans, als Statthalter ein-

40^{7}–41^{18} wird über Gedaljas Wirken und seine Ermordung (ab 40^{13}) berichtet. Jeremia wird nicht erwähnt. Zweimal wird berichtet, daß alle Truppenführer zu Gedalja nach Mizpa kommen ($40^{7.13}$). Nach ^{8} befindet sich auch Jischmael, sein späterer Mörder, unter ihnen; ^{13} beschuldigen sie diesen, der abwesend ist, der Mordabsichten. Nach ^{13} waren sie vorher wie in ^{7} noch über das freie Feld verstreut, hatten sich also noch nicht bei Gedalja gemeldet. $^{7-9}$ folgen, zum Teil wörtlich, 2 Kön 25^{22-24} wie 39^{1-10} dem Text 52^{4-16} (= 2 Kön 25^{1-12}). Und ^{11} schließt gut an ^{6} an. So darf man annehmen, daß $^{7-9}$ mit ^{10}, der $^{7.12b}$ aufgreift, als Übergang nachträglich eingefügt wurden. In 41 unterbrechen $^{4-7.9}$ den Zusammenhang, sind also ebenfalls ein späterer Einschub. Somit gehören zur ursprünglichen Erzählung 40^{11}–$41^{3.8.10-18}$ (vgl. Pohlmann 121).

40^{11f} Nachdem Gedalja, der unter Aufsicht der babylonischen Besatzungsmacht steht (41^{3}), zum Beauftragten (*pāqīd*) des Großkönigs eingesetzt ist, kommen die Flüchtlinge aus den umliegenden, besonders östlichen Ländern zurück. Sie unterstellen sich Gedalja. Eine gute Ernte verspricht weitere Lebensmöglichkeit im Land. $^{7-10}$ Zunächst aber – so meint ein Späterer – war wichtig, daß sich alle Truppenführer, die sich mit wenigen Leuten (41^{1}) noch irgendwo im Land aufhielten, dem Beauftragten unterwarfen. Sie taten es, auch Jischmael; seine Bluttat er-

gesetzt habe. 12 Daher kehrten alle Judäer aus sämtlichen Orten, wohin sie versprengt waren, zurück und kamen ins Land Juda zu Gedalja nach Mizpa. Man erntete Wein und Obst in großer Menge.
13 Eines Tages kamen Johanan, der Sohn Kareachs, und alle Truppenführer, die über das freie Feld verstreut waren, zu Gedalja nach Mizpa. 14 Sie fragten ihn: Weißt du schon, daß Baalis, der König der Ammoniter, Jischmael, den Sohn Netanjas, geschickt hat, um dich ermorden zu lassen? Aber Gedalja, der Sohn Ahikams, glaubte es ihnen nicht. 15 Nun machte Johanan, der Sohn Kareachs, dem Gedalja in Mizpa insgeheim den Vorschlag: Ich will hingehen und Jischmael, den Sohn Netanjas, erschlagen, ohne daß jemand davon erfährt. Warum soll er dich umbringen, so daß alle Judäer, die sich um dich geschart haben, wieder zerstreut werden und der Rest von Juda zugrunde geht? 16 Doch Gedalja, der Sohn Ahikams, entgegnete Johanan, dem Sohn Kareachs: Nein, tu das nicht; denn was du über Jischmael sagst, ist nicht wahr.

Die Ermordung Gedaljas: 41$^{1-15}$

40^{8} 2 Kön 25^{25f} 41 1 Aber im siebten Monat kam Jischmael, der Sohn Netanjas, des Sohnes Elischamas, ein Mann aus königlichem Geschlecht und einer von den Großen des Königs, mit zehn Mann zu Gedalja, dem Sohn Ahikams, nach Mizpa. Während sie dort zusammen aßen, 2 erhob sich Jischmael, der Sohn Netanjas, samt den zehn Männern, die bei ihm waren, und sie erschlugen Gedalja, den Sohn Ahikams, des Soh-

scheint deshalb auch als Treuebruch. Gedalja weist sie zu friedlicher Arbeit und zum Besiedeln verlassener Orte an (^{10}).
$^{13-16}$ Gedalja wird über den Mordplan unterrichtet, schenkt aber der Mitteilung keinen Glauben, obwohl sie von allen Truppenführern gestützt wird. Er lehnt auch den Vorschlag Johanans, den dieser aus Sorge um den Fortbestand des noch übriggebliebenen Volkes macht, ab: Jischmael soll nicht beseitigt werden. Gedalja, der die Mitteilung für üble Nachrede hält, will sein Wirken nicht mit einem Mord belasten. Es geht ihm auch nicht um die Sicherung seiner Person. Wie sehr aber das Schicksal der im Land Verbliebenen an seiner Person hängt, wird nach seiner Ermordung offenbar (41$^{16-18}$). Inwiefern der Ammoniterkönig in die Angelegenheit verwickelt war, und was er für Gründe gehabt hat, etwa die Störung der Pläne der Babylonier, die Judäa unter einem zuverlässigen Beauftragten zu einer befriedeten Provinz an der Grenze gegen Ägypten hin machen wollten, ist nicht bekannt.
41$^{1-3.8.10-15}$ Die Bluttat, nach bewährtem Muster (vgl. 2 Sam 13^{28f}) unter Verhöhnung der Gastfreundschaft beim Mahl ausgeführt, rafft Gedalja, seine Mitarbeiter und auch die wahrscheinlich wenigen Chaldäer dahin. Jischmaels Motiv wird nicht mitgeteilt. Man kann vermuten, daß er als Mitglied des Davidshauses die Einsetzung eines Beauftragten, der nicht Davidide war, nicht ertrug. ^{8} Zehn Männer können sich retten, weil sie

nes Schafans, mit dem Schwert. So tötete er den Mann, den der Kö-
nig von Babel als Statthalter im Land eingesetzt hatte. 3 Auch alle Ju-
däer, die bei ihm [bei Gedalja] in Mizpa waren, und die Chaldäer, die
sich dort als militärische Besatzung befanden, erschlug Jischmael.
4 Am zweiten Tag nach Gedaljas Ermordung, als noch niemand etwas
erfahren hatte, 5 kamen Männer aus Sichem, Schilo und Samaria,
achtzig Mann, mit geschorenen Bärten, zerrissenen Kleidern und ein-
geritzten Wunden. Sie trugen in ihren Händen Opfergaben und
Weihrauch, um sie zum Haus des Herrn zu bringen. 6 Da ging ihnen
Jischmael, der Sohn Netanjas, von Mizpa aus entgegen, wobei er laut
weinte. Sobald er mit ihnen zusammentraf, lud er sie ein: Kommt mit
zu Gedalja, dem Sohn Ahikams! 7 Als sie nun in die Stadtmitte ge-
kommen waren, ermordete sie Jischmael, der Sohn Netanjas, mit
Hilfe der Männer, die er bei sich hatte, und warf sie in die Zisterne.
8 Zehn Männer aber, die sich unter jenen befanden, hatten zu Jisch-
mael gesagt: Töte uns nicht; denn wir haben versteckte Vorräte auf
dem Feld: Weizen, Gerste, Öl und Honig. Da sah er davon ab, sie
zusammen mit ihren Stammesbrüdern zu töten. 9 Die Zisterne, in die
Jischmael alle Leichen der Männer warf, die er Gedaljas wegen er-
schlagen hatte, war jene, die König Asa im Krieg gegen Bascha, den
König von Israel, angelegt hatte. Diese füllte nun Jischmael, der Sohn 1 Kön 15^{16-24}

41^{3} [ ] Glosse.

41^{7} Und warf sie: sinngemäß zu ergänzen.

auf ihre, wohl in der Nähe, nicht in entfernten Orten (Sichem, Schilo, Samaria) verborgenen Vorräte verweisen, die der Mörder anscheinend brauchte. 10 Die Flucht nach Ammon mit allen, die in Mizpa waren (als Kämpfer, Geiseln, »Befreite«?), mißlingt. Johanan mit seinen Leuten tritt zum Kampf an; die Weggeführten gehen zu ihm über. Jischmael, über den keine weitere Nachricht vorliegt, entkommt. Ob Mizpa mit *nebī samwil* oder eher mit *tell en-naṣbe* zu identifizieren ist, läßt sich auch aus der Angabe des Fluchtweges nicht entscheiden, weil auch Gibeon nicht sicher zu lokalisieren ist.

4–7.9 Ein zweites, nicht weniger übles Verbrechen wird von Jischmael, wie ein nachträglich eingefügter Bericht meldet, begangen. Jahweverehrer aus dem ehemaligen Nordreich Israel ziehen im siebten Monat wie einst nach dtr Auffassung zum Herbstfest nach Jerusalem (vgl. 1 Kön 12^{27} 2 Kön $23^{15.19}$ 2 Chr 30^{11}), nun allerdings in Trauer, zum zerstörten Heiligtum. Verschiedene Züge dieser Erzählung lassen an der historischen Zuverlässigkeit zweifeln und legen den Schluß nahe, daß es sich eher um theologische Komposition handelt: Wie können zehn Männer 80 mitten in der Stadt ohne Gegenwehr töten?

Die Pilger entsprechen mit ihrer Wallfahrt einem dtr Anliegen. Sie kommen aus den früheren Zentren der Jahweverehrung in Israel (Sichem, Schilo). Sie haben trotz der Zerstörung und sicherlich auch Verunreinigung des Tempels Opfergaben bei sich, ein Zeichen der vollen

Netanjas, mit Erschlagenen an. 10 Dann führte Jischmael den ganzen
Rest des Volkes, der sich in Mizpa befand, gefangen hinweg: die
Prinzessinnen und die ganze Bevölkerung, die in Mizpa geblieben
war und die Nebusaradan, der Kommandant der Leibwache, Ge-
dalja, dem Sohn Ahikams, unterstellt hatte. Jischmael, der Sohn Ne-
tanjas, führte sie gefangen weg und zog ab, um über die Grenze zu
den Ammonitern zu gelangen.
11 Johanan, der Sohn Kareachs, und alle Truppenführer, die bei ihm
waren, hörten von all dem Bösen, das Jischmael, der Sohn Netanjas,
verübt hatte. 12 Sie nahmen ihre gesamte Mannschaft und zogen aus,
um gegen Jischmael, den Sohn Netanjas, zu kämpfen. Am großen
Wasser bei Gibeon stießen sie auf ihn. 13 Als das ganze Volk, das bei
Jischmael war, Johanan, den Sohn Kareachs, und in seiner Begleitung
alle Truppenführer erblickte, war es hoch erfreut. 14 Alle Leute, die
Jischmael gefangen von Mizpa weggeführt hatte, wandten sich von
ihm ab und traten auf die Seite Johanans, des Sohnes Kareachs.
15 Jischmael aber, der Sohn Netanjas, konnte mit acht Mann dem Jo-
hanan entkommen und floh zu den Ammonitern.

Die Sammlung des restlichen Volkes 41,16–18

16 Nun übernahm Johanan, der Sohn Kareachs, zusammen mit allen
Truppenführern, die bei ihm waren, den ganzen Rest des Volkes, den
Jischmael, der Sohn Netanjas, nach der Ermordung Gedaljas, des
Sohnes Ahikams, aus Mizpa weggeführt hatte: Männer, [Krieger,]
Frauen, Kinder und Palastbeamte, die er nun alle von Gibeon weg-
2 Kön 25,26 brachte. 17 Sie zogen ab und machten in der Herberge des Kimham
bei Betlehem halt, in der Absicht, nach Ägypten weiterzuziehen. 18 So

41,16 Weggeführt hatte: *šābāh 'ōtām;* M: »zurückgebracht hatte«. – [ ] Glosse zu Männer.

Jahweverehrung. Auch der Hinweis auf König Asa, der in Mizpa baute, aber auch ein treuer Jahweverehrer war (1 Kön 15,11–15), paßt in dieses theologische Konzept. Der Erzähler will wohl sagen, daß ausgerechnet ein Davidide nicht nur die Zukunft Judas mit dem Mord an Gedalja aufs Spiel setzte, sondern mit der Tötung der Pilger auch die Möglichkeit zerstörte, daß sich der Rest Israels und Judas nach dem Untergang beider Staaten wieder zur gemeinsamen Verehrung ihres Gottes zusammenfinden konnten. Ein neuer Beauftragter der Babylonier wurde, soweit bekannt, nicht eingesetzt. Die Restbevölkerung in Nord und Süd lebte sich auseinander, und nach der Rückkehr aus der Gefangenschaft entzündete sich zwischen ihnen sogar Feindschaft am Wiederaufbau des Tempels und der Stadt.

16–18 Nach der Ermordung Gedaljas und der Flucht Jischmaels fürchteten viele die Reaktion der Babylonier. Sie wichen unter Führung Johanans an die Südgrenze des Landes aus,

wollten sie den Chaldäern entkommen; denn sie hatten Angst vor ih-
nen, weil Jischmael, der Sohn Netanjas, Gedalja, den Sohn Ahikams,
erschlagen hatte, den der König von Babel als Statthalter im Land
eingesetzt hatte.

Die Bitte um ein Gotteswort: 42[1–6]

42[1] Da kamen alle Truppenführer und Johanan, der Sohn Kareachs, 41[16]
ferner Asarja, der Sohn Hoschajas, sowie das ganze Volk, klein und
groß, herbei [2] und sagten zum Propheten Jeremia: Möge unsere Bitte
bei dir Gehör finden: Bete für uns zum Herrn, deinem Gott, für die-
sen ganzen Rest; denn von einst so vielen sind nur wir wenige übrig-
geblieben, wie du mit eigenen Augen siehst. [3] Möge der Herr, dein
Gott, uns kundtun, welchen Weg wir einschlagen und was wir tun
sollen. [4] Der Prophet Jeremia erwiderte ihnen: Gut, ich will nach eu-
rem Wunsch zum Herrn, eurem Gott, beten und euch dann alles, was
der Herr antwortet, mitteilen, ohne euch ein Wort vorzuenthalten.
[5] Sie selbst versicherten Jeremia: Der Herr sei ein wahrer und treuer
Zeuge gegen uns, wenn wir nicht genau nach dem Wort handeln, mit
dem dich der Herr, dein Gott, zu uns sendet. [6] Sei es gut oder
schlimm, auf die Stimme des Herrn, unseres Gottes, zu dem wir dich 7[23] Dtn 4[30] 9[23]
senden, werden wir hören, damit es uns gut gehe, weil wir auf die Dtn 5[16.29]
Stimme des Herrn, unseres Gottes, hören.

42[1] Asarja, mit G 43[2]; M: »Jezanja«.
42[4] Was der Herr, vgl. G; M: »was der Herr euch gegenüber«.

um sich nach Ägypten abzusetzen. Die Ortsbezeichnung »Herberge des Kimham« hält die Erinnerung an einen Vertrauten Davids (2 Sam 19[38f]) fest, der dort Land für seine Dienste erhalten hatte.

42 Jeremia wird [1–6] nach einem Gotteswort gefragt und verkündet es [7–22] dem Volk und seinen Anführern. Der Text enthält 1. einen kurzen Ausspruch Jeremias (»[15] So spricht der Herr: [17] Alle Männer, die darauf bestehen, nach Ägypten zu ziehen, um sich dort niederzulassen, werden sterben; keiner von ihnen wird entkommen und entrinnen«), der 2. von einer Erzählung ([1–5,7–9]) eingeleitet und 3. zu einer langen Predigt ([6.10–16.17*.18.19–22]) mit verschiedenen Ansätzen ausgestaltet wird (vgl. Thiel II 62–67).

[1–9.17*] Anführer und Volk bitten um ein Wort Jahwes, das entscheidet, was sie in der schwierigen Situation nach der Ermordung Gedaljas tun sollen. Die Anfrage an den Propheten ist recht weitschweifig formuliert; aber es gelingt nicht, einen kürzeren ursprünglichen Text herauszuheben. Nur [6] ist wegen seiner dtr Wendungen als Werk der Nachinterpretation zu erkennen. Sie verschärft hier noch einmal, was [5] ausspricht: die feste Verpflichtung, auf Jahwes Wort zu hören, für die er selbst als Garant angerufen wird. Fürbitte ([2]) und Gotteswort ([3]) werden vom Propheten erbeten. [4] Das vom Herrn ergehende Wort wird als Antwort auf das Fürbittgebet verstanden. [7] Jeremia hat ein Gotteswort nicht zur Verfügung, wenn er

Die Warnung vor der Auswanderung nach Ägypten: 42[7–18]

[7] Zehn Tage später erging das Wort des Herrn an Jeremia. [8] Darauf-
41[16] hin rief er Johanan, den Sohn Kareachs, und alle Truppenführer, die
bei ihm waren, sowie das ganze Volk, klein und groß, zusammen
[9] und sagte zu ihnen: So spricht der Herr, der Gott Israels, zu dem
ihr mich gesandt habt, um ihm eure Bitte vorzutragen: [10] Wenn ihr in
1[10] 24[6] diesem Land wohnen bleibt, so werde ich euch aufbauen und nicht
niederreißen, euch einpflanzen und nicht ausreißen; ja, ich bereue
18[8] 26[3] das Unheil, das ich euch angetan habe. [11] Fürchtet euch nicht vor dem
41[18] König von Babel, vor dem ihr Angst habt. Fürchtet euch nicht vor
1[8.17ff] 15[20] ihm – Spruch des Herrn –; denn ich bin mit euch, um euch zu retten
Dtn 13[18] und seiner Hand zu entreißen. [12] Ich bewirke Erbarmen für euch; er
1 Kön 8[50] wird sich euer erbarmen und euch in eure Heimat zurückkehren las-
16[12] 18[10] 19[15] sen. [13] Wenn ihr aber sagt: Wir bleiben nicht in diesem Land!, und
auf die Stimme des Herrn, eures Gottes, nicht hört, [14] sondern sagt:
Nein, nach Ägypten wollen wir ziehen, wo wir weder Krieg sehen
noch Trompetenschall hören, noch nach Brot hungern werden, und
dort wollen wir bleiben!, [15] nun, dann hört das Wort des Herrn, ihr,
40[11.15] der Rest Judas: So spricht der Herr der Heere, der Gott Israels:

42[10] Wohnen: *jāšōb* Übss, M: »zurückkehren«.
42[12] Zurückkehren: EÜ folgt M; besser: »wohnen« *(wᵉhōšīb)*. Sie sind ja im Land.

es wünscht oder das Volk es verlangt; er darf auch nicht seine eigene Meinung als Wort Jahwes ausgeben, sondern muß warten, bis er es empfängt. Jahwe allein entscheidet, ob, wann und mit welchem Inhalt sein Wort ergeht. [17] Er antwortet kurz und distanziert (nicht in der Anredeform, sondern in der 3. Pers.): Wer von den 586 im Land Übriggebliebenen nach Ägypten zieht, kommt um; es gibt von dort keine Heimkehr, keinen neuen Exodus. Die Flucht dorthin ist gegen seinen Willen.

[10–18] Das klare, ablehnende Jahwewort ([17*]) wird in direkter Anrede durch eine Alternativpredigt erläutert und ergänzt: positiv (Bedingung, Folge, Begründung [10]) und negativ (Bedingung [13f], Folge [15abα], die wiederum in Bedingung [15bβγ] und Folge [16] aufgesprengt ist, Begründung [17]). [15] dürfte nachträglich eingefügt sein, um hervorzuheben, daß das Wort Jahwes einen negativen Bescheid bringt; [16] schließt gut an [14] an. [11f] sind ein Heilsorakel ([11]) mit Heilszusage ([12]). In [18] wird zum Ganzen, mit einer dritten Botenspruchformel (vgl. [9.15]) neu ansetzend, noch einmal eine Begründung mit Hilfe eines Vergleichs ([18a]) und eines Drohwortes ([18b]) gegeben. Zweifellos soll im vorliegenden Text (vgl. den eingefügten [15]) der ablehnende Bescheid ([16f]) als das maßgebliche Jahwewort herausgestellt werden. – Die Predigt samt ihren Erweiterungen schöpft aus dem dtr durchsetzten Sprachschatz der Nachinterpretation. Sie gibt dem Gehorsam gegen Jahwes Wort die Zusage des Wiederaufbaus [10] und untermauert sie damit, daß der Herr »das Unheil

Wenn ihr darauf besteht, nach Ägypten zu ziehen, und auswandert,
um euch dort niederzulassen,' [16] dann wird euch das Schwert, das ihr
fürchtet, dort in Ägypten erreichen, und der Hunger, vor dem euch 11[22]
bangt, wird euch dort in Ägypten verfolgen, und ihr werdet dort um-
kommen. [17] Ja, alle, die darauf bestehen, nach Ägypten zu ziehen, um Dtn 28[15.45]
sich dort niederzulassen, werden durch Schwert, Hunger und Pest 21[9]
umkommen. Keiner von ihnen wird entkommen, keiner dem Unheil
entrinnen, das ich über sie bringe. [18] Denn so spricht der Herr der
Heere, der Gott Israels: Wie sich mein Zorn und Grimm über die 7[20]
Einwohner Jerusalems ergossen hat, so wird sich mein Grimm auch
über euch ergießen, wenn ihr nach Ägypten zieht. Ihr werdet zum
Fluch und zu einem Bild des Entsetzens, zur Verwünschung und zur 25[9] 44[12]
Schmach werden. Dieses Land aber werdet ihr nie wieder sehen.

Die Drohung an die Verstockten: 42[19–22]

[19] Der Herr hat zu euch gesprochen, Rest Judas: Zieht nicht nach
Ägypten! Ihr sollt genau wissen: Ich warne euch heute. [20] Denn ihr 11[7] Dtn 4[26] 8[19]
gebt euch einer gefährlichen Täuschung hin. Ihr selbst habt mich ja
zum Herrn, eurem Gott, gesandt mit den Worten: Bete für uns zum

42[17] Ja, alle, wörtlich: »Denn alle Männer«. Sie trafen verantwortlich den Entschluß.

bereut«, d. h. davon in Plänen und Tat Abstand nimmt, es weiterhin zu verhängen. Das Heilsorakel mit Beistands- und Rettungszusage ([11]) orientiert sich an 1[8.17–19]15[20] (Heilsorakel an Jeremia) und wird in [12] näher erläutert. Jahwe, der auch erbarmungslosen Feinden (6[23]50[42]) Mitleid und Erbarmen ins Herz legen kann (vgl. 1 Kön 8[50]), wird bewirken, daß Nebukadnezzar, sein Knecht (27[6]), sich der im Land Übriggebliebenen erbarmt und sie nicht wegen der Ermordung Gedaljas bestraft. Es handelt sich nicht um Rückkehr, sondern um das Verbleiben im Land. [13] Wenn sie das aber nicht wollen, sondern in Ägypten Hunger und Krieg entgehen möchten ([14]), wird dieser Rest Judas gerade dort ([16]) keinem von beiden entgehen, ja ([17]) die ganze geballte Strafe Gottes (einschließlich der Pest) wird sie treffen. Denn Jahwe ist es, der dann dieses Unheil herbeiführt (vgl. 43[8–12]). In [18] wird noch einmal durch ein Gotteswort bekräftigt, wie schrecklich diese Strafe sein wird: wie beim Untergang Jerusalems, sprichwörtlich furchtbar, so daß jeder, der einen anderen verflucht oder Böses anwünscht, sagt: Gott lasse dich werden wie die nach Ägypten geflohenen Judäer. Eine Heimkehr gibt es nicht (vgl. 22[10–12]). [19–22] schaut bereits auf die vom Rest Judas getroffene Entscheidung zurück, die 43[1–3] nachholend berichtet wird. Der Prophet mahnt noch einmal eindringlich und stellt den Übriggebliebenen warnend vor Augen, daß sie selber ([20]) den Entscheid Jahwes verlangt ([2f]) und zudem Gott gebeten haben, darüber zu wachen ([5]), daß sie seinem Wort folgen. Zugleich aber muß Jeremia feststellen,

Herrn, unserem Gott, und ganz wie der Herr, unser Gott, spricht, gib
uns Bescheid, und wir werden danach handeln. [21] Heute nun habe ich
euch den Bescheid gegeben, aber ihr habt auf die Stimme des Herrn,
eures Gottes, nicht gehört, auf nichts von dem, womit er mich zu
euch gesandt hat. [22] Jetzt aber sollt ihr wissen: Durch Schwert, Hun-
ger und Pest werdet ihr umkommen an dem Ort, wohin ihr ziehen
wollt, um euch dort niederzulassen.

Der Zug nach Ägypten: 43[1–7]

43[1] Als Jeremia dem ganzen Volk alle Worte des Herrn, ihres Gottes,
vollständig mitgeteilt hatte, nämlich all die Worte, mit denen ihn der
Herr zu ihnen gesandt hatte, [2] da sagten Asarja, der Sohn Hoschajas,
und Johanan, der Sohn Kareachs, sowie alle übermütigen Männer zu
Jeremia: Was du sagst, ist erlogen. Nicht der Herr, unser Gott, hat
dich gesandt mit dem Auftrag: Ihr sollt nicht nach Ägypten ziehen,
um euch dort niederzulassen. [3] Vielmehr hetzt dich Baruch, der Sohn
Nerijas, gegen uns auf, um uns den Chaldäern auszuliefern, so daß
sie uns töten oder nach Babel verschleppen.

42[6] [4] Johanan, der Sohn Kareachs, alle Truppenführer und das ganze
Volk hörten also nicht auf die Stimme des Herrn, im Land Juda zu
41[16f] bleiben. [5] Johanan, der Sohn Kareachs, und alle Truppenführer nah-
40[11f] men den ganzen Rest Judas, der aus allen Völkern, unter die er ver-
sprengt gewesen, zurückgekehrt war, um sich im Land Juda nieder-
zulassen: [6] Männer, Frauen und Kinder, die Prinzessinnen und alle
Leute, die Nebusaradan, der Kommandant der Leibwache, bei Ge-

43[1] Der Herr, mit G; M: »der Herr, ihr Gott«.

daß sie nicht gehorchen ([21]). So muß er nach dem Scheltwort [19–21] das Drohwort, eine Wiederholung aus [17], verkünden. 43 ist mit diesem Abschnitt vorbereitet.

43[1–7] erzählen, daß die Anweisung Jahwes, im Land zu bleiben, abgelehnt wurde, und schildern, wie es dazu kam. [4] ist, vgl. 42[6], nachträglich zur Verstärkung eingefügt, ebenso [7aβ] (»weil . . . hörten«). In [1–3] soll verständlich gemacht werden, warum es trotz aller Beteuerungen, die vorausgingen, zur Flucht nach Ägypten kam. Asarja (vgl. 42[1]) ist als erster der Verantwortlichen genannt, vielleicht weil er die führende Rolle bei der Ablehnung des Jahwewortes spielte. Der Verfasser läßt die frechen Anführer die Tätigkeit Baruchs, der Jeremia verleitet habe, zur Entlastung anführen. Sie scheuen sich nicht, um ihr Vorgehen zu rechtfertigen, den treuen, unerschrockenen Verkünder des Prophetenwortes (36) zum Anstifter einer Lügenprophetie zu machen und Jeremia selbst, der die Lügenpropheten mit aller Kraft bekämpft hatte, als falschen Propheten hinzustellen (23[26.32]27[15]29[9]). [5–7] So kommt es zur Flucht des »ganzen Restes Judas«, und nunmehr kann es im Land selbst keinen neuen Anfang geben. Der

dalja, dem Sohn Ahikams, des Sohnes Schafans, gelassen hatte, auch
den Propheten Jeremia und Baruch, den Sohn Nerijas, 7 und sie zo-
gen nach Ägypten, weil sie nicht auf die Stimme des Herrn hörten,
und kamen bis Tachpanhes.

Die Heimsuchung auch in Ägypten: 43^{8-13}

8 In Tachpanhes erging das Wort des Herrn an Jeremia: 9 Nimm vor
den Augen judäischer Männer große Steine in die Hand, und maure
sie mit Mörtel in das Ziegelpflaster am Eingang zum Haus des Pha-
rao in Tachpanhes! 10 Dann sag zu ihnen: So spricht der Herr der
Heere, der Gott Israels: Seht, ich werde meinen Knecht Nebukad-
nezzar, den König von Babel, herbeiholen; er wird seinen Thron über
diesen Steinen, die ich hier eingemauert habe, aufstellen und sein
Prunkzelt darüber ausspannen. 11 Er wird kommen und das Land 46^{26}
Ägypten schlagen; wer für den Tod bestimmt ist, verfällt dem Tod, 15^{2}
wer für die Gefangenschaft, der Gefangenschaft, und wer für das
Schwert, dem Schwert. 12 Er wird an die Tempel der Götter Ägyptens
Feuer legen und die Götter verbrennen oder wegführen. Er wird das
Land Ägypten ablausen, wie ein Hirt sein Gewand ablaust; danach

43^{9} Und ... Ziegelpflaster, andere Übersetzungsmöglichkeit: »und senke sie in den Lehmboden«; Ziegelpflaster *(bammalben)* fehlt in G.

43^{10} Er wird aufstellen: *w^e śām'æt;* mit G, S.

43^{12} Er wird Feuer legen: *w^e hiṣṣīt* mit Übss.

Widerstand gegen Jahwes Wort macht eine Chance zunichte. Zu Tachpanhes vgl. 2^{16}.

$^{8-13}$, ein selbständiger Abschnitt, enthält eine im Auftrag Jahwes (^{8}) auszuführende Zeichenhandlung (^{9}) mit deutendem Wort (^{10}) und ein daran angefügtes Gerichtswort über Ägypten und seine Götter (^{11f}). Das Wort gegen die Götter wird zusätzlich noch bezüglich des Sonnentempels konkretisiert (^{13}). Jeremia soll im geglätteten Lehmboden vor dem königlichen Verwaltungsgebäude in Tachpanhes große Steine einsenken. Auf diese wird Nebukadnezzar seinen, mit einem Baldachin versehenen Thron aufstellen. Das besagt, daß die geflohenen Judäer dem Zugriff des Königs von Babel nicht entkommen können, was sie 43^{3} mit der Flucht angeblich erreichen wollten. Nur dies, nicht ob er sie straft, wird hier ausgesprochen. Nebukadnezzar kam nach Ägypten (568/7), wobei es sich wohl nur um einen Streifzug (vergleichbar einer Säuberungsaktion ^{12b}) handelte, der den Anspruch auf Palästina und die Macht über diese Gebiete unterstreichen sollte. In dem nachgetragenen Gerichtswort über Ägypten erhält Jeremia Gelegenheit, sich als Völkerprophet (vgl. zu 1^{5}) zu erweisen und zugleich zu sagen, in welchem Zusammenhang die geflohenen Judäer bestraft werden. Der Nachtrag $^{11.12}$ erhält durch das Wort gegen die Götter und ihre Tempel eine neue Sinnspitze, die außerhalb der aktuellen Situation in Richtung der Götzenpolemik zielt; ^{13} betont dieses Anliegen noch ein-

Dtn 7^{5} 12^{3} wird er unbehelligt abziehen. ^{13} Er wird die spitzen Säulen des Son-
nentempels in Ägypten zertrümmern und die Tempel der Götter
Ägyptens in Brand stecken.

Die Warnung vor Götzendienst: 44$^{1-14}$

44^{1} Das Wort, das an Jeremia erging für alle Judäer, die in Ägypten
wohnten und sich in Migdol und Tachpanhes, in Memfis und im
Land Patros angesiedelt hatten: ^{2} So spricht der Herr der Heere, der
Ex 19^{4} Dtn 29^{1} Gott Israels: Ihr selbst habt all das Unheil miterlebt, das ich über Je-
Jos 23^{3} rusalem und alle Städte Judas gebracht habe. Seht, heute sind sie
7^{34} 22^{5} 27^{17} Trümmerstätten, die niemand mehr bewohnt. ^{3} Das ist die Folge ihrer
7^{9} 19^{4} bösen Taten; sie erzürnten mich, indem sie hingingen, um anderen
Göttern, die sie früher nicht kannten, zu opfern und zu dienen, sie,
7^{25} 25^{4} ihr und eure Väter. ^{4} Wohl habe ich immer wieder all meine Knechte,
die Propheten, zu euch gesandt mit der Mahnung: Verübt doch nicht
7$^{24.26}$ 11^{8} einen solchen Greuel, den ich so hasse. ^{5} Sie aber haben nicht gehört
und mir ihr Ohr nicht zugeneigt, so daß sie sich von ihrer Bosheit be-
42^{18} kehrt und nicht mehr anderen Göttern geopfert hätten. ^{6} Daher ergoß
7$^{17.34}$ 11^{6} sich mein Grimm und Zorn und wütete in den Städten Judas und in
den Straßen Jerusalems, so daß sie zur Trümmerstätte und Wüste
11^{5} wurden, wie sie es heute noch sind. ^{7} Nun aber spricht so der Herr,
der Gott der Heere, der Gott Israels: Warum tut ihr euch selbst so
schweres Leid an, indem ihr eure Männer und Frauen, Kinder und

mal. Dabei wird wohl auf Heliopolis (ägypt. On, nördlich von Kairo) verwiesen, aus dem noch ein Obelisk (vgl. AOB Abb. 489) erhalten ist.

44, ein redaktionell gestalteter Text, bringt in $^{1-14}$ eine Rede Jeremias, auf die das Volk in $^{15-19}$ antwortet, um erneut in $^{20-30}$ lange Ausführungen des Propheten zu hören. Die neuere Forschung stimmt darin überein, daß insbesondere in $^{15-19}$ Sätze einer ursprünglichen Erzählung vorliegen, die den Grundbestand des überlieferten Textes bildet. In $^{15-19}$ geht es (vgl. 7$^{16-20}$) um den Kult der Himmelskönigin, der babylonischen Ischtar bzw. der Astarte des AT, die Nahrung und Wohlergehen schenkt und dem Mangel wehrt (^{17f}). Wenn der Hinweis auf diesen Kult eine Antwort auf die erste Rede Jeremias ist, muß eine Äußerung des Propheten vorausgehen, die eine entsprechende Notsituation anspricht. $^{2-6}$ sind ein Rückblick, $^{8-14}$ eine Schelte mit Androhung künftigen Gerichts. Nur ^{7} weist auf eine gegenwärtige Not hin: Die gegen Jahwes Anweisung (42$^{7-18}$) nach Ägypten geflohenen Judäer fügen sich selber großes Leid zu; sie bereiten sich ihr eigenes Ende. Die Antwort erfolgt in $^{17-19*}$: Wir wenden uns an die Himmelskönigin. Die Erwiderung Jeremias steckt in $^{24-28*}$. In $^{1-6.7-14.20-23.29f}$ hat, wie der Sprachgebrauch zeigt, die dtr orientierte Nachinterpretation, die auch den alten Text überarbeitet hat, das Wort.

$^{7.15-19*.24-28*}$ Der Grundtext, der in 44 kommentiert wird, könnte gelautet haben: »^{7} So spricht der Herr:

Säuglinge aus Juda ausrottet und keinen Rest mehr übriglaßt? [8] Denn Dtn 31[29]
ihr erzürnt mich durch das Tun eurer Hände, weil ihr anderen Göt- 2 Kön 22[17]
tern opfert in Ägypten, wohin ihr ausgewandert seid, um euch dort 25[6f]
niederzulassen. So rottet ihr euch selbst aus und werdet zum Fluch
und Gespött bei allen Völkern der Erde. [9] Habt ihr denn all das Böse
vergessen, das eure Väter und die Könige von Juda und ihre Frauen,
dann auch ihr selbst und eure Frauen im Land Juda und in den Stra- 7[17]
ßen Jerusalems getan haben? [10] Sie bereuen es nicht bis zum heutigen
Tag, fürchten sich nicht und leben nicht nach meiner Weisung und 26[4]
nach meinen Gesetzen, die ich euch und euren Vätern vorgelegt 9[12] 26[4] Dtn 4[8]
habe. [11] Darum – so spricht der Herr der Heere, der Gott Israels: Dtn 11[32]
Seht, ich richte mein Angesicht gegen euch zu eurem Unheil, um V. [27] 21[10] 39[16]
ganz Juda auszurotten. [12] Ich raffe den Rest Judas hinweg, der darauf
bestand, nach Ägypten auszuwandern, um sich dort niederzulassen.
Sie alle werden in Ägypten umkommen; sie werden fallen durch
Schwert und Hunger; klein und groß wird umkommen. Durch 31[34]
Schwert und Hunger werden sie sterben und zum Fluch und zu ei-
nem Bild des Entsetzens werden, zur Verwünschung und zur 42[18]

44[9] Ihre Frauen: *n^e šēhæm*, M: »seine F.«.
44[10] Sie bereuten es nicht, wörtlich: »Sie waren nicht zerschlagen«, vgl. Jes 19[10] Ps 51[10].

Warum tut ihr euch selbst großes Unheil an, daß ihr euch, Männer und Frauen, Kinder und Säuglinge, aus der Mitte Judas ausrottet und keinen Rest mehr übriglaßt? [15] Da antworteten alle Frauen dem Jeremia: [16] Was das Wort anbelangt, das du im Namen des Herrn zu uns gesprochen hast, so hören wir nicht auf dich. [17] Vielmehr werden wir alles, was wir gelobt haben, gewissenhaft ausführen: Wir werden der Himmelskönigin Rauchopfer und Trankopfer darbringen, wie wir es getan haben. Damals hatten wir Brot genug; es ging uns gut, und wir litten keine Not. [18] Seit wir aber aufgehört haben, der Himmelskönigin Rauchopfer und Trankopfer darzubringen, fehlt es uns an allem. [19] Geschieht es etwa ohne Wissen und Willen unserer Männer, daß wir der Himmelskönigin Rauchopfer darbringen, daß wir für sie Opferkuchen bereiten, die ihr Bild wiedergeben? [24] Jeremia sagte zu allen Frauen: [26] Seht, ich schwöre bei meinem großen Namen, spricht der Herr: Nie mehr soll mein Name vom Mund irgendeines Judäers in ganz Ägypten genannt werden, keiner mehr soll sagen: So wahr Gott, der Herr, lebt! [28] Und nur wenige werden dem Schwert entrinnen und ins Land Juda heimkehren«.

Noch ein letztes Mal – so die Reihenfolge der Erzählungen – wendet sich Jeremia an die nach Ägypten geflohenen Judäer. Sein Wort ([7]) will ihnen klarmachen, daß sie selbst durch ihre Flucht die Ursache des Unheils sind, das sie selber und damit Juda trifft. Die Frauen, auf denen die Sorge für die Familie liegt, verstehen »Unheil« von ihrer Flüchtlingssituation her ([17]): Es herrscht Not und Nahrungsmangel. Das prophetische Wort hilft hier ihrer Ansicht nach nicht ([16]). Jahwe hatte,

Schmach. 13 Wie ich Jerusalem heimgesucht habe, so suche ich die in
Ägypten Angesiedelten heim mit Schwert, Hunger und Pest. 14 Vom
42,17 Rest Judas, der ausgewandert ist, um sich hier in Ägypten niederzu-
lassen, wird niemand entrinnen oder entkommen, um ins Land Juda
zurückzukehren, obwohl sie sich danach sehnen, zurückzukehren
und dort zu bleiben. Ja, nur wenige werden entrinnen und zurück-
kehren.

Der offene Abfall: 44,15–19

15 Da antworteten alle Männer, die wußten, daß ihre Frauen anderen
Göttern opferten, und alle Frauen, die dabeistanden, eine große
Schar, sowie alle Leute, die in Ägypten und in Patros wohnten, dem
Jeremia: 16 Was das Wort betrifft, das du im Namen des Herrn zu uns
gesprochen hast, so hören wir nicht auf dich. 17 Vielmehr werden wir
alles, was wir gelobt haben, gewissenhaft ausführen: Wir werden der
7,18 Himmelskönigin Rauchopfer und Trankopfer darbringen, wie wir,
unsere Väter, unsere Könige und unsere Großen in den Städten Judas
V. 6 und in den Straßen Jerusalems es getan haben. Damals hatten wir
Brot genug; es ging uns gut, und wir litten keine Not. 18 Seit wir aber
aufgehört haben, der Himmelskönigin Rauchopfer und Trankopfer
darzubringen, fehlt es uns an allem, und wir kommen durch Schwert
V. 12.27 und Hunger um. 19 Die Frauen aber sagten: Geschieht es etwa ohne
Wissen und Willen unserer Männer, daß wir der Himmelskönigin
Rauchopfer und Trankopfer darbringen, daß wir für sie Opferkuchen
bereiten, die ihr Bild wiedergeben, und Trankopfer spenden?

44,19 Die Frauen aber sagten: mit G^{HSS} eingefügt, weil hier – anders 15 – die Frauen allein reden.

wie es schien, das große Unglück der Zerstörung und Vertreibung geschehen lassen. Sie wenden sich an die Fruchtbarkeitsgöttin, die sie schon früher verehrten, und tun es im Einvernehmen mit ihren Männern. Deren Einwilligung war zur Gültigkeit des Gelübdes notwendig (Num 30,9), an das sie sich gebunden sehen. Ihnen, und damit allen, antwortet Jeremia: 26 Jahwe betrachtet das, auch von den Männern gebilligte Vorgehen der Frauen als Absage an ihn. Er läßt sich nicht neben der Himmelskönigin verehren und wird dafür sorgen, daß es keine Jahweverehrer in Ägypten, also keine Judäer mehr dort gibt. Aber das bedeutet nicht, daß sie sich Hoffnung auf Heimkehr machen dürfen. Nur wenige kehren in sein Land zurück.

Die Nachinterpretation gestaltet diesen Grundtext in verschiedener Weise aus, wobei in der folgenden Aufzählung nur eine logische, keine geschichtliche Abfolge dargestellt werden soll: 1. Sie bezieht alle Judäer (1), wo sie auch in Ägypten wohnen mögen (1.15*.27b), in Ausdeutung von 26 in das Drohwort ein, auch alle Männer (15), das ganze Volk (24), eine große Schar (15). Migdol ist wohl wie Tachpanhes Grenzort (vgl. Ex 14,2), Memfis die alte Hauptstadt südl. Kairo; Patros ist Oberägypten, wo zur Perserzeit

Das Strafgericht: 44^{20-30}

20 Jeremia entgegnete dem ganzen Volk, den Männern, den Frauen V. $^{1-6}$
und allen, die ihm so geantwortet hatten: 21 Die Opfer, die ihr in den
Städten Judas und auf den Straßen Jerusalems verbrannt habt, ihr
und eure Väter, eure Könige und eure Großen und die Bürger des
Landes – waren nicht gerade sie es, an die der Herr gedacht und sich 7^{11} 19^{5}
erinnert hat? 22 Schließlich konnte es der Herr nicht mehr aushalten
wegen eurer Untaten und wegen der Greuel, die ihr verübt habt. Des- 4^{4} 26^{3}
halb wurde euer Land zur Öde, zu einem Bild des Entsetzens und 25^{9} 49^{13}
zum Fluch, unbewohnt, wie es heute noch ist. 23 Weil ihr Rauchopfer
dargebracht und gegen den Herrn gesündigt habt, weil ihr auf die 16^{10} 40^{3}
Stimme des Herrn nicht gehört und euch nicht nach seiner Weisung,
seinen Gesetzen und Mahnungen gerichtet habt, darum hat euch die- V. ^{10}
ses Unheil getroffen, wie es heute noch besteht. 24 Zum ganzen Volk 32^{23} Dtn 31^{21}
und zu allen Frauen sagte Jeremia: Hört das Wort des Herrn, ganz 7^{2} 17^{20}
Juda, das in Ägypten weilt. 25 So spricht der Herr der Heere, der Gott
Israels: Was ihr und eure Frauen mit dem Mund gelobt, das führt ihr
mit den Händen aus. Ihr sagt: Unsere versprochenen Gelübde wer-
den wir gewissenhaft erfüllen und der Himmelskönigin Rauchopfer

eine jüdische Kolonie auf der Nilinsel Elefantine (etwa Assuan) existierte.

2. Sie baut das Drohwort in $^{26.28a}$ aus: a) Alle Judäer werden in Ägypten sterben durch Schwert und Hunger (^{27}): Jahwe wird, anders als es im Land Kanaan geschieht (31^{28}), über sie zum Unheil wachen, dafür sorgen, daß sein Unheilswort an ihnen in Erfüllung geht. b) Sein Wort wird sich, wie jeder dann feststellen kann, erfüllen (^{28b}). Wenn die Frauen ihr Versprechen wahrmachen wollen und meinen, daß sich in der Erfüllung ihrer Gelübde ihre Hoffnung erfüllt, dann sollen sie – dies wird mit Spott und Ironie gesagt – es nur versuchen (^{25}). Es wird sich zeigen, welches Versprechen Erfolg hat (^{28b}): das »Versprechen« Jahwes oder das ihre. Jahwes Wort bleibt bestehen und wirkt sich aus (^{29}).

3. Dafür wird ein Zeichen angeboten (^{29}), wie dies Jes $7^{11-14}$$37^{30}$$38^{7}$ (vgl. Ex 3^{12} 1 Sam 2^{34}) geschieht, also ein ebenso äußerlich sichtbarer Vorgang, wie es die Rauch- und Trankopfer für die Himmelskönigin sind. Der Pharao Hofra (588–569) wird – darauf schaut der Verfasser schon zurück – von Jahwe seinen Feinden ausgeliefert, wie 586 Zidkija dem König von Babel. Er fiel im Kampf gegen seinen Nachfolger Amasis (Herodot II 161ff.169), nicht lange vor dem Feldzug Nebukadnezzars nach Ägypten. Das in Aussicht gestellte Zeichen, das auch seinerseits wieder durch den Hinweis auf die Zerstörung Jerusalems abgesichert wird, soll die unbedingte Zuverlässigkeit der Unheilsworte Jahwes ^{29b} unterstreichen.

4. Nicht nur ^{30b} wird in die Vergangenheit zurückgeblendet, sondern auch in $^{17a\gamma.9.13a\gamma}$ und besonders ausführlich in $^{2-6.20-23}$. Anlaß dafür dürften die Worte »wie wir es getan haben. Damals . . .« (^{17}) gewesen sein. Sie wurden näher durch den Hinweis auf die Väter, Großen und Kö-

und Trankopfer darbringen. Haltet nur eure Gelübde genau, ja, eure
Gelübde erfüllt gewissenhaft! ^{26} So höre denn das Wort des Herrn,
ganz Juda, das in Ägypten wohnt: Seht, ich schwöre bei meinem gro-
ßen Namen, spricht der Herr: Nie mehr soll mein Name vom Mund
irgendeines Judäers in ganz Ägypten genannt werden; keiner mehr
soll sagen: So wahr Gott, der Herr, lebt! ^{27} Seht, ich wache über sie –
1^{11f} 21^{10} zu ihrem Unheil, nicht zu ihrem Heil. Alle Judäer in Ägypten werden
43^{11} durch Schwert und Hunger umkommen und völlig vernichtet wer-
den. ^{28} Nur wenige werden dem Schwert entrinnen und aus Ägypten
42^{17} ins Land Juda heimkehren, und der ganze Rest von Juda, der nach
Dtn 18^{21f} Ägypten ausgezogen ist, um sich dort niederzulassen, wird erkennen,
wessen Wort sich erfüllt, das meine oder das ihre. ^{29} Dies aber soll
euch als Zeichen dafür dienen – Spruch des Herrn –, daß ich euch
heimsuche an diesem Ort, damit ihr erkennt, daß meine Unheilsworte
über euch bestimmt in Erfüllung gehen: ^{30} So spricht der Herr: Seht,

nige, die Städte Judas und Jerusalems erläutert. Damit aber ergab sich ($^{2-6}$) für eine dtr inspirierte Theologie die Möglichkeit, auszuführen, daß diese bösen Taten, ja der Götzendienst ganz allgemein (^{5}), und die Verweigerung der Umkehr trotz der steten Mahnung Jahwes (^{4}) (mit Unermüdlichkeitsformel) das göttliche Strafgericht nach sich zogen (^{6}). Diese Argumentation und damit die Rückblende dient aber dazu, die Judäer eindringlich zu mahnen (^{2}): Ihr müßt doch wissen, wohin eure Einstellung und euer Tun führt. $^{20-23}$ Denn nicht nur ihr, sondern auch Jahwe selbst erinnert sich bei euren Worten ($^{15-19}$) an den Götzendienst in Juda und Jerusalem. Dieser war ein Greuel ($^{4}16^{18}$), so schlimm, daß der Herr es nicht ertrug und nicht mehr anders konnte, als das fürchterliche Strafgericht zu verhängen. ^{23} lenkt mit dem Stichwort »Rauchopfer« wieder auf das Thema von $^{15-19}$ zurück, so daß sich nun $^{24-28}$ anschließen können.

5. Schließlich wird die Mahnung (^{7}) mit Hilfe des Rückblicks (^{9}) durch $^{8.10}$ zu einem Scheltwort ($^{7-10}$) ausgestaltet, das, anders als (^{7}) ursprünglich, den Götzendienst verurteilt. Ein Gerichtswort ($^{11-14}$), in dem (^{13}) noch einmal das Schicksal Jerusalems vor Augen gestellt wird, schließt sich an. Es verkündet ebenfalls den Untergang der ins Nilland geflohenen Judäer mit wenigen Ausnahmen. Darauf läuft 44 hinaus. In 44 wird besonders deutlich, daß sich die Heilserwartung nicht auf die in Juda nach 586 Übriggebliebenen und dann nach Ägypten Geflohenen, sondern (24) auf die nach Babel Weggeführten richtete (Pohlmann: auf die Gola orientierte Redaktion). 44 ist eine ausführliche und nachdrückliche Predigt gegen den Götzendienst, den das Volk auch in Ägypten nicht aufgeben will. Jeremia erhält durch die dtr bestimmte Nachinterpretation, die sich hierin mit einem wichtigen Anliegen des dtr Geschichtswerkes trifft (vgl. Jos 23 24 1 Sam 12 1 Kön 8), die Gelegenheit zu einer großen zweigeteilten ($^{1-14.20-30}$) Abschiedsrede. Es ist zeitlich das letzte Wort des Propheten, der mutig und, obwohl 586 bestätigt, nicht mit Erfolg bei seinen Zeitgenossen das richtende und aufbauende Wort Jahwes verkündete.

ich liefere den Pharao Hofra, den König von Ägypten, in die Hand Ez 29^{19}
seiner Gegner und Todfeinde aus, wie ich Zidkija, den König von
Juda, in die Hand Nebukadnezzars, des Königs von Babel, seines
Gegners und Todesfeindes, ausgeliefert habe.

Ein Gotteswort an Baruch: 45^{1-5}

45^{1} Das Wort, das der Prophet Jeremia zu Baruch, dem Sohn Neri- 36^{4}
jas, sagte, als dieser im vierten Jahr Jojakims, des Sohnes Joschijas,
des Königs von Juda, jene Reden nach dem Diktat Jeremias in ein
Buch schrieb: 2 So spricht der Herr, der Gott Israels, über dich, Ba-
ruch: 3 Du hast gesagt: Weh mir! Denn der Herr häuft noch Kummer
auf mein Leid. Ich bin erschöpft vor Stöhnen und finde keine Ruhe.
4 Sag zu ihm: So spricht der Herr: Was ich gebaut habe, breche ich
nieder, und was ich gepflanzt habe, reiße ich aus. [Das betrifft das
ganze Land.] 5 Du aber begehrst Großes für dich? Begehre es nicht!
Denn siehe, ich bringe Unheil über alle Sterblichen – Spruch des
Herrn; dir aber gebe ich dein Leben wie ein Beutestück überall, wo- 21^{9} 39^{18}
hin du auch gehst.

45 müßte zeitgerecht (^{1}) nach 36 stehen; es ist ein verhaltenes Heilswort für Baruch und sagt zugleich aus, wie ernst Jahwe seine Drohung gegen Juda und Jerusalem nimmt (^{4}). An $^{4b.5b\alpha}$ zeigt sich auf den ersten Blick, daß der Text redaktionell überarbeitet ist; denn das Wort soll ja Baruch persönlich betreffen. Auf seine Klage hin (^{3}) empfängt er ein verheißungsvolles Gotteswort ($^{5b\beta\gamma}$). Der ursprüngliche Text wird gelautet haben: »^{1} Das Wort, das der Prophet Jeremia zu Baruch, dem Sohn Nerijas sagte: ^{3} Du hast gesagt: Weh mir! Denn der Herr häuft noch Kummer auf mein Leid. Ich bin erschöpft und finde keine Ruhe. ^{4} So spricht der Herr: ^{5} Du begehrst Großes für dich. Begehre es nicht! Ich gebe dir dein Leben wie ein Beutestück, überall, wohin du auch gehst.« Baruch klagt in großer Not (vgl. Ps $6^{7}13^{3}31^{11}116^{3}$) wie ein Verfolgter (Ps 69^{27}) und sucht eine feste Bleibe, in der er geborgen ist. Sie ist ihm genommen wie dem Volk von Juda, das gefangen unter den anderen Völkern keine Ruhe findet (Klgl 1^{3}). Jahwe erfüllt ihm diesen Wunsch nicht. Aber er verspricht ihm, daß er sein Leben nicht verliert. Wann diese Verheißung erging, ist ihr nicht zu entnehmen. Man denkt unwillkürlich an die Zerstörung Jerusalems, die Verschleppung und die Flucht. Darauf weist auch die Nachinterpretation in $^{4.5b\alpha}$ hin, die das Verheißungswort allerdings in die Zeit Jojakims (^{1b}) setzt. Damals war Baruch zweifellos gefährdet; aber Jahwe hielt ihn wie Jeremia verborgen. Die Verknüpfung des Gotteswortes an Baruch mit der Situation von 36 hat anscheinend theologische Gründe: König und Volk hätten sich wie Baruch an Jahwe wenden, an ihn halten sollen. Das gilt für die ganze Zeit von Jojakim bis zu den nach Ägypten geflohenen Judäern (37–44). Weil man jedoch auf Jahwes Wort nicht gehört, seinen Willen mißachtet hat, war das Strafgericht unvermeidlich. Doch sein Heilswille ist

DIE DROHREDEN ÜBER DIE VÖLKER: 46^{1}–51^{64}

Einleitung: 46^{1}

46^{1} Das Wort des Herrn gegen die Völker, das an den Propheten Jeremia erging:

Über Ägypten: 46^{2-26}

Die Niederlage am Eufrat: 46^{2-12}

2 Kön 23^{29} 2 Über Ägypten: Gegen das Heer des Pharao Necho, des Königs von Ägypten, das bei Karkemisch am Eufrat stand und das Nebukadnezzar, der König von Babel, geschlagen hat. Es war im vierten Jahr Jojakims, des Sohnes Joschijas, des Königs von Juda.

3 Rüstet Rundschild und Langschild,
rückt aus zum Kampf!
4 Schirrt die Rosse an, besteigt die Pferde!
Tretet an im Helm, macht die Speere blank,
legt die Panzer an!

ungebrochen, auch dem einzelnen gegenüber. »Das letzte Wort der Redaktion in dem von ihr gestalteten Jeremiabuch ist trotz seiner Kargheit tröstlich. Jahwes letzte Absicht ist auf Rettung und nicht auf Vernichtung gerichtet« (Thiel II 89).

46–51 bilden, eingeleitet mit der Überschrift 46^{1}, als Sprüche über Nachbarvölker eine eigene Sammlung von Prophetenworten, die in G, entsprechend dem sonst bei prophetischen Büchern öfter verwendeten Aufbauschema (Drohworte gegen das eigene Volk, Drohworte gegen andere Völker, Heilsworte für das eigene Volk), mit Unterschieden in der Reihenfolge nach 25^{13} als Kap. 26–31 stehen. Es sind zehn unterschiedlich umfangreiche Aussprüche über neun Völker. Auf die Reihenfolge in M könnte 25^{19-26} eingewirkt haben, während G wohl die großen Reiche (Elam, das ist für G wohl Persien, Ägypten, Babel) an den Anfang stellen wollte. In der Forschung ist umstritten, ob und wieweit diese Drohreden von Jeremia stammen. Sicher hat man ihn nachträglich (vgl. 1^{5}) nicht ohne Grund als »Propheten für die Völker« bezeichnet. Die Aussprüche fallen, teilweise redaktionell datiert, sachlich in die Zeit des Neubabylonischen Reiches (605–538). Sie betreffen die Nachbarn Israels ringsum und schließlich auch Babel selbst.

46^{2-12} Mit der Angabe »über Ägypten« (^{2}) werden wohl beide, dieser und der folgende ($^{13-26}$) Ausspruch eingeleitet. Dann bietet ^{2} Überschrift und Zeitangabe für $^{3-12}$. Es ist ein Gerichtswort gegen das ägyptische Heer, situiert in der Schlacht bei Karkemisch (heute *dscherablus,* am Westufer des mittleren Eufrat) im Jahre 605 v. Chr. Hier besiegte der Kronprinz Nebukadnezzar den Pharao Necho, der schon einmal 609 nach dem Norden vorgestoßen war (Tod des Königs Joschija im Kampf bei Megiddo). Ägypten wurde ent-

5 Was sehe ich? Warum sind sie bestürzt?
Sie weichen zurück. Ihre Helden sind zersprengt,
sie ergreifen die Flucht
und wenden sich nicht mehr um –
Grauen ringsum! – Spruch des Herrn.
6 Der Schnelle kann nicht entfliehen 6^{25} 20^{3}
und der Held nicht entrinnen. Am 2^{14}
Im Norden, am Ufer des Eufrat,
stürzen sie hin und fallen.
7 Wer ist es, der anschwoll gleich dem Nil,
dessen Wasser wie Ströme tosen?
8 Ägypten schwoll an gleich dem Nil, Am 8^{8}
dessen Wasser wie Ströme tosen.
Es sagte: Ich schwelle an, überschwemme das Land,
vernichte die Städte und ihre Einwohner.
9 Bäumt euch, ihr Rosse, stürmt los, ihr Wagen!
Rückt aus, ihr Helden:
Kusch und Put, ihr Schildbewehrten, Ez 27^{10} 38^{5}
ihr von Lud, ihr Bogenschützen! Nah 3^{9}

46^{5} Wörtlich: »Warum habe ich gesehen: sie sind bestürzt«.
46^{6} M: »des Flusses Eufrat«.

scheidend geschlagen und verlor damit seinen Einfluß in Syrien-Palästina. In $^{3.4}$ erschallen Kommandorufe ägyptischer (so $^{7-9.11}$) Offiziere, unmittelbar vor dem Kampf: Die letzten Vorbereitungen werden getroffen. Die Schlacht selbst wird nicht geschildert. Statt dessen folgt sofort eine Klage (^{5}), die die Flucht und Niederlage (^{6}) beschreibt. Der Verfasser zeigt seine Anteilnahme und ist selbst bestürzt über den jähen Untergang eines so stolzen Heeres (vgl. Ez $27^{10}38^{5}$). $^{7-9}$ greifen auf die entfernteren Kriegsvorbereitungen zurück: die Absicht des Pharao (^{8b}), Länder unter seine Oberhoheit zu bringen, und seinen Befehl (^{9}) an seine Truppen und die Hilfsvölker, auszurücken zum Kampf. Der Vergleich mit der alles überschwemmenden Flut des Nil, die für Ägypten Gedeihen brachte, weist auf das Ziel hin, das der Pharao (Ez 29^{3} als das große Krokodil zwischen den Armen des Nil bezeichnet) mit dieser Expansion verband: Sie soll seinem Land Vorteile bringen. Den unterjochten Völkern aber bescherte sie wie eine Sturmflut Verderben. In ^{10} folgt die Erklärung für die plötzliche schreckliche Niederlage: Jahwe trat auf den Plan. Er kämpfte ($^{10a\gamma\delta}$) gegen den Pharao (vgl. das Lied über das Schwert des Herrn Jes 34^{5-8}) wie in einem »Heiligen Krieg«, in dem er für sein Volk eintrat. Der Pharao hatte ihn – das muß man wohl aus ^{8b} schließen – herausgefordert, weil er selbstmächtig, gegen den Willen des Herrn der Welt, seine Herrschaft über andere Völker aufrichten wollte. Hinter dieser Deutung der Niederlage von 605 steht wohl die Auffassung, daß Jahwe die Weltherrschaft seinem »Knecht« Nebukadnezzar geben wollte (27^{6}), nicht dem Pharao, vielleicht auch die Tatsache,

10 Doch jener Tag ist ein Tag der Rache
für den Herrn, den Gott der Heere;
er rächt sich an seinen Gegnern.
Jes 34^{5f} Da frißt das Schwert,
wird satt und trunken von ihrem Blut.
Denn ein Schlachtfest hält der Herr,
der Gott der Heere,
im Land des Nordens am Eufratstrom.
8^{22} 11 Zieh hinauf nach Gilead, und hole Balsam,
Jungfrau, Tochter Ägypten!
Umsonst verbrauchst du viele Arzneien,
30^{13} du findest keine Genesung.
12 Von deiner Schande hören die Völker,
dein Wehgeschrei erfüllt die Erde.
Denn Held an Held ist gestürzt,
miteinander sind beide gefallen.

Die Eroberung Ägyptens: 46$^{13–26}$

13 Das Wort, das der Herr zum Propheten Jeremia sprach, als Nebukadnezzar, der König von Babel, heranrückte, um Ägypten zu erobern:

44^{1} 14 Meldet es in Ägypten, verkündet es in Migdol,
verkündet es in Memfis und Tachpanhes!
Sagt: Stell dich auf, und mach dich bereit;
denn schon frißt das Schwert rings um dich her.

daß Necho (609) den frommen König Joschija (gegen den Willen des Herrn?) besiegt und getötet hatte. Gegen Jahwe, der rächt, d. h. straft, hilft kein noch so starkes Heer (zu Kusch, Put und Lud vgl. Gen 10$^{6.13}$). ^{11} Die schwere Wunde, die Ägypten in der Niederlage erlitten hat, ist nicht zu heilen, selbst wenn Mittel angewendet würden wie (eine Anspielung auf die hochstehende ägyptische Ärzteschaft und Medizin) der berühmte, kostbare Balsam aus Gilead. ^{12} So bleibt nur vor aller Welt das Unterlegensein, »Schande« genannt, und die Klage. Der Autor von $^{3–12}$ deutet in bewegten Worten und echtem Mitgefühl das Ereignis von Karkemisch (605) im Licht seines Glaubens: Jahwe ist und bleibt der Herr, der den Lauf der Weltgeschichte bestimmt.

$^{13–24}$, ein zweites Gerichtswort über Ägypten, das ^{13} in die Zeit des Ägyptenfeldzugs Nebukadnezzars (wohl 568) datiert. Tatsächlich spricht es von einem Angriff auf das Nilland. Nachdem er die palästinensischen Staaten besiegt hat, steht der Babylonier an der Ostgrenze (^{14}), von der die Meldung bis zur Hauptstadt weitergegeben werden soll. Wiederum hat der Verfasser klagend und mitfühlend (^{15f}) bereits das Ende des Kampfes vor Augen: Der Pharao (»der Starke« Ägyptens) liegt besiegt am Boden. G denkt hier an den heiligen Apis-Stier, dem in Memfis gött-

15 Warum liegt dein Starker zu Boden gestreckt?
Er hielt nicht stand, weil der Herr ihn stieß.
16 Viele kamen durch ihn zu Fall,
sie stürzten, Mann für Mann.
Da sagten sie:
Auf, zurück zu unsrem Volk, 50[16]
ins Land unsrer Sippe,
vor dem rasenden Schwert!
17 Gebt dem Pharao, dem König Ägyptens, den Namen:
Getöse, das die Zeit verpaßte.
18 So wahr ich lebe – Spruch des Königs,
Herr der Heere ist sein Name –, 48[15]
wie der Tabor unter den Bergen
und wie der Karmel am Meer,
so mächtig rückt er heran.
19 Rüste dein Gepäck für die Verbannung,
du seßhafte Tochter Ägypten!
Denn Memfis wird zur Wüste,
wird niedergebrannt und menschenleer.

46[17] Den Namen, mit G, Vg; M: »dort«.
46[18] So mächtig: sinngemäß in EÜ eingefügt.

liche Verehrung erwiesen wurde. *'abbīr* bezeichnet auch den Stier; als ein solcher, der seine Feinde niederstößt, erscheint der Pharao auf Abbildungen der Frühzeit (AOB Nr. 26, 28). Wieder kommt der prophetische Sprecher in seiner Deutung der Niederlage zu der Einsicht ([15b]), daß Jahwe es ist, der den Pharao zu Boden gestoßen hat. In seinem Fall reißt dieser andere mit ins Verderben ([16a]), wohl nicht die fremden Händler, die sich im Land angesiedelt haben, sondern eher die Söldner ([21]). Sie versuchen ([16b]), sich in ihre Heimat zu retten. Den Grund dafür, daß Jahwe den Pharao bestraft, gibt [17] an: Dieser hat sich als mächtig betrachtet und bezeichnet, ein nutzloses Getöse, in dem er die Situation falsch einschätzte und nicht rechtzeitig erkannte, daß allein Jahwe Zebaot, der Herr aller Mächte und Gewalten, nicht Ägyptens Herrscher, der wahre König ist. Vielleicht spielt die Umbenennung auf den Namen des Pharao Hofra (= Aperies: 588–569), den sie dabei im ungünstigen Sinn gedeutet hätte, mit dem hebr. Wort *hæ[cæ]bīr* an. G denkt in [17] an Necho. Nach [17], der als Scheltwort fungiert, schließt [18f] ein unter die Botenspruchformel gestelltes Drohwort an, das Ägypten insgesamt betrifft und [20–23] durch packende Bilder ergänzt wird. Übermächtig, alles erdrückend, wie Berge in der Ebene und am Meer empfunden werden ([18]), wird der Feind über das Land herfallen. Von einer Verschleppung der Ägypter ([19]) – hier schlägt wohl Israels Erfahrung durch – ist nichts bekannt. Der Feind gibt ([20]) keine Ruhe, bis er sein Ziel erreicht hat. Die Söldner, sozusagen wohlbehütet ([21]) an ihren Standorten in einem durch die Wüste geschützten Land, leisten keinen Widerstand.

20 Eine stattliche Jungkuh ist Ägypten,
die Bremse von Norden stürzt sich auf sie.
21 Auch seine Söldnertruppen mitten im Land
sind wie gemästete Kälber.
Aber auch sie machen kehrt,
sie fliehen alle und halten nicht stand.
Denn der Tag ihres Verderbens kommt über sie,
die Zeit ihrer Bestrafung.
22 Ägyptens Stimme gleicht dem Zischen der Schlange,
wenn jene anrücken mit Macht,
wenn sie mit Äxten einfallen,
Holzhackern gleich.
23 Sie fällen seinen Wald – Spruch des Herrn –,
den undurchdringlichen.
Zahlreicher als Heuschrecken sind sie,
man kann sie nicht zählen.
24 Zuschanden wird die Tochter Ägypten,
preisgegeben dem Volk aus dem Norden.

25 Der Herr der Heere, der Gott Israels, hat gesprochen: Seht, ich su-
11^{22} 23^{2} 43^{10-13} che heim den Amon von No [und den Pharao], Ägypten und seine
Götter, seine Könige und den Pharao samt allen, die sich auf ihn ver-
lassen. 26 Ich gebe sie in die Hand ihrer Todfeinde, in die Hand Ne-
11^{22} $19^{7.9}$ bukadnezzars, des Königs von Babel, und in die Hand seiner Unter-
tanen. Aber danach wird das Land wieder bewohnt sein wie in frühe-
ren Zeiten – Spruch des Herrn.

Trost für Israel und Drohungen gegen die Philister: 46^{27}–47^{7}

Ein Trostwort für Jakob-Israel: 46^{27-28}

30^{10} 27 Fürchte dich nicht, du, mein Knecht Jakob,
verzage nicht, Israel!
Denn ich bin es, der dich aus fernem Land errettet,
deine Kinder aus dem Land ihrer Gefangenschaft.

Ägypten kann, falls der Text 22a in Ordnung ist, wenn der Feind mit Macht anrückt, wie eine zischende Schlange drohen, muß aber wie diese versuchen, sich in Sicherheit zu bringen. Schließlich werden die Feinde in einem aus Syrien-Palästina stammenden Bild mit Holzfällern verglichen, die den ganzen Wald abholzen, also alles zerstören. Ihre Zahl ist sprichwörtlich der eines Heuschreckenheeres gleich. 24 faßt ohne Bild zusammen: Ägypten wird dem Feind aus dem Norden unterliegen.

25.26 schließen sich inhaltlich 43^{11-13} an und verwenden mit »heimsuchen«, d. h. zur Rechenschaft ziehen, und »Todfeinde«, wörtlich: »die ihnen nach dem Leben trach-

Jakob wird heimkehren und Ruhe haben;
er wird in Sicherheit leben,
und niemand wird ihn erschrecken.
28 Fürchte dich nicht,
du, mein Knecht Jakob – Spruch des Herrn –;
denn ich bin mit dir. 30^{11}
Ja, ich vernichte alle Völker,
unter die ich dich zerstreut habe.
Nur dich werde ich niemals vernichten; 4^{27} 10^{24}
ich züchtige dich mit rechtem Maß, 30^{11}
doch ganz ungestraft kann ich dich nicht lassen.

Über die Philister: 47^{1-7}

47^{1} Das Wort des Herrn gegen die Philister, das an den Propheten Jeremia erging, bevor der Pharao Gaza eroberte.
2 So spricht der Herr:
Seht, Wasser wogen vom Norden heran
und werden zum flutenden Wildbach.
Sie überfluten das Land und was darin ist,
die Städte und ihre Bewohner.
Da schreien die Menschen,
laut klagen alle Bewohner des Landes
3 vor dem donnernden Hufschlag der Hengste, Ez 26^{10}
vor dem Dröhnen der Streitwagen,
vor dem Rasseln der Räder.

ten«, aus Jeremia bekannte Ausdrücke. Amon, der Gott von Theben, im Neuen Reich Staatsgott, wird hier als Gegenspieler Jahwes, wie es $^{3-24}$ der Pharao war, besonders hervorgehoben. Eine Heilszusage für Ägypten (^{26b}) schließt die drohende Jahwerede ab.

$^{27.28}$ bieten im Stil und in der Gedankenwelt Deuterojesajas zwei Heilsorakel, die fast genauso auch $30^{10.11}$ stehen. Sie sollen wohl die Verheißung (^{26b}) für die in Ägypten lebenden Juden ergänzen.

47^{1-7}, ein Ausspruch »über die Philister« (so G), der nachträglich auf einen Angriff des Pharao gegen Gaza (^{1}) bezogen wurde, enthält prophetisches Drohwort, das in eine Klage ($^{5b.6}$) und eine an sie anschließende Antwort (^{7}) mündet. Die Botenspruchformel (^{2}) ist später beigefügt. Als Jahwewort können $^{4b.6.7.}$ sicher nicht gelten. ^{1} Welches Ereignis die Überschrift meint, ein Unternehmen Nechos nach 609 oder 605, wo er vom Norden kam, vielleicht auch bei einem Zusammenstoß zwischen diesem Pharao und Nebukadnezzar 601, läßt sich nicht feststellen. Weil der Feind (^{2}) vom Norden heranrückt, beziehen manche den Ausspruch $^{2-7}$ auch auf Nebukadnezzar, der 604 Aschkelon (^{7}) eroberte (Babylonische Chronik, hrsg. von Wiseman). ^{2} Wie in einer Vision sieht der prophetische Autor den Feind, einer verheerenden Flut, einem in der Regenzeit tosenden Wildbach gleich, heranstürmen. Ohne Bild (^{3}): Das

Väter schauen sich nicht um nach den Söhnen;
denn ihre Hände sind schlaff
4 wegen des Tages, der kommt,
um alle Philister zu vernichten,
um auszurotten den letzten Helfer
für Tyrus und Sidon.
Ja, der Herr vernichtet die Philister,
den Rest von der Insel Kaftor.
16^{6} 48^{37} 41^{5} 5 Kahlscheren wird sich Gaza,
Jes $15^{1.2}$ Aschkelon wird verstummen.
Wie lange noch, du Rest der Anakiter,
mußt du dich wund ritzen?
Ez 21^{8-10} 6 Weh, du Schwert des Herrn,
wie lange noch willst du nicht rasten?
Fahr zurück in die Scheide,
halt ein, und sei still!
7 Wie sollte es rasten,
da doch der Herr ihm Befehl gab?
Gegen Aschkelon und die Meeresküste,
dorthin hat er es bestellt.

47^{4} Den letzten Helfer, wörtlich: »jeden entrinnenden Helfer«.
47^{5} Anakiter, mit G; M: »ihres Tales«.

Geräusch des heraneilenden feindlichen Heeres lähmt alle, so daß sie nicht einmal zu den selbstverständlichen Reaktionen fähig sind. ^{4a} Die Zerstörung Philistäas und der großen Küstenstädte geschieht am »kommenden Tag«. Es ist der Tag des Herrn; denn Jahwe (^{4b}) ist es, der die Verwüstung bewirkt. Die Philister kamen, auch nach Am 9^{7}, aus Kaftor, wohl eher Kreta als Kappadokien. ^{5} Zum Zeichen der Trauer, bei der Totenklage (16^{6}) schert man sich kahl und ritzt sich wund. Nach Jos 11^{22} blieben bei der Eroberung des Landes die Anakiter, die man sich als Riesen, wie etwa Goliat, vorstellte, in Gaza, Gat und Aschdod übrig. Eine Notklage, kenntlich am »wie lange«, mit dem klagenden Wehruf eingeleitet, spricht vom Schwert, das für Jahwe Dienst tut (^{6a}; vgl. Ez 21^{8-10}), und fordert es auf, nicht weiter zu wüten ^{6b}. Jahwe benützt den Feind als Schwert; ^{7} darum kann es nicht aufhören zu morden, bis es seine Arbeit getan, seinen Auftrag erfüllt hat. Die Verwüstung des Philisterlandes und der Küste wird (vgl. $46^{10.18.21}$) theologisch gedeutet. Sie kann letzten Endes nur von Jahwe, dem Herrn der Welt, bestimmt sein. Seinem Gericht muß sich alles beugen. Gottes Volk hat keinen Anlaß, sich zu freuen, wenn es über andere Völker hergeht, sondern sollte Mitgefühl zeigen und um das Ende der Strafe bitten.

48 spricht über Moab das weit ausladende Gerichtswort (^{47}), das allerdings mit Klagen durchsetzt ist: vgl. $^{1-9.14-20.36-38}$. An 48 zeigt sich, wie sehr die Völkersprüche aus anderen Texten schöpfen: $^{29-33}$ sind (mit Änderungen) Jes 16^{6-10} entnommen; zu

Über Moab: 48[1-47]

Die Zerstörung: 48[1-10]

48[1] Über Moab: So spricht der Herr der Heere, der Gott Israels:
Weh über Nebo, es wird verwüstet,
erobert wird Kirjatajim.
Zuschanden wird die Hochburg und geschleift.
2 Moabs Ruhm ist dahin.
In Heschbon plante man sein Verderben:
Kommt, wir rotten es aus,
so daß es kein Volk mehr ist.
Auch du, Madmen, wirst verstummen;
das Schwert verfolgt dich.
3 Horch! Wehgeschrei aus Horonajim:
Verwüstung und große Zerstörung!
4 Zerstört ist Moab!
So gellt der Schrei bis nach Zoar. Jes 15[5]
5 Die Steige von Luhit
steigt man weinend hinauf.
Ja, am Abstieg von Horonajim
hört man über die Zerstörung
entsetzliches Schreien.

48[1] Erobert, M: »zuschanden (fehlt in G, aus [1b]?), erobert«.
48[2] Plante *(ḥaš^e bū):* Wortspiel mit dem Namen *ḥæšbōn* – Ob Madmen ein Ortsname ist oder mit Rücksicht auf *tiddommi* (»verstummen«, Wortspiel) als Unglücksname für Heschbon gewählt wurde, ist umstritten.
48[4] Zoar: *ṣo^ca rāh,* mit G Jes 15[5]; M: »die Kleinen«.

[34–47] vgl. die Randverweise. Wahrscheinlich ist das Wort gegen Moab nachträglich stark überarbeitet worden.

[1-10] Nach der ursprünglichen Überschrift ([1]) wurde zusätzlich die erweiterte Botenspruchformel eingefügt, um das Folgende als Wort Jahwes zu bezeichnen; das gleiche Ziel hat die Glosse [8] »was Jahwe gesagt hat«. In Wirklichkeit bringt [1-4] einen Weheruf, eine Klage, über das zerstörte Moab. Das Unheil kam vom Norden (Heschbon [= *hesbān*], 20 km südwestlich von Amman, Nebo am Abhang des gleichnamigen Berges) und setzt sich nach Süden fort (Zoar an der Südspitze des Toten Meeres, Horonajim und Luhit wohl in der Nähe). Der Feind plant, Moab nicht nur als Staat, sondern auch als Volk zu vernichten ([2.42]). Hier scheint der Autor im Gedanken an die Zerstörung Jerusalems (vgl. 4[6]6[1]14[17] zu [3]) und an das stets gespannte bis feindselige Verhältnis zwischen Moab und Israel (vgl. Num 23[3]–24[18] Dtn 23[5] 2 Kön 24[2]) zu formulieren. Tatsächlich wird »in persischer Zeit« Moab »ammonitisch und arabisch unterwandert, zu Arabien gerechnet« (G Molin, in: BHH 1231). Es bleibt angesichts der schnell bis an das Südende des Lan-

6 Flieht, rettet euer Leben!
Macht es wie der Wildesel in der Wüste!
7 Weil du auf eigene Werke und Schätze vertraut hast,
wirst auch du erobert werden.
49[3] In die Verbannung muß Kemosch ziehen
samt seinen Priestern und Fürsten.
8 Der Verwüster kommt über jede Stadt,
keine Stadt kann sich retten.
Verheert wird das Tal, verwüstet die Ebene,
so spricht der Herr.
9 Setzt ein Grabmal für Moab;
denn es verfällt ganz und gar.
Seine Städte werden zur Wüste,
niemand wohnt mehr darin.
10 Verflucht, wer den Auftrag des Herrn
lässig betreibt,
ja, verflucht, wer sein Schwert
abhält vom Blutvergießen.

Der Verwüster: 48[11–28]

11 Ungestört war Moab von Jugend an,
Zef 1[12] ruhig lag es auf seiner Hefe.
Es wurde nicht umgeschüttet von Gefäß zu Gefäß:
Nie mußte es in die Verbannung ziehen.

48[6] Wie der Wildesel: *k^e^ārōd,* mit G; M: »wie Aroër«.
48[8] So, wörtlich: »was«.
48[9] Grabmal *(ṣijjūn),* G: σημεῖα; M: »Blüte«. – Verfällt *(tiṣṣæh),* M: unsicher.

des ([3–5]) voranschreitenden Zerstörung nur ([6]) die Flucht in die Wüste hinein. [7a] reflektiert über den Grund für die schreckliche Zerstörung: Sie ist eine Strafe Gottes für überhebliches Selbstvertrauen, für ein falsches Sichstützen auf die eigene Macht und Abwehrkraft. [7b] Doch nicht sein Gott Kemosch – er muß nach seiner Niederlage mit in die Gefangenschaft ziehen – sondern Jahwe (vgl. [1.8.10]) ist der Strafende. Die Verwüstung ist total ([8.9]): Moab ist tot. Die Beischrift in [10] will besagen, daß Jahwe, in dessen Auftrag (vgl. [1.8]) die Zerstörung geschieht, erzwingen kann, daß ganze Arbeit geleistet wird. Im übertragenen Sinn wurde [10] auf den Dienst Gottes angewendet, »schon von Gregor VII.« (Nötscher, EB).

[11–20] Die Ruhe, die Moab genoß, ist zu Ende; es kommt zum Kampf und zum Untergang. Moab, ein Weinland ([32f]), und daher mit einem guten alten Wein verglichen, der ungestört lagerte ([11]), hatte bisher keinen Angriff und keine Deportation erlebt. Jahwe schickt nun den Feind ([12]), der es besiegt, verschleppt und sein Land zerstört. Als Ursache für das strafende Eingreifen Jahwes wird der

Darum blieb ihm sein Wohlgeschmack erhalten,
sein Duft veränderte sich nicht.
12 Darum kommen Tage – Spruch des Herrn –,
da schicke ich Kellermeister zu ihm;
sie gießen es um,
entleeren seine Gefäße und zerschlagen seine Krüge.
13 Moab wird an Kemosch zuschanden,
wie das Haus Israel zuschanden wurde
an Bet-El, auf das es vertraute.
14 Wie könnt ihr sagen: Helden sind wir,
starke Krieger zum Kampf?
15 Der Verwüster Moabs und seiner Städte steigt hinauf;
da steigen seine besten jungen Männer hinab,
um geschlachtet zu werden
– Spruch des Königs, 46[18] 51[57]
Herr der Heere ist sein Name.
16 Der Untergang Moabs rückt heran,
schnell eilt sein Unglück herbei.
17 Beklagt es alle, ihr seine Nachbarn,
und alle, die ihr seinen Namen kennt.
Sagt: Ach, wie ist zerbrochen der starke Stab, Jes 14[5]
das herrliche Zepter!
18 Steig herab von deiner Würde,
setz dich in den Kot,
du thronende Tochter Dibon!
Denn Moabs Verwüster zieht hinauf zu dir,
zerstört deine Burgen.

48[12] Seine Krüge *(ūn^{e}bālāw)*, M: »ihre Krüge«.
48[18] Setz dich in den Kot: *ū š^{e}bī baṣṣ'oāh*, vgl. S, M: »Durst« statt »Kot«.

Götzendienst [13] bezeichnet; bei Israel war es der falsche Jahwedienst (1 Kön 12[28–30]), wie die dtr Theologie oft betont. Moab wird wohl deshalb hier mit Israel verglichen, weil es, von David besiegt (2 Sam 8[2]), Vasall Israels war, bis König Mescha (um 850) die Unabhängigkeit erstritt (2 Kön 3[4f.27]). Ein Klagelied [14–20] (kenntlich an den Klagerufen *'ēk* [14] und *'ēkāh* »wie« und an der Aufforderung »[be]klagt« [14.17]) spricht von der Vernichtung der Kämpfer ([14f]) durch den heranziehenden Feind. Damit ist der rasche Untergang besiegelt ([16]). Die Nachbarn werden zur Klage aufgefordert ([17]). Ihr Klagelied bringt die Trauer über das Zerbrechen (Stichwort in 48, vgl. *šbr* in [3–5.17.25.38]) der Macht (vgl. Jes 14[5]) Moabs zum Ausdruck. [18] Dibon, Hauptort der Hochebene (= *dibān*, 6 km nördlich des Arnon), wird trotz seiner starken Befestigung »entthront«, zerstört. Die Kunde (»Moab ist verwüstet« mit dem Fall Dibons) verbreitet sich durch die Flüchtlinge schnell nach Süden ([19f]): Aroër liegt am Arnon. [15b] Ein Ergänzer hat nicht vergessen, in das bewe-

19 Stellt euch an den Weg und späht aus,
ihr Einwohner von Aroër!
Fragt den Flüchtling und die fliehende Frau,
sagt: Was ist denn geschehen?
20 Zuschanden ist Moab, ja, ganz zerbrochen.
Klagt und schreit!
Meldet am Arnon: Moab ist verwüstet.
21 Ein Gericht kam über das ebene Land,
über Holon, Jahaz und Mefaat,
22 über Dibon, Nebo und Bet-Diblatajim,
23 über Kirjatajim, Bet-Gamul und Bet-Meon,
24 über Kerijot und Bozra
und über alle Städte des Landes Moab,
die fernen und die nahen.
25 Abgehauen ist Moabs Horn,
zerschmettert sein Arm [– Spruch des Ḥerrn].
26 Macht es betrunken;
V. 42 denn es hat geprahlt gegen den Herrn,
So stürze Moab in sein eigenes Gespei
und verfalle nun selbst dem Gespött.
27 Oder diente nicht Israel dir zum Gespött?
2[26] Wurde es etwa beim Diebstahl ertappt,
daß du höhnend den Kopf geschüttelt hast,
sooft du von ihm sprachst?
28 Verlaßt die Städte, wohnt in den Felsen,
ihr Bewohner von Moab!
Macht es wie die Taube, die nistet
an den Wänden der offenen Schlucht.

48[27] Zum Gespött: *liśḥoq* mit Übss.

gende Klagelied einzubringen, daß die schreckliche Zerstörung Moabs letztlich von Jahwe, dem einzig mächtigen König, verhängt wurde.
[21–25] machen durch eine Städteliste, die anscheinend nur Orte der Hochebene um Dibon aufführt, anschaulich, wie sehr die Macht ([25]) Moabs gebrochen ist. Horn und Arm symbolisieren Stärke und Tatkraft.
[26–28] Hinter [26] steht sicherlich das Bild vom Zornesbecher Jahwes (25[15–29]), mit dem der Herr für Hochmut straft: Wer gegen ihn großtut, wird der Lächerlichkeit preisgegeben. [27] erinnert, ebenfalls zur Begründung für das Strafgericht, an die Feindschaft gegen Israel: Schadenfreude, wie man sie gegenüber einem ertappten Dieb empfindet, und Hohn brachte ihm Moab nach der Niederlage entgegen. [28] (vgl. [6]) regt sich dennoch das Mitleid: Die Menschen sollen sich durch Flucht in Sicherheit bringen.
Zu [29–33] siehe den Kommentar zu Jes 16[6–12]. Der Autor in Jer 48[29–33] stellt in [30] den deutlichen Bezug auf Jahwe her, der auch das Tun Moabs verurteilt, so daß die klagenden Worte

Der Hochmut vor dem Fall: 48^{29-39}

29 Wir haben von Moabs Stolz gehört – Jes 16^{6-12}
es ist stolz über die Maßen –;
von seinem Hochmut und Stolz haben wir gehört,
von seinem Dünkel und hochfahrenden Sinn.
30 Ich kenne seinen Übermut – Spruch des Herrn –,
sein Geschwätz ist nicht wahr,
sein Tun ist nicht recht.
31 Darum jammere ich laut über Moab,
über ganz Moab klage ich
und seufze über die Leute von Kir-Heres.
32 Mehr als um Jaser weine ich um dich,
Weinstock von Sibma;
bis ans Meer zogen sich deine Ranken hin,
sie reichten bis Jaser.
Über deine Weinlese und Ernte
fiel der Verwüster her.
33 Verschwunden sind Freude und Jubelgeschrei
vom Fruchtland und vom Land Moab.
Die Kufen sind leer von Wein,
kein Winzer keltert,
kein Jauchzen ertönt.

34 Das Schreien von Heschbon und Elale dringt bis Jahaz, laut klagt Jes 15^{4-8}
man von Zoar bis Horonajim und Eglat-Schelischija; denn selbst das
Wasser von Nimrim versiegt. 35 Ich mache es für Moab unmöglich – Jes 16^{12}
Spruch des Herrn –, daß jemand auf der Kulthöhe opfert und seinen
Göttern Rauchopfer darbringt. 36 Darum jammert mein Herz um Jes 15^{5} 16^{11}
Moab wie eine Flöte, ja mein Herz jammert um die Leute von Kir- Jes 15^{7}
Heres wie eine Flöte, weil sie ihre ganze Habe verloren. 37 Jedes 16^{6}

48^{31} Ich ... seufze: *æhgæh;* M: »er ...«.
48^{32} Bis Jaser, M: »bis Meer Jaser«.
48^{34} Das ... Elale, vgl. Jes 15^{4}; M: »Vom Schreien von Heschbon bis Elale«. – versiegt, wörtlich: »werden zur Öde«.
48^{35} Auf der Kulthöhe opfert: *ma*

(^{31f}) als Klage Jahwes (zumindest in M durch die Formel »Spruch des Herrn«, die in G fehlt) erscheinen. Ferner ist durch »Verwüster« (^{32}) der Zusammenhang mit dem vorausgehenden Text hergestellt (vgl. $^{1.3.8.15.18.20}$).
$^{34-39}$ verwendet vor allem Jes 15.16 (vgl. die Auslegung dort), aber auch Texte aus Jer. Wieder ist die Beziehung auf Jahwe klar hergestellt: Er beendet den Götzendienst Moabs (^{35}). Die Klage ($^{36.38a.39}$) und Trauer (^{37}) um Moab ist groß. Jahwe hat es wie ein nutzloses Gefäß (vgl. 22^{28}) zerschlagen (vgl. ^{12}).

Jes 15[2f] Haupt ist kahlgeschoren und jeder Bart abgeschnitten, an allen Hän-
den sind Trauermale, und um die Hüften Trauerkleider. [38] Auf allen
Dächern und Plätzen Moabs hört man nichts als Klage. Ja, ich zer-
22[28] schlage Moab wie ein Gefäß, das niemand mehr will – Spruch des
V. [19f] Herrn. [39] Ach, wie ist es zerbrochen, wie hat Moab sich schmählich
V. [26f] 17[17] zur Flucht gewandt! So wird Moab zum Gespött und zu einem Bild
des Entsetzens für all seine Nachbarn.

Das unabwendbare Strafgericht: 48[40–47]

[40] Denn so spricht der Herr:
49[22] Seht, wie ein Adler schwebt es heran
und breitet seine Schwingen über Moab aus.
[41] Die Städte werden erobert,
die Festungen eingenommen.
Das Herz der Helden Moabs ist an jenem Tag
wie das Herz einer Frau in Wehen.
[42] Vernichtet wird Moab, so daß es kein Volk mehr ist;
V. [26] denn es hat geprahlt gegen den Herrn.
Jes 24[17f] [43] Grauen, Grube und Garn warten auf dich,
Bewohner von Moab – Spruch des Herrn.
[44] Wer dem Grauen entflieht, fällt in die Grube,
wer aus der Grube steigt, fängt sich im Garn.

48[38] Ja, ich zerschlage, andere Übersetzung: »weil ich zerschlagen habe.«
48[39] Zerbrochen, M: »zerbrochen, heult« (vgl. [20]).
48[43.44] Garn, wörtlich: »Klappnetz«.

[40–47] Noch einmal wird, eingeleitet mit der Botenspruchformel, das Gericht über Moab mit Hilfe anderer Texte ausgemalt. [40–42] bringen unter dem aus dem Edomspruch (49[22]) entlehnten Bild vom angreifenden Adler eine Zusammenfassung dessen, was über die Zerstörung Moabs und die Begründung des Strafgerichts (zu [42] vgl. [26]) gesagt wurde. [43–44] bringen Bilder der Jagd: Es gibt kein Entrinnen vor Jahwe; seinem Zugriff kann sich niemand entziehen (vgl. das Wort des Propheten Amos zum Tag des Herrn, Am 5[18–20]), »Grauen, Grube und Garn« ahmen ein Wortspiel (*paḥad, paḥat, pāḥ*) nach, das wohl als geflügeltes Wort (vgl. auch Jes 24[17f]) für vielfache Gefahr umlief. Jahwe bringt über Moab ein Jahr der Heimsuchung, der Strafe, dem es nicht entgeht. [45] verwendet Num 21[28]24[17], um zu sagen, daß auch das bedeutende Heschbon die Flüchtlinge nicht schützen kann. Es wird selbst erobert, und von ihm her breitet sich das Unheil weiter aus über ganz Moab und über alle, die mit bloßem Getöse (vgl. 46[17]) nichts zur Rettung bewirken. [46] ruft in Anlehnung an den Wehespruch Num 21[29] das Wehe über das Volk aus: Ihm steht die Deportation (vgl. [7]) bevor. [47a] fügt überraschend einen heilvollen Ausblick an (ebenso 49[6.39]): Jahwe wendet das Geschick Moabs irgendwann einmal in der Zukunft, eine Aussage, die den

Ja, das werde ich über Moab bringen 11[23] 23[12]
im Jahr seiner Bestrafung – Spruch des Herrn.
45 Im Schatten von Heschbon bleiben erschöpft
Flüchtlinge stehen.
Doch Feuer geht aus von Heschbon, Num 21[28f] 24[17]
eine Flamme von Sihons Haus.
Es verzehrt die Schläfe Moabs,
den Scheitel der lärmenden Schreier.
46 Wehe dir, Moab,
verloren bist du, Volk des Kemosch.
Denn deine Söhne schleppt man in die Verbannung,
deine Töchter in die Gefangenschaft.
47 Aber in ferner Zukunft wende ich Moabs Geschick 49[6.39]
– Spruch des Herrn.
[Bis hierher geht das Gerichtswort über Moab.]

Über andere Nachbarvölker: 49[1–39]

Über die Ammoniter: 49[1–6]

49[1] Über die Ammoniter: So spricht der Herr:
Hat denn Israel keine Söhne,
oder besitzt es keinen Erben?
Warum hat Milkom den Stamm Gad beerbt,
warum ließ sich sein Volk in dessen Städten nieder?

48[45] M liest Perfektformen.
49[1.3] Milkom, mit Übss, M: »ihr König«. – [1] den Stamm: zur Verdeutlichung beigefügt.

Heilswillen Jahwes auch gegenüber den Völkern außerhalb Israels dokumentiert, aber konkrete Ereignisse nicht angibt. Wie der Herr nach eigenem Ermessen und Plan Unheil verhängt, so behält er sich in seiner göttlichen Freiheit auch vor, Heil zu wirken. Heilszusage – auch gegenüber Moab – ist sein letztes Wort. [47b] schließt der letzte Redaktor den mehrfach ergänzten Ausspruch über Moab ab.
49[1–6] sprechen über die Ammoniter, die nördlich von Moab wohnten, ein Schelt- ([1]) und Drohwort ([2]), eine Klage ([3]), ein erneutes Schelt- ([4]) und Drohwort ([5]) und eine Heilszusage ([6]) aus. Die erste Schelte wirft Ammon vor, daß es sich israelitisches Gebiet, das im Ostjordanland (südlich und nördlich des unteren Jabbok) gelegene Stammesgebiet Gads, wohl nach 732 bzw. 721, als Tiglat-Pileser die Bevölkerung deportierte (2 Kön 15[29]), angeeignet hatte. Das war, von Jahwe verliehen (Num 32 Jos 13[24–28]), israelitisches Land. Und solange es Israeliten gab, hatte niemand, auch nicht Milkom, der Königs-Gott der Ammoniter, darüber zu verfügen. [2] Die Strafe ist entsprechend: Jahwe wird nach der Verwü-

2 Darum seht, es kommen Tage – Spruch des Herrn –,
da lasse ich gegen das ammonitische Rabba
Kriegslärm ertönen.
Zum wüsten Trümmerhaufen wird es werden,
seine Tochterstädte brennen im Feuer nieder,
und Israel wird die beerben,
die ihm sein Erbteil raubten – spricht der Herr.
3 Klage laut, Heschbon, denn die Stadt ist zerstört.
Schreit, ihr Töchter von Rabba!
Legt Trauerkleider an, haltet die Totenklage,
lauft umher mit eingeritzten Wunden!
Denn Milkom muß in die Verbannung gehen
zusammen mit seinen Priestern und Fürsten.
4 Was rühmst du dich deiner Kräfte?
Deine Kraft wird zerrinnen, du abtrünnige Tochter,
die auf ihre Schätze vertraut und sagt:
Wer kommt an mich heran?
5 Schon lasse ich über dich kommen
Schrecken von allen Seiten
– Spruch des Herrn, des Gottes der Heere.
Ihr stoßt einander vorwärts (auf der Flucht),
und niemand wird die Flüchtlinge sammeln.
48^{47} 6 Aber danach wende ich das Geschick der Ammoniter
– Spruch des Herrn.

Über Edom: 49^{7-22}

7 Über Edom: So spricht der Herr der Heere:
Obd ^{8f} Gibt es keine Weisheit mehr in Teman?

49^3 Stadt: *ʿīr*, M: »Ai«.
49^4 Deiner Kräfte? Deine Kraft wird zerrinnen, M: »der Täler, daß Überfluß hat dein Tal«.

stung der Hauptstadt Rabba (heute Amman) samt den abhängigen Ortschaften das Land an sein Volk Israel geben. 3 Die Zerstörung ist so stark, daß die Totenklage ertönt. Auch der Gott Milkom, der in und mit seinem Volk unterliegt, wird deportiert. 4 Die zweite Schelte wendet sich gegen die eigenmächtige Selbstsicherheit Ammons, das sich auf das fruchtbare untere Jabboktal als Garanten seines Reichtums und seiner Macht verließ. Abtrünnig wird es genannt, weil es, obwohl mit Israel stammverwandt (Gen 19^{30-38}), Israels und Jahwes (vgl. Zef 2^{8f}) Rechte (^{1}) nicht respektierte, und dies seit langem (Ri 11 1Sam 11 2 Kön $15^{29}24^2$ Am 1^{13}). 5 Die Strafe ist, daß Ammon aus dem Land fliehen muß. 6 Der Ausspruch aber schließt mit der Heilszusage wie 48^{47} die Worte über Moab.
$^{7-22}$ Die Rede über Edom beginnt, in Anlehnung an Obd $^{5-8}$, mit einem Gerichtswort Jahwes $^{7-11}$, fährt mit

Ging den Klugen der Rat verloren,
ist ihre Weisheit verdorben?
8 Flieht, macht kehrt,
tief unten versteckt euch, Einwohner von Dedan!
Denn ich bringe über Esau Verderben,
die Zeit seiner Bestrafung.
9 Wenn Winzer zu dir kommen, Obd 5
lassen sie keine Nachlese übrig.
Wenn Diebe in der Nacht kommen,
zerstören sie nach Lust.
10 Ja, ich selbst hole Esau aus dem Versteck, Obd 6
decke seine Schlupfwinkel auf,
so daß er sich nicht mehr verbergen kann.
Seine Brut wird vernichtet,
seine Verwandtschaft und seine Nachbarn,
so daß keiner mehr sagt:
11 Laß deine Waisen! Ich will für sie sorgen,
deine Witwen können sich verlassen auf mich.

12 Denn so spricht der Herr: Sogar jene, die es nicht verdient hätten,
aus dem Becher zu trinken, müssen daraus trinken, und da solltest du 25^{15-17}
verschont bleiben? Du bleibst nicht verschont, du mußt trinken.
13 Denn ich schwöre bei mir selbst – Spruch des Herrn: Zu einem Bild 44^{22}
des Entsetzens, zum Hohn, zur Öde und zum Fluch wird Bozra, und
alle seine Nachbarstädte werden für immer zu Trümmerhaufen.

49^{10} So daß keiner mehr sagt: *w^{e}ēn 'omer*, vgl. BHK, M: »und er ist nicht mehr«.

einem $25^{28f}44^{22}$ nachgebildeten Gerichtswort fort (^{12f}) und bringt schließlich ein drittes ($^{14-22}$), das $^{14-16}$ Obd $^{1-4}$ einbringt, verwandte Texte heranzieht ($^{17f.22}$) und in $^{19-21}$ fast wörtlich die Drohrede gegen Babel in 50^{44-46} übernimmt. Zu $^{7-11.14-16}$ vgl. den Kommentar bei Obd $^{1-8}$.

$^{7-11}$ Die weit bekannte Weisheit der Edomiter (Obd ^{8} Ijob $2^{11}15^{18}$ 1 Kön 5^{10f} Bar 3^{22f}) hat versagt (^{7}). Sie haben nicht, wie es ein Weiser tut, Zusammenhänge erkannt, sondern Zustände falsch beurteilt, Entwicklungen nicht wahrgenommen, so daß Jahwes Strafe (^{8}) überraschend kommt. Teman ist Stadt und Gebiet in Edom (Lage unbekannt). Der Prophet mahnt zur Flucht; auch das südliche, durch seine Karawanen bekannte Nachbarvolk Dedan soll sich in Sicherheit bringen. Esau steht für Edom (Gen 36^{1}). ^{9} Die Feinde werden mit Winzern und Dieben verglichen, die nichts übriglassen. ^{10f} Nach der Zerstörung ist niemand mehr da, der sich der Witwen und Waisen annehmen könnte.

^{12f} sagt, in Auslegung von 25^{28f}, daß Edom nicht verschont bleiben kann, wenn Jerusalem und Juda gestraft worden sind (586). Jahwe schwört sogar: Edoms Vernichtung wird sprichwörtlich groß und umfassend sein (vgl. 44^{22}). Bozra (heute *el-buseira)*, etwa 45 km südöstlich des Toten Meeres, war die Hauptstadt Edoms.

Obd [1–4] 14 Ich habe vom Herrn eine Kunde gehört,
ein Bote ist zu den Völkern gesandt:
Schart euch zusammen, rückt aus gegen Edom,
tretet an zum Kampf!
15 Ja, ich mache dich klein unter den Völkern,
verachtet unter den Menschen.
16 Deine furchterregende Macht hat dich betört,
dein vermessener Sinn,
weil du in Felsklüften wohnst,
an Bergeshöhen dich klammerst.
Baust du dein Nest auch hoch wie der Adler,
ich stürze dich von dort hinab – Spruch des Herrn.
17 Edom wird zu einem Bild des Entsetzens;
19[8] 50[13] jeder, der vorbeikommt, ist entsetzt
und spottet über alle Schläge, die es erlitt.
50[40] 18 Wie beim Untergang von Sodom und Gomorra
Jes 13[19f] und ihrer Nachbarstädte, spricht der Herr,
so wird auch dort niemand mehr wohnen,
kein Mensch darin leben.
19 Wie ein Löwe, der heraufkommt
aus dem Dickicht des Jordan
zu den immergrünen Auen,
so jage ich sie jählings davon
und setze meinen Erwählten dort ein.
Denn wer ist mir gleich,
wer zieht mich zur Rechenschaft,
und wo ist der Hirt, der vor mir standhält?
20 Darum hört den Beschluß,
den der Herr gegen Edom gefaßt hat,
und die Pläne, die er ersann
gegen Temans Bewohner:
Wegschleppen wird man die Hirtenknaben,
ihr Weideplatz wird sich über sie entsetzen.

49[16] Deine furchterregende Macht: *tiflaṣt*^{e}*kā* Hap.leg., Deutung unsicher.
49[19] Meinen Erwählten: *ūb*^{e}*ḥīrī;* M: »wer (ist) erwählt«.
49[20] Hirtenknaben, wörtlich: »die Geringen der Schafe«.

Zu [14–16] vgl. bei Obd [1–4]. Völker sollen gegen Edom kämpfen. Hochmut ist auch hier der Grund für die Bestrafung; es wird klein, weil es sich selbst als groß und mächtig hingestellt hat. [17f] verschärfen die Drohung: Edom wird wie Sodom und Gomorra total zerstört (vgl. Gen 19[23ff]).
Zu [19–21] siehe die Auslegung zu 50[44–46], wo das Wort seinen ursprünglichen Platz hat. [22] wendet 48[40.41a] auf Edom an.

21 Von Edoms dröhnendem Fall erbebt die Erde,
bis zum Schilfmeer hört man sein Schreien.
22 Seht, wie ein Adler steigt es empor, 48^{40f}
schwebt es heran
und breitet seine Schwingen über Bozra aus.
Das Herz der Helden Edoms ist an jenem Tag
wie das Herz einer Frau in Wehen.

Über Damaskus: 49^{23-27}

23 Über Damaskus: Bestürzt sind Hamat und Arpad;
denn böse Nachricht mußten sie hören.
Sie wanken vor Kummer wie das Meer, Jes 57^{20}
das nicht zur Ruhe kommen kann.
24 Damaskus wird schwach, es wendet sich zur Flucht,
Schrecken erfaßt es,
Angst und Wehen ergreifen es wie eine Gebärende.
25 Wie ist doch die ruhmreiche Stadt verlassen,
die Burg der Freude!
26 Darum fallen ihre jungen Männer auf den Plätzen, 50^{30}
alle Krieger kommen um an jenem Tag
– Spruch des Herrn der Heere.
27 Ich lege Feuer an die Mauer von Damaskus; 17^{27} Am $^{14.14}$
es verzehrt die Paläste Ben-Hadads.

Über die arabischen Stämme: 49^{28-33}

28 Über Kedar und die Reiche von Hazor, die Nebukadnezzar, der König von Babel, erobert hat.

49^{23} Vor … Meer: *kajjām midd^{e}ʾāgāh;* M: »am Meer ist Kummer«.
49^{25} Doch: *lū;* M: »nicht«. – Der Freude: *māśōś* mit Übss.

$^{23-27}$, ein Orakel über Damaskus, das 25^{17-25} nicht erwähnt wird, besteht aus einer Klage ($^{23-25}$), die durch ein aus 50^{30} und Am $1^{4.14}$ entliehenes Drohwort ergänzt wurde. Damaskus wurde von einer Katastrophe, vielleicht einer Niederlage im Krieg (^{26f}) getroffen; die Bevölkerung muß fliehen. Das Unglück, das über die bedeutende Stadt (^{25}) hereinbrach, ist so unerwartet und groß, daß die beiden Stadtstaaten Hamat (heute *ḥama* am Orontes) und Arpad (30 km nördlich von Aleppo), die öfter zusammen genannt werden (2 Kön $18^{34}19^{13}$ Jes 10^{9}), in Klagen ausbrechen. Um welches Ereignis es sich handelt, ist nicht zu erkennen. Nordsyrien sieht sich davon betroffen. Der Ergänzer (^{26f}) sieht Jahwe am Werk, der Gericht hält. Ohne den mächtigen Gott, den Herrn aller Mächte und Gewalten (*ṣ^{e}bāʾōt*), geschieht bei den Völkern nichts; er gebietet über die ganze Welt.
$^{28-33}$ Nebukadnezzar hat nach der

So spricht der Herr:
Auf, zieht gegen Kedar,
bezwingt die Söhne des Ostens!
29 Man raubt ihre Zelte und Herden,
ihre Decken und ihr ganzes Gerät;
auch ihre Kamele nimmt man mit,
6[25] 20[3] und man ruft über sie: Grauen ringsum!
46[5] 30 Flieht, macht euch eilends davon,
V. [8] tief unten versteckt euch,
ihr Bewohner von Hazor – Spruch des Herrn.
Denn Nebukadnezzar, der König von Babel,
V. [20] hat gegen euch einen Beschluß gefaßt
und einen Plan gegen euch ersonnen.
31 Auf, zieht gegen das sorglose Volk,
das in Sicherheit lebt – Spruch des Herrn –,
das keine Tore und Riegel hat;
man haust ja einsam für sich.
32 Ihre Kamele werden erbeutet,
ihre vielen Herden geraubt.
In alle Winde zerstreue ich sie,
25[23] die Leute mit gestutztem Haar,
von allen Seiten bringe ich ihnen Verderben
– Spruch des Herrn.
9[10] 33 Hazor wird zur Behausung für die Schakale,
V. [13.18] 50[3] eine Wüste für immer.
Niemand wird mehr dort wohnen,
kein Mensch darin leben.

49[30] Gegen euch, s. BHK; M: »gegen sie«.
49[32] Von allen Seiten: *ūmikkōl ʿabārīm;* M: »von allen seinen Seiten«.

Babylonischen Chronik (hrsg. von Wiseman) 599/8 sein Heer gegen die »Wüste« geschickt und die arabischen Stämme ausgeplündert. Auch das ist von Jahwe so gefügt, sagt unser Text. [28] Jahwe gibt gleichsam den Befehl bzw. durch einen Botenspruch die Erlaubnis, die dann der König von Babel in die Befehlsworte kleidet ([31]), zu dieser kriegerischen Aktion. Denn er hat »alle Länder in die Hand« Nebukadnezzars gegeben; »alle Völker sollen ihm untertan sein« (27[6f]). Wieder scheint es die Überheblichkeit, das Vertrauen auf die eigene Kraft, durch die man sich absolut sicher wähnt ([31]), zu sein, die mit dieser Strafexpedition geahndet wird. Kedar bezeichnet die Beduinen in der syrischen Wüste, östlich von Palästina. »Die Reiche von Hazor« ist vielleicht ein Sammelbegriff für die Beduinen, die in festen, allerdings unbefestigten ([31]) Siedlungen wohnen (*ḥāṣer* »Siedlung, Gehöft«). Schon damals gab es neben den frei umherziehenden auch (zeitweise oder dauerhaft) ansässige Nomaden (vgl. Gen 25[16] und die Patriarchenerzählungen der Gen). Diese vor allen,

Über Elam: 49^{34-39}

34 Das Wort des Herrn gegen Elam, das zu Beginn der Regierung
Zidkijas, des Königs von Juda, an den Propheten Jeremia erging.
35 So spricht der Herr der Heere:
Seht, ich zerbreche den Bogen Elams, Jes 22^{6}
seine stärkste Waffe.
36 Ich bringe über Elam vier Winde
von den vier Enden des Himmels. Sach 2^{10} 6^{5}
In alle diese Winde zerstreue ich sie,
so daß es kein Volk gibt,
zu dem nicht Versprengte aus Elam kommen.
37 Ich jage den Elamitern Schrecken ein
vor ihren Feinden,
vor allen, die ihnen nach dem Leben trachten.
Unheil lasse ich über sie kommen, 11^{23}
meinen glühenden Zorn – Spruch des Herrn.
Ich schicke das Schwert hinter ihnen her, 9^{15}
bis ich sie vernichtet habe.
38 Ich stelle meinen Thron in Elam auf 1^{15} 43^{10}
und vernichte dort König und Fürsten –
Spruch des Herrn.
39 Aber in ferner Zukunft wende ich Elams Geschick V. ^{6} 48^{47}
– Spruch des Herrn.

49^{36} *haggōj*, lies *gōj*. – kommen: *jābo'ū* (Pl. statt Sing.).

soweit sie sich in der östlichen Steppe und Wüste aufhielten, werden »Söhne des Ostens« genannt (vgl. Gen 29^{1} Ri 6^{3} Jes 11^{14} Ez 25^{4} Ijob 1^{3}). Zu der besonderen Haartracht der Beduinen vgl. $9^{25}$$25^{23}$. Das Wort über die arabischen Stämme spricht mit Bedauern (^{29}) über die Beraubung. Feindschaft kennt es nicht.

$^{34-39}$ Das Orakel gegen Elam (östlich von Babylonien, nördlich vom Persischen Golf mit der Hauptstadt Susa) ist in die Zeit unmittelbar nach der ersten Wegführung (597) nach Babel datiert. Ein historischer Anlaß dafür ist nicht auszumachen. Elam, 640 von Assurbanipal unterworfen, nach dem Untergang des assyrischen Reiches wohl wieder relativ selbständig, ging schließlich im Perserreich auf. Ob Nebukadnezzar einen Feldzug gegen Elam unternahm, ist nicht bekannt. Der Ausspruch in $^{35-39}$ ist, formal richtig mit der Botenspruchformel eingeleitet, ganz Wort Jahwes. Er vernichtet Elams kriegerische Macht, die Bogenschützen, die »das Beste ihrer Stärke« waren (Jes 22^{6}). Wie mit einem gewaltigen Sturm, der von allen Seiten losbricht, jagt er, der Schöpfer und Herr der Welt, die Elamiter aus ihrem Land (^{36}): Er führt einen Feind herbei, der sie völlig besiegt (^{37}), wie mit bekannten Formulierungen gesagt wird. Jahwe tritt als Richter (^{38}) auf, auch diesem starken Weltreich gegenüber: Es wird seine Selbständigkeit verlieren. ^{39} Künftig aber schenkt Jahwe ihm

Über Babel: 50^{1}–51^{64}

50^{1} Das Wort gegen Babel, das Land der Chaldäer, das der Herr durch den Propheten Jeremia gesprochen hat.

Das Ende des Exils: 50^{2-7}

[2] Verkündet unter den Völkern und meldet,
4^{6} [errichtet ein Wegzeichen und meldet]
verheimlicht nichts, sondern sagt:
10^{14} Jes 46^{1} Erobert ist Babel, zuschanden ist Bel,
zerschmettert Merodach
[zuschanden sind seine Götterbilder,
zerschmettert seine Götzen].
V. [9] [3] Denn ein Volk aus dem Norden
rückt gegen Babel heran;
49^{33} das macht sein Land zur Wüste.

50^{2} Errichtet ... meldet: fehlt in G, aus Jes 13^{2}, vgl. 4^{6}. – Zuschanden sind ... Götzen: fehlt in G, wohl eine, das Vorausgehende verallgemeinernde Glosse.

wieder Heil. Tatsächlich hat Susa im Perserreich wieder eine bedeutende Rolle gespielt. Das Elam-Wort verkündet eindrucksvoll die absolute und unwiderstehliche, Gericht und Heil wirkende Macht Gottes, der auch Herr über ein fernes und starkes Reich ist.

50.51 Die weit ausladende Spruchfolge, eine ganze Sammlung (vgl. 51^{60f}: ein Buch) von Aussprüchen gegen Babel, ist zugleich auch Wort für Gottes Volk, das immer wieder angesprochen wird. Gehäuft und vielfach wird hier verkündet, daß Babel verdorben, zerstört, zur Wüste wird, aber auch, daß Israel heimkehrt. Am Ende 51^{59-64} steht eine Erzählung darüber, was mit dem Buch der Babel-Worte geschehen sollte. Diese sind Jeremia in den Mund gelegt. Prophetenworte (besonders aus Jer und Jes) werden verwendet und sogar zitiert. Es ist nicht mehr die Zeit des Propheten, die hier vorausgesetzt ist, und nicht die Botschaft Jeremias, die sich hier äußert. 50f. sprechen in die Situation des Exils hinein. Vielleicht ist aber Babel bereits (vgl. 51^{46}) in eschatologischer Sicht teilweise schon ein Deckname für eine Weltmacht, die sich feindlich gegen Israel und Jahwe stellt.

50^{1} Als Überschrift liest G nur: Wort des Herrn, das er über Babel gesprochen hat. M sagt aus, daß es durch Vermittlung Jeremias (vgl. 37^{2}) geschah, wohl eine späte Wertung der Prophetie (vgl. *b^e^jad* »durch die Hand« Hag $1^{1.3}2^{1.10}$ Sach $7^{7.12}$). Jeremia selbst empfindet sich »wie der Mund« Jahwes (15^{19}).

[2.3] wird in einem grundsätzlichen Wort, das im folgenden entfaltet wird, das Ende Babels angesagt; es soll weltweit verkündet werden. Mit Babel fällt sein Gott Merodach (= Marduk), auch Bel (= Baal »Herr«) genannt (51^{44} Jes 46^{1}). Volk und Gott siegen oder unterliegen nach altorientalischer Auffassung zusammen. Jahwe ist die einzige und große

Niemand mehr wohnt darin,
Mensch und Vieh ergreifen die Flucht 9[9]
und laufen davon.
4 In jenen Tagen und zu jener Zeit – 33[15]
Spruch des Herrn –
kommen die Söhne Israels
gemeinsam mit den Söhnen Judas.
Weinend gehen sie ihren Weg 31[9]
und suchen den Herrn, ihren Gott.
5 Nach Zion fragen sie,
dorthin ist ihr Blick gerichtet.
Sie kommen und verbünden sich mit dem Herrn 32[40]
zu einem ewigen, unvergeßlichen Bund.
6 Eine verlorene Herde war mein Volk, V. [17] 23[1]
ihre Hirten führten sie in die Irre,
trieben sie ziellos in die Berge.
Von Berg zu Hügel zogen sie weiter
und vergaßen ihren Lagerplatz.
7 Wer auf sie stieß, fraß sie auf,
und ihre Feinde sagten: 2[3]
Wir begehen kein Unrecht;
sie haben ja gegen den Herrn gesündigt,
den Hort der Gerechtigkeit, die Hoffnung ihrer Väter. 31[23]

50[5] Dorthin, wörtlich: »auf den Weg dorthin«.
50[6] In die Berge: *ᶜal (hæ)hārīm* mit Übss.
50[7] Statt »Jahwe« am Ende des Verses, das in G fehlt, liest man wohl besser: *hōj* im Sinne eines Anrufs.

Ausnahme. Er bleibt der Herr, auch wenn sein Volk besiegt wird. Babel war für Juda und seine Nachbarvölker der Feind aus dem Norden, nun erlebt es das gleiche Schicksal: Die Meder und Perser – hier nicht genannt – kommen über die Stadt und das Land.

[4–7] Mit doppelter »eschatologischer« Formel eingeleitet, folgt die Verheißung der Wiedervereinigung und Heimkehr Israels und Judas sowie der Hinwendung zu Jahwe. Bei der Flucht ([3]) aus Babel haben sie Zion als festes Ziel, wo sie sich in Reue und Buße (»weinend« [4]) Jahwe anschließen, der einen »ewigen Bund« (im Sinn der Heilszuwendung von 32[40]) gewährt. Sie aber wollen – und darum geht es hier ([5]) – Jahwe anhangen in ewiger, unvergeßlicher Verpflichtung, ohne sich jemals wieder abzuwenden oder zuwiderzuhandeln. [6] Früher vollzogen sie, verführt von ihren Hirten, den Königen und den maßgebenden Leuten (vgl. 23[1f]), auf den Bergen den Höhenkult und vergaßen, daß sie zu ihrem Gott gehörten und ([7]) bei ihm geborgen waren. Die Folge war, daß ihre Feinde sie mit Recht zur Strafe für diese Sünde gegen den Herrn »auffraßen« (2[3]10[25] Jes 9[11]), d. h. angriffen und zugrunde richteten.

[8–16] In einem dreiteiligen Ausspruch ([8–10.11–13.14–16]), der jeweils mit einem

Der Entscheidungskampf: 50$^{8-20}$

51^{6} 8 Flieht aus Babel und aus dem Land der Chaldäer!
Jes 48^{20} Zieht aus, und seid wie Leitböcke,
die der Herde vorangehen.
9 Denn seht, ich selbst stachle auf
und führe gegen Babel
eine Schar großer Völker vom Nordland her;
sie greifen es an, und von dort wird es erobert.
Ihre Pfeile sind wie die eines siegreichen Helden,
der nie zurückkehrt ohne Erfolg.
10 Plünderung trifft Chaldäa,
alle, die es plündern, werden satt
– Spruch des Herrn.
11 Freut euch nur, und jubelt,
ihr, die ihr mein Erbteil geraubt habt.
Ja, hüpft wie Kälber auf der Wiese,
und wiehert wie Hengste!
12 Große Schmach trifft eure Mutter;
sie, die euch geboren hat, muß sich schämen.
Seht doch, das letzte unter den Völkern:
Wüste, Dürre und Steppe.
13 Durch den Zorn des Herrn bleibt Babel unbewohnt
und wird völlig zur Wüste;
19^{8} 49^{17} jeder, der an Babel vorbeikommt, ist entsetzt
51^{37} und spottet über alle Schläge, die es erlitt.
14 Rüstet euch ringsum zum Kampf gegen Babel,
all ihr Bogenschützen!
Schießt, und spart die Pfeile nicht!
[Denn gegen den Herrn hat es gesündigt.]

50^{8} Zieht aus: *ṣ*^{e}*'ū* mit dem Qere.
50^{9} Siegreichen: *maśkīl;* M: »kinderlosen«.
50^{11} Wie Kälber auf der Wiese: *k*^{e}*'æglē baddæšæ'* mit G, Vg; M: »wie eine dreschende Kuh«.
50^{14} Schließt: *j*^{e}*rū* mit Hss. – [ ] fehlt in G, vgl. [29].

Imperativ neu ansetzt, wird wiederum der Untergang Babels verkündet. 8–10 Die Fremden, vor allem wohl die aus anderen Ländern Verschleppten, werden aufgefordert, Babel zu verlassen, schnell und sich rücksichtslos wie die Leitböcke durchsetzend. Denn Jahwe führt die feindlichen Völkerheere, aus denen die Bogenschützen als besonders gefährlich erwähnt werden, heran. Das reiche Chaldäa bietet allen genug, die es plündern. 11–13 Seine Bewohner sind noch sorglos und genießen das Leben; sie denken nicht daran, daß sie Jahwes Land weggenommen haben, was ihnen hier als Unrecht angelastet wird. Der Herr straft

15 Schreit ihm von allen Seiten
den Kampfruf entgegen!
Es muß sich ergeben, seine Säulen fallen,
seine Mauern werden niedergerissen.
Ja, das ist die Rache des Herrn. V. 28
Nehmt Rache an Babel!
Was es selber getan hat, das tut jetzt an ihm! V. 29
16 Rottet in Babel den Sämann aus
und den, der zur Erntezeit mäht.
Vor dem rasenden Schwert 46[16]
wendet sich jeder zu seinem Volk,
jeder flieht in sein Land.
17 Ein versprengtes Schaf war Israel,
von Löwen gehetzt.
Zuerst hat es der König von Assur gefressen,
zuletzt hat ihm Nebukadnezzar, der König von Babel,
die Knochen abgenagt.
18 Darum – so spricht der Herr der Heere,
der Gott Israels:
Fürwahr, ich rechne ab
mit dem König von Babel
und seinem Land,
wie ich abgerechnet habe
mit dem König von Assur.
19 Israel aber bringe ich zurück auf seinen Weideplatz;
es soll auf dem Karmel und im Baschan weiden,
sich im Bergland Efraim und in Gilead sättigen.

50[17] Gehetzt: *hiddîḫûhā.*

Stadt und Land und setzt sie, durch die Feinde verwüstet, an die letzte Stelle unter den Völkern. [14–16] werden die Feinde zum Sturm auf die Stadt aufgerufen, in deren Fall Jahwe die Strafe vollzieht, ihre früheren Taten (Ausplünderung und Vernichtung anderer Völker) entsprechend vergilt. Selbst die bäuerliche Bevölkerung soll verschwinden und mit dem Aufhören von Saat und Ernte auch die Existenzgrundlage für Volk und Staat. Noch einmal werden die Fremden zur Flucht aufgerufen.

[17–20] enthalten ein Heilswort für Israel ([17a.19]) und für Juda ([20]), sowie ein Drohwort gegen den König von Babel ([17b.18]). Israel war wie ein von Löwen verfolgtes und von seiner Weide vertriebenes Schaf; es wird aber von Jahwe wieder in sein Land zurückgebracht. Mit der doppelten »eschatologischen« Formel (vgl. [4]) eingeführt und gewichtet ([20]), wird Juda gemäß Jes 40[2] zugesagt, daß seine Schuld kraft der Vergebung durch Gott nicht mehr besteht. In [17b.18] werden die Löwen [17a] als die Könige von Assur und Babel inter-

20 In jenen Tagen und zu jener Zeit
– Spruch des Herrn –
wird man nach der Schuld Israels suchen,
Jes 40^2 doch sie ist nicht mehr vorhanden,
nach den Sünden Judas,
doch man findet sie nicht mehr.
33^8 Denn ich verzeihe dem Rest,
den ich übriglasse.

Die völlige Zerstörung: 50^{21-32}

21 Zieh gegen Meratajim,
zieh gegen das Land
und gegen die Bewohner von Pekod!
Erschlag sie, und gib sie dem Untergang preis
– Spruch des Herrn;
1^7 tu genau, was ich dir befehle!
22 Kriegslärm herrscht im Land
und großer Zusammenbruch.
23 Wie wurde zerschlagen und zerschmettert
51^{20} der Hammer der ganzen Welt!
Welch ein Bild des Entsetzens ist Babel geworden
unter den Völkern!
24 Du, Babel, hast dir selbst eine Falle gestellt,
und bist auch gefangen worden, ehe du es merktest.
Du wurdest erwischt und gepackt;
denn du hattest den Herrn herausgefordert.

50^{21} Zieh gegen das Land: *ʿaleh ʿal ʾæræṣ.* – Gib sie dem Untergang preis: *wᵉhaḥᵃrīmem;* M: »nach ihnen«.
50^{24} Du hast eine Falle gestellt: *jāqošt;* M: »ich habe ...«.

pretiert und ihre Bestrafung – die des Babyloniers steht in der Sicht des Verfassers noch aus – angesagt.

21–32 Jahwe befiehlt (21) dem Feind, den sogenannten Bann zu vollziehen, Menschen und Tiere samt dem ganzen Besitz zu vernichten und alles auf diese Weise Jahwe zu weihen (vgl. Jos 11^{12ff} 1 Sam 15^3 Dtn 13^{16ff}). Wenn vom »Bann« gesprochen wird, soll damit zum Ausdruck gebracht werden, daß es sich um einen »Krieg Jahwes« handelt, in dem die ganze Beute eigentlich Jahwe gehört. Meratajim und Pekod nehmen babylonische Namen auf (*nār marātu* »Bitterfluß« ist das Mündungsgebiet des Eufrat-Tigris; Pukudu wird ein Stamm in Ostbabylonien genannt), sind aber symbolisch gemeint: »Doppeltrotz« (*mᵉrī* »Trotz«) und »Heimsuchung« (*pqd* »heimsuchen«). Beide sollen Babel bezeichnen, das angegriffen und zerstört wird (22). Deswegen stimmt man (23) ein Klagelied über Babel, den »Hammer der ganzen Welt« (vgl. 51^{20-26}) an, das (Ende 24) in eine Begründung (25) für die Vernichtung Babels übergeht: Es hat sich selbst (24) in diese Lage ge-

25 Der Herr hat seine Rüstkammer geöffnet
und die Waffen seines Zornes hervorgeholt.
Denn das ist ein Werk,
das der Herr, der Gott der Heere,
im Land der Chaldäer vollbringt.
26 Kommt nach Babel vom Ende der Erde!
Öffnet seine Speicher,
werft alles auf einen Haufen zusammen,
wie man Haufen von Korn aufschüttet.
Dann gebt es dem Untergang preis;
kein Rest soll ihm bleiben.
27 Erschlagt alle seine Jungstiere,
hinunter mit ihnen zum Schlachten!
Weh über sie; denn ihr Tag ist gekommen, V. 31
die Zeit ihrer Bestrafung.
28 Horcht! Entronnene Flüchtlinge aus dem Land Babel!
Sie verkünden in Zion
die Rache des Herrn, unseres Gottes, 51[11]
[die Rache für seinen Tempel].
29 Ruft Schützen auf gegen Babel,
alle Bogenschützen!
Belagert die Stadt ringsum,
laßt keinen entrinnen!
Vergeltet ihr nach ihrem Tun;
alles, was sie selber getan hat, V. 15
das tut auch an ihr!
Denn gegen den Herrn hat sie frech gehandelt,
gegen den Heiligen Israels.

50[26] Der Erde: zur Verdeutlichung zugesetzt.
50[28] [] Zusatz aus 51[11], der in G fehlt.

bracht; denn es hat sich in einen Streit mit Jahwe eingelassen, sich mit ihm gemessen. [29] gibt vielleicht einen Hinweis, um was es sich konkret handelt. Mit dem jesajanischen Ausdruck »der Heilige Israels« könnte auf die frühere, prahlerische Weltmacht Assur (Jes 10[15]) hingewiesen sein, die nicht Jahwes Pläne, sondern ihre eigenen in der maßlosen Unterdrückung der Völker (Jes 10[7]) ausführte. Babel macht es ebenso. [25] Jahwe antwortet mit seinen Waffen, den feindlichen Völkern. [26] Er ruft sie herbei, und auf seinen Befehl vollziehen sie den Bann am ganzen Besitz wie auch an den kriegstüchtigen Männern ([27a]). Erneute Klage ([27b]) gibt, ähnlich wie in [23], Antwort auf das furchtbare Geschehen. Dies alles wird ([28]) dem Volk des Herrn in Zion gemeldet. Ihm wird klar, daß Jahwe die Weltmacht gestraft hat. [29–32] wird mit Wiederholungen (vgl. [29a] mit [15] und [31b] mit [27b]) wiederum zum Angriff und zur Zerstörung Babels aufgerufen. Dabei geht es vor allem um die Entfaltung der Aussage

49^{26} 30 Darum fallen ihre jungen Männer auf den Plätzen,
all ihre Krieger kommen um an jenem Tag
– Spruch des Herrn.
51^{25} 31 Nun gehe ich gegen dich vor, du Freche,
– Spruch des Herrn, des Gottes der Heere.
Denn dein Tag ist gekommen,
die Zeit deiner Bestrafung.
Am 5^{2} 32 Die Freche strauchelt und fällt,
niemand richtet sie auf.
21^{14} Am $1^{4.7}$ Ich lege Feuer an ihre Städte,
das ringsum alles verzehrt.

Die Befreiung Israels: 50^{33-46}

33 So spricht der Herr der Heere:
Unterdrückt sind die Söhne Israels
zusammen mit den Söhnen Judas.
Von allen, die sie in Gefangenschaft führten,
werden sie festgehalten;
man weigert sich, sie zu entlassen.
34 Doch ihr Erlöser ist stark,
Herr der Heere ist sein Name.
Er führt ihre Sache mit Kraft,
um der Erde Ruhe zu schaffen,
Unruhe aber Babels Bewohnern.
35 Das Schwert über die Chaldäer –
Spruch des Herrn –
und über die Bewohner von Babel,
über seine Fürsten und seine Weisen!
36 Das Schwert über die Wahrsager,
sie werden zu Narren!
Das Schwert über seine Helden,
sie brechen zusammen!

von ^{24}, daß Babel den Herrn herausgefordert habe. Er entgegnet der »Frechheit«, wie die Stadt nun genannt wird (^{32}), mit der Herausforderungsformel, die den Kampf ansagt, in dem Babel untergeht.

$^{33-40}$ Diese Verse stehen in einem Zusammenhang, insofern geschildert wird, daß die Befreiung (^{33f}) des Jahwevolkes durch eine kriegerische Zerstörung ($^{35-38}$) erfolgt, die eine vollständige Verwüstung (^{39f}) bewirkt. ^{33f} In Ägypten wurde Israel festgehalten, von Assur wurde es unterdrückt so, wie Juda jetzt von Babel festgehalten und unterdrückt wird (vgl. Jes 52^{4f}). Aber Jahwe ist ein starker Anwalt (*go'el*), der, wie ein Verwandter für seine Familie und ihre Angelegenheiten sich einsetzt, ihren Rechtsstreit (*rīb*) führt (vgl. Spr 23^{11}), die Sache seines Volkes mit aller Kraft vertritt. Er, der Erlöser, löst sie aus der Gefangen-

37 Das Schwert [über seine Rosse und Wagen und]
über alles Völkergemisch in seinen Reihen,
es wird zu Weibern!
Das Schwert über seine Schätze,
sie werden geraubt!
38 Das Schwert über seine Wasser,
sie vertrocknen!
Denn es ist ein Land voll von Götzenbildern,
und durch die Schreckbilder werden sie toll.
39 Darum werden Wüstenhunde
und Hyänen dort hausen,
und Strauße werden sich dort niederlassen.
Nie mehr soll es bewohnt sein, Jes 13[20]
ewig nicht mehr besiedelt werden.
40 Wie Gott einst Sodom und Gomorra 49[18]
und ihre Nachbarstädte zerstört hat
– Spruch des Herrn –,
so wird auch dort niemand wohnen,
kein Mensch darin leben.
41 Seht, ein Volk zieht von Norden heran, 6[22–24]
ein großes Volk und viele Könige
brechen auf von den Grenzen der Erde.
42 Sie kommen mit Bogen und Sichelschwert;
grausam sind sie und ohne Erbarmen.
Ihr Lärm gleicht dem Brausen des Meeres,
und sie reiten auf Rossen,
Krieger, zum Kampf gerüstet
gegen dich, Tochter Babel.

50[37] [] ist aus 51[21] zugesetzt.
50[38] Das Schwert: *ḥæræb;* M: »Trockenheit«.

schaft aus. Er kauft sie nicht los wie ein Löser (Lev 25[25] Ijob 19[25]) den Verwandten, der in Schuldknechtschaft geraten ist; er kämpft sie frei. Auch die übrigen Völker können dann in Ruhe leben, während Babel in Angst und Schrecken versetzt wird. [35–38] Jahwe selbst befiehlt seinem Schwert (vgl. 47[6f]), d. h. dem von den entbotenen Feinden geführten Krieg, in einem Schwertlied, zuzuschlagen. Sechsmal fährt es nieder und leistet ganze Arbeit, bis alles, sogar die Kanäle, die dem Land Fruchtbarkeit verschaffen, vernichtet sind. [38b] Die Drohung wird mit dem Götzendienst nachträglich begründet. An diese Schelte schließt sich ein weiteres Gerichtswort ([39f]) an, das Bilder der Verwüstung aus Jes 13[20–22] nimmt. Wie das Gebiet von Sodom und Gomorra soll das Land nie mehr besiedelt werden.

[41–43] sind aus 6[22–24] genommen, hier auf Babel bezogen. Sie malen den Feind, dem auch das mächtige Weltreich nicht wiederstehen kann, in seiner grausamen Schrecklichkeit.

43 Sobald der König von Babel von ihnen hört,
da erschlaffen ihm die Hände;
es packt ihn die Angst,
das Zittern, wie eine Gebärende.
4^{7} 49^{19-21} 44 Wie ein Löwe, der heraufkommt
aus dem Dickicht des Jordan
zu den immergrünen Auen,
so jage ich sie jählings davon
und setze meinen Erwählten dort ein.
Denn wer ist mir gleich,
wer zieht mich zur Rechenschaft,
und wo ist der Hirt, der vor mir standhält?
45 Darum hört den Beschluß,
den der Herr gegen Babel gefaßt hat,
und die Pläne, die er ersann
gegen das Land der Chaldäer:
Wegschleppen wird man die Hirtenknaben,
ihr Weideplatz wird sich über sie entsetzen.
46 Vom Ruf »Erobert ist Babel« erbebt die Erde,
unter den Völkern hört man sein Schreien.

Gottes Strafgericht: 51^{1-14}

51 1 So spricht der Herr:
Seht, gegen Babel und die Bewohner Chaldäas
wecke ich den Geist eines Verwüsters.

50^{44} Zu $^{44-46}$ vgl. 49^{19-21}.

51^{1} Chaldäas, so G: im Text *leb qāmāj* »Herz der sich gegen mich Erhebenden«, ein Atbasch.

$^{44-46}$ = 49^{19-21} (dort auf Edom und Teman bezogen). Jahwe vergleicht sich mit einem Löwen, der überraschend aus dem Dickicht des Jordan heraus eine Herde überfällt, raubt und zerstreut, um seine unvergleichliche, unwiderstehliche und niemals besiegbare Stärke ins Bild zu setzen. Kein Hirt (König) kann ihn abwehren. Falls der schwierige Text mit »und setze meinen Erwählten dort ein« (M: »und wer ist erwählt? Über es setze ich«) richtig überliefert und gedeutet ist, dürfte wohl an Kyrus (vgl. Jes $42^{1}44^{28}45^{1}$), (49^{19} an Nebukadnezzar, Jahwes Knecht) zu denken sein. Auch hier geht der Plan Jahwes (^{45}) auf die gänzliche Vernichtung Babels. Selbst »die Geringen der Herde« schleppt man weg. EÜ deutet (mit Duhm, der auf Sach 13^{7} »die Kleinen« und Jer 14^{3} »die Diener« hinweist) auf die Hirtenknaben; oder sind die geringsten Schafe gemeint? Jedenfalls ist das Land leer und verödet. ^{46} Die Kunde vom Fall der Weltmacht erschüttert die ganze Erde und alle Völker.

51^{1-4} Unter die Botenspruchformel gestellt, folgen weiterhin Aussprüche

[2] Ich sende Worfler nach Babel; 15[7]
die werden es worfeln und sein Land auskehren,
wenn sie es umzingeln am Tag des Unheils.
[3] Nicht erschlaffe, wer den Bogen spannt,
der Gepanzerte werde nicht müde.
Schont seine jungen Männer nicht,
gebt sein ganzes Heer dem Untergang preis!
[4] Erschlagene liegen herum im Land der Chaldäer,
Durchbohrte auf seinen Straßen.
[5] Denn nicht verwitwet sind Israel und Juda, Jes 54[4]
nicht verlassen von ihrem Gott,
dem Herrn der Heere.
Doch das Chaldäerland ist voll von Schuld
gegen den Heiligen Israels.
[6] Flieht aus Babel, jeder rette sein Leben, 50[8]
damit ihr nicht umkommt bei seinem Schuldgericht.
Denn es ist die Zeit der Rache für den Herrn; 50[15]
was Babel verübt hat, zahlt er ihm heim.
[7] Babel war in der Hand des Herrn
ein goldener Becher, 25[15] Off 17[4]
der die ganze Erde berauschte.
Von seinem Wein haben die Völker getrunken;
deshalb haben sie den Verstand verloren.
[8] Jählings fällt Babel und wird zerschmettert. Jes 21[9]
Klagt laut darüber!

51[2] Worfler: *zorīm*, mit Übss.; M: »Fremde«. – umzingeln: *jaḥ[a]nū*, M: »sie sind«.
51[3] Nicht (zweimal): *'āl;* M: »zu«. – erschlaffe: *jæræf* mit S. – der … müde: *jīgā' l[e]būš sirjonō.* – Text und Übersetzung von [3] unsicher.
51[5] Verlassen: sinngemäß beigefügt.

über die Zerstörung Babels, die Jahwe plant und durchführen läßt, weil die Stadt, anders als Jeremia es sieht, sein Widerpart ist (so der Atbasch). Der Verwüster (vgl. 4[7]), dem er den Plan und Mut eingibt (vgl. Esra 1[1.5]), Babel anzugreifen, wird von ihm gerufen (50[9.21]). Es sind nach [11] die »Könige von Medien«. Die Zerstörung ist vollständig; nichts bleibt übrig im Land. Die Feinde werden ([3]) aufgerufen, ganze Arbeit zu leisten.
[5–10] Die Israeliten aber, die dies alles miterleben ([5f]), stehen unter Jahwes Schutz, der Babels Schuld ahndet und ihm, den Untaten gemäß, vergilt. Sie sollen das dem Gericht verfallene Land verlassen. [7] Das reiche, prächtige Babel hat nach dem Willen des Herrn die Völker im Strafgericht Gottes (25[15]) um ihre Selbständigkeit gebracht; [8a] nun wird es zerstört. [8b.9] Man muß bereits die Totenklage über es anstimmen; denn es ist, wie ein Sterbender, nicht mehr zu retten, selbst wenn von außen jede nur denkbare Hilfe gebracht würde. Die

46 11 Holt Balsam für seine Wunde,
vielleicht ist es zu heilen.
9 Wir wollten Babel Heilung bringen,
es war aber nicht mehr zu heilen.
Verlaßt es! Gehen wir, jeder in sein Land!
Denn sein Gericht reicht bis zum Himmel hinauf,
ragt bis zu den Wolken empor.
10 Der Herr hat unsre gerechte Sache
ans Licht gebracht.
Kommt, laßt uns in Zion erzählen,
was der Herr, unser Gott, getan hat.
11 Schärft die Pfeile, füllt die Köcher!
Der Herr hat den Geist
Jes 13 17 der Könige von Medien erweckt;
denn er hegt den Plan,
Babel zu vernichten.
50 28 Ja, das ist die Rache des Herrn,
die Rache für seinen Tempel.
50 2 12 Errichtet ein Feldzeichen gegen Babels Mauern,
verstärkt die Wache!
Stellt Posten auf, legt Leute in den Hinterhalt!
Denn der Herr hat seinen Plan gefaßt,
und er führt auch aus,
was er Babels Einwohnern angedroht hat.
13 Die du an den großen Wassern wohnst,
so reich an Schätzen,
dein Ende ist da, dein Maß ist voll.
14 Geschworen hat der Herr der Heere
bei sich selbst:
Wärst du auch mit Menschen angefüllt
wie mit Heuschrecken,
man stimmt doch den Kampfruf gegen dich an.

göttliche Strafe ist riesengroß, nicht abwendbar. 10 Die verschleppten Judäer, die Babel zu Unrecht – anders Jeremia – unterdrückt hat, kommen nach Zion und danken für die Rettung (vgl. Ps 66 16f).

11–14 Der Herr führt seinen Plan, Babel zerstören zu lassen, mit Hilfe der »Könige von Medien« aus. Damit sind vermutlich die Perser gemeint, denen die 612 (Eroberung Ninives) mit den Babyloniern verbündeten mächtigen Meder eingegliedert waren. Die Schuld, die Jahwes strafendes Handeln herausfordert, ist hier die Zerstörung des Tempels (anders Jer 7). Auch der Reichtum der Stadt, ihre starken Festungsanlagen, der Schutz durch die Eufrat-Kanäle und die Verteidigungskraft zahlreicher Bewohner können den Untergang nicht verhindern. Babels Zeit ist vorbei.

15–19 = 10 12–16, vgl. dort. Der Lobpreis auf den einzigen wahren und mächtigen Gott wurde eingefügt, um

Gottes Größe: 51^{15-19}

15 Er hat die Erde erschaffen durch seine Kraft, 10^{12-16}
den Erdkreis gegründet durch seine Weisheit,
durch seine Einsicht den Himmel ausgespannt.
16 Läßt er seine Stimme ertönen,
dann rauschen die Wasser am Himmel. 10^{13}
Wolken führt er herauf vom Rand der Erde; Ps 135^{7}
er läßt es blitzen und regnen,
aus seinen Kammern entsendet er den Wind.
17 Töricht steht jeder Mensch da, ohne Erkenntnis,
beschämt jeder Goldschmied mit seinem Götzenbild;
denn seine Bilder sind Trug,
kein Atem ist in ihnen.
18 Nichtig sind sie, ein Spottgebilde.
Zur Zeit ihrer Heimsuchung gehen sie zugrunde.
19 Anders der Gott, der Jakobs Anteil ist.
Denn er ist der Schöpfer des Alls
und Israel der Stamm, der ihm gehört.
Herr der Heere ist sein Name.

Babel als Hammer Gottes: 51^{20-26}

20 Du warst mein Hammer, meine Waffe für den Krieg. 50^{23}
Mit dir zerschlug ich Völker,
mit dir stürzte ich Königreiche,
21 mit dir zerschlug ich Roß und Lenker,
mit dir zerschlug ich Wagen und Fahrer,
22 mit dir zerschlug ich Mann und Frau,
mit dir zerschlug ich Greis und Kind,
mit dir zerschlug ich Knabe und Mädchen,
23 mit dir zerschlug ich Hirt und Herde,
mit dir zerschlug ich Bauer und Gespann,
mit dir zerschlug ich Statthalter und Vorsteher.

51^{19} Und Israel, mit hebr. Hss, T, Vg und 10^{16}.

auszudrücken, daß niemand die Durchführung des Planes Jahwes (^{11f}), hinter dem er ganz steht (^{14}), verhindern kann.

$^{20-24}$ Babel war ein Hammer in Gottes Hand, der alles zerschlug, sein Werkzeug, mit dem er Krieg führte. Einst war Assur der »Stock seines Zornes« für Jahwe, mit dem er die Völker züchtigte (Jes 10^{5}). Er mußte den Stock zerbrechen, weil dieser eigenmächtig verfuhr. So muß er sich gegen den Hammer Babel wenden, der Zion nicht hätte zerschlagen sollen. Wieder sucht der Verfasser die Begründung für das göttliche Straf-

50[19.29] [24] Aber ich übe Vergeltung an Babel
und an allen Bewohnern Chaldäas
für alles Böse, das sie an Zion
vor euren Augen verübten
– Spruch des Herrn.
50[31] [25] Nun gehe ich gegen dich vor,
du Berg des Verderbens,
der die ganze Erde verdarb – Spruch des Herrn.
Ich strecke meine Hand gegen dich aus,
ich wälze dich weg von den Felsen
und mache dich zum ausgebrannten Berg.
[26] Man wird von dir keinen Eckstein
und keinen Grundstein mehr holen,
nein, Wüste bleibst du für immer
– Spruch des Herrn.

Die Strafe für die Schuld: 51[27–40]

[27] Errichtet ein Feldzeichen auf der Erde,
stoßt ins Horn unter den Völkern!
Bietet Völker zum Heiligen Krieg auf gegen die Stadt,
ruft Königreiche herbei gegen sie!
Ararat, Minni und Aschkenas,
hebt Truppen aus gegen sie,
laßt Rosse anrücken,
borstigen Heuschrecken gleich!
[28] Bietet Völker zum Heiligen Krieg auf gegen sie,
die Könige von Medien,
seine Statthalter und Vorsteher
und das ganze Land ihrer Herrschaft!

gericht in dem Ungehorsam gegen Jahwe. Und er findet diesen in der Zerstörung Zions. [25f] Als »Berg des Verderbens«, d. h. als Ort des Götzendienstes (2 Kön 23[13]), hat Babel die ganze Erde, alle Völker verdorben. Jahwe nimmt die Herausforderung an und verdirbt diesen Berg mit wuchtigen Schlägen und mit Feuer, so daß die zerschlagenen oder ausgeglühten Steine nicht mehr zum Bauen verwendet werden können. Die Stadt wird keine Rolle mehr spielen; niemand wird – so das Bild von Eckstein und Grundstein – sich nach ihr ausrichten, bei ihr Schutz und Halt suchen.

[27–32] Der Heilige Krieg, Jahwes Feldzug gegen Babel, wird ausgerufen. Dagegen gibt es keinen Widerstand ([30]). Jahwe ruft seine Hilfstruppen herbei, die für ihn den Kampf führen: neben den Medern und Persern ([28.11]) auch die Reiche Armeniens (Ararat = akkadisch Urartu; Minni = akkadisch mannaia, südöstlich des Urmiasees; Aschkenas, d. h. wohl: die Skythen, akkadisch Aschguza, vgl. Gen 10[3]). Der Sturz Babels löst eine gewaltige Erschütte-

29 Da bebt und zittert die Erde,
wenn sich an Babel der Plan des Herrn erfüllt,
das Land von Babel zur Wüste zu machen,
die niemand bewohnt.
30 Die Helden Babels geben den Kampf auf
und hocken in ihren Burgen.
Ihre Heldenkraft ist versiegt,
Weiber sind sie geworden. 50[37]
Seine Wohnungen steckt man in Brand, Jes 19[16]
seine Riegel zerbricht man. Nah 3[13]
31 Läufer über Läufer stürmt heran,
Bote über Bote,
um dem König von Babel zu melden,
seine Stadt sei von allen Seiten erobert,
32 die Flußübergänge seien besetzt,
die Kähne im Feuer verbrannt,
die Krieger entmutigt.
33 Denn so spricht der Herr der Heere,
der Gott Israels:
Die Tochter Babel gleicht der Tenne,
wenn sie festgestampft wird;
noch eine kurze Frist,
dann ist für sie die Erntezeit da.
34 Nebukadnezzar, der König von Babel,
hat mich gefressen und weggerafft,
mich beiseite gestellt wie ein leeres Gefäß.
Er hat mich wie ein Drache verschlungen,
hat sich den Bauch gefüllt
und mich aus dem Ort meiner Wonne vertrieben.
35 Was ich an Unrecht und Schaden erlitt,
komme über Babel!,
so sollen die Bürger Zions sagen.

51[32] Die Kähne: Übersetzung unsicher.
51[34] Vertrieben: *hiddīḥānī;* M: – »er hat mich abgespült«.
51[35] Schaden: *wᵉšibrī;* M: »mein Fleisch«.

rung [29] unter der Völkerwelt aus. Von allen Seiten dringt man in die Stadt ein; auch Kanäle und Wassergräben bieten kein Hindernis.
[33] Wieder taucht das Bild der Tenne auf: Sie ist hergerichtet; nun kann das Dreschen beginnen: Die Zeit des Kampfes ist da, alles ist schon vorbereitet.

[34–40] Jerusalem spricht ([34f]), schilt und klagt an: Der König von Babel hat die Bevölkerung getötet oder weggeführt, so daß die Stadt wie ein leeres Gefäß war. Sie verlangt Bestrafung und Vergeltung. [36–40] Jahwe entspricht diesem Verlangen und vollzieht das Strafgericht, wie mit häufig verwendeten Ausdrücken ge-

Mein Blut komme über die Bewohner Chaldäas!,
so soll Jerusalem sagen.
36 Darum – so spricht der Herr:
Ich selber führe deine Sache
und will dich rächen.
Ich lasse seinen Strom vertrocknen
und seine Quelle versiegen.
37 Babel wird ein Trümmerhaufen,
eine Behausung für die Schakale,
50[13] ein Ort des Entsetzens und des Spottes,
wo niemand wohnt.
38 Alle zusammen brüllen sie wie Löwen,
knurren wie Junglöwen.
39 Ihrer Gier bereite ich das Gelage,
berausche sie, daß sie betäubt werden,
in ewigen Schlaf versinken
und nie mehr erwachen – Spruch des Herrn.
50[27] 40 Ich führe sie hinab wie Lämmer zum Schlachten,
wie Widder und Böcke.

Die endgültige Vernichtung: 51[41–58]

41 Weh, genommen und erobert
ist der Ruhm der ganzen Erde.
Weh, Babel ist zu einem Bild des Entsetzens geworden
unter den Völkern.
42 Das Meer überflutet Babel,
vom Schwall seiner Wogen wird es bedeckt.
2[6] 43 Seine Städte werden zur Wüste,
ein Land der Dürre und Steppe,
wo niemand wohnt
und wo kein Mensch mehr hindurchzieht.

51[39] Daß sie betäubt werden: *j[ec]ullāfū;* M: »daß sie jauchzen«.
51[41] Genommen: M fügt hinzu: »ist Scheschak«, ein Atbasch für Babel, s. 25[26].
51[43] Wo niemand, mit G; M: »ein Land, wo niemand«.

sagt wird. Er hat die Macht dazu. Er kann den Eufrat, Lebensader und Schutz zugleich, austrocknen lassen. Und wenn die Babylonier toben wie ein zum Fraß (vgl. [34]) versammeltes Löwenrudel, Jahwe ist imstande, sie an ihrer Gier, mit der sie noch mehr Völker unterjochen wollen, zugrunde gehen zu lassen. Sie selbst werden das Opfer ([40]) ihres Machtstrebens.

[41–43] Eine Totenklage gibt Antwort auf die schrecklichen Schilderungen von Tod und Untergang. Sturmflut ([42]) oder eine Verwandlung in Wüste ([43]) bringen das Ende. Kein Spott

44 Den Bel von Babel suche ich heim
und entreiße seinem Rachen,
was er verschlungen hat.
Die Völker strömen nicht mehr zu ihm.
Auch die Mauer von Babel muß fallen. –
45 Zieh weg aus seiner Mitte, mein Volk!
Jeder rette sein Leben
vor dem glühenden Zorn des Herrn.
46 Euer Herz soll nicht verzagen.
Fürchtet euch nicht
bei dem Gerücht, das man im Land hört
– man wird im einen Jahr dieses
und im andern Jahr jenes Gerücht hören –,
und wenn Gewalttat im Land regiert
und Herrscher gegen Herrscher steht.
47 Darum seht, es kommen Tage,
da suche ich die Götzen Babels heim;
sein ganzes Land wird zuschanden,
und alle seine Erschlagenen, seine Gefallenen,
liegen in seinem Gebiet.
48 Dann jubeln über Babel Himmel und Erde
und alles, was in ihnen ist,
wenn von Norden her die Verwüster einfallen
– Spruch des Herrn.
49 Babel muß fallen
für die Erschlagenen Israels,

51 49 Für die Erschlagenen: *l^eḥal^elē,* in M Haplographie.

kommt in dem kleinen Lied auf. Die Trauer ist echt. Die glänzende Weltstadt ist jäh versunken, verödet. So vergehen Ruhm und Macht unter dem Zugriff Gottes.
44–46 Jahwe nimmt das Wort: Wenn Bel und die gewaltige Stadtmauer Babels Größe, sein Ruhm und seine Zuversicht sind, dann wird er beiden das Ende bereiten: Er wird Bel entreißen, was er geraubt hat, besonders die fremden Völker; die Mauer fällt (44). Im Prophetenwort wird das Volk des Herrn daher aufgefordert, Babel zu verlassen. 46 ist in eine Situation drängender Erwartung gesprochen, in der Gerüchte umlaufen und die durch Gewalttaten wie durch Rivalitäten der Herrschenden gekennzeichnet ist, um zur Geduld und zu furchtlosem Ausharren zu mahnen (vgl. Mt 24 6f). Gedanke und Formulierung finden später Eingang in die eschatologische Rede vom Ende der Welt.
47–51 In einem Jahwespruch wird (47) angekündigt, daß beim Untergang Babels, der in der ganzen Welt Freude auslösen wird, die babylonischen Götter fallen: Jahwe hat gesiegt, Völker sind befreit (vgl. Jes 44 23 49 13). Dies wird nun 49–51 auf Israel angewendet. Für seine Gefallenen und für die der anderen Völker

ebenso wie die Erschlagenen der ganzen Welt
für Babel gefallen sind.
50 Ihr, die ihr dem Schwert entronnen seid,
zieht weg, haltet euch nicht auf!
Denkt in der Ferne an den Herrn,
und tragt Jerusalem in eurem Herzen!
51 Schämen müssen wir uns;
denn Schmach mußten wir hören.
Schamröte bedeckt unser Gesicht;
denn Fremde sind gekommen
über die Heiligtümer des Hauses des Herrn.
52 Darum seht, es kommen Tage
– Spruch des Herrn –,
da suche ich seine Götzen heim,
und in seinem ganzen Land röcheln Erschlagene.
Jes 14[13] 53 Wenn Babel auch bis zum Himmel emporsteigt
und sich in unzugänglicher Höhe verschanzt,
so werden doch auf meinen Wink
Verwüster es überfallen – Spruch des Herrn.
54 Horch, lautes Schreien von Babel her,
großer Zusammenbruch im Land der Chaldäer.
55 Denn der Herr verwüstet Babel
und macht seinem lauten Lärmen ein Ende,
mögen seine Wogen brausen
wie gewaltige Wasser,
mag tosend ihr Lärm erschallen.
56 Ja, der Verwüster kommt über Babel.
Seine Helden werden gefangengenommen,
ihre Bogen zerbrochen.

51[50] Zieht weg, mit G: *(meḥārābāh) l^ekū.*

muß Babel fallen. Die Verschleppten dürfen nach Jerusalem zurückkehren. In der Bestrafung der babylonischen Götter wird vergolten, was dem Heiligtum Jahwes angetan wurde. Ein mahnender Ton ist in [50] nicht zu überhören. Die Menschen im Exil sind mutlos. [51] Sie antworten auf den Aufruf heimzukehren mit dem Hinweis, daß sie die Unterlegenen sind, und daß Jahwe sein Heiligtum nicht geschützt und vor der Zerstörung bewahrt hat. Es fällt ihnen schwer ([50b]), auf ihren Gott zu vertrauen und zu glauben, daß er in Jerusalem wieder Heil schenken wird.

[52–57] Die Erwiderung erfolgt zunächst im Jahwewort [52f], dann [54–56] in einem Bericht darüber, daß diese Ankündigung des Herrn bereits vollzogen wird, um mit einem bestätigenden Wort, das wiederum Jahwe selber spricht ([57]), zu schließen. Dabei werden Gedanken und Aussagen wiederholt und womöglich noch gesteigert: Es kann keinen Zweifel geben. Der Herr wird seinen Plan

Denn der Herr ist ein Gott der Vergeltung;
genau rechnet er ab.
57 Die Fürsten und Weisen Babels,
seine Statthalter, Vorsteher und Kriegshelden V.[28]
mache ich betrunken, V.[39]
in ewigen Schlaf sollen sie sinken
und nie mehr erwachen – Spruch des Königs,
Herr der Heere ist sein Name.
58 So spricht der Herr der Heere:
Die breite Mauer von Babel
wird geschleift bis auf den Grund,
seine hohen Tore werden niedergebrannt.
So mühen sich Völker um nichts, Hab 2[13]
Nationen plagen sich ab für das Feuer.

Ein geschichtlicher Nachtrag: 51[59–64]

59 Der Auftrag, den der Prophet Jeremia dem Seraja, dem Sohn Neri-
jas, des Sohnes Machsejas, erteilt hat, als dieser mit Zidkija, dem Kö-
nig von Juda, in dessen viertem Regierungsjahr nach Babel reiste. Se-
raja war oberster Quartiermeister. 60 Jeremia hatte all das Unheil, das 50[1]–51[58]

durchführen, die Weltmacht zerbrechen samt ihren Götzen, selbst wenn sich die Mauern der Stadt bis zum Himmel auftürmten ([53]) und die Kraft ihrer Geschäftigkeit unerschöpflich erschiene ([55]). Noch einmal wird sein Handeln mit der gerechten Vergeltung ([56]) begründet, die wie ein Grundthema die lange Reihe der Aussprüche gegen Babel durchzieht (50[29]51[6.24.56]) und die in der nachexilischen Zeit (Jes 34[8]59[18] 65[6]66[6]) erwartet wurde. Die Aussage »Herr der Heere ist sein Name« unterstreicht die göttliche Zusage (50[34]) wie auch Jahwes Entschlossenheit (48[15]) und Macht (46[18]51[19]).

[58] Aber ist Babel nicht eine ungeheure Festung, viel zu stark, als daß sie erobert werden könnte? Diesem Zweifel begegnet ein abschließendes Jahwewort ([58a]): Die Festungsanlagen werden vollständig geschleift. Die Mauern stellten »mit einer Länge von 18 km und entsprechender Dicke und Höhe immerhin die größte Stadtbefestigung dar, die die antike Welt bis dahin gesehen hatte« (R. Borger, in: BHH 178). Durch Xerxes I. wurde die Stadt nach einem Aufstand gründlich zerstört. Alexander der Große hatte geplant, sie wieder aufzubauen. Durch die Gründung von Seleuzia, 90 km nördlich, durch Seleukus I. (um 300 v. Chr.) ging Babel immer mehr zurück und wurde zur »wüsten Öde«. Wie ein Siegel ist Hab 2[13] an das Ende der Babelsprüche gestellt. An Babel zeigt sich, daß Jahwe bewirkt, daß Völker, wenn er es so verfügt, seien sie auch so gewaltig wie diese Weltmacht, sich vergebens mühen und nur erarbeiten, was untergehen soll.

[59–64] Die Aussprüche gegen Babel werden mit einer Erzählung abgeschlossen, in der Jeremia die aufge-

über Babel kommen sollte, in einer einzigen Buchrolle aufgeschrie-
ben, alle jene Worte, die über Babel aufgezeichnet sind. [61] Jeremia
sagte zu Seraja: Wenn du nach Babel kommst, sieh zu, daß du alle
40^{2} diese Worte laut vorliest. [62] Dann sag: Herr, du selbst hast diesem
Ort angedroht, ihn zu vernichten, so daß niemand mehr darin wohnt,
V. ^{26} 50^{3} weder Mensch noch Vieh; für immer soll er zur Wüste werden. [63] So-
bald du diese Buchrolle zu Ende gelesen hast, binde an sie einen
Stein, und wirf sie in den Eufrat! [64] Sprich dabei: So soll Babel versin-
ken und nicht wieder hochkommen, wegen des Unheils, das ich über
48^{47} die Stadt bringe. [So weit reichen die Worte Jeremias.]

51^{64} Bringe: M fügt hinzu »und plagen sich ab« (aus ^{58}), ein Zeichen dafür, daß die Schlußbemerkung ursprünglich nach ^{58} stand und nach Hinzufügung der Erzählung $^{59-64}$ an deren Ende versetzt wurde.

zeichneten Unheilsworte nach Babel schickt, dort verlesen und im Eufrat versenken läßt. Die Erzählung ist anscheinend nach dem Verfahren komponiert, das auch die Verfasser der Babel-Sprüche und mindestens teilweise der anderen Völkersprüche anwenden: Unter Benützung und mit Hilfe anderer Stellen wird ein neuer »jeremianischer« Text geschaffen: Seraja, ein bekannter Name judäischer Anführer (2 Kön $25^{18.23}$ Jer $40^{8}52^{24}$), wird hier zum Bruder Baruchs (s. 32^{12}), dem ähnlich er einen Parallelauftrag erhält: Wie Baruch im vierten Jahr Jojakims (36^{1}), soll er im vierten Jahr Zidkijas gesammelte Unheilsworte (^{60}, vgl. 36^{4}) vorlesen (Baruch in Jerusalem, Seraja in Babel): Wie einst gegen seine Stadt, so wendet sich Jahwe nun gegen die feindliche Hauptstadt. Der Anlaß, dies zu tun, wird 29^{3} nachgebildet, vielleicht unter Verwendung einer überlieferten Nachricht von einer Reise, die Zidkija nach Babel machen mußte. G geht dabei noch einen Schritt weiter: Der Herr befiehlt hier Jeremia (^{59}; vgl. 36^{2}); Seraja zieht als Gesandter des Königs nach Babel. Ein echtes Jeremiawort läßt sich aus $^{62.64}$ nicht gewinnen. Auch der zum Versenken der Rolle gesprochene Spruch »sie soll nicht aufstehen . . . bringe« wiederholt bekannte Worte (vgl. 25^{27} und $4^{6}6^{19}$ u. ö. sowie »vor dem Unheil« $7^{12}44^{3}$). Der Prophet selber hat zur Zeit Zidkijas die Unterwerfung unter Babel gefordert (27^{12}). Verlesung und Zeichenhandlung (Versenken der Babel-Sprüche im Eufrat) erfolgen im uneigentlichen Sinn: Beide haben, anders als bei Jeremia, keinen Zeugen. – Die Erzählung bezeugt aber den festen Glauben an die Wirksamkeit des Gotteswortes. Einmal ausgesprochen, entfaltet es seine Kraft. Es wird dort tätig, wohin es gesandt ist. Es hat nicht nur Macht über Jahwes Volk, sondern ebenso und nicht weniger über die anderen Völker, und seien sie so mächtig wie das große Babel.

52 bildet einen aus 2 Kön 24^{18}–25^{30} (vgl. die Auslegung dort) genommenen Anhang. Der Kurzbericht über die Einsetzung Gedaljas (2 Kön 25^{22-26}) ist wegen 40^{7}–41^{18} weggelassen.

$^{1-3}$ Von diesem Abschnitt gehören $^{1.2}$ zum Rahmen, mit dem die dtr Beurteilung die Berichte und Erzählungen über die einzelnen Könige ver-

ANHANG: DIE ZERSTÖRUNG JERUSALEMS: 52^{1-30}

Die Eroberung Jerusalems: 52^{1-11}

52[1] Zidkija war einundzwanzig Jahre alt, als er König wurde, und re-
gierte elf Jahre in Jerusalem. Seine Mutter hieß Hamutal und war
eine Tochter Jirmejas aus Libna. [2] Er tat, was dem Herrn mißfiel,
ganz so, wie es Jojakim getan hatte. [3] Weil der Herr zornig war, kam
es mit Jerusalem und Juda so weit, daß er sie von seinem Angesicht
verstieß.
Zidkija hatte sich gegen den König von Babel empört. [4] Im neunten
Regierungsjahr Zidkijas, am zehnten Tag des zehnten Monats,
rückte Nebukadnezzar, der König von Babel, mit seiner ganzen
Streitmacht vor Jerusalem und belagerte es. Man errichtete rings-
herum einen Belagerungswall. [5] Bis zum elften Jahr des Königs Zid-
kija wurde die Stadt belagert. [6] Am neunten Tag des vierten Monats
war in der Stadt die Hungersnot groß geworden, und die Bürger des
Landes hatten kein Brot mehr. [7] Damals wurden Breschen in die
Stadtmauer geschlagen. Als der König und alle Krieger das sahen, er-
griffen sie die Flucht und verließen die Stadt bei Nacht auf dem Weg
durch das Tor zwischen den beiden Mauern, das zum königlichen
Garten hinausführt, obwohl die Chaldäer rings um die Stadt lagen.
Sie schlugen die Richtung nach der Araba ein. [8] Aber die chaldä-
ischen Truppen setzten dem König nach und holten Zidkija in den
Niederungen von Jericho ein, nachdem alle seine Truppen ihn verlas-
sen und sich zerstreut hatten. [9] Man ergriff den König und brachte

52^{7} EÜ fügt nach 39^{4} ein: »als der König, sahen«.

sieht. ^{2a} bringt in einem Satz zusammengefaßt, was in dtr Sicht über die Regierungszeit Zidkijas zu sagen ist. Wenn er allerdings Jojakim gleichgestellt wird, entspricht dies insofern nicht dem Bild, das Jer von den beiden Königen zeichnet, als Jojakim gewalttätig das Volk unterdrückte, Zidkija schwächlich die unheilbringende Aufstandspartei nicht in die Schranken zu weisen vermochte. Er war nicht die treibende Kraft des Aufstands, den natürlich er (^{3b}) zu verantworten hatte.

$^{4-11}$ Gegen den Empörer zog Nebukadnezzar nicht selbst heran; er blieb in Ribla am Orontes (^{9}). Daß Jerusalem 1½ Jahre lang belagert werden mußte und nur durch den Hunger (vgl. 37^{21}) bezwungen wurde, zeigt, wie stark die Stadt durch ihre strategische Lage und die Befestigungen war (vgl. $22^{20-23}21^{4f}$). Als Zidkija nach seiner vergeblich versuchten Flucht in südlicher Richtung – die Chaldäer standen sicherlich im Norden mit dem größten Teil ihres Heeres – ergriffen und zu Nebukadnezzar nach Ribla gebracht worden war, wurden außer seinen Söhnen (2 Kön 25^{7}) nach ^{10} auch »alle Großen Judas« hingerichtet.

ihn nach Ribla in der Landschaft Hamat zum König von Babel, und
dieser sprach über ihn das Urteil. 10 Der König von Babel ließ die
Söhne Zidkijas vor dessen Augen niedermachen; auch alle Großen
Judas ließ er in Ribla niedermachen. 11 Zidkija ließ er blenden und in
32[5] Fesseln legen. Der König von Babel brachte ihn nach Babel und hielt
ihn in Haft bis zu seinem Tod.

Die Wegführung in die Verbannung: 52[12–30]

12 Am zehnten Tag des fünften Monats – das ist im neunzehnten Jahr
des Königs Nebukadnezzar, des Königs von Babel – rückte Nebusa-
radan, der Kommandant der Leibwache, der zum engeren Dienst des
Königs von Babel gehörte, in Jerusalem ein 13 und steckte das Haus
des Herrn, den königlichen Palast und alle Häuser Jerusalems in
Brand. Jedes große Haus ließ er in Flammen aufgehen. 14 Auch alle
Umfassungsmauern Jerusalems rissen die chaldäischen Truppen, die
dem Kommandanten der Leibwache unterstanden, nieder. 15 Den
Rest der Bevölkerung, der noch in der Stadt geblieben war, sowie
alle, die zum König nach Babel übergelaufen waren, und den Rest
der Handwerker schleppte Nebusaradan, der Kommandant der Leib-
wache, in die Verbannung. 16 Nur von den armen Leuten im Land
ließ Nebusaradan, der Kommandant der Leibwache, einen Teil als
Wein- und Ackerbauern zurück.
27[19–22] 17 Die bronzenen Säulen am Haus des Herrn, die fahrbaren Gestelle
und das Eherne Meer beim Haus des Herrn zerschlugen die Chaldäer
und nahmen alle Gegenstände aus Bronze mit nach Babel. 18 Auch die
Töpfe, Schaufeln, Messer, Schalen und Becher sowie alle bronzenen
Geräte, die man beim Tempeldienst verwendete, nahmen sie weg.
19 Ebenso nahm der Kommandant der Leibwache die Becken, Koh-
lenpfannen, Schalen, Töpfe, Leuchter, Becher und Schüsseln weg, die
sämtlich aus Gold oder aus Silber waren, 20 ferner die zwei Säulen,
das eine »Meer« [die zwölf bronzenen Rinder unter dem Meer], die
Gestelle, die König Salomo für das Haus des Herrn hatte anfertigen
lassen – die Bronze von all diesen Geräten war nicht zu wiegen.

52[15] Den Rest, M: »Und einen Teil der armen Bevölkerung und den Rest«: mit Blick auf [16] eingefügt.

Über den Parallelbericht hinaus wird [11] auch mitgeteilt, daß Zidkija, an dem sich 32[5] erfüllt, bis zu seinem Tod in Haft blieb.

[12–27] Anscheinend lag ein ganzer Monat (vgl. [6] mit [12]) zwischen der Eroberung der Stadt und ihrer Zerstörung. Nebusaradan wurde wohl eigens dazu von Ribla aus gesandt, nachdem die Nachricht vom Fall Jerusalems eingetroffen war. Nach der Zerstörung der Stadt und des Tempels (vgl. 7[1–15]), die ganz bewußt geplant, nicht im Verlauf der Eroberung erfolgt war, wurden ein Großteil der Bevölkerung deportiert und

21 Was die Säulen betrifft, so hatte jede Säule eine Höhe von acht-
zehn Ellen, und ein Band von zwölf Ellen umschlang sie; ihre Dicke
betrug vier Finger; innen war sie hohl. 22 Oben hatte sie ein Kapitell
aus Bronze. Die Höhe des einen Kapitells betrug fünf Ellen; das Ka-
pitell umgaben Flechtwerk und Granatäpfel, alles aus Bronze. Ebenso
war es bei der zweiten Säule [und den Granatäpfeln]. 23 Es waren
sechsundneunzig frei hängende Granatäpfel; im ganzen waren hun-
dert Granatäpfel rings um das Flechtwerk.
24 Der Kommandant der Leibwache nahm ferner den Oberpriester Se-
raja, den zweiten Priester Zefanja und die drei Schwellenwächter mit.
25 Aus der Stadt nahm er einen Hofbeamten, der Kommandant der
Soldaten war, und sieben Leute vom persönlichen Dienst des Königs
mit, die sich noch in der Stadt befanden, sowie den Schreiber des
Heerführers, der die Bürger des Landes auszuheben hatte, schließlich
sechzig Mann von der Bürgerschaft, die sich noch in der Stadt befan-
den. 26 Nebusaradan, der Kommandant der Leibwache, nahm sie fest
und schickte sie zum König von Babel nach Ribla. 27 Der König von
Babel ließ sie in Ribla in der Landschaft Hamat hinrichten. So wurde
Juda von seiner Heimat weggeführt.
28 Das ist die Anzahl der Leute, die Nebukadnezzar wegführen ließ:
in seinem siebten Regierungsjahr 3023 Judäer, 29 im achtzehnten Jahr
Nebukadnezzars 832 Personen aus Jerusalem; 30 im dreiundzwanzig-
sten Jahr Nebukadnezzars führte Nebusaradan, der Kommandant
der Leibwache, an Judäern 745 Personen weg; im ganzen waren es
4600 Personen.

weitere führende Leute ($^{24-27}$) in Ribla abgeurteilt und hingerichtet: Jahwe macht sein Wort wahr, daß er sie zur Rechenschaft ziehen und bestrafen werde ($5^{9.29}$). Auffallend ausführlich wird in dem Bericht über die Tempelgeräte ($^{17-23}$) gesprochen, wobei die Fassung in Jer weitere Einzelheiten hinzufügt, wohl nach 1 Kön 7^{13-51}; denn auch die bronzenen Rinder, die bereits unter Ahas (2 Kön 16^{17}), anscheinend im Vollzug einer Tributleistung an den König von Assur, verschwanden, werden genannt. Was 27^{19-22} gesagt ist, hat sich in vollem Maß erfüllt.

$^{28-30}$ stehen nicht in 2 Kön 25. Die drei berichteten Deportationen erfolgten nach den Zeitangaben 597, 586 und 581. Über die letztere, die vielleicht weitere Unruheelemente im Land beseitigte, haben wir keine weiteren Nachrichten. Die Regierungsjahre werden hier nach babylonischer Zählung aufgeführt, bei der das Antrittsjahr im Gegensatz zur judäischen Rechnung nicht mitgezählt wurde; daher die Differenz zwischen ^{12} und ^{29}, ^{28} und 2 Kön 24^{12}. Die Zahlen, bei denen zwischen Judäern und Jerusalemern unterschieden wird, beruhen auf Überlieferung, die sich, wie verschiedentlich versucht wurde, auf ihre Richtigkeit nicht überprüfen läßt. ^{16} Jedenfalls war nicht das ganze Land leer, wie 2 Chr 36^{20f} vorgibt.

$^{31-34}$ Wie die Königsbücher schließt auch Jer mit der Nachricht über die Begnadigung Jojachins (wohl 21./23.3.560). Ewil-Merodach (babylonisch: Amel-Marduk) hatte sich

AUSBLICK: DIE BEGNADIGUNG JOJACHINS: 52^{31-34}

31 Im siebenunddreißigsten Jahr nach der Wegführung Jojachins, des Königs von Juda, am fünfundzwanzigsten Tag des zwölften Monats, begnadigte Ewil-Merodach, der König von Babel, im Jahr seines Regierungsantritts Jojachin, den König von Juda, und entließ ihn aus dem Kerker. 32 Er söhnte sich mit ihm aus und wies ihm seinen Sitz oberhalb des Sitzes der anderen Könige an, die bei ihm in Babel waren. 33 Er durfte seine Gefängniskleidung ablegen und ständig bei ihm speisen, solange er lebte. 34 Sein Unterhalt – ein dauernder Unterhalt – wurde ihm bis zu seinem Todestag vom König von Babel in der bestimmten Menge täglich geliefert, solange er lebte.

anscheinend entschlossen, »Jojachin von Juda als königlichen Vasall öffentlich zu rehabilitieren« (E. Zenger: BZ NF 12, 1968, 27). Das gab neue Hoffnung. Jahwe, der die Geschichte lenkte und ohne dessen Willen nichts geschah, konnte, wenn es sein Wille war, hier zum Heil seines Volkes anknüpfen. Sein letztes Wort war nicht Drohung und Verhängung von Strafe. Sein Heilswille ist nicht verschwunden.

Der Anhang zum Jer will bezeugen, daß Jahwe sein Wort wahr macht. Er droht nicht mit leeren Worten; er führt aus, was er beschlossen hat und verkündigen läßt. 52 zeigt, daß Jeremia, dem die ihn belastende Unheilsverkündigung aufgetragen war, ein zuverlässiger Prophet des Herrn war (vgl. Dtn 18^{18-22}). Seine Botschaft ließ aber auch Raum für ein künftiges Heilshandeln Gottes: Der Herr hat die Macht, Israel in seinem Land wieder aufzurichten. Dann empfängt das Volk Gnade aus der ewigen Liebe und Treue Gottes (31^{2ff}).

Umschrift der hebräischen Lautzeichen

Aleph		Sade	ṣ
Bet	b	Qoph	q
Gimel	g	Resch	r
Dalet	d	Sin	ś
He	h	Schin	š
Waw	w	Taw	t
Zajin	z	Qames	ā
Chet	ḥ	Patach	a
Tet	ṭ	Sere	e, ē
Jod	j	Segol	æ
Kaph	k	Chireq	i, î
Lamed	l	Cholem	o, ō
Mem	m	Qames chatuph	ò
Nun	n	Schureq	ū
Samek	s	Qibbus	u
Aijn	‘	Sch^{e}wa mobile	e (hochgestellt)
Pe	p bzw. f	Chateph	a, æ, o (hochgestellt)

( ) erklärender Zusatz des Übersetzers
[ ] unechter Text bzw. alte Zusätze

ISBN 3-7462-0133-0

1. Auflage 1987
Lizenznummer 480/10/87
LSV 6024
Lektor: Michael Zorr
Printed in the German Democratic Republic
Fotomechanischer Nachdruck und Bindearbeiten:
Grafische Werke Zwickau
Einbandgestaltung: Werner Sroka, Markkleeberg
01690